本书获广东省“211工程”三期重点学科建设项目“应急管理理论与实务”基金资助

应急管理理论与实务丛书

应急管理体制

跨国比较

洪 凯 主编

暨南大学出版社
JINAN UNIVERSITY PRESS

中国·广州

图书在版编目（CIP）数据

应急管理体制跨国比较/洪凯主编. —广州：暨南大学出版社，2012. 12
（应急管理理论与实务丛书）
ISBN 978－7－5668－0247－7

Ⅰ. ①应…　Ⅱ. ①洪…　Ⅲ. ①突发事件—公共管理—对比研究—世界
Ⅳ. ①D523

中国版本图书馆 CIP 数据核字（2012）第 145839 号

出版发行：暨南大学出版社

地　址：中国广州暨南大学
电　话：总编室（8620）85221601
　　　　营销部（8620）85225284　85228291　85228292（邮购）
传　真：（8620）85221583（办公室）　85223774（营销部）
邮　编：510630
网　址：http：//www. jnupress. com　http：//press. jnu. edu. cn

排　版：广州广海照排设计中心
印　刷：佛山市浩文彩色印刷有限公司

开　本：787mm×960mm　1/16
印　张：24. 5
字　数：485 千
版　次：2012 年 12 月第 1 版
印　次：2012 年 12 月第 1 次

定　价：49. 50 元

总　序

我国正处在社会转型与体制转轨、机遇与风险并存的社会高风险期，加上各种自然灾害与人为事故纠结在一起，在社会急速变化的过程中，各类公共危机问题被迅速地集中和放大，蕴涵着不可忽视的各类风险。金融、环境、信息、流行疾病、民族分裂主义、自然灾害等非传统安全因素已成为威胁国家安全的组成部分，这些非传统安全危机深刻地考验着中国政府的执政能力。面对非传统安全危机，加强执政能力建设，趋利避害，化解风险，已成为中国政府长期面临的重要课题。从2006年1月国务院颁布《国家突发公共事件总体应急预案》起，就意味着战略性地应对公共危机已被擢升至国家高度。

“突发公共事件”是指突然发生，造成或者可能造成重大人员伤亡、财产损失、生态环境破坏和严重社会危害，危及公共安全的紧急事件。随着各国社会经济的快速发展，各类突发公共事件的危害日益突显。突发公共事件主要分为自然灾害、事故灾难、公共卫生事件、社会安全事件四类；按照其性质、严重程度、可控性和影响范围等因素分成四级，特别重大的是Ⅰ级，重大的是Ⅱ级，较大的是Ⅲ级，一般的是Ⅳ级。一国政府应对突发公共事件的能力已经成为评价其执政、施政能力的重要绩效标准。

北京大学丁元竹教授曾把中国社会的风险归结为十个方面：就业、“三农”、金融、贫富差距、生态与资源、台湾、全球化、国内治理危机、信心和诚信、艾滋病和公共卫生。

这是当代后发展国家现代化、城市化荆棘之路的共性，也是正在进行追赶型、跨越式发展的中国社会不得不面对与思考的问题。能源安全、环境安全、生态安全、金融安全、网络安全、信息安全、卫生安全、文化安全等涉及社会生活的多个领域，具有隐蔽性、危险性、突发性和非确定性的特点。进入21世纪以来，各种自然灾害、事故灾难、公共卫生事件、社会安全事件等频频发生，往往使国家遭受严重损失。研究社会转型期各类重大的突发公共事件和社会经济风险与自然条件状态下的各种自然灾害及次生灾害所带来的应急管理问题，提高突发公共事件应急管理能力成为政府不可回避且具有刻不容缓意义的现实课题。

中央综治办主任陈冀平曾指出，从目前的社会形势看，新的社会矛盾将不断产生，原有的一些社会矛盾可能随之凸显，并呈现出经济领域的新矛盾与其他领域的矛盾相互影响、相互作用的局面，主要表现为涉及农村土地征用、城镇房屋拆迁、国有企业改革、部分军队退役人员等方面的信访问题仍然十分突出，非法集资、股市房市受损、高校毕业生就业、医疗、养老、环境污染、城市公共服务与管理等诱发群体性事件的因素也正在增多。由经济纠纷引发的暴力讨债、绑架、哄抢等“民转刑”案件可能更加突出，流动人口犯罪、多发性侵权犯罪和非法集资等涉众型经济犯罪可能更加突出，城市社会治安问题向农村蔓延扩散的趋势可能更加突出，尤其是个人极端事件有可能进一步增多，治安问题的敏感性将会进一步增强，一起普通的刑事案件或治安案件有可能转变为社会热点问题，甚至诱发其他矛盾和问题。

近50年来，世界经济发展步伐加快，在石化能源体系支撑下的高碳工业，形成了火电、石化、钢铁、建材、有色金属等工业，并由此衍生出汽车、船舶、航空、机械、电子、化工、建筑等行业。气候变化主要是由人为活动排放的二氧化碳、甲烷、氧化亚氮等温室气体造成的。全球变暖的后果是冰川融化、海平面上升、生态系统退化和自然灾害频发。从企业应急管理和长远视角来看，企业外部市场变幻莫测，内部管理与控制日趋复杂。外部风险包括市场风险、竞争风险；内部风险则包括品牌风险、战略风险、文化风险、团队风险、领导人风险、财税风险、舆论风险、法律风险和技术风险等。

马凯在《求是》杂志中撰文指出：我国正处于工业化、城镇化快速发展时期，各种传统的和非传统的、自然的和社会的风险、矛盾交织并存，公共安全和应急管理工作面临的形势更加严峻。归纳起来，应急管理面临的态势包括四个方面：一是自然灾害处于频发期。我国是世界上自然灾害最为严重的国家之一，灾害往往具有种类多、分布地域广、发生频率高、造成损失重等特点。特别是近年来，极端气候事件频发，中、强地震呈活跃态势，自然灾害及其衍生、次生灾害的突发性和危害性进一步加重、加大。二是安全生产形势严峻。我国经济发展较快，能源、资源、运输供给长期偏紧，再加上安全生产基础薄弱，一些地方和企业责任不落实、监管不到位，生产安全事故发生率居高不下，重、特大事故时有发生。三是公共卫生事件防控难度增大。公共卫生事件的诱因和影响都呈较强的国际性特点，全球新发的三十多种传染病已有半数在我国出现，重、特大疫情和群体性不明原因疾病时有发生。随着人口流动量的加大和流动速度的加快，疾病的防控难度加大，造成的损失更加严重。而在食品、药品生产经营中市场秩序混乱、源头污染严重、监管力量薄弱等问题尚未得到根本解决。四是社会安全面临新的挑战。

我国改革发展进入关键阶段，各种利益关系错综复杂，国家安全面临的形势更加复杂严峻，维护社会稳定的任务更加艰巨。对当前国际金融危机造成的重大影响和可能引发的各类突发公共事件，我们要有充分的准备。2008 年 3 月 14 日，少数不法分子在西藏拉萨制造了打砸抢烧暴力事件，烧死或杀死藏汉群众 18 人，给当地人民群众生命和财产安全造成重大损失。之后，2009 年乌鲁木齐“7·5”打砸抢烧严重暴力犯罪事件又造成 197 人死亡，其中绝大多数是无辜群众。这起打砸抢烧暴力事件的发生，是由以热比娅为首的境外敌对势力和境内极少数人极力炒作广东韶关旭日玩具厂群殴事件，把一个一般的治安案件说成民族事件，从而极力煽动民族仇恨所致的。虎年春节期间，山西省的晋中、太原、吕梁、长治、晋城、阳泉等地区，到处都是地震将发的议论，一场大规模的群众恐慌在山西蔓延。2010 年 2 月 20 日晚至 21 日凌晨，许多山西人离家，躲避在广场、公园等地，夜不归宿，甚至开车逃往外乡。造谣人利用网络传播大地震谣言，而政府机构最初也处于一片迷乱中，直到 21 日早晨，山西省政府及各地区地震部门通过媒体及移动通信转达了政府公告，称群众这次避震行动是为谣言所惑，要广大群众安心。诸如此类的民生事件，实则是 2007 年哈尔滨水污染事件中短信传播哈尔滨要大地震的翻版，对于非常事件与突发事件，应该由民调机构和覆盖面广的大众媒体联合发布官方信息，以正视听。

应急管理是指政府及其他公共机构在突发公共事件的事前预防、事发应对、事中处置和善后管理过程中，通过建立必要的应急机制，采取一系列必要措施，以保障公众生命和财产安全，促进社会和谐、健康发展的有关活动。佐治亚州州立大学著名应急管理学家威廉·L.沃认为：“应急管理就是对风险进行管理，以使社会能够与环境或技术危险要素共存，并应对环境、技术危险要素所导致的灾害。”应急管理是对突发公共事件的全过程管理，根据突发公共事件的预警、发生、缓解和善后四个发展阶段，应急管理可分为预测预警、识别控制、紧急处置和善后管理四个环节。应急管理又是一个动态管理，包括预防、准备、响应和恢复四个阶段，均体现在管理突发公共事件的各个阶段。

应急管理是一个完整的系统工程，可以概括为“一案三制”，即突发公共事件应急预案，应急机制、体制和法制。以政府应急管理为主线，围绕政府应急管理决策层次、技术管理层次、社会动员与响应机制等层次展开研究，达到在紧急状态下各行为主体凝聚人心、从容应对、缓解危机、减少缺失的效果。政府危机管理即政府在公共危机事件发生之前、发展过程之中和后危机时期，为减少和消除危机造成的危害和损失，根据危机管理计划和程序而对危机直接采取的对策及管理措施。政府应急管理是在政府常态型危机管理基础上的紧急状态的管理，各种信息资源、物质资源、人力资源如何高效配置与有效运筹，如何防止灾害的蔓延与次生灾害的扩大等，均是政府应急管理在紧急状态下需要解决的关键问题。我国正处于经济体制和经济增长方式双重转轨的特殊时期，存在着诱发公共危机的潜在的制度及非制度因素。高度重视公共危机管理、建立公共危机的预警机制和政府干预公共危机体系尤为必要。应急管理的基础是常规性政府危机管理，只有基础性工作常抓不懈，才能在紧急状态下临危不乱。

发达国家十分重视突发公共事件应急管理的研究，其研究范围覆盖了灾害或危机产生、发展、消亡的整个过程。日本是较早开展城市应急管理研究的国家，其研究的领域和能力不断拓展，研究的水平处于世界前列。美国也在“9·11”事件发生后，组建了部级的美国国土安全部（DHS），标志着美国国家级突发公共事件应急管理体系从“综合应急管理”提升到“国家安全应急管理”的高度。相关国际组织也非常重视突发公共事件应急管理。联合国第二届世界减灾大会发表的《兵库宣言》要求各国将防灾减灾、保障国民生命和财产安全“作为国家的第一责任”，并将“确保减灾成为各国政府部门的工作重心之一”列为《兵库行动框架》（2005—2015 年）提出的五个行动重点之一。世界各国的政府部门、学术团体和专门机构已经开始从事各种针对突发事件的预防、监测、预报、识别、测定、控制、应急预案制定、事发时的快速反应及救灾、灾后的快速评估与重建的研究。

美国的乔治·华盛顿大学、马里兰大学、北达科他州立大学和加拿大的尼加拉瓜学院等国外大学，在一些领域均有较为系统的研究，包括危机与应急管理，流行病及预防医学，危机和应急管理中的信息技术，自然、技术危害以及恐怖袭击之风险管理，大规模恐怖行动的预防和反应，危机管理、灾后重建以及组织持续，减灾管理，健康与医疗应急管理。上述研究系统地对政府层面与技术层面的公共危机与应急管理技术提供了强有力的理论指导。

公共危机与突发事件已成为构建和谐社会和可持续发展的重要隐患，越来越引起社会各界对如何有效应对突发事件、妥善预防和处理危机的高度重视。2006 年 1 月国务院颁布《国家突发公共事件总体应急预案》象征着从战略上应对公共危机已被提升至国家高度。中央进一步明确提出，要建立健全社会预警体系，提高保障公共安全和处置突发事件的能力。2007 年 8 月，全国人大常委会通过了《中华人民共和国突发事件应对法》。汪永清、莫于川、韩大元等学者对该法进行了解释。一些学者则比较研究了国外紧急状态下的法律制度，如徐高、莫纪宏等。目前，我国的研究基本上处于介绍国外经验，对我国应急管理存在的问题及对策等事实进行描述和提出对策措施的以研究为主的阶段，而上升到法理以及制度比较的研究尚欠深入，难以为应急管理的依法行政提供充分的理论支持。另外，对危机处理研究较多，对事后重建和救济研究较少，不利于依法规范政府行政行为，实现缓解公众利益和私人利益的矛盾、维护社会稳定的目的。

关于灾害及突发公共事件应急工程的研究国内外已经积累了大量的研究成果。从第一个应急管理国际组织——国际应急管理工程协会诞生之日起，各类研究成果层出不穷。这些成果几乎囊括了火灾、地震灾害、矿井塌陷、核泄漏事故灾难等具体灾害/危机的各领域。我国从20世纪80年代末开始创建许多研究学报和学术期刊，如《自然灾害学报》、《环境污染与防治》、《环境卫生工程》、《中国环境管理》、《中国减灾》等，针对我国自然灾害以及事故灾难的防灾减灾研究已经较为深入，目前国内较为集中的研究主要体现在城市灾害应急与管理，区域应急管理实务预案、演练及绩效，突发事件应急管理，现代城市公共安全应急管理，领导干部预防和处置突发公共事件实用指南与案例分析，公共危机与管理，国家与政府的危机管理，灾难性事故与事件应急处置，城市安全学，政府应急管理实务，中央和大城市政府应急机制建设，灾害应急处置与综合减灾，地震应急等研究领域。

政府应急管理和企业应急管理均需要建立应急管理综合平台和预案建设，运筹帷幄，才能在非常态情景下保持临危不乱，但是无论国内还是国外，对于突发公共事件的研究普遍侧重于技术和具体方法应用的应急工程研究，并形成了一类特殊管理理论与方法——应急管理，而蕴涵其中的基础科学问题研究还没有得到广泛关注。这样，构成了面向突发公共事件的应急管理和应急工程两个紧密结合、相辅相成的研究层面。其中，应急管理中的科学问题研究是应急工程问题研究的基础，而后者又是在前者指导下的实践。

从2008年暨南大学获教育部批准在全国率先招收应急管理本科生并成立全国首家应急管理学院，到2009年广东省“211工程”三期重点学科建设项目“应急管理理论与实务”正式立项，再到暨南大学应急管理研究中心成立并成为广东省高校重点人文社科研究基地，得到了广东省政府、省政府应急办的大力支持和社会各界的广泛关注，我们深感责任的重大与使命的神圣。应急管理属于新型交叉管理学科，“211工程”三期重点学科建设项目共设置了二十余个选题，从政治、经济、管理、公共卫生、新闻处置、社区与区域合作、应急管理史、应急管理平台等领域进行研究，试图对完善中国应急管理理论作出富有成效的尝试，也期盼对中国应急管理工作有所指导与借鉴。丛书的出版难免存在疏漏，期待读者给予批评指正。

暨南大学应急管理研究中心　暨南大学应急管理学院
广东省“211 工程”三期重点学科建设项目
应急管理理论与实务丛书编辑委员会
2011 年 12 月

前　言

加强处置突发事件的应急管理能力，科学应对各类危机是当今各国政府必须面对的一个重大课题。中国作为发展中大国所面临的复杂而尖锐的应急管理形势，迫切需要政府与学术界充分借鉴发达国家和广大发展中国家的先进理念、体制、机制、管理、技术等，了解和熟悉世界各国政府的应急管理体制与机制，寻找可资政府应急管理合作的空间与领域，寻求适宜的国际合作模式，推进政府应急能力的全方位建设和政府应急管理的国际合作。

现代政府理论认为，职能、机构、体制、过程是政府制度的四大支柱，加强政府应急管理能力建设，前提是应急法制建设，基础是政府应急体制，关键是政府应急机制，切入口是应急预案。本书重点关注世界主要国家政府与政府间合作组织在以上四大领域的经验与启示，各部分概述如下：

美国是发达国家中应急管理法制、体制、机制最为健全的国家之一，其政府应急管理体制被公认为世界各国的样板。美国政府应急管理经历了以民防为主、以救灾为主、救灾与民防整合、重反恐轻救灾等时期。在“9·11”事件之后，美国逐步建立了相对完善的应急管理组织体系，形成了联邦政府的国土安全部、州政府应急管理局以及地方政府应急管理中心的三层组织结构。美国应急管理体制中最为突出的是制定了一套完整的应急反应框架（National Response Framework）作为应对各种紧急情况的指南，该框架将应急响应活动分为准备、响应和恢复三个阶段，是一个具有可扩展性、灵活性和适应性的协调结构。美国应急管理组织机构建制化、救援队伍专业化、运行机制科学化、处置过程程序化、法制基础规范化、救援行动法制化、救急资源多样化、保障系统科技化、防灾知识网络化、公众参与普及化、民间救助多样化、救助期限持续化的特点是值得借鉴的有益经验。

俄罗斯为应对各种突发事件，从国情出发，建立了以总统为核心，联邦安全会议为决策中枢，政府各部门分工合作、相互协调的危机管理机制。俄罗斯联邦的联合应急机制（USEPE）包括组织、地方、地区、区域、联邦五个基本层次，每个层次有一个相似的操作程序和管理机构，还有应急救援力量，财政、物资储备和技术支持，通信、预警和信息支持系统。在危机管理中，中枢指挥系统强权集中，应急管理体制分级负责有条不紊。反应灵敏、功能强大的信息报告体系，储备充足的应急物资和装备精良的应急队伍，权威、完备的法律法规体系发挥着重要作用。俄罗斯特别重视联合应急方面的协调管理及与国际相关组织的合作，此外，为减少和应对巨灾的发生，俄罗斯建立了相应的统一领导、协调有序的巨灾应急机制。

日本危机管理体系的构建经历了由“综合防灾管理体制”逐渐转向“国家危机管理体制”的动态演变过程，该国强调“强内阁、大安全”，建立了以内阁府为中枢，通过中央防灾会议决策，突发事件牵头部门相对集中管理，中央、都道府县、市町村三级应急管理体制。日本形成了完善的公共事业机关应急管理参与机制，放送协会NHK、红十字会、“日银”等在遇到灾难时均需履行各自的义务，而自主防灾组织也从临时性、简单化发展到长期稳定性、完整性，职能也逐渐渗透到防灾、应急响应和灾后恢复重建的全部环节。日本处置有力和协调统一的应急管理体制、全方位覆盖的应急法律体系、层次分明职责明确的应对计划、反应迅速执行高效的救援体系、高度的全民防灾意识、先进的科学技术、巨大的资源投入以及严密稳妥的灾后重建对策，对于我国来说都是极具价值启发和借鉴的。

英国危机管理的一大特色即地方层次的危机应对和恢复工作的运行机制，包括铜色操作层、银色策略层、金色战略层三个层次。该机制既是一种应急处置运行模式，又是一个应急处置工作系统。一方面，根据事件性质和大小，规定形成不同的组织结构；另一方面，“金、银、铜”三个层级的组成人员和职责分工各不相同，通过逐级下达命令的方式共同构成一个应急处置工作系统。英国对于伦敦地铁爆炸事件、疯牛病危机、西北部普斯菲尔德镇油库爆炸的积极应对等对我国具有深刻的启示，如有效处置危机事件需充分利用现有法律和社会体系保证救援、充分发挥各种媒体作用、及时公开报道、迅速启动各项救援和善后工作等。

法国在应急权力、资源高度集中的垂直管理体系下，建立以辅助性为原则的分级响应机制，对落实各个层级的应对责任、积极采取事前防范措施、减少突发事件的发生形成了有力的制约。法国应对突发事件的运行机制主要包括信息报告、先期处置、逐级响应等环节，应急预案体系的主要特点是预案数量精简、预案制定程序完善，动态开放的应急预案的制定以风险评估为前提、以公众参与为基础。法国的应急力量分为国家主体救援力量、民间救助力量、紧急情况下按照国家指令采取保障措施的公用事业、企业单位及指挥部门的专家队伍四个层次。在应急管理工作中法国实行政府责任与社会参与相结合，突出强调危机应对的全民共担原则，鼓励公众参与是法国应急管理工作的重要政策导向。结合法国的应急体制来看，应急部门由虚到实、职能由弱到强、资源由分到统，是各国应急管理体制发展的基本趋势。

加拿大对紧急事件的处置一般遵循基层化解、同类推断、资源整合、统分结合的原则。其政府通过立法在很大程度上规范了政府、企业和个人在应对自然灾害和突发事件中的责任，建成了国家气候灾害网，专门向社会提供各种详细的气候灾害数据和分布情况，成立了以保险业为主要服务对象的行业、非营利防灾减灾研究所及工业事故预防协会等，为应对危机事件做了充分准备。加拿大政府应急管理体制对中国应急管理的经验启示有：完善应急管理的法制体系，依法建立全社会的防灾减灾责任机制；对现有信息通信、交通、市政设施、能源供应等领域的关键基础设施的抗灾能力进行评估，必要时采取预防措施；高度重视公众防灾抗灾救灾的意识培养，加速培养一批专业和志愿技术人员，形成全国预防网络；加大对应急管理系统的投入，鼓励非政府组织、私人企业和个人在防灾减灾中发挥作用与力量；发展防灾减灾咨询服务业，发展有关灾害服务的保险业。

新加坡危机管理系统分为危机部长级委员会和危机执行小组两个部分，政府建立了“风险评估与侦测机制”，帮助政府辨识及评估所出现的潜在威胁，以此拟定应对策略。国家主要机构有明确分工：民防部队负责在平时和紧急状态下为居民提供应急救援服务，其应急系统根据作用分布成预警、防护、救援、C3（指挥、控制、通信）四个体系，根据职能分为民防部队总部、四个民防分区、地面部队三个部分，还包括民防学院（CDA）和基本救援训练中心（BRTC）两个培训机构。国防部坚持以社会防卫、心理防卫、经济防卫、军事防卫、民事防卫为核心内涵的“全民防卫思想”，其下属常设机构安全协调秘书处负责协调政府所有与国家安全有关的行动，并拟定整体情报与国家安全行动策略，而“卓越国家安全中心”则作为政府的国家安全决策智囊机构，以提高决策的科学性和有效性。新加坡政府致力于制订一套促使全民全面参与的应急动员计划，以确保国家一旦遭到恐怖袭击或遇到重大灾害时全体国民都能保持团结，行动一致。

欧盟应急管理体制由大量的委员会、理事会、机构、单位或办事处组成，数量十分惊人，为了更好地了解欧盟组织机构的实际作为，本书该部分内容将欧盟的应急体制整理成一个组织结构图，欧盟理事会、欧盟委员会为最主要机构。民防机制是整个欧盟应急管理体制的关键，它是欧盟向第三方国家提供民防援助的一个架构，其现有的主要应急手段包括监测和信息中心（MIC）、公共应急通信系统（CECIS）、志愿民防组织、机制引导下的应急培训和灾难模拟演习，这些应急手段使成员国不仅能在灾前做好充足的备灾工作，也能有效地应对灾难。团结基金（EUSF）则以一种快速、高效、灵活的方式为灾后重建恢复行动提供财政支持。欧盟授权人道主义救援办公室（ECHO）为欧盟以外发生的自然灾害或武装冲突受害者提供人道援助和救济。欧盟领事合作包括协助解决个人问题，同时也有义务协助解决欧盟公民群体性事故。欧盟层面的应急合作可以为各国的应急管理体系提供附加值，同时也有一些潜在的问题和风险。欧盟成员国要加强相互间的合作与协调，以保证全方位应对各种危机带来的挑战，实现各国的有效合作和互助；还应重视科技，利用科学研究和科技的发展预防技术灾难的发生。

联合国应急管理在全球人道主义救助需求持续增加、极端灾害事件频发、国家间冲突后果加重等背景下逐步发展，在国际应急合作中发挥着主导作用。其应急管理系统涉及联合国系统内的绝大多数机构和部门，人道主义事务协调厅（OCHA）在应急管理机制的运作中发挥着核心作用。联合国应急管理在政策规划、资金、通信、技术、物资等方面的资源保障体系健全，社会参与机制完善。在联合国应急管理体制框架中，众多的专门机构都在应急管理中扮演着重要角色。非政府组织的参与，私营部门不同类型的支助，志愿者及时、有效的增值服务，地方社区在实施应急恢复和重建过程中的参与，都是应对危机有益而必要的补充。联合国应急管理已形成全球、区域及双边合作模式，开展多种合作项目并取得了很大成效，印度洋海啸事件即其应急管理的典型代表。联合国国别小组在中国开展了一系列应急项目和计划，协助中国政府在防灾的准备工作、紧急救灾的应急措施、灾后重建和灾害预防等各阶段灾害管理方面的能力建设。

编　者

2012 年 6 月

目 录

第一章 绪 论

一、国际视野与政府应急能力

加强处置突发事件的应急管理能力是全球当代公共管理共同面对的重大课题之一，也是政府合法性维护与更新的重要来源之一。作为一个经济高速增长、国际地位不断提升、疆域幅员辽阔、区域差异巨大、城乡发展失衡、后发优势与矛盾都非常突出的发展中大国，中国政府面临的应急管理形势复杂且尖锐、矛盾迫切且深刻。尽管这些矛盾与烦恼是发展引起的，但其应对之难在世界历史上也罕有匹敌。中国的政府与学术界迫切需要充分借鉴发达国家和广大发展中国家的先进理念、体制、机制、管理、技术等，推进政府应急能力的全方位建设和政府应急管理的国际合作。作为国际合作的重要内容，应急管理（特别是减灾）合作已经成为国际非传统安全合作和公共外交的重要领域与优先主题之一，迫切需要中国政府和学术界客观了解并熟悉世界各国政府的应急管理体制与机制、不断寻找可资政府应急管理合作的空间与领域、寻求适宜的国际合作模式、最大限度地服务中国的国家利益和公众利益。

加强政府应急管理能力建设，应急法制建设是前提，政府应急体制是基础，政府应急机制是关键，应急预案是切入口。现代政府理论认为，职能、机构、体制、过程是政府制度的四大支柱，本书重点关注世界主要国家政府与政府间合作组织在四大领域的经验与启示。

二、政府职能与应急管理

政府应急管理对象涉及经济、社会、生活的方方面面，从处置流程看，涉及防灾减灾、应急准备、应急处置和应急恢复等四大阶段。政府应急管理职能十分复杂。由于各个国家在经济发展阶段、社会发展阶段、社会中介组织、民间组织发育水平、社会治理传统、社会治理资源方面迥异，各国在政府应急职能方面的差异性很大。总体而言，发达国家更加关注社会福利、网络安全、社会安全等后现代社会下的应急管理和应急管理国际合作，以彰显其国际影响力和综合国力；中等发达国家更多关注事故灾难、公共卫生等应急职能；欠发达国家更加关注自然灾害的应急职能。从应急管理的不同阶段看，发达国家更加注重防灾减灾职能，中等发达国家更加关注应急准备职能，欠发达国家更加关注应急处置和灾后恢复的政府职能。从政府应急职能的范围看，以实行积极干预、政府规模庞大、社会自治程度较低、行政成本较高为特征的大政府和强政府，其应急管理职能往往非常强大；而以社会中介组织发育良好、政府规模较小、社会发展程度较高、行政成本较小、保守主义倾向明显的小政府的应急管理职能较少。从政府应急管理职能集中程度看，总统制国家的政府应急职能集中程度要远远高于其他类型的国家，单一制国家的政府应急管理职能集中度要远远高于联邦制国家，基层政府的应急管理职能集中度远远高于中央政府和省州级政府。从政府应急职能的稳定性看，欠发达国家由于可充分借鉴发达国家的经验，后发优势明显，政府应急职能的稳定性较高。从政府应急职能的执行力看，社会主义国家、两党制国家、总统制国家、政教合一国家、军政府国家要远远强于比例选举制、议会制和内阁制国家，强人政治下的应急管理的执行效能优势明显。

三、政府机构设置与应急管理

由于政治体制和行政体制的巨大差异，各国政府的应急机构设置也有很大差异。从应急管理的最高行政首长的设置看，多数国家都将总统、总理作为国家应急管理事务的最高行政首长，并下设跨部门行政首长的高级委员会，辅助最高行政首长进行重大决策，围绕此委员会成立若干政策咨询委员会。在最高决策机构之下，成立专门机构负责行动指挥和一般性的政策协调，如美国的国土安全部和俄罗斯的紧急情况部。但这一层次机构的设置有很大区别，比较常见的主要有四类：第一类是由最高行政首长的直属办公机构的内设机构承担应急业务，如中国的国务院应急办、英国内阁的应急机构设置等。这种应急机构设置有利于发挥其综合协调职能，但缺点是应急部门缺乏必要的执行手段。第二类是设置独立的综合性应急管理部门，如德国的内政部、美国的国土安全部、俄罗斯的紧急情况部。这种政府应急机构设置的优点是应急部门具有庞大的应急资源，可以独立应对各类突发事件，政府应急执行力强，应急响应速度快。但不足之处是距离最高决策者相对较远，综合协调能力相对较弱。第三类是专业性应急部门。通常这类机构负责本专业领域内的应急职能，或根据最高行政首长或综合应急部门的指派承担某一大类的突发事件应急处置。第四类是跨部门的联合指挥体制。由于应急管理的复杂性，对于重大灾害和复杂的应急处置，往往需要组建跨部门的应急指挥体制，美国等国采用了联合指挥体制，即成立由各应急相关部门组成的联合指挥部，各部门派驻联络官负责与联合指挥部、本部门总部、应急现场指挥部的本系统驻现场联络官的联系。在应急现场层面，应急现场指挥部也采取联合指挥体制。

考虑到各类突发事件的性质、规模、程度、范围和应对成本等因素，应急管理处置队伍通常采取公益职业性、商业性、志愿性服务相结合的综合应急救援体制。在公益职业性应急救援体制上，多数国家和地区将军队、消防队、警察作为处置高风险应急救援的突击力量进行重点建设和专业化管理。如美军中央司令部成立了专业性应急救援部队负责国内的救援工作，并由美国中央司令部进行要点设防、全面管理。此外，美国海岸警备队也承担了大量的国土安全和边境救援等应急任务，而医生、防灾工程师等同业公会也承担起职业性应急救援的组织管理任务。大量的社会中介组织承担起应急志愿服务任务，不过，专业性的应急志愿服务队伍往往要接受政府部门的直接或间接领导。如中国香港民众安全服务队高管即由香港保安局下属民安处的六位公务员担任，并建设成为香港地区八支纪律部队之一。

四、政府应急管理中的府际管理

由于突发事件的范围不同，处置突发事件大量涉及同一层级政府跨部门合作、跨地区合作和跨层级合作等复杂关系，因此，府际关系对于应急管理具有重要意义。

跨部门应急联动是一个地区政府应急管理的重要保障。跨部门应急联动主要有三种基本形式：一是综合协调部门与具体业务部门的联动模式；二是专业应急部门与具体业务部门之间的联动模式；三是具体业务部门之间的联动模式。应急联动可以是基于应急预案的联合处置，可以是基于即时会商的联合行动，也可以是基于同一指令体系的应急协同，还可以是基于事件链的应急联动，更可以是基于部门职能的应急联动。

跨地区的政府应急合作源于突发事件范围的影响超过了单一行政区域。为了应对这一现象，不同行政区之间通过事先协议、临时协议、即时会商或接收共同上级指令等方式，开展应急处置、应急物资调配、应急救援、人员疏散安置、应急信息保障、应急预案编制与演练、应急人员培训等多方面的合作。从本质上讲，应急区域合作源于区域间应急能力分布的差异。当面对特定突发事件时，通过跨区域邀请优势地区的支持和处置，可以大大降低应急处置的成本与代价，进而形成优势互补、风险共担的应急管理合作体制。中国特色的对口支持制度是跨地区应急管理合作的重要创新，充分体现了单一制国家的巨大体制优势。

跨层级的政府应急合作源于突发事件属地管理和分级管理的基本处置原则。通常，上级政府在下级政府于职责范围内处置突发事件时，其角色定位于当地政府的资源支持者和意外管理者，在受邀情况下提供支持与帮助，无须提供处置方案或进行应急决策。这与不同层级政府之间在应急处置中对于现场信息及资源调度能力高度契合。当突发事件超过基层或下级政府处置能力和法定范围时，才由上级政府接管应急处置。

但是，由于不同层级政府之间在应急资源、能力、处置经验等方面的巨大差异，跨层级的政府应急合作通常体现为应急资源主导方向自上而下的转移、应急信息的双向流动、特定应急功能的转移。

五、政府应急管理的国际合作

随着区域经济一体化和全球化的加速，作为非传统安全的重要领域，以减灾合作为重点的政府应急管理的国际合作日益重要。政府应急合作大多不涉及敏感的意识形态，属于公共外交范畴，可以有效地增进国家与人民之间的友谊与认同，赢得国际社会的好评，增强国家软实力。因此，近年来国际应急合作已经成为世界各国，特别是一些世界性大国和潜在的国际性大国走向世界的优先选择。在国际上树敌众多的美国、长期作为经济强国和政治小国的日本等国都是通过大力推进国际减灾合作和无偿援助来维系与扩大其国际影响力的。

从全球的角度看，政府应急管理国际合作主要涉及双边政府应急国际合作、以区域合作为主的多边政府应急合作、跨区域的多边政府应急合作、联合国主导下的多边政府应急合作等。

相邻国家的政府应急合作是双边应急合作和国际减灾合作的主要形式之一，具有交流合作便利、互惠性的特点。

区域多边政府间应急合作往往由区域性大国主导，由其负责提供区域内的应急信息、资源、技术、条件建设和能力支持等，这对于谋求区域性大国地位的潜在大国也具有相当大的吸引力。作为全球第一大经济体和第一大区域联盟，欧盟的政府应急合作具有重要的标志性意义。其应急合作的体制、机制对旨在区域性守成的区域性大国具有指导意义。

而联合国主导下的政府多边应急合作，作为国际多边应急合作的主渠道，对于推进政府间国际应急合作具有基础性意义，对于安理会常任理事国之一的中国更是意义非凡。

第二章　美国政府应急管理体制

美国是发达国家中应急管理法制、体制、机制最为健全的国家之一，其政府应急管理体制被公认为世界各国的样板。

第一节　美国政府应急管理发展简史

一、以民防为主的时期

美国政府应急管理可追溯到1803年的首个灾害立法，该法规定了美国政府有责任帮助遭受大规模灾难的个人和社区，联邦可以帮助地方政府救灾，但这种救援是个案而非制度，需通过法案授权的形式实施。在其后的一个世纪里，美国国会先后通过了近百个法案以应对各类自然灾害。

美国国会于1916年颁布了《美国军队拨款法案》，成立了“国防理事会”，并要求各州、地方成立相应机构。这可作为美国民防制度的开端，其作用在于避免美国公民遭受战争打击，并为美国赢得战争调动一切人力、物力和财力。①

20世纪30年代，联邦政府需要应对更多的自然灾害问题，政府允许复兴金融公司给发生自然灾害的地区发放贷款，用于灾后公共设施的修复和重建。起初这种灾害仅限于地震，后又扩展到其他灾害。1934年，公路管理局得到联邦政府的批准，可在公路和桥梁遭到自然灾害的毁坏时，通过发放长期债券筹集重建资金。同年，联邦政府还通过防洪法令，授权美国陆军工程兵团制订防洪计划。这些零散的灾害立法不可避免地存在职能交叉、跨部门协同不够等问题。1950年制定的《灾害救助和紧急援助法》（也称罗伯特·斯坦福法），是美国第一个与应对突发事件有关的法律。该法规定了重大自然灾害突发时的救济和救助原则，还规定联邦政府在灾害发生时对州和地方政府的支持，适用于除地震以外的其他天灾。它不仅开创了联邦政府灾难性事件的救援计划，而且确定了联邦政府在灾难救援和减少灾害与灾难方面的职责。

---

① 王宏伟．美国应急管理的发展与演变［J］．国外社会科学，2007（2）：54～60．

第二次世界大战期间，为确保战时生产安全，罗斯福总统责成联邦调查局对战时物资生产工厂进行调查，并成立了“应急管理办公室”，负责战时生产的安全保卫工作。随着战争形势的发展，应急管理办公室的职能不断扩大。1941年，罗斯福取消“国防理事会”而代之以“民防办公室”。民防办公室是下辖44个州、1 000个地区的国防理事会，为美国取得反法西斯战争的胜利立下了汗马功劳。① 在“二战”时期为保护民众不受侵袭的“空袭救援报警和紧急庇护系统”的基础上，1950年联邦政府通过了《联邦民防法案》，创立了全美范围的民防机构。苏联原子弹爆炸试验成功后，联邦政府又将民防计划的重点转为保护民众免受核攻击。20世纪50年代，随着冷战的加剧以及敌对双方都拥有打击对方的实力，美国几乎所有城镇都建立了民防机构。每个社区都草拟了自己的应急计划，修建地方庇护所，甚至个人和家庭也在重建“二战”后被放弃的庇护设施。②

总体而言，此时美国的应急管理体制尚处于摸索阶段，还没有形成统一的法律与政策规范应急管理。从广义上说，美国的应急管理平时以救灾为主，战时则以应战为主。

二、碎片化管理、以救灾为主的时期

20世纪60年代以来，尽管冷战威胁时有加剧，但是政治气候逐渐发生变化，公众注意力也转向其他公共安全事件，如地震、飓风和人为的各种灾难性事故。1961年，肯尼迪政府在白宫成立了专门应对自然灾害的“应急规划办公室”（1968年改称“应急准备办公室”），全面管理自然灾害发生后的资源调配与利用、灾害救助与恢复、经济稳定与政府的持续性等。③ 民防职责交由国防部“民防办公室”行使。1971年，民防办公室更名为“防务民事准备局”，各州及地区获得的拨款一半用于民防，另一半用于应急。民防工作人员要协助各州及地方政府制订应对自然灾害及核打击的计划。

20世纪60年代和70年代初，美国发生了许多自然灾害，如1962年发生的卡拉飓风、1965年发生的贝特西飓风、1969年发生的卡米雷飓风和1972年发生的阿格尼斯飓风，以及1964年发生的阿拉斯加地震和1971年发生在南加利福尼亚的圣佛南多地震。灾后修复与重建工作主要由联邦灾害援助管理局负责（直属于住房和城市发展部）。这些灾害引起人们对自然灾害问题的关注及制定相关

---

① 王宏伟．美国应急管理的发展与演变［J］．国外社会科学，2007（2）：54～60.

② 郭太生．美国公共安全危机事件应急管理研究［J］．中国人民公安大学学报，2003（6）：16～25.

③ 信息系统工程．溯本求源：小火灾引发大变革——美国应急管理沿革［J］．*China CIO News*，2008（6）：58～59.

法律的强烈意愿。① 1968 年国会通过《国家洪灾保险法》，该法授权建立 2.5 亿美元的国家洪水保险基金，规定保险赔偿费的最高限额为 25 亿美元，并首次使洪泛区内四分之一的住户和小企业获得洪水保险。1973 年的《洪水灾害防御法》则扩大了洪水保险计划范围，增设了海岸侵蚀和崩塌损失保险，将居民和企业的损失赔偿费增加 2 倍，授权向单户住宅及其内部财产分别提供最高达 3.5 万美元和 1 万美元的保险，向其他住宅建筑物及其内部财产分别提供 10 万美元和 1 万美元的保险，该法的第二部分还对减灾要求作出了规定。② 于 1974 年经过修订出台的《灾害救助和紧急援助法》进一步确定和扩展了联邦政府对州政府与地方政府、对家庭与个人，以及州政府和地方政府对家庭与个人的援助责任。联邦政府的责任已经包括民防、发生灾难时对州和地方政府的援助、对个人和家庭的援助、对警察和消防人员的训练，以及对部队和社会公众的疏散撤离训练等。1976 年实施的《紧急状态管理法》详细规定了全国紧急状态的过程、期限以及紧急状态下的总统权力，并对政府和其他公共部门的职责作出具体规定。后又推出针对不同行业、不同领域应对突发事件的专项实施细则。

20 世纪 70 年代后期，美国遭受了严重的自然灾害。特别是 1974 年，美国中西部爆发的龙卷风使数百人丧命。1977 年，田纳西河流域遭遇巨大洪灾，发生多起崩坝事件，使得美国政府越来越重视灾害事故的应对。但是，美国应急管理已出现碎片化现象，应急管理职能主要分散在多个联邦部门：美国通用服务局主要负责大型灾害中各联邦机构的响应协调，包括政府的持续性、物资储备、联邦准备；联邦住房与城市发展部主要负责联邦灾害救助活动的协调，包括洪水保险；1974 年的《联邦火灾预防与控制法》使商业部除负责天气和预警外，还负责防火；财政部负责进口调查；核管制委员会负责电厂安全。此外，军方还设有负责防范核打击的防务民事准备局和负责洪水控制的陆军工程师部队。至此，美国已有 100 多个联邦机构参与自然灾难、紧急事故和突发性事件的处理。众多部门职责不清，彼此重叠，关系混乱，经常发生"势力范围"之争。在各州及地方政府，应急管理碎片化趋势更加明显，问题也更加突出。

1977 年，全美州长联合会指出，美国缺少一个全国性的综合应急政策，联邦应急职能分散于诸多部门中，削弱了各州管理灾害的能力。1978 年，该联合会发表了《1978 年应急准备计划：最终报告》，建议联邦、州及地方政府建立平等的伙伴关系以推行综合应急管理方式。③

---

① FEMA History. http://www.fema.gov/about/history.shtm.

② 李翔．美国的自然灾害管理体制与政策体系［J］．今日浙江，2008（3）：54～55.

③ 王宏伟．美国应急管理的发展与演变［J］．国外社会科学，2007（2）：54～60.

在这个时期，美国的应急管理体制处于频繁的调整过程之中。在遭受众多自然灾害之时，美国制定了很多法案。到20世纪70年代末期，美国应急管理政出多门，成立一个独立的应急管理机构的呼声渐高。

三、联邦应急管理局（FEMA）成立，救灾与民防整合的应急管理时期

1976年，吉米·卡特总统宣誓就职后，在美国州长联合会的要求之下，于1978年出台了《民事服务改革法案》，着手对联邦的应急准备计划进行重组，将各个分散的灾害处理部门重新组合，并于1979年成立了联邦应急管理局（Federal Emergency Management Agency，FEMA），实现了救灾与民防的功能整合，成为美国应急管理发展的里程碑。FEMA被指定承担协调联邦、州和地方政府应对危机的职责，是全美紧急事件管理的领导机构。FEMA由一系列联邦部门合并而成，包括国家消防管理局、联邦保险局、联邦广播系统、防务民事准备局、联邦灾害援助局、联邦准备局等。不仅如此，它还被赋予了许多新的应急准备与减缓职能，如监督地震风险减除计划、协调大坝安全、协助社区制订严重气象灾害的准备计划、协调自然与核灾害预警系统、协调旨在减轻恐怖袭击后果的准备与规划等。①

FEMA的成立标志着“综合性应急管理”的开始，其具体含义包括两层，即全风险管理与全过程管理。从横向看，应急管理对象由单灾种向多灾种转变，即FEMA将各个下属机构协调起来以应对不同类型的灾害；从纵向看，应急管理应该是一种全过程管理，即FEMA无论应对哪一种灾害，都要经过减缓、准备、响应与恢复四个阶段。约翰·马斯被任命为FEMA的第一任局长。马斯指出，突发自然灾害的防御和城市治安防御具有相似之处。因此，FEMA开始发展综合防灾管理系统，包括与灾害相关的指导系统、控制系统和预警系统，其处理范围包括从小型事件到突发战争等各种灾难。

FEMA从诞生之日起就面临着严峻挑战：它需要协调各种关系，包括协调内部组织关系、自身与国会及各州地方政府的关系。从内部看，FEMA组织方面的整合容易，但运行模式的整合困难；从外部看，FEMA要接受国会23个委员会和分委员会的监督。1982年，路易斯·古伊弗里达接管FEMA并进行重组，将其主要职能再次转向应对苏联的核打击。他的继任者朱利斯·贝克顿将军也奉行此政策。由此可见，在FEMA成立之初，美国应急管理虽然表现出民防与救灾相结合的原则，但依旧以应对苏联的军事进攻为重点。

---

① 王宏伟．美国应急管理的发展与演变［J］．国外社会科学，2007（2）：54～60.

20 世纪 80 年代末到 90 年代初，历经东欧剧变、苏联解体，美国成为世界超级大国。苏联核打击的威胁淡去，自然灾害逐渐成为美国应急管理关注的焦点。政府应对各种灾害的效能也成为左右民众手中选票的重要因素。

1989 年，美国爆发的两场大规模自然灾害使 FEMA 隐藏的问题开始浮出水面。是年 9 月，雨果飓风袭击了波多黎各和处女岛后，又席卷了北卡罗来纳州和南卡罗来纳州，造成 85 人死亡，经济损失达 150 亿美元。联邦应急管理局的行动非常迟缓，受到公共舆论的严厉谴责。

1992 年，安德鲁飓风袭击了佛罗里达和路易斯安那，之后伊尼基飓风又袭击了夏威夷。联邦应急管理局对于这两场飓风都没能成功应对，其自身在救灾体系与救灾程序上存在的缺陷也因此暴露无遗，引起美国公众的强烈不满。布什总统派交通部长安德鲁·卡德接管了灾害响应工作，同时动用军队救灾。许多人主张对联邦应急管理局进行脱胎换骨的改革，甚至主张取消该部门。

1993 年，美国公共管理国家研究院发表了影响非常之大的《应对巨灾：建立自然及人为灾害中满足人民需要的应急管理系统》。同年，美国总审计署也发表了《灾害管理：改善国家对巨灾的响应》和《灾害管理：最近发生的灾害表明需要改善国家的响应战略》两份报告。这三份报告所涉及的主要问题有六个：联邦应急管理局是否应当解散；军队在灾害中应发挥什么作用；联邦应急管理局与抵御核打击的民防在灾害中应发挥什么作用；联邦应急管理局的职能如何才能得到改进；如何建立联邦应急管理局与州及地方应急管理机构之间更为良好的关系；联邦应急管理局如何改进与白宫及国会的关系。这三份报告的结论在某种意义上是对联邦应急管理局改革的理论探讨。

这些报告提出以下建议：第一，总统与白宫应更多参与灾害响应，确保对灾害作出快速、有效的响应；第二，在紧急状态下，迅速地部署 FEMA 的灾害评估团队；第三，从法律上更为清晰地授权 FEMA 进行巨灾动员；第四，号召国防部将其与灾害响应相关的资源，特别是国民警卫队整合到联邦响应的大系统中；第五，FEMA 需要推行综合应急管理计划，放弃民防计划；第六，增加对州及地方政府拨款的灵活性以改进其灾害应急计划；第七，FEMA 的高级管理职位应该由拥有应急管理专业背景和灾害响应经验的人士来出任。①

1993 年，克林顿当选美国总统后，任命应急处置经验丰富的詹姆斯·李·维特执掌 FEMA。维特领导 FEMA 进行了大规模的改革，使 FEMA 处理灾害和灾后重建的效率大为提高。他强调对灾害进行预防和减缓，采取集中办公的方式为难民服务。冷战结束后，维特将联邦应急管理局用于战争防御的资源转移到灾害

---

① 王宏伟．美国应急管理的发展与演变［J］．国外社会科学，2007（2）：54～60.

的防御和重建工作中。① 1993 年，美国中西部 9 个州遭受洪灾；1994 年，加州发生北岭地震。FEMA 在这两场灾害中采用了新的运作方式和先进技术，反应迅速，应对有力，重新赢得了公众的支持。维特也因出色的政绩被擢升为克林顿政府的内阁成员，应急管理的价值与重要性也因此得到提升。

联邦应急管理局在此期间还向全国发出倡议，推行一个以社区为基础的全新灾害减缓计划，即“影响工程：建设抵御灾害的社区”。它要求建立包括各利益相关者在内的伙伴关系，识别并减少风险。商业部门首次被融入伙伴关系的范畴之内，体现了全民参与的思想。这个工程的目的是把风险及风险规避决策纳入社区日常决策，促进社区经济的可持续发展，保护自然资源，确保公民的生活质量。该计划受到社区的广泛欢迎，也得到国会的认可，防灾减灾效果明显。然而，“9·11”事件的发生使美国的应急管理又一次受到冲击。②

四、国土安全部（DHS）成立，重反恐、轻救灾的应急管理时期

2001 年，美国总统乔治·布什任命乔·阿巴赫为联邦应急管理局局长。几个月以后，“9·11”事件给 FEMA 带来空前考验。FEMA 协助新成立的国家安全办公室处理紧急事务，而 FEMA 防御办公室也增加了新的任务，他们需要对突发事件进行应急响应和处理大规模杀伤性武器。

为了应对突发的恐怖事件，政府指导 FEMA 通过发放债券集资数十亿美元。FEMA 也将工作重点从自然灾害转向公共安全。2002 年 11 月 25 日，美国制定了《国土安全法》，设立内阁级的国土安全部；2003 年 1 月 25 日，美国内阁级的国土安全部正式成立；2003 年 3 月 FEMA 与其他 22 个政府机关合并，成为美国国家安全部的一个直属部门。新成立的联邦应急管理局由汤姆·瑞吉领导。联邦应急管理局是国土安全部的四个主要分支机构之一，正式员工约 2 500 人，兼职顾问和预备役军人 5 000 多人。③

但是，国土安全部如何将 22 个不同部门协调起来、融为一体，避免官僚机构的权力之争，这不是轻而易举的事。更为糟糕的是，在应急管理实践中，美国国土安全部将反恐作为首要职责，忽略了对自然灾害、技术灾难等的预防和应对。2005 年，美国南部墨西哥湾沿岸遭受卡特里娜飓风的袭击，国土安全部救援不利，造成 1 000 多人丧生，被称为“天灾版的 9·11”。这引起了美国学者的深刻反思：美国国土安全部官员短视地将注意力集中在恐怖主义威胁上面，这

① FEMA History. http://www.fema.gov/about/history.shtm.

② 王宏伟. 美国应急管理的发展与演变［J］. 国外社会科学，2007（2）：54～60.

③ FEMA History. http://www.fema.gov/about/history.shtm.

导致了FEMA的解体以及对更为明确的自然风险威胁的忽视。

全风险应急管理一直是美国联邦应急管理的主旨，这意味着反恐只是应急管理的一项重要任务。但是，在国土安全部成立后，美国背离了全风险应急管理的原则，单纯地以反恐为核心，其他领域呈现萎缩状态。卡特里娜飓风后，美国政府和公众展开了对应急管理的新一轮反思。许多学者认为，“联邦应急管理局再造”已成为当务之急。

在经济全球化背景下，人类面临的各种风险之间具有很强的相互关联性和可转化性。美国的综合性应急管理是一种有效的应急管理模式，它既是一种全风险管理，也是一种全过程管理。卡特里娜飓风救援的失败在很大程度上是因为美国应急管理在“9·11”后偏离了综合性应急管理的轨道。

2006年10月4日，美国总统布什签署《后“卡特里娜”应急管理改革法》，赋予FEMA以新的职能，增强国土安全部对于各种风险和威胁的预防、准备、防范、响应及恢复能力：第一，新的FEMA在紧急状态下可以提升为内阁级部门，其长官直接对总统负责；第二，新的FEMA将继续作为国土安全部的组成单位，负责有关恐怖袭击的准备、响应和恢复；第三，新的FEMA将扩充规模，增加800~900人。①

新FEMA的具体职责主要包括：领导全国的综合性应急管理工作，应对各种风险，包括灾难性事故；与非联邦实体结成伙伴关系以建立全国性的应急管理体系；发展联邦响应能力；整合自身的综合性应急管理职责；建立强大的地区办事机构以解决地区优先解决的问题；利用国土安全部的资源形成非联邦应急管理能力；发展、协调全风险准备战略的实施。

“9·11”事件后美国试图将反恐与救灾整合到国土安全部体制下，但出现了“重反恐，轻救灾”的偏差，《后“卡特里娜”应急管理改革法》则是要矫正上述偏差，在扩充、完善综合性应急管理的基础上，实现救灾与反恐并重。

第二节　美国政府应急管理机构设置和职能

在2001年“9·11”事件之后，美国已逐步建立了一个相对完善的应急管理组织体系，形成了三层组织结构：联邦政府的国土安全部、州政府应急管理局以及地方政府应急管理中心（见图2-1）。

① 王宏伟. FEMA的演变与发展——透视二战后美国应急管理的四次大变革. http://www.dgemo.gov.cn/yjzx/ShowInfo.asp? ID=623, 2009-12-09.

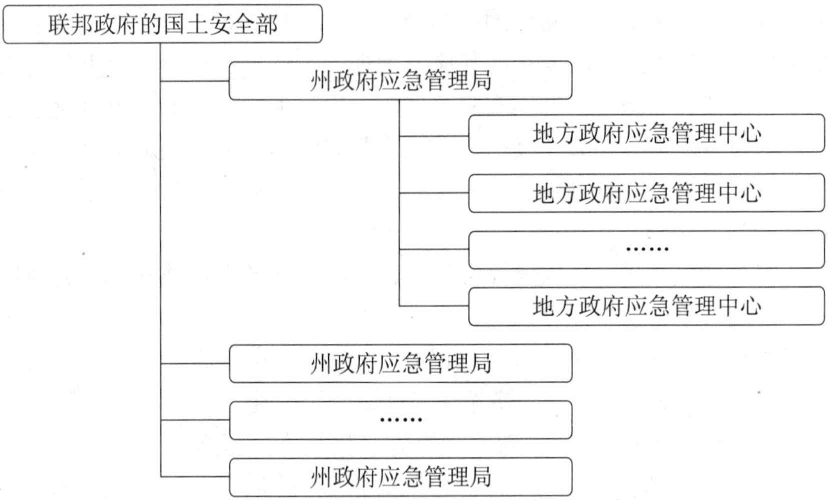

图 2－1 美国政府应急管理组织体系

一、国土安全部（United States Department of Homeland Security, DHS）

美国联邦政府的国土安全部于 2003 年 1 月正式成立，该部门由海岸警卫队、移民规划局、海关总署等 22 个联邦机构合并而成（见表 2－1），财政预算每年为 400 亿美元，雇员达 17 万人之多，是自 1947 年杜鲁门政府把空军部和海军部纳入国防部，并成立国家安全委员会以来最大规模的政府改组，也是自 1988 年成立退伍军人事务部之后首次建立的新的内阁级部门。

国土安全部的使命是“捍卫人民自由，保卫美国”（Preserving Our Freedom, Protecting America）。它的主要职责是预防在国内发生的恐怖主义袭击；提高美国对恐怖主义的应对能力；一旦发生恐怖袭击，使损失降到最小并尽快恢复。[①] 根据承担的主要职能，该部门划分为四大业务分部：第一，信息分析与基础设施保护分部，负责融合、分析来自其他机构的涉及国土安全威胁的情报和信息，全面评估关键基础设施应对恐怖主义的能力，充分发挥信息分析、预警和综合监控作用；第二，预防生化核袭击分部，负责领导联邦政府应对恐怖分子威胁的准备和反应工作，负责对付大规模毁伤性武器威胁和集团性恐怖主义行动；第三，边境与运输安全分部，统管主要边境、领海和运输安全，即负责监视美国与墨西哥、加拿大的边境线，15 万千米的海岸线以及所有港口和机场；第四，应急准备与反应分部，负责监视国内灾难准备训练，协调政府各部门的灾难反应。除上

① Homeland Security Act Sec101.

述四个分部之外，原隶属财政部的特勤处也将划归国土安全部管理，其主要任务仍是保卫美国总统和其他政府重要官员的安全，但特勤处将作为国土安全部的一个独立部门直接受部长领导。[①] 此外，海岸警卫队也作为一个独立部门直接受部长领导，负责保卫重要公共建筑物、水域和港口。[②]

表 2-1 调入国土安全部的机构[③]

调入机构	原属部门	现属部门
海关总署 The U. S. Customs Service	财政部 Treasury	海关和边境保护局（CBP） 移民和海关执法局（ICE）
移民和归化局 The Immigration and Naturalization Service	司法部 Justice	海关和边境保护局（CBP） 移民和海关执法局（ICE） 公民和移民服务局（CIS）
联邦保护局 The Federal Protective Service	总务管理局 GSA	移民和海关执法局（ICE）
运输安全管理局 Transportation Security Administration	运输部 Transportation	运输安全管理局（TSA）
联邦执法培训中心 Federal Law Enforcement Training Center	财政部 Treasury	联邦执法培训中心
动植物卫生检验局（部分） Animal and Plant Health Inspection Service	农业部 Agriculture	海关和边境保护局（CBP）
国内防备办公室 Office for Domestic Preparedness	司法部 Justice	联邦应急管理局（FEMA）
联邦应急管理局 Federal Emergency Management Agency	独立	联邦应急管理局（FEMA）
核事故应急小组 Nuclear Incident Response Team	能源部 Energy	联邦应急管理局（FEMA）
国内应急支援小组 Domestic Emergency Support Teams	司法部 Justice	联邦应急管理局（FEMA）
全国国内防备办公室 National Domestic Preparedness Office	联邦调查局 FBI	联邦应急管理局（FEMA）
国家战略储备和灾害医疗系统 Strategic National Stockpile and the National Disaster Medical System	卫生与公众服务部 HHS	2004 年 7 月 归入卫生与公众服务部

① 吕有生．美国成立国土安全部的缘由［J］．现代军事，2003（2）：49～50.

② 王月红．美国国土安全部正式成立［J］．国家安全通信，2003（3）：34～37.

③ History：Who Became Part of the Department？http：//www.dhs.gov/xabout/history/editorial_ 0133.shtm.

（续上表）

调入机构	原属部门	现属部门
化学、生物、放射与核对抗局 CBRN Countermeasures Programs	能源部 Energy	科学技术局
环境测量实验室 Environmental Measurements Laboratory	能源部 Energy	科学技术局
国家生物武器防卫分析中心 National BW Defense Analysis Center	国防部 Defense	科学技术局
普拉姆岛动物疾病中心 Plum Island Animal Disease Center	农业部 Agriculture	科学技术局
联邦计算机事故反应中心 Federal Computer Incident Response Center	总务管理局 GSA	国家计划和准备局 网络和通信安全办公室计算机应急响应小组（US－CERT）
国家通信系统局 National Communications System	国防部 Defense	国家计划和准备局 网络和通信安全办公室
国家基础设施保护中心 National Infrastructure Protection Center	联邦调查局 FBI	行动协调办公室 基础设施保护办公室
能源安全和保障计划 Energy Security and Assurance Program	能源部 Energy	基础设施保护办公室
海岸警卫队 U. S. Coast Guard	运输部 Transportation	独立机构
特勤处 U. S. Secret Service	财政部 Treasury	独立机构

1. 国土安全部组织架构

在国土安全部成立之前，全美共有超过 87 000 个联邦、州和地方政府等不同行政层次的机构承担国土安全责任。国土安全部利用联邦、州和地方政府的资源，整合了多个部门和方案，形成单一综合的部门以保护美国国土和公民安全，它是一个真正承担国家安全使命的部门，具体由以下几个主要部门组成。①

（1）国家保护和规划局（Directorate for National Protection and Programs）：承担降低部门风险的使命，采取综合的办法减少物理和潜在的威胁以及相关的人为因素风险。

（2）科学技术局（Directorate for Science and Technology）：主要承担国土安全部技术研究与开发的任务，它为联邦、州和地方政府官员提供技术与能力支持以保卫国土安全。

---

① Department Subcomponents and Agencies. http：//www. dhs. gov/xabout/structure/.

(3) 总务局 (Directorate for Management): 主要负责国土安全部的预算、拨款、资金支出、会计与财务、采购支出、人力资源、信息技术系统、设施和设备，以及识别和跟踪绩效评价。

(4) 政策办公室 (Office of Policy): 国土安全部政策制定和协调的主要部门，它提供集中的、协调的、长远的计划以保护美国安全。

(5) 卫生事务办公室 (Office of Health Affairs): 协调国土安全部所有医疗活动以确保安全和在应对医疗意外事件时有适当的准备。

(6) 情报工作和分析办公室 (Office of Intelligence and Analysis): 负责对来源于各方的信息和情报进行鉴定，评估美国当前的和未来的威胁。

(7) 行动协调办公室 (Office of Operations Coordination): 在负责日常安全监测的基础上，协调国土安全部内部以及与州长、国土安全顾问、法律执行伙伴以及50个州和全国范围内50多个主要城市的基础设施运营商的活动。

(8) 联邦执法培训中心 (Federal Law Enforcement Training Center): 为法律执行专业人员提供长期职业培训以帮助他们安全、熟练地履行职责。

(9) 国内核检测办公室 (Domestic Nuclear Detection Office): 致力于加强核探测，努力确保联邦、州、地区、部落和地方政府以及私人部门协调应对核威胁。

(10) 运输安全管理局 (Transportation Security Administration, TSA): 保护全国的运输系统以保证人员迁徙自由和贸易流通。

(11) 海关和边境保护局 (United States Customs and Border Protection, CBP): 保护国家边界以阻止恐怖分子和武器进入境内，同时便利合法贸易和旅游。

(12) 公民和移民服务局 (United States Citizenship and Immigration Services, CIS): 负责移民和归化审判管理，建立移民服务政策和优先事项。

(13) 移民和海关执法局 (United States Immigration and Customs Enforcement, ICE): 国土安全部最大的调查机构，负责识别和关闭全国的边界，调查交通运输系统和基础设施安全上的漏洞。

(14) 海岸警卫队 (United States Coast Guard): 保护公众、环境和美国的经济利益，在全国的港口、沿海航道、公海或任何海域按要求支持国家安全。

(15) 特勤处 (United States Secret Service): 负责保护总统和其他高级官员，调查假冒和其他包括金融机构欺诈、身份盗窃、计算机欺诈的金融犯罪，以及国家金融、银行、电信基础设施的黑客攻击。

(16) 联邦应急管理局 (Federal Emergency Management Agency, FEMA): 为国家应对危害做好准备，负责任何事故下的联邦救灾和灾后恢复工作，并负责管理国家洪水保险计划。

除上面介绍的几个主要部门，国土安全部还设有各种办公室、咨询团和专家委员会以确保该部的正常运转，达到保卫人民和国土安全的目的。

2. 美国联邦应急管理局（Federal Emergency Management Agency，FEMA）①

FEMA 成立于 1979 年，于 2003 年并入国土安全部，2002 年颁布的《国土安全法》特别对 FEMA 委以重任，“通过带领并支持国家执行其以全风险管理的紧急应变管理计划来减少生命及财产损失并且保护国家免于所有的危险威胁”②。2006 年《后“卡特里娜”应急管理改革法》对其赋予新的职能，FEMA 据此进行了重组。FEMA 具体工作包括：为建筑法律提供建议；管理国家洪水保险计划；指导公众如何应对灾难；协助国家和地方准备应急装备；协调联邦政府应对灾难；为各州、社区、企业和个人提供灾难援助；应急管理人员培训；支持国家消防服务等。FEMA 活动范围广至灾害的整个生命周期。FEMA 自成立以来一直是美国备灾、抗灾、灾后重建、减灾方面的一支强大力量，在美国历史上最大的几次灾害发生期间起到了重要作用。从飓风、地震到核电站爆炸和有毒物质污染，在变化莫测的各种危机中，都能看到 FEMA 救助人民的身影。③

FEMA 拥有超过 3 700 名全职雇员，近 4 000 名可供调度的灾难援助后备人员。其总部设在华盛顿，全国范围内划分为 10 个区域办事处：第一到第十区办事处分别设在波士顿（Boston）、纽约（New York）、费城（Philadelphia）、亚特兰大（Atlanta）、芝加哥（Chicago）、丹顿（Denton）、堪萨斯城（Kansas City）、丹佛（Denver）、奥克兰（Oakland）、西雅图（Seattle）。这些办事处与其辖区内的各州合作，协调减灾和应急工作。

FEMA 救灾援助的第一步是建立救护中心，满足受灾者的基本生存需求，提供食物、水、住所以及医疗救护（见表 2－2）。通常，救护中心的相关信息会在当地电视台和电台播出。

表 2－2　FEMA 提供的三种不同类型的援助④

类型	具体援助
住所	提供租住临时住所的资金，或在无法取得租住房屋时，政府提供临时居住单位
	提供保险不予赔付部分的受损房屋维修资金
	为损毁的未投保房屋提供重建资金
	提供直接援助或资金建造岛屿地区或 FEMA 指定的偏远地点的房屋

① FEMA Brochure. http：//www. fema. gov/pdf/about/brochure. pdf.

② Homeland Security Act Sec507.

③ What We Do. http：//www. fema. gov/about/what. shtm.

④ FEMA. 灾后援助——个人与家庭计划申请人指南. 2008. 7.

（续上表）

类型	具体援助住所
医疗	为患病灾民提供治疗和处方，无论他们的病情是否与灾难有关
	牙科费用
	丧葬费用
财产	个人财产的存储和运输，在某些情况下还提供替代品
	提供运输费用补助
	重建或修复公用基础设施，包括道路和桥梁、下水管道和公共建筑
	清理残骸

二、州应急管理局（State Emergency Management Agency）

尽管美国各州的法律、应急管理机制及各自的发展并不相同，但各级政府和部门都建立了应急管理办公室。历史灾害较多、综合实力较强的州，往往具备很好的应急能力，其机制也比较健全。伊利诺伊州（Illinois）是美国应急管理工作开展较为突出的州，其管理机制和队伍建设都很健全。①

1992 年，伊利诺伊州正式成立应急管理局（Illinois Emergency Management Agency，IEMA），其后各级政府设立应急管理办公室（Emergency Management Office），它们直接归州、县、市长管理，直接向州、县、市长汇报。各级应急管理办公室下设 24 小时值守中心和应急运行中心（Emergency Operation Center，EOC），具体负责日常运行和应急工作。IEMA 的主要责任是更好地准备应对伊利诺伊州自然的、人为的或技术的灾害，以及恐怖主义行为。IEMA 协调州内的减灾、备灾、救灾和灾后恢复的计划与活动，协助地方政府参与多种灾害的应急行动计划，并实施伊州应急行动计划。州应急运行中心（State EOC，SEOC）牵头负责紧急报告以及救援力量和应急资源的调度。② 它是全美第一个在国土安全部基金支持下建成的指挥中心，具有专门的指挥大楼，内设中央指挥厅和若干功能室，为所有应急职能部门预留位置。当发生重大突发事件需要多个部门协同应对时，州各部门派代表在应急指挥厅内进行资源调度指挥，SEOC 人员进行相关协调工作。

IEMA 在伊利诺伊州范围内共享各部门资源，汇总各部门决策建议，实现统

① 陈涛．美国应急指挥体系简介［J］．中国应急管理，2009（8）．

② About IEMA．http：//state. il. us/iema/about/．

一指挥、快速实施应急处置。利用伊利诺伊州的应急平台，可以实现两个重要功能：一是协调功能。包括协调现场处置所需的各种人力和物力资源（可调动1 000多名医护人员、45 000 名消防队员和30 000 名警察），协调有关部门和其他城市人力、物力，协调相关数据库实现信息共享，协调联邦驻州的联系员以寻求联邦帮助等。二是预测功能。主要是在突发事件发生时，对事件发展和趋势作出评估，包括事件持续时间、受影响范围、公共服务功能受影响程度以及需要动用的应对力量等。①

三、地方政府应急管理中心

美国州以下政府为地方政府，各州应急管理体制不尽相同，地方政府更是如此。芝加哥是伊利诺伊州的一个城市，该市的应急管理体制也较为完善。

1995 年，芝加哥启动了应急通信办公室，把城市的报警、火警和急救电话统一为“911”。2001 年，应急通信办公室开始协调有关国土安全问题的城市规划。该办公室还把原来由消防部门的应急准备和灾害服务局的相关职责承担过来，形成了今天的应急管理和通信办公室（Office of Emergency Management and Communication，OEMC）。OEMC 通过公众安全通信系统协调和处理紧急情况来保护市民的生命和财产安全。OEMC 包括接警室（911 中心）、311 城市服务、新闻发布室、监控管理中心、协调处理中心、联合应急处理中心、决策室、应急管理办公室（OEM）等部门。②

接警室的主要功能是接受报警和调度派遣，平均接入时间为 1.4 秒；新闻发布室主要用于召开新闻发布会，也可作为培训演练厅和会议场所等；监控管理中心控制芝加哥 2 000 多个摄像头，可接入警车、机场、楼宇、私人部门和移动平台视频图像，由专业人员对信息进行初步分析处理，并监督和处理接警室处理不了的问题，组织各专业部门会议；协调处理中心是卫生、电力、污水、动物、交通等部门会商决策的场所，各部门人员可在席位上直接调用相应部门的资源；联合应急处理中心是突发事件发生时市内各部门负责人会商决策的场所；决策室是领导进行决策的场所，配置了电子沙盘和触摸式屏幕，可观看遥感影像和 GIS 地图等，并可进行查询、标绘、量算、生成专题图等，查询的建筑物、应急车等细节均可显示在大屏幕上；OEM 利用国家事故管理系统应对紧急的和大范围的事故，为芝加哥应付紧急情况做好准备，为个人和机构从灾难中恢复提供援助，缓

---

① 清华大学美国应急平台考察团．美国应急平台及其支撑体系．http：//www.yb119.cn/news/200901/98_ 2.html.

② About OEMC. http：//egov.cityofchicago.org/oemc/.

解灾难的影响，尽可能阻止紧急情况和灾难的发生或恶化。①

四、美国政府应急管理中的府际关系

美国各级政府对各种紧急情况作出应急反应都是依据国家应急反应框架（National Response Framework，NRF）来进行的，NRF 是专门为政府部门、私营机构、非政府组织等制定的应急指南，指明了各级政府及其他组织机构在应急反应中的作用、应采取的行动以及相互间的合作和支持。②

第一，应急管理中地方政府的作用。被选举和委任的政府要员（市长、市政执行官、县政执行官）有责任确保公共安全和居民福祉，负责为应急准备、响应和恢复提供战略指导与资源支持。应急管理执行官负责协调应急管理日常工作，监督、检查应急管理规划的实施，协助行政长官做好有关应急管理工作，确保当地应急管理计划和各项工作目标统一、有序推进。应急管理有关单位、机构（如消防、法制、应急医疗服务、公共工程、环境和自然资源机构等）负责人和应急管理执行官合作，整合应急资源和能力，共同促进当地应急管理计划的发展。个人和家庭虽不是参与应急管理工作的官方力量，但在整体应急管理战略中扮演重要角色：加强防范，减少住所及周围的潜在威胁；制订家庭应急计划、准备应急箱；加入志愿者组织，参与防灾、抗灾、救灾、减灾工作；参加当地红十字会、培训机构、高校等开展的应急管理课程学习等。

第二，应急管理中州一级政府的作用。州一级政府对辖区居民的健康和福利负有责任。州政府和地方政府距离突发事件影响的人群最近，永远是应急反应和灾后恢复的领导机构。应急反应过程中，州政府在协调全州资源和能力以及获取邻州资源和能力等方面发挥关键作用。州是一个独立的实体，州长负责公共安全和居民福祉。各州都设置了大量应急管理相关机构，配备了专业人员，包括州应急管理机构、国土安全机构、州警察局、卫生机构、交通运输机构、事故管理队伍、专业队伍和国民警卫队等。州政府在应急反应中的作用是：在事前、事中和事后增补当地的人力和物力资源，如果某州预计其资源不足时，州长可以请求联邦政府提供帮助，也可以根据应急管理援助协议向其他州请求援助。

第三，应急管理中联邦政府的作用。联邦政府必须确保有广泛的人力和物力资源，以备州长请求援助时予以支持。当灾害超过或预计超过州政府或地方政府应急能力时，联邦政府提供人力和物力支援其应急反应。对于主要涉及联邦或主管部门管辖的事件（如军事、联邦设施、领土等方面事件），联邦部门或机构是

---

① What Is OEM? http://egov.cityofchicago.org/oemc/.

② National Response Framework. http://www.fema.gov/pdf/emergency/nrf/nrf-core.pdf.

第一应急反应主体或第一道防线，协调州和当地合作伙伴做好各项工作。联邦政府与私营机构和非政府组织保持紧密的工作关系。根据2002年国土安全法案和国土安全总统令，国土安全部长是美国本土突发事件管理的首席联邦官员。突发事件管理是指如何管理全国所有的国土安全工作，包括预防、保护、应对和恢复。其他联邦部门和机构负有支持国家应急反应活动的主要责任，并在应急框架的协调机制下履行这些职责。国土安全部在总部、区域和现场负责协调其他机构以加强对联邦政府的支持。

NRF规定了应急反应的五项主要原则，包括建立协作伙伴关系，分级应急反应，反应能力可扩展性、灵活性和适应性，统一指挥、统一行动，常备不懈等，确定了支持国家应急反应任务的行动。其中，协作伙伴关系，分级应急反应和统一指挥、统一行动原则在一定程度上规范了应急管理中各层次政府间的关系。

（1）建立协作伙伴关系。各级领导必须通过制定共同的目标和加强协调能力，明确表示并积极支持加入协作伙伴关系，确保任何政府不因危机而瘫痪。联邦、州、部落和地方各级政府的相互支持，有利于共同制订应急预案，必要时共同作出应急反应。建立协作伙伴关系要求所有合作伙伴在应急框架下互相通报突发事件的应对工作及快速反应情况。

（2）分级应急反应。最基层的政府必须对突发事件作出反应，必要时可请求外部援助。许多突发事件发生时，需要当地政府、机构、非政府组织和私营机构作出统一反应；部分突发事件需要邻区或邻州的外部支持；少数突发事件需要联邦政府的支持。各级政府、机构、组织都要做好应急反应准备，预备可能需要的资源。

（3）统一指挥、统一行动。有效的统一指挥，是应急反应活动不可缺少的一部分，需要每一个参与的组织对自己所扮演的角色和职责有一个明确的认识。成功的应急反应要求统一行动，这不仅不妨碍各参与组织的指挥链，反而有利于各辖区追求共同目标，实现高效协调。运用突发事件指挥系统是实现跨辖区、跨机构管理突发事件的重要环节。统一指挥可以为负有不同应急管理权责的机构提供联合支持，每个参与机构保持自己的权力、责任和义务。军队不遵从突发事件指挥官的指挥，也不在突发事件指挥框架的统一指挥下行动。

第三节　美国政府应急决策体系和过程

美国应急管理中最为突出的是制定了一套完整的应急反应框架作为应对各种

紧急情况的指南。该框架是在 2004 年颁布的原美国国家应急计划基础上改进而来的，目的是响应突发事件并建立一个预案框架来解决紧急事件。其特点是：规定了全美各级政府、民间团体、私营部门和每个公民的角色与责任；定义了地方政府、区域政府、州政府和联邦政府、私营机构、非政府组织中哪些人应该参与紧急事务管理活动；描述了各级各类专门机构运用的最佳方法以开展各种紧急事件的应急管理等。“框架”是一个具有可扩展性、灵活性和适应性的协调结构，在工作中得到不断更新和完善。目前最新版的美国国家应急反应框架于 2008 年 1 月 22 日发布。[①] 该框架把应急响应活动分为准备、响应和恢复三个阶段。在发生紧急事件时，美国联邦机构的应急响应及恢复行动的运作流程如下：

第一步，国土安全部总行动中心与流动危机反应支持中心连续监控潜在紧急事件信息，在可能的威胁发生之前启动区域运作中心。

第二步，一旦发生紧急事件，地方政府立即启动地方资源以应对各种情况，同时将情况通知州应急反应机构，由州应急反应机构评估紧急事件具体情况并考虑是否需要请求联邦援助。

第三步，如果需要州救助，则动用州资源并通知国土安全部区域办公室采取行动。由州长宣布全州进入紧急状态，激活州紧急事件运作计划。

第四步，一旦州的请求被宣布为重大紧急事件，国土安全部则将实施联邦应急计划，包括：任命联邦协调官，激活紧急事件支援小组、紧急事件应急小组、区域运作中心，召集重大灾难反应组。

第五步，完成紧急的反应后，在灾区展开恢复行动。联邦和州协助恢复与减缓灾难的机构汇集并讨论下一阶段州的需求。

第六步，反应和恢复行动后，灾区办公室的减缓人员要考虑最佳减缓措施，最大化利用联邦、州和地方的资源以修复或重建受损的设施。

第七步，当中央政府的紧急抗灾政策不再被受灾地区需要时，紧急事件应急小组开始实施撤离计划，选择性撤走联邦资源并且关闭灾区办公室。

第八步，行动结束后，联邦协调官要根据紧急事件应急小组的信息计划部门提供的具体问题和主要事件作出总结报告。数据和总结将被分析并提供给国土安全部管理层，供以后行动参考。

由以上步骤可以看出，美国国家应急管理行动程序的特点为：国土安全部参与应急行动的全部过程（包括“紧急事件预警—应急行动—恢复—总结分析”），使得紧急事件的应对全过程得到了较好的协调与配合；且国土安全部还能从中积

---

① 民政部应急管理平台项目考察团. 美国、加拿大应急管理工作及其启示［J］. 中国民政，2008（6）：34～36.

累更多的处置经验，提高处理紧急事件的效率。①

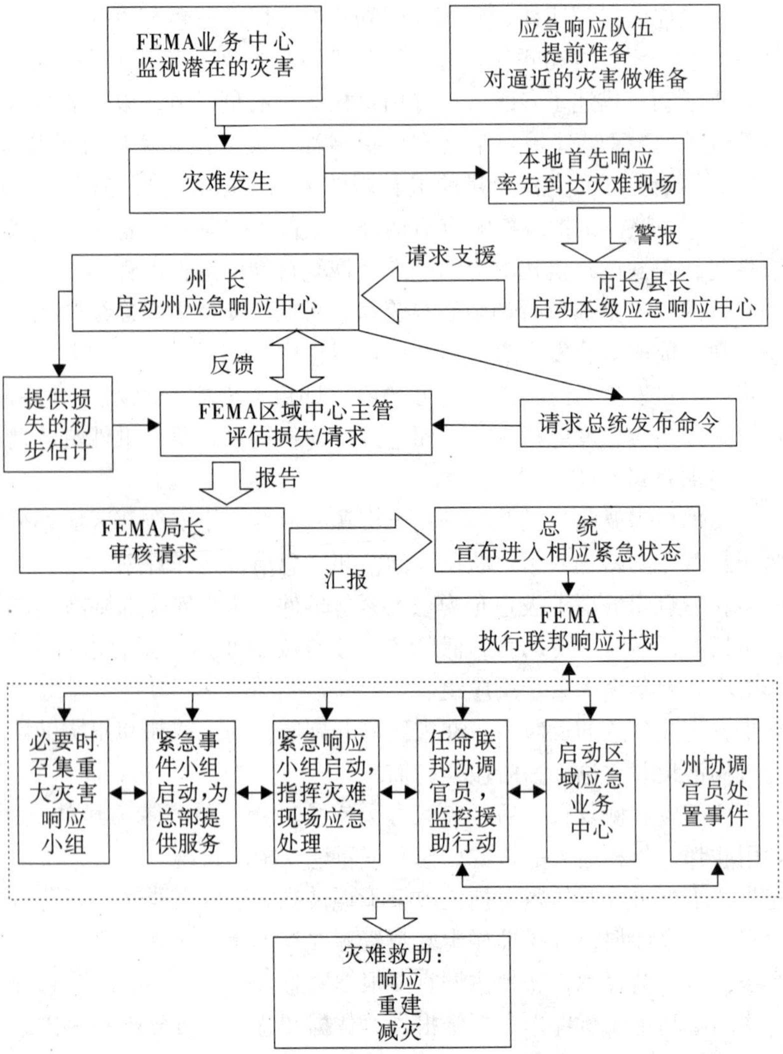

图2－2 美国灾害应急管理流程图②

---

① 李志祥，刘铁忠，王梓薇．中美国家应急管理机制比较研究［J］．北京理工大学学报（社会科学版），2006，8（5）：3～7.

② 黎健．美国的灾害应急管理及其对我国相关工作的启示［J］．自然灾害学报，2006，15（4）：33～38.

一、准备阶段

准备阶段在于设计响应阶段如何应急，包括一系列活动，即计划、组织、培训、装备、演习以及评估和改善。

计划主要包括如何利用人员、设备和其他资源支持事故管理与应急响应活动。计划确立了良好的运行机制和系统，确保行动的优先顺序，整合各机构和功能，确保通信和其他事故管理系统相容。

组织需要职能强大且全面的领导，以及建立一支响应和恢复任务必需的高素质雇员及志愿者队伍。各级政府应该提供有效的响应并不断提高响应能力。地方、区域、州和联邦政府需要建立不同类型的响应设备。有效的准备，需要有策略地获取和部署足够数量的设备、用品、设施与系统以执行分配的任务。

参加培训的组织包括政府、非政府组织、私营部门和志愿者组织，培训包括一系列标准化课程，即多机构事故指挥与管理、组织结构设置、行动程序、各部门具体的事故管理职责以及技术支持的整合与利用。事故管理组织和人员必须参与实战演习（包括多机构、多辖区和多部门），以提高各系统的相容性和合作的可能性，优化事故行动期间资源的利用。

准备阶段的评估和改善，既是最后一环，又是有效准备的基础。

通过制订应急预案，定期开展突发事件的应急培训、演练，建立应急通信信息系统，利用集群无线网、卫星通信等设施收集信息并加以分析观察，起到预防在先、提前准备的作用，这大大提高了突发事件的预测、预报效率，增强了防灾能力。

二、响应阶段

响应是对灾难作出的立即行动，包括群众撤离疏散、构筑沙袋和其他设施、保证应急食品和水源的安全、提供应急医疗服务、搜索救援、灭火、防止产生掠夺现象并维护公共秩序。美国的应急响应和管理活动是统一、协作、持续的有机体系，主要是以应急区域的各个地方政府为节点形成扁平化应急网络，各应急节点的运行均以事故指挥系统、多机构协调系统和公共信息系统为基础。

在灾害发生时通常会有如下反应：其一，联邦和州政府应急管理机构在应急活动中发挥协调功能，启用指挥场所，召集各相关部门的人员现场协同办公；其二，上级政府或周边地区提供的增援到达该辖区后，接受该辖区地方政府的领导和指挥；其三，联邦和州政府应急管理机构只是该网络节点之一，主要为地方政府的应急工作提供支持和补充，并不取代地方政府的指挥权；其四，联邦和州政府的应急管理机构负责及时分析和报告灾害发生情况，FEMA 的灾害报告同时分送给三个应急决策者，即 FEMA 最高管理官员、国土安全部长和总统；其五，跨区域应急时，联邦或州政府负责组织相关部门和地区拟定应急救援活动的总体目标、应急行动计划以及向各地区提供增援的优先次序。

三、恢复阶段

一旦完成即时的救生活动，响应的重点将逐步让位于恢复操作，应急活动将重点转向协助个人、家庭和企业，满足其基本需要以及致力于重要基础设施的恢复。

恢复阶段分为短期恢复和长期恢复。短期恢复是解决最迫切的问题，其部分活动与响应重叠，包括提供必要的公共健康和安全服务、恢复中断的公用事业和其他基本服务、重建运输路线、为流离失所的人提供食物和避难所等，这些活动可能会持续数周。长期恢复可能包括一些短期恢复的活动，但是持续的时间是几个月或几年，视灾害的严重程度和破坏程度而定。长期恢复还包括提供贷款和财政支持以便修复或重建受损房屋和个人财产；提供拨款，配合长期的结构性或非结构性的减灾措施以修复、重建道路和公共建筑物；提供技术上的支持，以识别和利用减灾几率来降低未来损失；提供其他相关服务，包括危机咨询服务、减税、法律服务、就业等。①

在准备、响应及恢复三个阶段的背后有强大的硬件支持。“9·11”事件之后，美国政府为提高事故预防、预备、响应、恢复和减灾的能力做了大量的工作。2003 年 2 月 28 日，美国总统发布了国土安全总统令第 5 号，要求国土安全部部长建立国家事故管理系统，以便促进全国联邦、州、地方和部落各级政府部门提高事故预防、响应和恢复的工作效率。美国总统令第 5 号还规定，在 2005 财政年度，联邦、州、地方及部落各部门申请联邦支援的一项前提条件就是实施国家事故管理系统。美国国土安全部于 2004 年 3 月 1 日颁布了《美国国家事故管理系统》。该系统具有广泛的适用性，进一步提高了应急响应工作的效率，提高了事故管理机构对各类潜在事故与危害的全面管理能力，并能促进公共与私有部门就各类国内事故管理活动进行协调与合作。该系统所指的事故包括恐怖活动、野外与城市火灾、洪水、危险物品泄漏、核设施、飞行器事故、地震、飓风、龙卷风、台风、战争相关的灾害等各类事故。

美国国家事故管理系统整合了国内现有的、最好的事故管理经验，建立了全国统一的国内事故管理方法，适用于各级部门、各类应急功能和各类危害。该系统由六大部分组成，即指挥与管理、预备、资源管理、通信和信息管理、技术支

---

① National Response Franwork.

持、系统管理与维护。其中，指挥与管理和预备最为成熟。预备部分已在上面的准备阶段介绍过，接下来介绍其他几个部分。

第一，指挥与管理部分。美国国家事故管理系统建立的标准事故指挥结构是以事故指挥系统、多机构协调系统和公共信息系统三大关键系统为基础的。

事故指挥系统（Incident Command System，ICS）体现了应急行动的特点，事故管理采取互动的方式，规定了应急的角色、组织结构、职责、程序、术语和实际操作的表格等，使应急指挥过程明确、有序、高效。

多机构协调系统规定了联邦、州、地方、部落和地区各层次的事故支持组织机构如何通过互助协议或其他援助计划开展应急行动和互动管理。

公共信息系统主要包括在危机或紧急情况下，及时、准确开展公众通信的方法、程序和系统。

第二，资源管理部分。资源管理包括人力、队伍、设施、设备和供给的管理，在事故期间为事故管理人员及时提供合适资源的工具、程序、系统的协调与监督。协调活动通常在应急行动中心开展，各协调机构建立之后，就必须制定资源分配的优先顺序以协调分配。资源管理的主要功能有：建立资源说明、清点、申请和跟踪系统，启动这些资源管理系统，发放资源，解散或取消资源。

资源管理采用统一的资源分析、获取、分配和跟踪方法，有效利用互助或捐赠资源，统一评审培训与证明标准系统，采用多机构协调机制。

为保证资源的有效管理，必须遵守五大原则：预先计划，各组织共同努力，预先制订资源管理与利用计划；分析与定购，资源管理通过标准程序与方法来定购、分析、动员、发放、跟踪事故管理活动所需的资源；资源分类，资源按规模、功能、能力、技术或其他特点来分类，提高资源定购和发放效率；资源利用协议，各方事前协议是申请资源的必要条件，是事故期间迅速有效开展事故资源管理的基础；有效管理，经实践检验过的资源管理方法，能系统而有效地完成资源管理的核心任务。

第三，通信和信息管理部分。美国国家事故管理系统规定了标准化通信工作的要求，管理（包括收集、分析和传播）并共享各级事故管理部门的信息。

事故管理组织必须确保通信方法、程序和系统有效而且兼容，能适用于各类事故管理活动、各机构和各辖区。采用普遍接受的信息管理结构、管理方法、程序和系统有利于确保信息（包括通信与资料）在所有应急响应责任机构之间、灾区与支援区之间的高效流通。有效的信息管理能够提高事故管理与响应的效果以及应急决策所需信息的充分性。

第四，技术支持部分。技术与技术系统是国家事故管理系统的重要组成部分。包括语音与数据通信系统、信息系统（即纪录保持与资源跟踪）和展示系统以及事故行动与事故管理的特殊专业技术。

国家事故管理系统离不开科学与技术的发展和进步。战略性的研究与开发确保了国家事故管理系统的持续改进，国家事故预防、准备、响应和恢复能力的提高依赖科学技术的支持。国家必须保持关注事故管理科学与技术的发展。

第五，系统管理与维护部分。美国总统第5号要求国土安全部组建国家事故管理系统的管理与维护机制。因此，应建立多辖区、多专业的整合中心，战略性指导、监督，长期维护和持续改进国家事故管理系统，指导联邦各部门和各级事故管理单位、应急响应人员或事故管理专业组织公私团体。联邦政府建立国家事故管理系统整合中心，管理与维护各方参与各项活动。整合中心与各方建立广泛联系，从各类事故中吸取教训，从国内事故管理培训和演习中学习经验，借鉴各辖区和各专业的良好做法。

国家事故管理系统整合中心的主要责任包括：制订国家事故管理系统教育与意识计划，提高国家事故管理标准的相容性；帮助编制并出版技术指南，编制国家事故管理系统有关的评价标准；帮助确定国家事故管理培训总体要求、国家培训标准与课程；帮助制订事故管理演练与培训计划；帮助建立并保持出版物与文件管理系统，评审专业组织与协会的出版物；帮助制定、出版、评审并批准有关应急响应人员、事故管理人员资质和证明的国家标准、导则与协议；帮助建立并保持有关事故管理人员或组织的资质、证明和评审的文件与数据库系统，协调制定最低专业资质标准；帮助建立事故管理设备和通信系统的绩效、能力和相容性标准；帮助制定并发行资源能力水平分类的国家标准；帮助确定并维护信息框架，协调科技部将事故管理科学纳入国家科研与发展计划，建立并保持国家事故管理信息与技术交流场所。①

第四节　美国政府应急资源保障体系

资源有广义与狭义之分，广义的应急资源包括防灾、救灾、恢复等环节所需要的各种应急保障，狭义的应急资源仅指灾害管理所需要的各种物资保障。本节所提到的应急资源指的是广义的应急资源，包括应急人员队伍、资金、物资以及科技、信息资源。

① 王宇航，王清华. 美国国家事故管理系统［J］. 现代职业安全，2004（11）：76～77.

一、应急队伍保障

美国应急队伍包括事故管理小组（Incident Management Team，IMT）和紧急救援队。

1. 事故管理小组①

联邦应急管理局建立了四级培训考核制度。参加事故管理小组，需逐级通过培训并经考核合格。按能力高低，该小组共分五类，分别是：

第一类：联邦和州层面，这一类是由联邦或州认证的团队，是经过最多训练，作战经验最丰富、最强的事故管理小组，是联邦、州、地方和应急管理机构通力合作的小组。美国共有该类小组 16 支。

第二类：联邦和州层面，与第一类相比，这一类虽然也是由联邦或州认证，也是联邦、州、地方和应急管理机构合作的小组，但是它们经过的训练、人员配备及作战经验都较少，只能处置国家和州较小范围的事故。

第三类：州或大都会区层面，是由来自一个州或国土安全部城区安全倡议地区的不同部门、组织、机构和行政区域的专门人才组成的常设小组，在事故超出第二类事故管理小组救助时期的时候启动支持事故救援。这一类小组回应整个州或州大部分地区，具体取决于不同州的法律、政策和法规。

第四类：市、郡或火灾地区层面，由来自大的和人口多的区域的消防、快递和法律执行人员组成的特定小组，在一个单一的行政区域（市或郡），在重大或复杂的事故发生后的第 6 ~ 12 个小时内救援，并可能过渡到第三类管理小组的救援。

第五类：地方城乡层面，主要由来自多个不同的相邻部门消防人员联合组成，经过训练在重大或复杂的事故发生的第 6 ~ 12 个小时内处于领导和参谋的位置。

虽然事故管理小组产生的主要目的是火灾响应，但这些小组能够处理广泛的紧急情况，包括火灾、洪水、地震、飓风、龙卷风、海啸、暴乱、有毒物质泄漏以及其他自然或人为因素造成的事故。

2. 紧急救援队

美国联邦、州、郡、市都有自己的紧急救援专业队伍，它们是紧急事务处理中心实施灾害救援的主要力量。紧急救援队伍为了适应各类灾害救援的需要，又被分成若干个功能组，各功能组相互配合，相互衔接，共同完成救援工作。救援

---

① Incident Management Team – Wikipedia. http：//en. wikipedia. org/wiki/Incident_ Management_ Team.

队伍又分为联邦紧急救援队和各州、郡、市救援队。[①]

(1) 联邦紧急救援队。联邦紧急救援队伍被分成十二个功能组，每组通常由一个主要机构牵头，负责完成某一方面的任务。它们分别是：①运输组，由交通部负责，主要提供民用和军用运输支持；②联络组，由国家通信委员会负责，提供通信支持；③公共设施和公共工程组，由国防部和工程兵共同牵头，负责恢复基本的公众服务和设施；④消防组，由林业局和农业部共同牵头，负责侦察及扑灭荒地、乡村和城市火灾；⑤信息计划组，由联邦紧急事务管理署牵头，负责收集、分析和传播消息，制订计划，帮助整个联邦紧急救援和恢复行动；⑥民众管理组，由美国红十字会牵头，负责管理受灾民众、分配食品、建立临时收容所、提供救援物资等事项；⑦资源人力组，由公众服务署牵头，为联邦各个机构提供设备、材料、必需品和人员；⑧健康医疗服务组，由卫生部负责，为公众健康和医疗需要提供帮助；⑨城市搜索和救援组，由联邦紧急事务管理署牵头，负责找到并救出陷在倒塌建筑物中的人员；⑩危险性物品组，由美国环境保护署负责，支援联邦对石油渗漏或可能发生的渗漏及危险性材料作出反应；⑪食品组，由食物消费者协会和农业部共同牵头，负责确认食物的需求量，保证食物能到达受灾地区；⑫能源组，由能源部负责，恢复电力系统和燃料供给。

(2) 各州、郡、市救援队。各州、郡、市救援队也有自己的功能组，负责地区救援工作。参加功能组的人员必须经过严格培训，持证上岗。专业人员的培训通常达几百个小时，甚至更长；培训内容因职位的不同而各异。如搜索狗的训练者，其资格证书包括书面和口头的考试，考试内容有关于搜救策略、指令和指令技巧、狗的控制等技术。资格认证也不是一劳永逸的，要随着技术等的变化，进行再培训和再认证。专业人员还要参加各种演习以提高实战能力。通过各类培训，专业人员基本上都掌握了一种甚至多种救援技能。他们还负责指导基层组织、志愿者组织的救援培训，使其掌握一定的救援技能。

3. 应急管理培训[②]

美国要求应急管理的各类岗位应由称职的专业人员担任，因此十分重视培训工作，联邦政府每年为此投入六七千万美元，培训机构遍布全国。美国的应急管理教育培训体系由三级机构组成，即美国应急管理学会、州级应急培训服务机构和高等院校。美国应急管理学会开设的培训课程主要是针对各级政府应急管理官

---

① 张维平．美国、加拿大、意大利应急管理现状和对中国的启示［J］．中国公共安全，2006（11）：143～149.

② 清华大学美国应急平台考察团．美国应急平台及支撑体系考察报告．http：//www.jxrf.gov.cn/news_ view.asp？id＝1165.

员和各级应急运行中心的工作人员。州级应急培训服务机构的培训教程主要针对本州应急相关人员，也有大学本科和研究生级别的高级应急管理课程与专业应急人员课程。高等院校应急培训课程主要是美国应急管理学会委托（联合）高等院校开发的应急理论课程、应急专业知识课程、高级应急管理课程、应急新技术的研发和试验课程等。例如，美国应急管理学会委托哈佛大学进行的应急理论课程、高级应急管理课程培训，委托麻省理工大学进行的通信保障课程的培训等。

美国应急管理学会受联邦应急管理局委派，负责对联邦、各州、地方和部落的政府机构、志愿者组织、公共机构和私人部门进行减灾、灾害准备、应急响应、灾后恢复等方面的培训；负责对各州应急培训服务机构和学校应急培训服务进行管理。美国应急管理学会下设美国国家应急培训中心（National Emergency Training Center），以此为基地开展国家级应急培训工作，包括应急管理学院和国家消防学院。

美国各州也都设置州级应急培训机构进行相应的应急管理培训，如伊利诺伊州应急培训机构——伊利诺伊大学香槟分校伊利诺伊消防培训服务学院，即颇具代表性。该学院应急管理教育培训的理论课程主要有三方面的内容：一是结合应急组织机构职能进行机构和职责分工培训，使受训者充分了解整个突发公共事件处置过程中多部门、多角色的分工和相互协调配合的关系；二是结合应急处置流程中的目标监测监控、应急组织机构、应急处置任务分配、通信保障预案、事件情况统计等内容，对受训者分发相关表单，进行模拟和实际操作，提高操作能力；三是结合应急处置过程中的接报信息、应急处置小组日志、应急处置计划表、医疗卫生保障预案、无线通信工作表、救援力量分配表、空中作业摘要等表单的实际填写操作，熟悉应急业务流程和应急技术。

除了应急管理的理论教学外，该学院还特别注重应急实战能力的培训。例如，在真实建筑中安放家具、假人等模拟真实火灾环境，训练消防队员在真实环境中进行应急处置；用集装箱搭建的应急救援场所来模拟电梯间，用于进行消防演练和人员救援演练；模拟地震后的废墟，对应急救援人员进行统一标识、语言掌握、科学挖掘、救援步骤的熟悉、通信探测设备使用等培训演练。培训形式一般包括课堂讲授、模拟演练、实际操作和真实应急过程考核等几个方面。根据受训人员在应急管理中所担任的职责不同，培训要求和课程设置也不同。例如，一个第三级（州一级）应急管理队中应急指挥员（Incident Commander）需要经过专门指挥员课程培训，要求至少参加3年培训，并经过若干次现场实际应急或模拟演练的考核。①

二、应急资金保障②

1. 应急资金来源的多渠道

美国的应急资金充裕、来源渠道多样，例如，“9·11”后至2006年，4 300亿美元的“反恐”拨款和2008年8 850亿美元的“救市”拨款。从总体上看，美国每年应对突发事件的资金有四大类：第一，年度联邦政府财政预算。包括联邦每年的国家财政预算中对于行政部门履行防灾救灾义务的资金和对专业突发事件救援机构联邦应急管理局的预算经费。前者相当于政府的年度预备费，美国预算法案对此不设上限，预留了极大的空间和弹性；后者为美国联邦应急管理局的年度预算，专门用于应急救援机构的灾害预防、保护、反应、恢复和减灾，以及各灾种救援队日常食宿、训练等支出，2007年至2009年的年度预算已达32亿美元。第二，联邦灾害应急基金和总统灾害救助基金。作为美国应急资金的主体部分，联邦灾害应急基金每年拨款已达23亿美元；总统灾害救助基金由联邦应急管理局管理，并直接对总统负责。第三，总统和国会特批资金。由总统在灾时向国会提请，国会表决后由白宫直接下拨，资金大多数来自于联邦年度总预算，特殊情况下进行预算外特批。第四，社会捐助资金。主要由各种非政府组织的基金会募集和管理，这是一个很重要的渠道。基金会平日接受捐款，危机时投入救灾和重建。目前每年的捐款已达到美国GDP的2.17%，成为应急救灾的重要资金来源。

2. 应急资金使用决策的法治化

在美国的行政和法治体系中，应急资金的使用决策是完全法治化的。灾害和突发事件来临时，对不同渠道来源的应急资金的使用都有法律规定。如总统灾害救助基金的使用，虽然决策权归属联邦应急管理局，但其决策行为必须符合法定程序。主要步骤是：首先，各地区办事处依据各地实情作防灾、救灾和重建预算报告并向联邦应急管理局申请启动基金；其次，联邦应急管理局组织专家进行预算审核和决断；最后，下拨应急资金至各地区办事处并把资金移交该地区政府。这个程序的最大特点是直报直拨，不考虑行政层级，既保证了决策规范化，又保证了决策效率。又比如国会特批资金的使用，其数额和用途最为灵活，依据突发事件规模和损害程度特批下拨。然而，这类资金的使用也是最法治化的。使用时，白宫必须依据突发事件的规模和灾害损失程度作出准确判断与论证，并提出

---

① 陈涛．美国应急指挥体系简介．http：//www. dgemo. gov. cn/yjzx/ShowInfo. asp？ID＝471&Page＝4.

② 潘墨涛．美国的应急资金管理及其可借鉴之处［J］．理论探索，2009（5）：111～114，130.

特批预算；然后，提请国会审议审核，同时敦促参众议院投票通过。只有投票通过特批预算后，才能付诸实施，依法拨付应急资金。其中一个环节受阻，特批预算即化为废纸。再比如，在2005年11月2日，美国总统布什敦促国会批准70亿美元预防禽流感应急资金，他竭力阐述应付禽流感爆发的国家计划，并依据禽流感威胁提出警告——若禽流感爆发，200万美国人将会丧生，国会最终通过了这个特批提案；而在2008年下半年，总统敦促国会批准总额为7 000亿美元的“救市”提案时，众议院则以228票对205票的结果否决该提案，最后只有延期再行审议表决。可见，美国动用应急资金的关键不在于提出议案，而在于依据法律进行审议表决，其优点是决策的绝对法治化，弊端则是掣肘多，会导致议而不决或决而不通。

3. 应急资金下拨的时效性

由于应急资金使用决策上有各种掣肘，美国的管理体制对此进行了相应的弥补。在特别时期，总统特批资金提案报告国会，审议投票最多不超过1天，有时1天内就可以通过或者否决多个特批议案。如2009年2月4日，奥巴马政府提出的首轮救市8 850亿美元经济刺激方案被众议院投票否决，但仅过了10天即2月14日，经修改后的7 870亿美元救市方案则被众议院投票通过。而应急资金提案一旦通过，各部门、各环节就会依照法律高速运转，保证资金的应急功能和效率。总统灾害救助基金的使用权虽归属事发地政府，下拨权却在联邦应急管理局，其下拨对象是事发地办事处。这种特有的单线式、点对点的直拨，有利于效率的提高。但在很多情况下，美国非政府组织的防灾救灾基金使用效率往往比政府还要高，在灾害爆发的第一时间里，首先到达一线的资金救助往往不是政府而是非政府组织。在许多灾难面前，非政府组织的各种基金会都捷足先登，成为应急救灾的先锋；当总统和国会还在为应急资金提案审议和辩论时，非政府组织的基金已到达急需之处。比如，2008年6月美国中西部6个州遭遇特大洪水，美国红十字会以最快的速度拨款、拨物进行救灾，仅在半个月之后该组织就宣布“灾难救助基金已用完，不得不向其他机构借款救助灾民”。

4. 应急资金监督的全方位

美国应急资金的监督制约方式主要有议会监督、司法监督和审计监督三种。第一，议会监督。主要通过质询权、调查权、弹劾权和不信任表决权来实行。质询权即在应急资金使用不当的情况下，向政府部门的行政首长提出询问或质问，并要求对应急资金的不正当操作进行答复；调查权即议会有权力组织专家调查小组对应急资金的使用情况进行调查了解，对违法违规行为进行核实；弹劾权即在应急资金使用中政府官员出现违法失职行为时，由众议院提出诉讼，由参议院或宪法法院进行审判；不信任表决权即议会有权力讨论政府的应急资金启动提案和拒绝通过政府申请的应急特批资金，并通过不信任案。第二，司法监督，即司法审查。这是美国司法部门对应急资金的监督审查，主要有“事后审查”和“消极审查”两种。事后审查是在发现应急资金的违规迹象后，进行法律介入调查；消极审查是在没有任何投诉或起诉的情况下，审计职能机构对应急资金的使用进行监督。一般来说，事后审查要比消极审查的监督力度大得多。第三，审计监督。审计监督主要由联邦会计总署来承担，该总署虽没有制裁权，其审计结论和建议也不具有法律效力，但可以上报国会促成召开听证会或停止拨款，所以其审计结果带有实质的强制性。同时，联邦应急管理局及下属办事处也具有审计职能。在防灾、救灾和灾后恢复之后，该局有权对任何一部分应急资金进行审计，审计结果上报白宫和国会；按照该局的审计制度，地方政府动用其资金必须保存完整记录，以备不时之审计；该局配备有专业的审计专家队伍，专门负责审计资金下拨记录或复查已有审计，审计报告直报国土安全部。另外，各州的审计署、审计局对应急资金的监督也发挥着至关重要的作用，虽然其性质与联邦会计总署相同，但它们直接对当地民众负责，而较少考虑其他政治因素。

此外，美国的舆论监督也十分强大，主要有媒体的举证报道、公众监督和在野党监督。无论是电视、广播还是互联网，对于应急资金的使用状况可谓“关心备至”，从应急资金的拨付总额到每一项款额及其具体使用，媒体都会向纳税人详细介绍和曝光；一旦应急资金使用出现不法行为，媒体就会在第一时间揭露，违法涉案人即会受到司法调查和严惩。美国的“纳税人”意识也深入人心，对于政府拿纳税人的钱救灾、减灾非常关心，不放过任何细节和实际效果，主动跟进政府进行监督；审计机构的投诉电话几乎人人知晓，应急资金使用中稍有不慎便有被公众举报的可能。在野党的舆论监督也实时进行，体现出依法取证、无情曝光的特点，应急资金使用稍有差池，在野党都会借此向执政党发难，并且取证上报国会，这也促使执政党谨慎地对待应急资金。

三、应急物资保障

1. 救援物资供应链

美国应急物资供应由联邦、州两级政府机构组成。救援物资供应链由以下七个部分构成：①

第一，联邦应急管理局物流中心（FEMA Logistics Centers）：接收、存储、发运救援物资的永久性设施，包括4个国家通用物资储备库、3个特殊物资储备库以及2个海外通用物资储备库。

---

① Logistics Supply Chain. http://www.fema.gov/media/fact_ sheets/logistic-supply-chain.shtm.

第二，商业储备中心（Commercial Storage Sites）：由私人拥有、管理，为FEMA服务的救援物资储备场所。

第三，其他联邦机构（Other Federal Agencies Sites）：除FEMA外，可以供应救援物资的联邦政府机构或其他救援物资供应渠道，如国防部后勤部门、总务管理局等。

第四，物资供应中心（Mobilization Centers，MOC）：根据需要前置部署的临时性设施，负责接收救援物资并具有向多个州供应物资的能力，通常储备可以维持3天供应量的应急物资。

第五，联邦物资供应分中心（Federal Operational Staging Areas，FOSAS），根据需要前置部署的临时性设施，负责接收救援物资并只向指定的一个州供应救援物资，通常在其中保存可以保障1~2天供应量的救援物资。

第六，州物资供应分中心（State Staging Areas）：由州政府根据需要前置部署的临时性设施，负责接收救援物资并为本州的救援物资供应服务。

第七，物资发放点（Points of Distribution Sites，PODS）：临时性设施，将救援物资发放到灾民手中。

2. 物资和医药用品储备

为满足处置紧急突发事件在第一时间对物资和医药用品的需要，美国建立了应急物资和医药用品储备。①

医药储备主要应对可能发生危及公众安全或健康的突发事件，如传染病、生物或化学恐怖袭击。一般由地方政府向州政府报告，州政府评估后即刻向国土安全部或国家疾病预防控制中心提出动用储备的要求，国土安全部、卫生部等部门评估后迅速确定一个行动方案。决定动用储备后，由国家疾病预防控制中心具体组织配送国家医药储备。无论何时何地发生的突发事件，都能为州和地方公共卫生机构供给和再供给医药用品。

美国医药储备的调用有两种方式：一种是由专人负责，储存在固定地点的医药用品。由专人把医药用品、解毒剂和医疗器械等组装成重达50吨的救援包，其中包含有130个储备容器，随时准备在接到指令后的12小时内分发到指定地点；国家医药储备物资抵达指定的接收和存储地点后，国土安全部将其移交给州或地方当局，由州或地方当局再进行分发。另一种就是利用商业运作模式，由生产或经营厂家管理和维持，需要时以电子订单的方式通知固定或不固定的厂家，一般要求厂家在24小时或36小时内送达指定地点。

医药储备资金由政府拨付。为保证储备用品有效，会定期核销、及时更新。

---

① 美国政府应急管理机制考察报告．http：//www.sdpc.gov.cn/jjyx/yjxt/gzyt/t20050715_38874.htm.

自“9·11”事件和“炭疽热”发生后，美国医药储备预算从5 000万美元提高至6亿美元。

四、应急科技、信息保障

应急管理方面的科技政策由美国国家科学技术委员会下设的科技政策的内阁级委员会负责制定，其中环境与自然资源部负责应急管理相关的科研工作，主要研究对象包括飓风、热带风暴、洪水、干旱、龙卷风、地震、火山喷发、滑坡、疫情爆发、重要设施威胁、石油及危化品泄漏、火灾等。委员会研究提出了应急管理中六大科技挑战和九个关键环节：六大科技挑战包括灾害信息的实时获取、灾害或事故的发展机理和规律、防灾策略和技术、关键基础设施的缺陷识别和防护、抗灾能力评估及相关标准、提升公众的安全意识与灾害应对能力；九个关键环节涉及灾害机理研究、危害风险区划、多因素风险评估、信息传递、灾害预防、预测预警、应急准备、应急响应以及灾后重建。[①]

美国公共安全和应急管理方面的科技创新机构则涉及庞大的科研机构、大学和实验室。其研究机构具备很强的研究能力，能够引领本领域的研究方向，在应急平台的预测预警研究方面起着重大的技术支撑作用。科研单位研发了一批与应急平台相关的信息系统和管理系统，如国家应急管理信息系统（NEMIS）、联邦政府应急管理信息系统（FEMIS）和计算机辅助应急执行管理系统（CAMEO）等。他们还开发了大量大型灾害模拟及分析软件，如SLOSH（Sea，Lake，Overland，Surge from Hurricanes）预测飓风引起风暴潮的危险性，由联邦应急管理局、美国陆军工程兵部队（USACE）和国家气象服务中心（NWS）共同开发，目前由国家飓风中心使用；ALOHA（Areal Locations of Hazardous Atmospheres）用于危化品扩散分析，经过多年发展，目前已能应用于应急响应、规划、训练和科技领域，由美国环保署（EPA）与国家海洋和大气管理局（NOAA）共同开发；HAZUS－MH（HAZards U. S. Multi－Hazard）预测飓风、洪水和地震等造成的后果，由联邦应急管理局和国家建筑科学学院（NIBS）共同开发；OREMS（Oak Ridge Evacuation Modeling System）预测大尺度疏散及可行性分析，由橡树岭国家实验室（ORNL）开发。

美国的一些应急管理机构还非常重视吸引多学科交叉的科技力量进行相关研究。如美国国家海洋和大气管理局飓风中心开发飓风损失模型时，召集了气象学、风与结构工程学、计算机科学、地理信息系统学、统计学、财会学和保险学

---

① 清华大学美国应急平台考察团．美国应急平台及支撑体系考察报告．http：//www. jxrf. gov. cn/news_ view. asp? id＝1165.

等方面的专家，模型涉及风灾模型（气象学）、易损模型（工程学）、保险损失模型（保险统计学）等。为完善和验证该模型，支持佛罗里达国际大学国际飓风研究中心建设大型实验装备——风墙以模拟飓风，包括移动风墙（具体参数：双风扇，模拟风速达120mp/h，相当于16级飓风，约194km/h，可加水模拟暴风雨）和固定风墙（具体参数：六风扇，模拟伊利诺伊消防培训学院的培训场所，风速达130mp/h，相当于17级飓风，约210km/h，可加水模拟暴风雨，可模拟残骸碎片）。

美国联邦应急管理局还通过实施“e－FEMA”战略，建立了应急信息系统层次结构模型，不仅使各类应急信息系统的信息资源能够得到及时更新，还能促进不同系统之间的信息资源共享，为应急决策过程提供技术支持。目前，在美国得到广泛应用的有以下三个系统①：

第一，联邦应急管理信息系统。这是一个决策支持系统，综合考虑了应急管理的所有阶段，主要用来管理应急管理过程中的计划、协调、响应、培训和演习事务。

第二，网络应急管理系统（Web EOC）。该系统主要用于城市开展事故管理、应急指挥调度、资源调度及文档管理。

第三，灾害损失评估系统（HAZUS）。该系统主要用于预测地震、洪水和飓风可能造成的损失以及应采取的应急措施，以便在备灾和防灾过程中，通过加强对建筑物管理，以保障在灾难发生时减少人员伤亡和财产损失。

美国应急资源保障体系是比较完善的，这是美国顺利实施应急预案、保障应急管理的运行、成功处置突发事件的基本条件，也为应急管理的准备、响应和恢复阶段提供了坚强的后盾。

第五节　美国政府应急管理中的社会参与

在紧急事件的救援过程中，社会大众力量起着重要作用。当专业救援力量不足时，大众力量更是防灾减灾、实现自救与互救不可缺少的力量。美国国家应急响应框架对私营部门和非政府组织在应急响应中的角色进行了规范。

---

① 邓仕仑．美国应急管理体系及其启示［J］．国家行政学院学报，2008（3）：102～104．

一、私营部门[①]

私营部门在防灾、救灾以及恢复阶段都发挥着重要作用。首先，他们必须在工作场所为雇员提供救济和保护；其次，应急管理者必须与企业界密切合作，提供必需的水、电、通信网络、交通、医疗护理、安全以及其他大量服务。

基于组织性质和事件性质的不同，国家应急响应框架把参与应急管理的私营组织分为五大类，具体见表2－3。

表2－3 参与应急的私营组织的分类及其角色

分类	角色描述
受影响的组织和基础设施	私营组织可能会直接或间接地受事件后果的影响。这些影响包括私人拥有的重要基础设施、关键资源和其他有意义的地方私人拥有的基础设施，包括运输、电信、私营公用事业、金融机构和医院。重要基础设施和资源分为17个行业，共同提供必要的各种功能和服务以支持美国政府、经济与社会的各个方面
受管制或责任方	某些受管制的设备或危险品的经营者，法律上要求须为准备和防止意外事故的发生而负责，一旦发生事故则要积极响应。例如，联邦条例要求核电站运营商制订应急计划和维修设施、评估、及时通知以及对响应事件进行训练
响应资源	这一类私营部门实体在事件发生时根据当地公共与私营应急计划或互助和援助协议，或对来自政府和民间志愿者的倡议提供响应资源，包括专业小组、必要服务供应商、设备器材以及先进技术
州或地方应急合作伙伴组织	这一类私营部门实体在地方和州应急防备与响应中可以作为合作伙伴
国民经济成分	作为国民经济的重要组成部分，私营部门的恢复力和工作计划的连续性，即事后恢复，代表着必不可少的国土安全活动

许多私营部门组织负责操作和维护全国重要的基础设施部分，这些对美国至关重要的组织若遭到破坏，将会对国土安全、经济安全、公共健康和安全或所有这些方面造成不利影响。与此框架同步，美国国土安全部已经制订了一项全面的国家基础设施保护计划（National Infrastructure Protection Plan，NIPP），为各级政府机关和私营部门应该如何管理国家重要基础设施与关键资源提供了实施框架。美国国土安全第7号总统令确认了15类国家重要基础设施和关键资源需要保护，

---

① National Response Franwork.

使之免遭恐怖分子攻击和其他危害，具体包括：农业和食品、能源、公众健康和保健、电信、邮政和运输业、交通系统、化学、商业设施、政府设施、紧急事务处理部门、水坝、核反应堆、原料和垃圾、国防工业基地、国家纪念性和标志性建筑。NIPP 还讨论了研究与发展领域（R&D）策略目标的研究和开发，包括开发一种通用的图像构架，一种具有通过设计得以保障的安全性及自恢复、自诊断和自重构能力的新一代互联网构架。R&D 的领域包括：探测用传感器系统，预防和防护系统，登录和接入入口，内部不良征兆，分析和决策支持系统，反应、恢复和还原工具，新的和即将出现的威胁与弱点，先进的基础设施构架和系统设计，人和社会问题等①。

在一紧急事件中，主要的私营部门合作伙伴应该参与当地的危机决策过程，或至少与当地主要应急管理者有直接联系。私营部门的基本职责包括：①员工、基础设施和设备保护计划；②信息和经营活动连续性保护计划；③响应影响基础设施和设备事件以及恢复计划；④事件发生之前与应急管理全体人员合作以确定必要的援助及弄清怎样获得援助；⑤事件发生之前开发和练习应急预案；⑥在适当的情况下建立互助和援助协定以提供具体的响应能力；⑦在响应和整个恢复过程中提供援助（包括志愿者）以支持地方应急管理与公共认知。

二、非政府组织

非政府组织在应急管理中扮演着非常重要的角色，其机构比较小，灵活性强，应对突发事件反应迅速。非政府组织动员资源的能力也比较特殊，灾害发生后，他们一方面可以第一时间赶到现场进行救助，另一方面能够马上组织捐款捐物和动员志愿者，作出及时的回应。政府则不仅要判断灾害的真实情况，而且要通过庞大的官僚体制层层上报、层层决策，然后才能采取行动，这往往会错失救灾的最佳时机。

非政府组织是民间的社会组织，为完成某一种使命而建立，有其固有的、独立的利益和价值观。这些利益和价值观驱动组织的运作重点并形成他们提供的资源。非政府组织虽然在体制上独立于政府，但并不意味着非政府组织与政府不发生任何关系，他们也需要政府的援助，在社区应急管理资源分配和结构上，有些政府直接援助非政府组织。非政府组织与各级政府和其他机构组织要通力合作。

非政府组织与志愿组织在应急管理中作出的贡献包括：培训和管理志愿者资源；确定避难场所和物资；为有需要的人提供紧急服务，如清洁用品、衣服、食物和住所，或灾后清洁援助；确定哪些需求没有得到满足，协助供应援助等。

---

① National Infrastructure Protection Plan.

一些非政府组织被正式指定为国家应急响应支持力量：

（1）美国红十字会（The American Red Cross）。其提供《紧急支援功能》第六条里面要求的大量医疗功能服务。在应急响应活动中，美国红十字会在医疗服务中居于领导地位。

美国红十字会是防灾救灾中不容忽视的力量，每逢政府采取大规模救灾行动时，FEMA 的首选合作对象就是美国红十字会。① 在灾害救援操作中，FEMA 会向受灾地区的美国红十字会了解灾情，美国红十字会同 FEMA 成员在全国的联合办公室进行沟通，也同当地政府和州政府紧密配合，共享信息。

全美 700 多个红十字会站点会在灾害发生后两个小时内进行援助服务。这些当地的站点平时则进行灾害训练和准备工作，帮助当地居民及时有效地应付灾害。美国红十字会灾害援助主要关注个人及家庭受灾后的基本需求，当灾害来临时提供避难所、食物、卫生服务和心理健康服务。此外，美国红十字会帮助个人及家庭恢复日常生活，如提供日用品、新衣服、租金、紧急房屋修葺、交通、家居项目和药品等。美国红十字会为受灾人群提供食物，负责受灾人群同家庭成员的联系。在应对受灾人群的骚动情绪时，美国红十字会灾害心理健康服务的专业人员会同当地的心理咨询机构合作来对当地受灾人群提供短期或长期帮助。“如果州政府需要联邦的帮助，我们的要求也会发送到全美的中心，尽快由总部招收人员和调集物资。”美国红十字会灾害公共事务管理办公室相关人员表示，“我们总部会在第一时间采取行动。同时，FEMA 也会在第一时间采取行动，直接联系红十字会来协调信息、共享资源，应对大型的灾难。当灾害影响到很多路上的旅行者的时候，食物和帐篷或者救助所可能是受灾的群众最需要的。我们也会布置很多紧急反应车辆来帮助那些困在公路上的和失去交通联系的人。”

（2）全国志愿组织积极参与灾害（National Voluntary Organizations Active in Disaster, National VOAD）。这是一个组织知识和资源的论坛，这些知识和资源包括整个灾害救援周期，即准备、响应和恢复阶段的各类知识与资源，以帮助灾难幸存者和他们的社区。National VOAD 是一个约有 50 个国家组织和 55 个州组织的联合体。在重大事故中，National VOAD 派代表到国土安全部和联邦应急管理局国家反应协调中心去帮助响应协调。

应急响应的需要常常超出政府组织的资源，志愿者和捐赠者可以通过多种方式支持响应活动，至关重要的是各级政府要未雨绸缪，有效地将志愿者和捐赠物品纳入他们的响应活动中。

一般情况下，非政府组织在灾害发生一个月之内的作用非常显著，但随着政

① 陈浩. 美国的救灾应对程序与 NGO 的力量 [J]. 中国减灾，2008 (8).

府体系的恢复并发挥作用，许多非政府组织在一个月之后就会开始撤离灾害现场。

三、社区应急反应小组

社区应急反应小组（Community Emergency Response Team，CERT）是美国重要的市民组织队伍，美国前总统布什强调要以社区为基础，引导市民发挥主动性，通过公共教育、培训和志愿者服务等内容，上要保卫国家安全，下要做好社区和家庭的灾害准备工作。①

CERT 的概念在 1985 年由洛杉矶市消防局提出并加以完善。FEMA 于 1993 年开始在全国范围内推广培训工作，全美国已有几百个社区实施了 CERT 计划。当灾害发生时，CERT 的成员能给予灾害现场的第一反应者大力支持，向处于危急状态的市民提供即时援助，并且在灾害现场组织起自发而来的志愿者队伍。CERT 的成员还帮助处理非紧急状态事件，以保障社区和居民的安全。

CERT 培训课程共 20 小时，培训的内容涉及灾害准备、灭火、急救医疗基础知识和轻型搜索救援行动等。除此之外，还包括救灾模拟演习，结合在课程中所学的理论进行实践。

目前，CERT 组织的影响范围已经从社区和企业扩大到了学校。如华盛顿州的 Marysville 中学成立了中学生应急反应小组，学生们学习急救知识、地震灾害和应急反应对策等，以便及早准备，帮助红十字会在紧急事件发生时建立总指挥部。另外，小组成员还帮助其他学生和教职员工完成火灾与地震的模拟训练。

美国政府非常重视市民的防灾培训工作，拨出 1 900 万美元用于培训市民，以便在紧急事件面前更好地作出反应。在“9·11”事件发生后，FEMA 于 2002 年 9 月在其网站上发表了一篇长达 100 多页的文章，题目为“你准备好了吗？——市民灾害准备指南”，该指南为家庭提供了如何应对各种灾害的具体指导，颇具实践意义，在一定程度上成为美国政府对社区居民进行灾害教育的范本。

该指南详细阐述了防灾安全和关于防灾准备方面的内容。除了常规的自然灾害和技术灾害的防御之外，还增加了一些新的章节，如“灾害中的动物”、“热害”、“滑坡和泥石流”、“应急用水短缺”和关于恐怖主义的最新知识。

该指南还有关于灾害的准备、响应、恢复过程的具体建议。其不但注重研究灾害给人类造成的物质上的有形损失，还关注由于痛失亲人、流离失所、财产受损等对灾民精神、心理上造成的影响。

---

① 吴新燕．美国社区减灾体系简介及其启示［J］．城市与减灾，2004（3）：2～4．

灾害发生后，虽然社区群众有当地政府和减灾部门的帮助，但个人还需做好充分准备。该指南详尽地告诉读者，社区、家庭和个人在发生灾难后该做些什么，龙卷风到来时去哪里寻找避难所，如何满足基本的医疗需求，应当准备至少能维持 3 天的供给，包括急救用品、食品、饮用水和卫生用品，等等。

同时，该指南还为读者提供了灾后恢复、精神健康和危机咨询等服务。

四、全国应急管理协会

全国应急管理协会（National Emergency Management Association，NEMA）是由美国的 50 个州、8 个境外领土与哥伦比亚特区组成的专业协会和应急管理理事会，为国家领导和综合应急管理提供专门的知识，并作为一个重要的应急管理信息和援助资源渠道，通过战略伙伴关系、创新方案和协作的政策立场推进应急管理的持续改进。

NEMA 的主要目的是成为信息源，为各级政府应急管理专业人员在所有紧急情况、灾害发生时和国家安全受威胁时，为准备、减轻、响应、恢复及提供产品和服务的私营部门提供支持与专业知识。

为了实现这个目标，NEMA 着重在六个方面进行努力：第一，加强与美国国会和联邦机构之间的联系；第二，与影响应急管理的关键组织和个体建立战略伙伴关系；第三，通过积极委员解决应急管理问题；第四，汇集全国各地最有见识的发言者和应急管理专业人才每年举行两次全国性会议；第五，作为州主管和高级职员的信息共享与支持网络；第六，提供专业发展和培训。①

NEMA 下设美国国家应急培训中心（National Emergency Training Center），以此为基地开展国家级应急培训工作，包括由 FEMA 创办的应急管理学院（Emergency Management Institute，EMI）和国家消防学院（National Fire Academy，NFA）。

EMI 旨在提升美国各级政府官员防灾、备灾、抗灾及灾后恢复，减轻灾害事件潜在影响的应急管理能力，综合运用应急管理原则，贯彻实施《国家响应框架》，运用《突发事件管理系统》和全危险方法进行综合的应急管理教育和培训。②

EMI 提供 400 多个全方位的应急管理课程给 FEMA 的工作人员、联邦合作伙伴、州和部落及地方应急管理人员、志愿者组织以及来自全国的救灾第一响应者。此外，EMI 还提供国际应急管理培训。近年来，有 50 多个国家参加了 EMI

---

① NEMA Fact Sheet. http：//www. nemaweb. org/? 2114.

② EMI History. http：//training. fema. gov/.

的培训和教育活动。

EMI 培训活动有 14 个特色课程，如高级专业系列课程（APS），该系列课程设有 5 门必修课程，如事故命令系统、快速评估研讨、地方政府减灾计划研讨等，以及 16 门选修课；高级公共信息管理课程；社区供给系统资源中心课程；主要应急管理者、国家标准演习系列课程；EMI 学校项目课程等。①

NFA 的经营和运作由国土安全部和美国消防局管辖，NFA 是卓越的联邦消防培训和教育机构。1973 年，NFA 向国会提交的详细报告称 NFA 的“职责是成为国家消防教育的核心——推出模范项目、课程和信息”。2008 年，NFA 培训了来自全国 50 个州超过 122 000 名的应急管理者。②

NFA 是一个全国性的、有组织的教育及培训网络和教育系统中心，是提高消防工作人员能力的专业培训服务机构。NFA 所有的教学和教材都是免费提供的，学生只负责自己的伙食和杂费。

NFA 课程适用于小型的农村志愿消防部门的消防队员和全职的城市消防部门消防队员，包括纵火调查、紧急医药服务管理、行政人员发展、公共场所火灾预防、防火管理、防火技术、危险物品、紧急事件管理、管理科学、预案和信息管理以及培训项目管理等。

五、国际合作

美国应急管理分为国内和国际应急救援两部分，国际应急救援以联邦国际发展署（USAID）为中心。USAID 是直属联邦政府的独立机构，由总统直接领导。USAID 下设海外灾害援助部（OFDA），具体负责国际灾害（包括地震、海啸、火山、滑坡、气象灾害和人为灾害）的救援工作。目前，OFDA 在全世界范围内设有 7 个应急仓库，这些仓库紧靠机场、海港，存储基本的救灾物资，如毯子、塑料薄膜、水箱、帐篷、手套、钢盔、防尘面具、尸体袋等，一旦某个地区发生重大自然灾害，OFDA 就会从距离最近的仓库调拨救援物资送至灾区。③

当地时间 2010 年 1 月 12 日 16 时 53 分，海地遭遇 200 年来最强地震——7.3 级，美国 82 空降师的 100 名先遣队，在第一时间赶到海地机场，并抢在中国等国民用运输机降落之前，将跑道上的石块等障碍清除，并架设起最基本的无线电通信设备，确保这些飞机在跑道遭破坏、塔台通信因断电而瘫痪的机场顺利降落。

---

① Featured Programs. http://training.fema.gov/Programs/featured.asp.

② National Fire Academy. http://en.wikipedia.org/wiki/National_Fire_Academy.

③ 言丰. 美国应急机制面面观［J］. 中国应急救援，2006（1）.

在此次海地地震发生后，美国的救灾反应速度、效率令世人感动。

首先是速度。美国高级领导人最早作出公开表态和呼吁；灾害发生后不到3小时，美国已通过外交渠道，争取到海地唯一邻国——多米尼加共和国的帮助，开放两国边界，启用边界附近的多米尼加共和国医院，并将数千名美国侨民通过多米尼加共和国迅速疏散；美国海军的核航母、医院船也在灾后迅速起航，甚至早于官方拿出军队增援的计划。

其次是效率和统筹。美国并没有因灾情紧迫而一次性投入大量兵力，而是有序投放：82空降师的100名先锋队开辟空中通道，建立通信联系，该师后续900人跟进，而海军陆战队的2 200人则逐次投入，这些士兵的热带救灾经验丰富，成为现场救助的主力。速度最慢但最有效能的海军舰船最先出发，所派的舰船也经过精心思虑——核航母既可充当临时直升机场、前线指挥中心、通信情报中心，还可直接为灾区供电（其供电能力可满足一个中等城市需要，而且无需加注燃料）；而医院船的到位，则大大改善灾区的医疗条件——尤其是手术条件和病床需求。不仅如此，在自身指挥协调机制尚未完善之前，美国还“放下架子”，和依托海外领地瓜德罗普岛的法国建立了救灾协调机制，确保了救灾投入的效率优化。①

USAID实施国际救援有三个前提条件：一是灾情超过了受灾国的救灾能力；二是受灾国向美国提出救援请求；三是符合美国政府的利益。USAID实施国际援助的主要途径是提供物质和资金援助，必要时再派出救援队伍。USAID的国际援助年度经费预算为3亿美元，其中约20%用于自然灾害的援助。据了解，USAID在1964—1998年在亚洲实施国际援助项目达98项，其中50%同气象灾害有关，实施的地震援助有10项。

此外，美国还积极参加应急管理国际组织，如国际应急管理学会。国际应急管理学会（The International Emergency Management Society，TIEMS）1993年成立于美国华盛顿，是国际上最大、最有影响力的NGO应急管理组织，会员遍及全球46个国家，近500家单位。TIEMS致力于推动全球灾害应对与应急管理的技术交流、应用分析、政策研讨及国际协作。TIEMS以“思想全球化，行动本地化”思想为指导发展现代应急管理工具与技术，并以为国际社会安全带来效益为目标，通过利用现代创新方法和技术提升全球避免、转移、响应和恢复自然与技术灾害的能力。

---

① 海地地震：中国与美国救援上的差距. http：//club. china. com/data/thread/1011/2708/95/34/0_1. html.

第六节　美国政府应急管理的典型案例

一、2001年“9·11”事件

美国东部时间2001年9月11日早晨8：40，四架美国国内民航航班几乎被同时劫持，其中两架撞击位于纽约曼哈顿的世界贸易中心，一架袭击了首都华盛顿美国国防部所在地五角大楼。而第四架被劫持飞机在宾夕法尼亚州坠毁，据事后调查，失事前机上乘客试图从劫机者手中重夺飞机控制权（事后对参与策划袭击的恐怖分子进行审问的结果表明，恐怖袭击的第四个目标是国会大厦。而在此之前美国官方一直怀疑其目标是白宫）。

纽约世界贸易中心的两幢110层摩天大楼在遭到袭击后相继倒塌，除此之外，世贸中心附近5幢建筑物也因受震而坍塌损毁，五角大楼遭到局部破坏，部分结构坍塌。袭击事件令曼哈顿岛上空布满尘烟。

在“9·11”事件中共有2 998人罹难（不包括19名劫机者），其中2 974人被官方证实死亡，另有24人下落不明。罹难人员包括四架飞机上的全部乘客246人、世贸中心2 603人、五角大楼125人。共有411名救援人员在此事件中殉职。①

1. 紧急救援

“9·11”事件发生后，FEMA立即开启应急指挥中心，该中心和联邦调查局的信息处理中心紧密合作，处理各种可能和已经发生的危机。在华盛顿海军基地建立起了动员中心，以协调民众的志愿救援工作。同时，波士顿、纽约、费城、亚特兰大、芝加哥、旧金山、丹佛等10个城市的应急救援办公室也紧急启动。FEMA还调动了12支城市搜索救援队，搜索被埋在大楼废墟下的幸存者，并组织医疗队对伤员进行抢救，取得了很好的成效。

纽约市消防队员在世贸北楼遭到攻击后立即进入火场救援，共出动200个单位24小时轮班救援。消防队在世贸一楼的大堂设立临时指挥中心，很多消防队员在未到指挥中心报到的情况下就立即展开救援。由于无线电通信故障，很多冲入火场的队员无法准时接到撤离的命令，当大楼倒塌时，343名消防队员葬身火场（世贸大厦楼顶平台上的无线电通信基站和楼里的通信交换设备被破坏后，整个曼哈顿区域公众通信中断，城区陷入一片混乱，支持现场指挥救灾的第一个

---

① “9·11”事件. http：//baike. baidu. com/view/50453. htm？ fr = ala0_ 1_ 1.

通信网，是当地业余爱好者的无线电通信网）。

纽约市警察直升机在事发后很快赶到现场，实时报告现场最新状况。很多纽约市警察、纽约港口警察以及新泽西州警察在大楼倒塌后被掩埋。

9 月 12 日起，纽约建筑工程师协会组织的工程师们进入现场，协助纽约市规划与建筑部工作，负责勘察附近大楼的强度与受损程度，疏散了出事现场数百幢房屋内人员，并负责设计规划处理废墟的具体方法。

大楼倒塌后，有大批志愿者赶到现场。那些较早到达现场的志愿者在力所能及的各个方面提供协助，如有大学生为救援人员提供饮用水等，但是后来无关的志愿人员被要求离开现场。有特殊技术的志愿者，如工程、拆除、医疗以及心理治疗等行业的人士参与了接下来几天的救援工作，甚至有一支灾难救援专家队专程从法国赶来救援。

2. 案例分析①

从第一架飞机撞击世界贸易大楼，到最后一架飞机在宾夕法尼亚州坠毁，整个恐怖袭击过程持续不到 3 个小时，而最猛烈的打击是在第一个小时内形成的。显然，如此高频率、快节奏的恐怖行动不仅出乎意料而且难以应付。从美国政府的反应和救援行动来说，应该是及时的。在第一架飞机撞击之后不到一个小时，布什称此次飞机撞击世贸大楼事件是“一个明显的恐怖分子攻击美国的事件”。联邦航空管理局马上停止全国的航班起飞，而飞往美国的国际航班则转往加拿大。在此后的半个小时，所有政府部门疏散人群，包括国会和白宫。美国证监会关闭所有的金融市场，时任纽约市长的朱利安尼要求所有纽约市民撤离曼哈顿岛南部地区。纽约市的救火队、警察、医疗人员以及来自新泽西、康尼狄格和其他临近州的救援队伍相继赶到世界贸易中心的救援现场，开始抢救被困人员，寻找遇难人员。救援人员在很短的时间内实现对现场局势的勘察与控制，并采取相关的配套措施，使灾难现场与周围隔离开来。

救援工作的及时进行很大程度上得益于朱利安尼的积极领导。他在在任期间投入大量资金建立起了一套强大的紧急事务管理体系，并且雇用了许多有能力的人员。尽管如此，在救援过程中，一些问题也暴露了出来，而且直接影响到救助的效率和质量。

第一，FEMA 对这种规模和形式的突发事件毫无心理和设备上的准备，无法在现场协调各救援部门的工作，没有及时引导普通志愿救援人员离开现场，造成了现场混乱，缺乏组织。在过去，FEMA 大部分工作是应付自然灾害和火灾等紧

---

① 杨雪冬．从反恐怖国家回到正常国家：“9·11”前后的美国危机管理［J］．经济社会体制比较，2002（6）：100~106.

急情况，对于如此大规模恐怖行动造成的破坏毫无处理经验。

第二，各救援队伍在设备上缺乏统一标准，无法充分发挥设备的作用。突出地表现为纽约和周围各州的救火设备与氧气设备的接口不同。来自新泽西、康尼狄格以及其他临近州的救火队在自己带的氧气用完了的时候，发现自己的氧气面罩无法与纽约的氧气瓶接在一起；救火车也无法与纽约的水龙头接在一起。

第三，现场的通信设备无法相互沟通。救火队、警察以及医护人员各有自己的一条通信标准，许多救火队员无法通过无线话机相互联系，也无法与警方和当地医院取得联系，在一定程度拖延了对伤员的抢救。

第四，在安排救援人员轮换工作上缺乏经验。由于大量救援人员涌到现场，救援指挥者无法判断现场的情况。许多救援人员连续工作，疲劳过度，不仅损害了自身健康，也影响到其他救援工作。

从某种意义上看，“9·11”事件重振了美国人的精神，加强了对国家的认同感，并且为联邦政府内部的改革以及整个应急管理机制的改革提供了动力。美国政府加强应急管理的举措主要包括以下五个方面：

（1）安抚人心、稳定社会。“9·11”事件发生后，时任总统布什立即表示采取必要措施保护美国人民的安全，并不顾安全人员的劝告，于9月12日早上7点回到白宫办公，受到恐怖事件影响的政府其他机构也恢复正常工作。布什和朱利安尼亲自到灾难现场慰问救援人员，通过电视发表讲话，鼓励全国士气；同时官方及时通报救援的进展情况。媒体停播了进一步刺激公众心理的有关画面，并且严格限制对“9·11”事件的各种负面报道，而是挖掘“9·11”事件中的感人情景。各媒体表现出高度的一致性，对于政府的行为全力支持，大力烘托和宣传爱国主义，从而使美国公众表现出少有的团结。

（2）加强监督和监视措施。由于“9·11”事件中的劫机者多是持学生签证入境的，所以美国司法部特别加强了对学生的调查和监督。调查人员可以查看学生档案，伊斯兰移民也受到了调查和监视。在这个过程，司法部先后采取了检查个人信件（主要针对的是炭疽粉末信件事件）、监听电话、鼓励知情人举报（如果举报者正在申请移民或公民身份，那么申请过程将加快）等。有关部门还提出为公民办理包括指纹信息或者个人资料的身份卡。这些措施虽然受到了一些人权组织以及伊斯兰组织的批评，但并没有引起太多公众的抵制。据调查显示，大部分美国人愿意为了获得安全感而放弃某种自由：30%的被调查者同意放宽探查个人通信（如信件、电子邮件和电话）的限制；71%的人同意为所有美国居民办理包括指纹信息或者个人资料的身份卡。此外，联邦和地方的重要公共设施也受到了严密的监视和保护，曾经一度在政府网站上公布的重要信息也被屏蔽或者撤掉。

(3) 加强现有应急管理部门。联邦政府进一步提高了用于应急管理的预算，不仅加强了对联邦相关机构的支持，而且加大了对州和地方政府的支持。实际上，从1998年以来，联邦政府用于反恐怖主义的预算基本上是逐年提高的。1998年是65.16亿美元，2001年度达到了93.11亿美元，2002年度的各项开支在上半年就突破了预算。以FEMA为例，2002年的预算增加了36亿美元，比上一个年度翻了一番。

(4) 协调现有应急管理部门的行动。美国启动了已有15年历史，由中情局、联邦调查局、国务院、军方和其他地方各部门共同组成的以“预警、制止和挫败”为使命的“CTC”反恐怖主义中心，使其展开工作。同时，组建由里奇担任主席的国内安全小组，统帅国内反恐怖行动，积极查找制造恐怖事件的元凶。为了协调联邦调查局与中央情报局的情报，在给总统的每日纪要中，二者被合在一起，统一递送。联邦政府建立了一个新的指挥中心，称为“部门敏感信息沟通中心”(SCIF)，在这里，中央情报局、联邦调查局、国防情报署和其他部门可以协调共享情报。

(5) 建立新的机构来整合现有的反恐怖主义力量。成立“国土安全部”的建议就体现了这方面的努力。2002年6月6日布什发表全国电视讲话，提出成立“国土安全部”，这是自20世纪40年代以来美国政府最为重大的改组措施，建成后将成为美国第三大政府机构，预计将有约17万名雇员，年度预算达370亿美元。7月26日美国众议院投票通过总统的提案。“国土安全部”将对美国海岸警卫队、边防和海关、交通安全管理部门和FEMA等机构进行统筹管理，但联邦调查局和中央情报局将独立存在。

二、2005年卡特里娜飓风 (Hurricane Katrina)

2005年8月25日，卡特里娜飓风在美国佛罗里达州登陆，8月29日破晓时分，再次以每小时233公里的风速在美国墨西哥湾沿岸新奥尔良外海岸登陆。登陆超过12小时后，才减弱为热带风暴。受灾最严重的新奥尔良市是路易斯安那州最大的城市，人口约50万。地处海平面以下的新奥尔良，完全靠沿岸堤防抵御潮水入侵，确保城市安全，但原有的堤防防潮能力不足，只能抵御3级飓风引起的风暴潮。

此次登陆的是强度5级的飓风，引发新奥尔良沿岸严重风暴潮，在风暴高潮位和伴随而来的风暴浪两者的共同影响下导致的溃堤，是造成新奥尔良巨灾的根本原因。8月30日由于庞恰特雷恩湖（海水）护堤发生断裂，新奥尔良市中心水位迅猛上涨，80%的城区被淹没，几乎成为一座“空城”。

卡特里娜飓风造成的主要灾难后果有：

（1）卡特里娜飓风影响历时7天，对途经4个州的城市建筑基础设施及能源造成了高达344亿美元的经济损失。

（2）据路易斯安那州卫生部门的官员10月4日发表的声明，路易斯安那州死亡人数为972人，密西西比州死亡人数为221人，亚拉巴马州和佛罗里达州的死亡人数为16人。而据联合国儿童基金会发言人佩索纳兹估计，飓风灾害使大约120万人成为灾民，其中有30万至40万儿童无家可归。

（3）墨西哥湾附近三分之一以上油田被迫关闭。七座炼油厂和一座美国重要原油出口设施也暂时停工。

（4）8月31日，卡特里娜飓风造成4个受灾州大约230万户家庭断电，近500万人的生活受到影响。供电中断不仅影响正常生活，还导致供水、排水系统不能正常运作，火灾无法及时扑灭，正常的商业活动无法进行等。受灾最严重的新奥尔良市，供水系统全部被破坏。据美国有关部门介绍，灾后的美国南部地区面临两大难题，即断电和缺水。恢复断电至少需要几周时间，部分地区恢复供水则可能需要数年时间。

1. 救援存在的问题

灾难发生后，灾区出现的无政府状态和混乱局面使美国政府的应急能力受到全世界的谴责。[①②]

（1）应急反应迟钝。飓风8月25日登陆，29日袭击新奥尔良，而美国时任总统布什31日（此时飓风已消失）才结束休假，返回首都华盛顿指挥和协调救灾工作。9月2日，美国政府才开始向灾区派驻部队，以加强灾区救援力量；2日中午，望眼欲穿的新奥尔良灾民才等到了姗姗来迟的救援物资和陆军支援部队。种种现象表明，美国政府应急反应迟钝，联邦应急机制启动滞后。

（2）疏散组织不力。在飓风来临前，美国政府及时发出警报，提前进行了大规模的人口撤离，然而还有不少市民没有及时疏散。在疏散方面暴露出的问题主要有：

第一，以自发疏散为主。有私人汽车的基本撤离，而没有私人汽车的穷人、没有疏散能力的医院病人和养老院老人以及外地游客则大部分未能离城。数十名医院里的病人和养老院里的老人被大水淹死。

第二，侥幸心理严重。路易斯安那州立大学海洋科学家范赫尔升表示，他以

---

① 飓风卡特里娜. http://zh.wikipedia.org/wiki/%E5%8D%A1%E7%89%B9%E7%90%B3%E5%A8%9C%E9%A3%93%E9%A3%8E.

② 郑晶晶，徐迎，金丰年．“卡特里娜”飓风对防灾预案的启示［J］. 自然灾害学报，2007，16（1）：12～16.

前就估计过新奥尔良市的防浪堤难以抵挡3级以上飓风引发的海浪。年初的一次新奥尔良市民意调查显示，仅近三分之一的人愿意在3级以上飓风警报时疏散。因此，在8月29日5级卡特里娜飓风登陆时，大部分市民依旧抱着侥幸心理躲在家中而不是及时疏散。

第三，政府难以提供充足的交通工具。当丽塔台风来临时，时任休斯敦市市长比尔怀特要求居民尽可能自己想办法撤离，“政府没有充足的交通工具来撤走所有的人，我们需要兄弟州提供帮助”。

第四，大规模疏散引起交通堵塞，汽油供应困难。丽塔台风来临时，将近200万得克萨斯州和路易斯安那州沿海民众为躲避飓风被迫撤离，向北撤离的高速公路上，阻塞的汽车绵延近160千米。持续14小时的交通阻塞使司机们耗尽汽油，加油站发出汽油告急警报，警察为油箱已空的司机们送去汽油，得州官方也向五角大楼寻求汽油援助。

（3）官僚作风尽显。官僚主义使得地方救援部门、FEMA将一些民间自发提供的医疗、食品援助拒之门外。如密西西比地区一家高水平流动医院100名外科医师和护理人员，驱车30个小时在9月4日赶到新奥尔良，然而，灾区救援部门不能给他们登记，他们无法立即加入救援行列，只能等在灾区外。而就在此前一天，密西西比灾民避难所刚刚爆发一次疫情。又如，美国沃尔玛超市曾表示要赠送给灾区3卡车饮用水，但FEMA却拒绝了这一请求，理由是“我们不需要”。

（4）治安混乱无序。受灾最严重的新奥尔良市在飓风过后基本陷入无政府状态：抢劫成风、强奸频发、枪击不断、纵火四起、爆炸连连、治安混乱、人心涣散等。而在这种情况下，城市警察力量瓦解，警力严重不足，所以救灾只能更多地依靠国民警卫队。然而，在飓风来袭48小时后才驾驶40辆坦克赶到新奥尔良市的国民警卫队却倒头大睡或坐在一旁打牌。

（5）灾民安置困难。飓风来临时，容纳约25万灾民的新奥尔良市超级巨型体育馆内的恐怖状况不亚于室外的狂风怒吼：其顶棚被部分揭去，留下两个大窟窿，雨水从天而降；体育馆还断电缺水，难以满足灾民的基本生活需求；更有甚者，馆内到处是大小便，臭气冲天。飓风过后，灾民无家可归，无亲可投，扶老携幼，露宿街头，处境极为凄惨，救济工作任务骤然繁重。许多人努力帮助灾民，但结果差强人意。

2. 灾难补救措施①

卡特里娜飓风事件是对FEMA的重大考验。由于事件出现的突然性，对于灾难发生和发展过程中的趋势监控不够及时，最后造成了应对不力的后果。面对

---

① 布什公布飓风灾区重建六大措施. http：//news. sina. com. cn/w/2005－09－16/10436960551s. shtml.

国内民众的质疑和批评，美国白宫和国会9月6日宣布将对联邦政府在应对飓风袭击过程中是否存在工作失误展开调查。为了回应国内外对灾区救援不力的指责，美国政府9月9日宣布，撤去时任FEMA局长迈克尔·布朗的救援指挥职务，由美国海岸警卫队副司令萨德·艾伦中将接替他主持救援工作。由于受到救灾不力的批评，迈克尔·布朗于9月12日提出辞职。不久以后，布什总统宣布提名该署有30年消防经验的高官戴维·保利森接替其职。

卡特里娜飓风事件说明了现代应急管理不仅需要建立相应的机构，更需要在问题发生后能快速出台应对方案的能力，既要形成高效的应急策略和操作方法，更要付诸实施。

为扭转美国政府救灾不力的形象，为灾区重建打气，当地时间9月15日夜间，美国总统布什在卡特里娜飓风重灾区新奥尔良市的杰克逊广场发表全国电视讲话，主要提到了联邦政府“亡羊补牢”的六大举措，并希望借助这些措施挽回民心。

第一，联邦政府将承担飓风灾区重建的大部分费用。据估计，重建工作将需要2 000亿美元甚至更多的费用，其中包括重建路桥、学校和供水系统等重要基础设施。布什承诺将“尽快完成任务”。

第二，布什下令所有内阁高官都要参与全面评估联邦政府对此次飓风灾难的反应。此外，布什还命令国土安全部立即评估美国主要城市的紧急应对计划。他说，像“卡特里娜”这样的灾难需要更强大的联邦权力和更广泛的武装部队介入。布什在讲话中承认美国政府对“卡特里娜”反应不够充分，但他还不忘为联邦政府的救灾不力辩解。他说，卡特里娜“不是一般的飓风，我们缺乏相对应的救灾系统”。在这次灾难中，联邦政府和地方政府互相指责、对救灾不力互相推卸责任的事情时有发生。

第三，布什提议建立失业工人账户，为每个寻找工作的灾民提供5 000美元的援助，用于职业培训、教育以及子女看护支出。

第四，布什称还将要求国会批准一项法案，将多余的联邦政府财产以抽奖形式，移交给受灾的低收入市民。

第五，飓风过后，墨西哥湾沿岸重灾区的居民都被转移到了各州。布什政府表示，他们将100%补偿这些灾民接纳州花在灾民身上的医疗和看护费用。

第六，拨款19亿美元补贴地方政府为受灾学生提供的教育费用；为受灾地区学生免去6个月助学贷款利息，利息减免总额达到了1亿美元。

三、2006年西弗吉尼亚州萨戈矿难

2006年1月2日早上，萨戈煤矿发生爆炸，13名矿工被困。由于井内一氧

化碳气体太多，救援人员在最初的12个小时内无法进去救人。12个小时后，救援人员担心发生二次爆炸，只好步行进入井内。联邦煤矿安全署派出救援机器人，但机器人陷入泥浆中，不得不放弃。

1月3日，救援人员不断推进。井内空气检测发现一氧化碳超过1 300帕，大大超过了安全线的400帕。时任州长曼基说，找到失踪矿工需要奇迹。当天晚上，一名矿工的尸体被找到，寻找到生还矿工的希望越来越渺茫。午夜刚过，受困矿工家属说12名矿工还活着。一名医生说，一名矿工情况危急，被送到了圣约瑟医院，送到时没有意识。

1月4日，传言12名矿工活着三小时后，煤矿公司的执行总裁发布惊人消息：矿工获救的消息不实，只有一人获救，导致消息不实的原因是信息传达有误。等候在教堂外的受困矿工家属发生混乱，有人甚至情绪失控，上前殴打煤矿官员。①

1. 事故处理

对这次矿难事故，联邦政府和州政府可谓“兴师动众”。美国时任总统布什在五角大楼发表讲话，对遇难者表示哀悼。州长曼基当时在佐治亚州，得到消息后立即赶赴矿难现场，而当时尚未发生矿工死亡的事实。媒体几乎都在得到消息后的第一时间聚集到现场，对整个过程进行全方位的报道。州长几乎是一刻不离地待在现场，煤矿负责人也一直在回答记者和家属的提问。

事故发生后，美国政府对此次事故的调查处理非常重视，联邦政府和州政府对此次事故分别成立了调查委员会。联邦政府成立了劳工部政府调查小组，由8名独立成员组成，负责调查事故爆炸原因、检查事故现场、会见有关人员、调取相关记录、勘验一切与此次事故有关的设备。这8名成员分别是：Richard A. Gates，调查小组组长，劳工部矿山安全与卫生署伯明翰地区负责人，来自亚拉巴马州的矿业工程师和矿井通风问题专家；John Urosek 和 Richard Stoltz，来自宾夕法尼亚州的矿井通风问题专家；Dennis Swentosky，来自宾夕法尼亚州的矿井通风监督员；Robert Bates，来自肯塔基州的电气专家；Joseph O' Donnell，来自阿拉巴马州的矿山办公督导员；Clete Stephan，来自宾夕法尼亚州的工程师；Gary Harris，来自肯塔基州的特别调查员。西弗吉尼亚州政府也于2月5日成立了调查委员会，州长曼基任命克林顿政府时期的矿山安全与卫生官员、美国最著名的矿山安全问题专家之一 Davitt McAtteer 担任调查委员会负责人，他领导一个由6名州议员组成的“萨戈矿难调查委员会”，这6位议员分别是 Mike Caputo，Eustace Frederick，Bill Hamilton，Jeff Kessler，Shirley Love 和 Don Caruth。其中，Caputo 自

① 美国萨戈煤矿矿难营救始末. http://www.docin.com/p-12269510.html.

1996年起即担任矿工联合会的国际代表；作为萨戈地区的代表，Hamilton有一位挚友在此次事故中罹难；Caruth本人拥有一家处理包括矿难事故法律问题的律师事务所。由此可以看出，联邦政府的调查委员会侧重于对事故原因的调查与处理，州政府的调查委员会侧重于对遇难矿工家属权益的处理与保护。

2. 案例分析①②

(1) 矿难频率。

萨戈矿难为什么会引起美国人如此高的关注度？因为这样的事故在美国非常稀少。就全美国而言，死亡10人以上的矿难已连续4年多没有发生过，自2002年以来，美国每年矿难死亡总人数不超过30人，而2005年为22人，是历史最低纪录。须知，美国是个煤炭开采大国，年产煤炭近10亿吨，与我国相差无几。国际上以每产一百万吨煤死亡的矿工数量作为矿难事故死亡率，据我国国家安全生产监督管理总局的统计，2003年全国煤矿百万吨死亡率为4.17，即每开采一百万吨煤，有4.17名矿工死亡，以每年15亿吨产量计算，意味着每年有6 000多名矿工死于矿难事故；而美国煤矿百万吨死亡率仅为0.03左右。

(2) 美国煤矿安全生产的制度建设给我们的借鉴。

第一，法律的完善。美国联邦政府于1968年制定了《矿业安全和卫生法》(Mine Safety and Health Act)，后又于1977年进行了修订，该法确立了几个基本原则：首先是安全检查经常化，每个地下煤矿每年必须接受四次安全检查，露天煤矿则必须接受两次检查，矿主必须按照检查人员提出的建议改进安全措施，否则可能被罚款和判刑；其次是事故责任追究制，特别是出现伤亡事故时，调查人员必须出具报告指明责任，蓄意违反法案的责任者将被处以罚款和有期徒刑；再次是安全检查“突袭制”，任何提前泄漏安全检查信息的人，都会被处以罚款和有期徒刑；最后是检查人员和矿业设备供应者的连带责任制，检查人员出具误导性的错误报告、矿业设备供应者提供不安全设备，都可能被处以罚款和有期徒刑。

在执法领域，美国煤矿安全生产监督机构强调其独立性，并在机制上防止检查人员与矿主、地方政府形成利益同盟。联邦政府劳工部专门设立了独立的矿业安全监察部门——矿山安全和卫生署，该署下设70多个地方办公室，这些监管机构不仅与矿主没有任何利益关系，而且与各州、地方政府没有任何从属关系，各地监察人员每两年轮换对调；对于任何发生3人以上死亡事故的煤矿，当地监

① 刘凯湘. 西弗吉尼亚矿难的感想. http://sh.focus.cn/msgview/10620/50586726.html.

② 美国、俄罗斯、澳大利亚防范矿难经验介绍. http://www.chinamining.com.cn/news/listnews.asp?classid=154&siteid=281811.

察人员不得参与事故的调查与处理，而是由总署从其他地方安排人员进行调查，例如，这次萨戈矿难调查组成员都是从西弗吉尼亚州以外调来的。这一制度能够充分保证矿山和矿业监察机构的独立性与公正性，防止监察人员、事故调查与处理人员及矿主、地方政府形成利益同盟，欺上瞒下。

第二，对矿工的安全培训非常重要。萨戈矿难后来的调查结果显示，此次被困井下的13名矿工都带有安全装备，如头盔、矿灯和防护眼镜，还背有可使用7小时的防毒呼吸系统和布帘等自救设备。矿工们在发生爆炸后并没有惊慌失措，而是主动远离毒气含量较高的爆炸现场，并拉起携带的布帘阻挡一氧化碳气体。如果后续抢救能够有效跟上的话，这一自救措施是至关重要的。事实上，后来获救的唯一一名矿工正是得益于此自救措施。

平时，矿业安全和卫生局下设矿山安全和卫生学院，专门对监察人员、矿工和矿主进行安全知识培训，并在各州举办巡回讲座，矿工可以免费参加学习，所有经费从劳工部的培训费中支出。此外，矿业安全与卫生局还充分利用网络，在网上提供免费的交互式培训课程，开放网上图书馆，将矿难调查报告、安全分析等资料和档案在网上公布。

第三，新技术的推广和采用能大幅度降低煤矿安全事故，这已被美国煤矿业多年来的实践所证明。美国矿业协会认为，新技术在安全方面的贡献主要有四个方面：一是信息化技术的广泛采用，增强了煤矿开采的计划性和对安全隐患的预见性，计算机模拟、虚拟现实等新技术，可以大幅度减少煤矿挖掘中的意外险情，也可以帮助制定救险预案；二是机械化和自动化采掘，提高了工作效率，减少了下井工人数量，也就减少了易于遇险的人群，实际上美国煤矿工人的总数已经下降到不足10万，他们中绝大多数是操作设备的技术工人；三是推广安全性较高的长墙法，取代传统形式的坑道采掘；四是推广新型通风设备、坑道加固材料和电气设备，从而提高安全指标。而政府主要通过技术认证这一方式来批准煤矿使用设备。矿业安全与卫生局下属的技术认证中心对煤矿设备进行质量检查和认证，每月都在网上的产品目录中更新公布通过技术认证的产品。

美国煤矿安全立法上的周密、机构运行上的严格、政府服务上的完善、技术研究上的先进，都是值得我们学习借鉴的。

第七节 美国政府应急管理体制的评述与启示

应急管理是一项复杂的系统工程，需要科学合理、协调有力的应急管理体制以保证应急管理高效、有序地展开。应急管理体制是指保证应急管理有效运行的一系列制度安排和条件保障，它是应急管理的基础和核心。一个完整的应急管理体系应由组织体制、运作机制、法制基础、保障系统等部分构成。组织体制包括管理机构、功能部门、应急指挥和救援队伍等方面的安排；运作机制是明确指挥、协调、职责各方面关系的机制；法制基础由一系列与应急管理相关的法律法规组成；保障系统则包括信息通信、物资装备、人力资源、资金财务等方面的保障。应急管理体制是现代政府管理体制的基本组成部分，是反映政府应急能力和水平的核心要素。美国已建立起一个比较完善的应急管理体制，通过对美国应急管理体制的全面了解，对其进行深入分析并加以学习借鉴，对我国应急管理体制的完善具有重要意义。

一、美国政府应急管理体制的评述

1. 组织机构建制化，救援队伍专业化①

美国应急管理体制实行联邦政府、州和地方政府三级反应机制。最高应急管理机构是国土安全部，联邦应急管理局是专门负责应急事务的部门，州和地方政府都设有专门机构进行应急管理，各级政府也都设有全职应急工作人员，并对其进行专业培训，在事故发生后可及时进行援助。美国的应急响应实行分级管理、属地为主的原则，不同规模的紧急事务应对在联邦、州和地方的各个层面展开。事故发生后，由当地政府应急管理机构最先实施应急行动，应急救援队伍的中坚力量是当地消防、警察、医疗等部门，以及社区组织和非政府组织，应急行动的指挥权属于当地政府。在应急管理过程中，上级政府必须充分尊重地方的自治权，仅在灾害超出当地的应对能力、地方政府提出援助请求时，上级政府才能调用相应资源予以增援，但它们并不接替当地政府对这些资源的处置权和指挥权，仅有权在灾后对这些资源所涉及的资金使用情况进行审计。

联邦应急管理局要求全国各级应急管理人员必须参加过规定的课程与时间的培训，获得职业许可和有关部门的认证。不同的应急管理职位要求有不同的认证级别，并建立有应急管理人员详细资历、实际处置经验、培训信息等的档案。美国特别重视专业技术人员和志愿者的培训，每年都会安排大量培训资金用于人员培训，仅培训直属系统每年就安排8亿美元用于培训专业人员和志愿者。

2. 运行机制科学化，处置过程程序化

美国国土安全部、各州及大型城市的应急管理机构中都设有应急运行调度中心。各个运行调度中心都设有固定场所，为应急工作所涉及的各个部门和单位常设固定的代表席位，配备相应的办公、通信设施。一旦发生突发事件或进入紧急

① 苗崇光，黄宏生等．美国应急管理体系近期发展［J］．防灾博览，2009（4）：20～31.

状态，各有关代表要迅速集中到应急运行调度中心和各自的代表席位，进入工作状态。运行调度中心根据应急工作的需要，实行集中统一的指挥协调，联合办公，确保应急工作反应敏捷、运转高效。①

根据“9·11”事件的教训，美国制定并推行了《国家事故管理系统》，2008年又根据卡特里娜飓风的经验和教训对其进行了修改。该系统是一个综合性的、能在全国范围内针对应急事件管理的系统方法，是一整套能保证突发事件管理高效、有序、协同的规定、理念、原则、术语和组织过程的集合。它提供了全国一致的模板，目的是保证上下级政府、各部门之间的应急一致性，并促使不同区域和机构间，不管突发事件的原因、大小、地点、复杂程度，都能联合行动，共同防御、准备、应对和恢复，并最终减轻这些突发灾害事件的影响。2008年1月出台的《国家应急反应框架》相当于一个国家层面实施应急响应时的联邦应急预案框架，该框架强调紧急事件应对是各级政府、私人机构、非政府组织和社会公民的共同职责。②

3. 法制基础规范化，救援行动法制化

在美国，应急管理方面的法律主要包括以下几个方面：③

一是关于灾害应急处理的立法。早在1950年，美国就制定了《灾害救助和紧急援助法》，它是美国第一个与应对突发事件有关的法律。该法规定了重大自然灾害发生时的救助原则，还规定了联邦政府在灾害发生时对州政府和地方政府的支持方式，适用于除地震以外的其他突发性自然灾害。由于该法案由罗伯特·斯坦福提议制定，故也称罗伯特·斯坦福法。1977年10月，美国国会又通过了《国家地震灾害减轻法》，目的在于“通过制定和实施一项有效的地震灾害减轻计划，减少地震造成的生命和财产危险”。该法规定建立《国家地震灾害减轻计划》（NEHRP）。1990年11月制定的《国家地震灾害减轻计划法》对减灾机构的职责、计划的目标和目的作了详尽规定，包括：改善对灾害的了解、描述和预测；完善建筑法规和土地利用计划；通过灾后调查和教育降低危险；提高建筑物的设计和建造技术；促进研究结果的应用。该法案指定联邦应急事务管理总署为计划主管机关，并赋予其规划、协调和报告的责任。

二是关于紧急状态的立法。1976年，美国国会通过《全国紧急状态法》，这是美国影响最大的应对突发事件的法律。它对紧急状态的宣布程序、实施过程、

---

① 杨素芳，徐方．美国应急管理体制及对我国应急管理工作的启示［J］．中国西部科技，2008（1）：50～51.

② 苗崇光，黄宏生等．美国应急管理体系近期发展［J］．防灾博览，2009（4）：20～31.

③ 任进．突发公共事件应急机制：美国的经验及其启示［J］．国家行政学院学报，2004（2）：82～85.

终止方式、紧急状态期限以及紧急状态期间的权力作出了详细规定。根据这项法案，总统有权宣布全国进入紧急状态。在紧急状态期间，总统可以为行使特别权力颁布一些法规。一旦紧急状态终止，这些法规将随之失效。《全国紧急状态法》还规定，紧急状态期间，当国家安全、社会经济生活以及外交政策的执行受到外国威胁时，总统可以对外国或外国人有关的外汇进行管制，还可以对国际支付以及货币、证券和财产的转让或转移行使特别权力。此外，美国各州、市和地方的立法机关也就危机处理有不同的紧急状态法，州长或市长有权根据法律和危机事态宣布该州或该市进入紧急状态。

三是关于反恐方面的立法。反对恐怖主义是美国应对突发事件最重要的内容之一。早在1952年，美国国会就制定了《移民与归化法》；在1984年制定了《反对国际恐怖主义法》；之后，还制定了《法律实施通信援助法》、《有效反恐法》和《化学品安全信息、场所安全和燃料管理救济法》等。“9·11”事件发生后，美国制定了大量法律加强反恐工作。如2001年9月18日制定《2001年紧急补充拨款法》，规定对2001年财政年度进行紧急补充拨款，以应对“9·11”事件的应急反应和受害者救助及处理袭击事件的其他后果；同一天还制定了《使用军事力量授权法》，该法授权总统采取一切必要和适当的军事力量，以应对其认为是“9·11”事件后有计划、有组织或协助进行恐怖主义袭击的任何国家、组织和个人的恐怖主义活动；随后，还制定了《空中运输安全和体系动员法》、《航空运输安全法》、《提高边境安全和完善入境签证法》、《公共卫生安全和生物恐怖威胁防止和应急法》以及《恐怖主义风险保险法》等。特别是2002年11月25日颁布的《国土安全法》，规定在联邦政府中设立国土安全部，并重构和加强了联邦政府有关行政部门，以便更好地应对恐怖主义的威胁。

此外，美国还制定了其他有关紧急状态或突发事件应急处理的法律，数量可观，内容详尽。

4. 救急资源多样化，保障系统科技化①

在美国，从联邦政府到州、郡政府都有比较充裕的灾害救援资金预算。资金负担实行分级管理、分级负担、各负其责。联邦政府和州、郡政府除正常的灾害救援资金预算外，当遇到特大灾害时，还可以临时由政府向议会提出增拨灾害救援资金议案，增加紧急救援资金。《美国联邦灾害紧急救援法案》规定，遭受自然灾害和技术灾害时，首先动用地方资金、物力，当灾害救援超出地方资金和物力承受能力时，州、郡政府可以分别向上级政府申请援助，而发生恐怖事件的紧急救援资金和物资则全部由联邦政府承担。一般情况下，FEMA每年调配的资金

① 唐黎标. 美国灾害紧急救援管理的主要特点［J］. 劳动保护，2004（4）：84~85.

有20亿美元，相关部门也都有各自的预算，如美国陆军工程兵总部每年用于民用救灾的资金预算是12亿美元；农业部农场服务局每年用于对受灾农场主的救助资金为30亿至40亿美元（补助受灾损失的50%～70%）；农业部食品和营养管理局每年对处于贫困线以下的1 900万人的食品救助资金为210亿美元（按每月每人78美元给予食品救济，同时又安排40亿美元用于妇女儿童食品营养计划）。

美国政府在应急管理中，普遍运用了比较先进的技术装备。美国政府的地球气象卫星、资源卫星的遥感技术早已运用于灾害检测、预警预报和跟踪。仅美国林业局、消防局就装备了114辆消防坦克、96架巡逻直升机。美国陆军工程兵装备有数百套具有先进计算机数字技术的指挥车辆，用于现场指挥。美国红十字会在全国装备有320辆食品快餐车，解决灾民临时就餐问题。若救援装备不能满足需要，根据法律还可征用民航、铁路、商船抢运救援物资，必要时还可动用联邦正规部队抢险救援。

5. 防灾知识网络化，公众参与普及化

FEMA通过实施“e－FEMA”战略，建立了应急信息系统层次结构模型，不仅能使各类应急信息系统的信息资源得到及时更新，还可促进不同系统之间的信息资源共享，为应急决策过程提供技术支持。目前在美国得到广泛应用的信息系统包括以下三个系统①：

（1）联邦应急管理信息系统。这是一个决策支持系统，综合考虑了应急管理的所有阶段（预防、准备、响应、恢复阶段），主要用来管理应急管理过程中的计划、协调、响应、培训和演习事务。从FEMA网站建设情况看，该网站体现了以人为本的原则，内容涉及危机前、危急中、危机后的方方面面，拥有多用户进入接口，为用户方便查找自己所需信息提供了便利。人们能通过网站准确了解各种灾害的特点，以便在发生危机时实施有效的自救。公众也可通过在网站上申请而获得有效的帮助，还可及时了解各种危机发生的情况和当前处理情况，以及应对各种危机有效的简易措施，使危机带来的损失减到最低。2002年9月，其网站上公布了一篇长达100多页的文章，题目为“你准备好了吗？——市民灾害准备指南”，该指南在一定程度上成为美国政府对社区居民进行灾害教育的范本，有效达到了通过网络进行全民教育的目的，并逐渐形成全社会参与应急管理的局面。FEMA网站还建立了与其他网站的链接，有利于各网站间信息资源的整合和共享及各部门的协调，提高了办事效率。当前突发事件越发呈现不确定

① 中国安全生产科学研究院赴美考察团．美国的应急管理体系（下）［J］．劳动保护，2006（6）：88～90.

性，次生危机也不断发生，应急决策的正确制定需要各个领域的专家共同协商完善，部门信息化也为次级决策提供了有力保障。①

（2）网络应急管理系统（Web EOC）。该系统主要用于城市开展事故管理、应急指挥调度、资源调度及文档管理。

（3）灾害损失评估系统（HAZUS）。该系统主要用于预测地震、洪水和飓风可能造成的损失以及应采取的应急措施，以便在备灾和防灾过程中，通过加强对建筑物的管理以减少在灾难发生时的人员伤亡和财产损失。

6. 民间救助多样化，救助期限持续化

目前，美国民众对防灾减灾热情很高，他们可通过社区应急反应小组、美国红十字会、教会组织、工商协会紧急救援组织、城镇防震行动议会等基层组织、非政府组织、志愿者组织去参与救援工作。这些组织在救灾及灾后恢复中发挥了很大的作用。②

还有来自国际方面的救援。比如，在 2005 年卡特里娜飓风事件中，联合国组建了一支特殊任务部队并将其派往灾区协助救灾，欧盟、澳大利亚、中国、俄罗斯、以色列、日本、加拿大、美洲各国等 20 多个国家、地区和组织向美国提供了援助。

二、美国政府应急管理体制对我国应急管理体制建设的启示

我国在应急管理方面虽然也取得了一些进展，但与美国当前的应急管理体制相比仍有很大的差距。借鉴美国的经验，我们可从以下六个方面完善我国的应急管理体制。

1. 完善应急管理法律法规，促进应急管理流程信息化

我国应强化法制建设，形成有中国特色的应急管理法制体系，把应急管理工作纳入规范化、制度化、法制化轨道。从国家安全的高度制定统一的应对重大突发性灾害的法律、法规；从法律上授权予政府，使其具有实施各种应急管理措施的权力，并限定其职责；制定《应急管理法》，把各种事故灾难的管理都纳入统一的、科学的程序和制度中，而不再是分散管理，各行其道；制定国家紧急状态法，明确界定紧急状态，公民在紧急状态下获得救助的途径和方法，政府采取的非常手段及宣布紧急状态的范围、时间和解除紧急状态的程序。③

---

① 刘焕成，刘芬，刘爽．美国应急管理现状及对我国的启示［J］．情报科学，2009，27（11）：1619～1622，1630.

② 厉华．美国应急管理做法及呈现的新特点［J］．现代职业安全，2009（8）：36～37.

③ 刘焕成，刘芬，刘爽．美国应急管理现状及对我国的启示［J］．情报科学，2009，27（11）：1619～1622，1630.

政府部门应该充分利用信息与互联网技术，使政务流程建立在信息网络通道和信息平台的基础上，从而提高政务流程的速度、效率和准确性，实现政务流程质的跳跃。同时，改进政府现有部门的办公网络，全面收集与危机相关的资料数据，对来自不同主体的数据进行标准化处理，转化为计算机可以统一计算、处理并易于识别的格式，进而对数据进行深层次的挖掘分析，用于支持应急管理的决策。网络信息技术在政府各个部门的全面应用，可以促使政府具有更强的信息获得社会控制能力，提高政府对危机事件的快速反应与及时处理能力；还可使不同部门之间的信息传递更加快速高效，信息共享程度大大提高，信息资源有效整合，突破部门间信息沟通与工作协同的传统界线和范围，实现一体化的远程交流和跨部门的协调办公与管理，提高信息资源的挖掘、利用和处理能力，促使应急管理集中化。①

2. 改进应急管理系统，加快应急机制建设

应急管理系统应重点建设应急预防系统、决策支持系统、处理系统与恢复系统。

在应急预防系统中，主要有预警子系统、演习子系统与教育子系统等。通过预警子系统，收集有关社会危机发生的信息，及时掌握危机变化的第一手材料，经过科学的鉴别、分类和分析，预测可能发生的危机类型及其危害程度，并在必要时发出危机警报，从而制定应对各种危机的应急预案，以有效避免危机的发生或尽量使损失减少到最小；通过社会模拟演习，可以培养政府和公众的危机意识，使其在危机到来时有充分的准备；通过教育系统，可提高公众对抗危机的能力。

应急决策支持系统主要包括危机信息实时收集、反馈分析子系统，政府资源数据库，危机数据库，专家在线支持咨询系统，以及危机评估系统等。将不同部门的负责人、不同领域的专家整合到一起进行群体决策，一方面可以集思广益，把决策群体的知识经验融为一体，减少决策的盲目性；另一方面，也可以充分发扬民主，调动各群体的积极性，有利于决策的落实与执行。

应急处理系统主要包括部门协作与人员调度子系统、物质调度子系统和危机公众沟通子系统等。充分利用电子政务的特征，实现警种和部门间的协调合作，同时，通过与公众沟通，避免产生谣言，造成恐慌。

应急恢复系统主要通过灾后评估与理赔子系统及灾后重建子系统等，协同各部门与各方人员，尽快恢复危机造成的损害。

---

① 刘焕成，刘芬，刘爽．美国应急管理现状及对我国的启示［J］．情报科学，2009，27（11）：1619～1622，1630.

在电子政务环境下，为保证政府应急管理的高效运行，需要创新我国现有的应急管理机制以适应当前社会发展的需要。在这种组织结构模式中，政府应急管理的主体应包括政府应急管理委员会、政府应急管理指挥中心、政府机构、非政府组织、媒体及公民。这些不同主体共同组成一个有机整体，共同应对各种紧急事件。政府的治理模式应由管理型向管理服务型转化，政府的组织形态应由传统的金字塔式的垂直结构向错综复杂的、扁平的网状结构转变。同时，要尽快培养人才，加快建立一支高效精干、技术精良的应急工作队伍，不断完善技术装备，增强技术培训，强化模拟演练。

3. 重视预警体系建设，改进信息发布机制

政府部门应编制好应急预案，发挥好预案的指导作用。应急预案反映了应对各种灾害的经验，又体现了突发事件的基本规律，明确了相应的应对措施。预案根据紧急事件的大小和影响程度的不同对其进行了分级，根据每一级别启动相应级别的资源调动和处置方案。所以，编制预案时应在总体框架下考虑区域的实际情况，许多工作程序要精密，要有行动的方案细节，包括现场指挥部的组建、信号的传递、物资的保障等，而不是复制上一级的预案。此外，还需要进行经常性的演练，使各级指挥员和工作人员能及时应对各种复杂环境。

在突发事件发生、发展的过程中，及时、准确、全面地向公众发布相关信息是必要的，它既能体现政府对公众知情权和切身利益的尊重，也能为政府采取进一步行动打下舆论基础。针对突发公共事件的信息发布，必须坚持一定的纪律和原则，做到准确及时、客观公正、有利于事件平息以及导向正确等。另外，还要建立标准统一的信息发布制度，明确公布不同类型事件预警和风险提示的具体标准、等级、时限、渠道、范围和技术分析、政策解释等，做到内容权威、体系完整、规范有序。① 同时，在应对灾害时应进一步处理好与大众媒体的关系。要善于应对新闻媒体，将政府应对突发事件的对策和措施及时公开，准确地解答公众所关心的问题；也要提高新闻发言人应对新闻媒体采访的能力，营造有利于新闻媒体采访、获取信息的环境。

4. 开发先进的技术装备，建立充足的物资储备

随着科学技术的快速发展，应急管理对科学技术的要求也越来越高，特别是那些人为的突发事件，如恐怖袭击、网络攻击等，必须依靠高超的应急技术加以应对。

在信息技术高度发达的今天，建立起科学完善的应急知识共享体系显得十分

---

① 姚国章．典型国家突发公共事件应急管理体系及其借鉴［J］．南京审计学院学报，2006，3（2）：5~10.

有必要。应急知识库是应急知识共享体系的基础资源，是专门用来为应急决策服务的高级知识资源库，含有与应急相关的各种知识、技能、经验和技巧，通过网络应用可使该数据库实现充分的共享和全方位的动态更新。政府有关部门应在政策和机制上对这样的知识库给以足够的支持，号召应急工作人员最大限度地应用和参与更新，使其成为应急决策最有效的智囊库。

目前，我国的应急救援工作还只是初具规模，比较缺乏先进的装备，大量器材和设备需要进口。因此，要根据我国实际情况组织科技攻关，开发适用于我国应急救援的设备和产品，并在此基础上形成防灾减损产业。

5. 加强应急教育宣传，形成全民参与应急氛围

全社会高度关注、共同参与是有效应对紧急事件及各种灾难危机的根本保证。公众既是受灾主体又是救灾主体，培养公众的危机意识和自救能力显得尤为重要。强化全民的危机教育是政府应急管理工作的主要组成部分，电子政务的建设又为危机教育的实施提供了很好的平台。许多发达国家都十分重视这方面的教育：澳大利亚政府向每户居民邮寄有关反恐的资料，指导人们应对恐怖事件；德国政府通过宣传手册、互联网、展览以及听众热线，重点介绍如何应对新型急性瘟疫、化学品泄漏和恐怖危机，增强国民的危机意识，等等。他们的经验表明，国民在受过系统的防灾教育后，在很多情况下能最大限度地减少灾难造成的人员伤亡和财产损失。

在现阶段建立危机教育电子平台，可尝试在政府门户网站下建立危机教育分站，或者建立单独的危机教育网站，既要将危机教育整合到政府网站群中，也要注重与权威媒体和大众网站的合作，通过这些平台进行危机教育，可使上网的公民通过自己的浏览获得相关信息。通过电子政务平台向公众进行相关的危机普及教育，宣传国家有关危机管理、应急管理、灾害管理的法律法规，指导公众在平时如何准备、在危机来临时如何自我保护和自救以及如何根据自己的能力为其他人提供帮助，公布危机救助方式等。通过危机教育，增强全民的危机意识，提高危机应对能力，逐步形成全社会参与的良好局面。

另外，可在电子政务平台上建设志愿者报名系统，鼓励公民参加志愿者服务，并对志愿者进行专门的培训。在危机发生时，大量散存于民间的志愿者都可在第一时间迅速实施自救、互救，从而降低伤亡，为政府施救赢得时间，客观上也减轻了政府的压力。

6. 积极参与国际应急交流，加强国际应急合作

尽管国与国之间、地区与地区之间有着明显的边界限制，但很多突发公共事件，比如新型传染病，并没有边界的局限。面对共同的挑战和威胁，各国政府的普遍选择就是加强合作与交流，形成合力，共同应对。“全球化问题，全球性解

决”，这是全世界在近几年经历了 SARS、禽流感等袭击以后，共同得出的结论。我国作为有着 13 亿人口的发展中国家，在经济和科技相对落后，应对突发公共事件的经验、技术和条件等方面都还很欠缺的情况下，尤其需要加强国际交流与合作。在交流中学习，在合作中提高，把中国融入世界应急管理的大背景中去，必然会取得更大的进步和发展。①

① 姚国章．典型国家突发公共事件应急管理体系及其借鉴［J］．南京审计学院学报，2006，3（2）：5～10.

第三章 俄罗斯政府应急管理体制

第一节 俄罗斯政府应急管理发展简史

一、俄罗斯应急管理发展史上代表性事件

1. 1986 年切尔诺贝利核电站爆炸

1986 年 4 月 26 日凌晨，位于苏联乌克兰加盟共和国首府基辅以北 130 公里处的切尔诺贝利核电站发生猛烈爆炸，反应堆机房的建筑遭到毁坏，同时发生了火灾，反应堆内的放射性物质大量外泄，周围环境受到严重污染，造成了世界核电史上迄今为止最严重的事故。1986 年 4 月 25 日，切尔诺贝利核电站第 4 号反应堆的工作人员违反操作规程连续切断反应堆的电源，使主要冷却系统停止工作，造成堆芯温度迅速升高，氢气过浓，于 26 日凌晨发生猛烈爆炸。爆炸引起机房起火，浓烟使人呼吸困难，放射性物质不断外溢。核电站所在地区 2.5 万居民于 26 日早晨开始疏散，疏散共用了 34 个小时。

事故发生后，大量放射性尘埃污染到北欧和东西欧部分国家，瑞典、丹麦、芬兰以及欧洲共同体于 4 月 29 日向苏联提出强烈抗议。瑞典国家放射学研究所发言人说，这次事故后飘落到瑞典东部沿海地区的放射性物质含量已超过正常标准的 100 倍。瑞典北部的福尔斯马克核电站周围 10 公里范围内发现放射性尘埃增多，600 名工人被迫撤离核电站，近千名居民排着长队等候接受放射性尘埃检查。时任丹麦首相施吕特强烈谴责苏联未能立即就核电站发生的事故向其邻国发出警报。受到污染最严重的是波兰，波兰政府专门成立了由副总理牵头的委员会，负责处理这起事故的危害等有关问题，并采取措施防止核电站溢出的放射性尘埃危害波兰人的健康，指示不要食用喂养青草饲料的奶牛所产的牛奶，并向有关地区 18 岁以下居民发放碘化钾。南斯拉夫政府也要求居民不要利用雨水，不要饮用放牧于野外的牛羊的奶，不要生吃蔬菜。

切尔诺贝利核电站发生事故后五个多月才恢复发电，使苏联蒙受了巨大损失。据苏联官方公布，这起事故造成的直接经济损失达 20 亿卢布（约合 29 亿美

元），如果把苏联在旅游、外贸和农业方面的损失合在一起，可能达到数千亿美元。同时，在核事故的危害下有 33 人死亡，300 多人因受到严重辐射先后被送入医院抢救，有更多的人受到不同程度的辐射污染。为了防止进一步的辐射危害，苏联将 28 万多人疏散到了辐射区之外。

2. 莫斯科剧院人质事件

2002 年 10 月 23 日晚 9 时左右，四五十名车臣绑匪闯入莫斯科东南区一家剧院，将 700 多名观众、100 多名演员和文化宫的工作人员扣为人质。非法武装劫持人质的头目巴拉耶夫要求俄罗斯在一周内撤出车臣，否则将引爆莫斯科轴承厂文化宫大楼。10 月 24 日时任总统普京随即取消出访计划。10 月 26 日特种部队冲进剧院，30 多名绑匪在战斗中被击毙，包括绑匪头目巴拉耶夫。特种部队在 40 分钟内迅速制服恐怖分子，取得了决定性胜利，大部分人质安全获释。

3. 俄罗斯核潜艇事件

2000 年 8 月 12 日，俄罗斯海军北方舰队“库尔斯克”号核潜艇在巴伦支海域参加军事演习时失事沉没，艇上 118 名官兵全部遇难。这是俄罗斯历史上伤亡最惨重的潜艇事故。

2003 年 8 月 30 日，俄罗斯海军北方舰队“K－159”号退役核潜艇在被拖往修船厂拆卸途中，因遭遇风暴沉没，艇上载有 10 人，仅 1 人获救。

2004 年 11 月 14 日，停靠在太平洋维尔尤金斯克军事基地的俄罗斯“K－223”号核潜艇发生局部爆炸，造成 1 人死亡、2 人受伤。

4. 别斯兰人质危机

2004 年 9 月 1 日，车臣分离主义武装分子在俄罗斯南部北奥塞梯共和国别斯兰市第一中学制造了一起劫持学生、教师和家长作为人质的恐怖活动。俄罗斯军方包围了学校 3 天，试图解救被劫持的人质。该事件在 9 月 3 日结束，但导致了 326 名人质死亡，从而成为俄罗斯最严重的恐怖主义袭击事件。

二、俄罗斯应急管理机构的发展历程

1989 年，苏联政府成立了“紧急事务国家委员会”。几年后，俄联邦成立了一个类似的委员会作为紧急事务国家委员会的一个部长会议。不久，这个委员会被移交到俄罗斯政府部门，并改名为“俄联邦民防、紧急情况和消除自然灾害后果部”，简称“紧急情况部”（EMERCOM）。这是一个政府直属的国家委员会，无论是和平时期还是战争时期，该部都有权对领土内突发性的现实危机或者预期可能发生的危机进行处理，是国家政策中相对独立和关键的部分。

就应急管理来讲，俄罗斯“紧急情况部”与苏联有所不同。1992 年，政府立法中第 261 条强调了“紧急情况部”在俄罗斯政府里的重要地位，并保留它在发展和执行国家安全系统时对自然灾害和技术性灾害等突发事件（包括有害材料）有提供应急救援的职责。同时，除俄罗斯之外的联邦实体仍然具有处理其余类型危险情况的职责，包括处理“地区间的冲突”。联邦共同体和地方区域的应急管理策略作为国家安全政策中的一部分，实际上由俄罗斯的总统及其顾问团（安全委员会）制定和执行。1994 年，俄罗斯联邦立法机关通过了联邦共同体应急管理法案，以抵御联邦共同体领土范围内发生的自然灾害和技术性灾害(或者灾难)。这说明“紧急状态部”已经转变为俄罗斯联邦政府直属部门，具有民防性，对突发事件和自然灾害有应急救援职责，并建立了俄罗斯联邦预防和消除紧急情况的统一国家体系（USEPE)。1996 年，时任总统叶利钦在年度总统报告中声明：要致力于国家的防御问题。他特别强调在发生自然灾害以及其他国家安全管理系统中涉及的灾害时，一定要保护每个公民的利益和俄罗斯联邦的利益，应该把 USEPE 细化并实施下去。普京总统上台后，强力部门的地位进一步上升，应急管理的权力进一步增强，逐渐形成了以“国家首脑为核心、联席会议为平台、相应部门为主力”的应急管理体系。

第二节　俄罗斯政府应急管理机构设置和职能

一、俄罗斯应急管理机构组织体系

1. 国家应急决策机构——总统、联邦安全会议

俄罗斯总统是联邦应急管理事务的最高行政领导，全面领导俄罗斯的应急管理工作，遇到重大突发事件时直接进行指挥和处置。联邦安全会议是俄罗斯国家和社会安全问题的核心决策协调机构，由总统任主席、总理任副主席，会议秘书由总统任命并对总统负责，会议常委和委员由国防部、外交部、对外情报局、联邦安全局等强力部门首长出任。

2. 国家应急救援和协调机构——俄罗斯紧急情况部

为了提高联邦政府对紧急事务的管理能力，俄罗斯于 1994 年成立了俄罗斯紧急情况部，全称是“俄联邦民防、紧急情况和消除自然灾害后果部”，直接对总统负责。紧急情况部连同国防部、内务部、联邦安全局和对外情报局，共同组成了俄罗斯联邦政府的五大强力部门。

3. 国家灾害管理工作机构——联邦各部门

俄罗斯联邦政府各部门分别负责相关领域的应急管理工作。在应对重大、复杂的突发事件过程中，联邦政府的各强力部门（包括联邦紧急情况部、国防部、

外交部、联邦安全局、对外情报局、联邦通信与情报署等）发挥着至关重要的作用。他们各司其职，在突发事件发生时，组成了应对突发事件的应急组织结构。

4. 州和地方的应急管理机构

俄罗斯各州政府和地方政府负责本地突发事件的预防和处置工作，一般突发事件分别由相应的政府主管职能机构负责处置。遇到较严重情况时，俄罗斯紧急情况部的地区中心会提供紧急帮助，甚至直接处置突发事件。

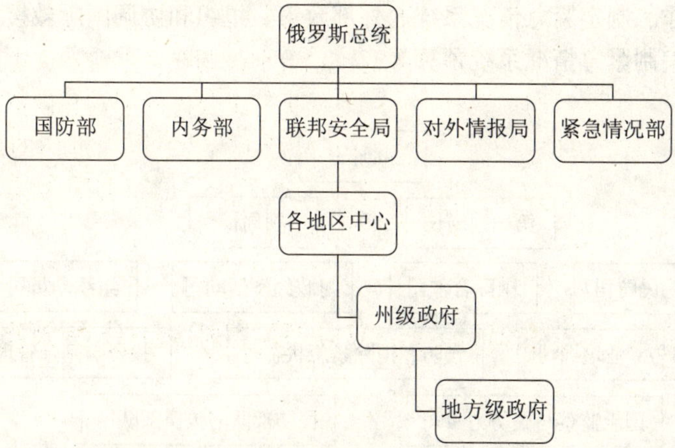

图 3－1 俄罗斯应急管理机构组织体系

二、俄罗斯紧急情况部

1994 年上半年，俄罗斯发生了 747 起灾难事件，比上一年全年增加了 182 起。自然灾害数量也呈现出螺旋式上升趋势，从 112 起增加到 182 起；人为突发事件增加到 564 起。为了更好地应对这些事件的影响，时任总统叶利钦颁布总统令，设立联邦民防、紧急情况与消除自然灾害后果部，又称紧急情况部。

紧急情况部具有军事化的神秘色彩，其成立以来，作为俄罗斯专业化的抗灾救助机构，具有系统的机制、具体的措施和丰富的经验。

1. 机构设置

俄罗斯紧急情况部下设居民与领土保护局、灾难预防局、防灾部队局、国际合作局、消除放射性及其他灾难后果局、科学技术局及管理局等，负责民防部队管理和培训，组织灭火行动，监督企事业单位防火措施落实情况，对在内河和近海航行或作业的小型船只进行监督管理，组织水上搜救，调动飞机参与救援，监督和检查紧急情况系统资金使用情况，保障救援行动安全有效进行。同时下设几个专门委员会用以协调和实施某些行动，包括打击森林火灾跨机构委员会、水灾跨机构委员会、海上和水域突发事件跨机构海事协调委员会、救援人员证明跨机构委员会。

紧急情况部通过总理办公室可以请求获得私人、国防部或内务部的支持，拥有国际协调权及在必要时调用本地资源的权力。紧急情况部还下设 11 个处，负责预防灾害事故、消除突发情况后果、协助地方应对突发情况、改进民防工作、提供紧急情况下的技术和后勤保障、负责紧急情况系统的基础设施建设、进行组织和动员工作、制定紧急情况系统内外部政策、组织和协调国际救援行动、起草法律法规和编制紧急情况系统预算等。

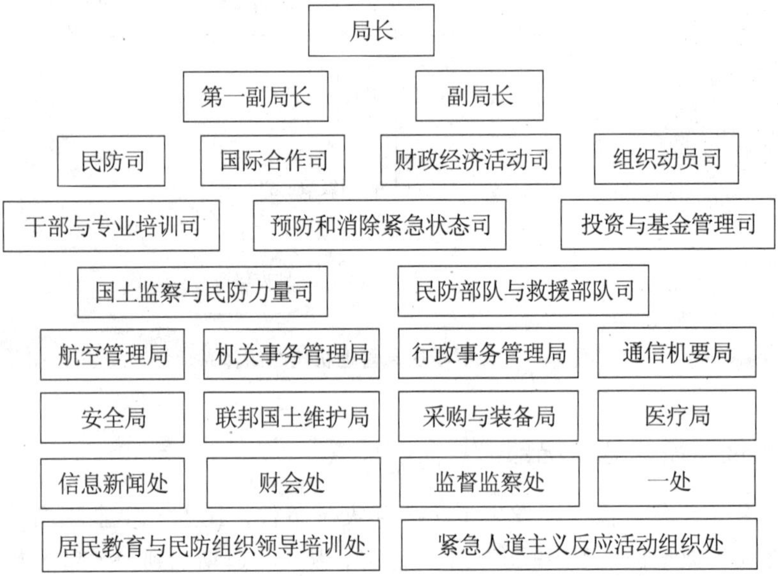

图 3－2 俄罗斯紧急情况部机构设置

俄罗斯紧急情况部拥有的分支机构和单位中较为重要的包括以下四类：地区中心（紧急情况部在远东地区、西北地区、南方地区、伏尔加河沿岸和乌拉尔地区、西伯利亚地区以及中央地区设立了 6 个地区中心，每个中心在紧急情况部的直接领导下负责所辖地区各种灾害事故的预防和处理）；民防和突发事件指挥部（许多地区、州、自治行政区、区和城市都设有这类指挥部）；指挥和控制中心（设置在莫斯科、各地区和州）；培训教育设施（沃罗涅日消防技术学校、俄罗斯国立消防学院、伊万诺沃国立消防学院、圣彼得堡国立消防学院、俄罗斯民防学院等)。

为了执行快速反应行动，俄罗斯紧急情况部配备了下列部队和设备：中央空中机动救援队（配备有飞行设备，如直升机和货运飞机，包括伊尔76和安74飞机，参与联合国人道主义救援运输任务）；民防部队（由驻扎在俄各个地区的军事化部队师团组成）；搜救队（由驻扎在各共和国、地区和省的几十个搜救队组成）。

俄罗斯紧急情况部还是自然灾害预测预报中心。2008年初，在该部门下建立了国家危机情况管理中心，并在各个地区设立分支机构。这是一个智能型的救灾指挥中心，采用了许多高科技手段，对自然灾害和突发事件进行预测预报，组织救援。国家危机情况管理中心成为统一信息来源、全国危机情况预防和应对的体系，在发生紧急情况时增强政府各部门间的协作，使民众及时了解有关灾害和事故的信息。国家紧急情况管理中心设有行动反应中心，采用电脑管理，并配以声文记录装置，多个特大屏幕墙能显示出各地灾害的即时情况。一旦发生灾害和突发事件，可迅速获得信息资料并即时上报和通报。为了加强对人群多的地方的信息管理，在机场、火车站、大型商场、电视台、大型广场等部分人群密集场所都设置了大型监视系统，可对现场实行24小时监控，随时掌握现场情况。目前，在莫斯科、圣彼得堡等大城市共设立了911个信息和通报站。

图3-3 国家危机情况管理中心

2. 主要职责

紧急情况部属于联邦执行权力机构，是俄罗斯处理突发事件的组织核心，其主要职责包括：

（1）制定国家民防政策和紧急状态预告及减轻后果的政策（包括消除放射性与自然灾害后果以及潜水特殊任务造成的后果）。

（2）领导俄联邦民防及其部队和紧急情况部的搜寻与救援部队。

（3）保障统一国家系统预告和消除紧急状态后果的功能。

（4）组织和实施国家紧急状态发生的准备和行动计划，以及完成预告紧急状态发生的一切措施。

（5）领导消除巨大事故、自然灾害和其他紧急状态后果的工作。

（6）协调联邦机构、执行机构、俄罗斯联邦各实体执行机构、地方自治机构以及各企业、机构、机关与各种团体组织在消除放射性事故与自然灾害后果、监督实施措施的各项工作活动。

（7）组织制订和实施联邦专项任务及科技计划以有利于消除放射性和自然灾害后果，保护人民和国土安全，提高紧急状态下国民经济各部门的稳定能力。

（8）协调建立和利用紧急资源储备系统的工作，包括国家用于消除紧急状态后果的重要资源，监督联邦政府分配用于消除紧急状态后果的专用经费支出。

（9）组织公众、管理部门专职人员及民防组织与俄罗斯紧急状态系统行动人员的培训。

（10）组织该部主管范围内各种问题（项目）的国际合作。

（11）组织制定和实施预警紧急状态的各项措施，包括放射性和自然灾害后果的消除、打捞淹没的军事技术设备、含毒剂的弹药及装有放射性废物的集装箱。

（12）组织紧急状态下救援行动人员培训和极端条件下继续生存人员的训练。

（13）领导俄联邦地震观测和地震预报系统。

（14）协调联邦各执行权力部门的遇难人员搜救活动、事故救援工作，消除国内海洋和自然水体内的石油、石油产品、有害化学放射性物质泄漏后果。

（15）组织紧急状态下对人民的通知和信息传播工作，监督国内和地方系统信息工作的建立与工作状况。

（16）组织协调预告自然灾害和技术事故，及其模拟演练和俄联邦可能存在危险的经济区、行政实体、自然灾害损失地区的区划工作，制定处于危险之中的国民经济实体和地区规范化危险程度指标体系。

（17）组织发起和给予俄联邦人民与外国人民遭受紧急状态后果时的人道主义援助。

（18）和联邦行政执行机构、联邦行政实体机构及地方自治机构共同决定为消除紧急状态后果而配置技术装备力量与物资，建立教学中心和重建权力中心。

(19) 研究和协调教学及专门教育机构关于民防问题和为采取紧急状态行动做好准备的计划。

(20) 组织和进行保护人民与保卫国土安全的科学研究及试验设计工作，完善现有的和建立新的、高效的事故救援设备储备体制，提高紧急状态下国民经济各部门运作功能发挥的稳定性。

(21) 协调制订、批准或协商教育人民和政府管理机关、民防组织、俄联邦紧急状态指挥机关负责紧急状态行动的现职干部的培训计划，组织和实施推荐救援人员与事故救助组织的制度。

(22) 建立与社会和有关民防问题、预告和消除紧急状态，克服辐射事故、自然灾害后果的公众信息资源的联系，保护人民生命和健康，提高国民经济各部门在紧急状态下发挥运作职能的稳定性。

(23) 完成民防问题和预告与消除紧急状态后果等国际合作，包括消除辐射事故与自然灾害的后果，提供灾民援助和水下打捞等特殊任务的人员与设备，以及与该部主管范围有关的其他问题。

3. 突发事件的应急运作

俄罗斯紧急情况部在突发事件中的应急运作主要包括以下五个方面：

(1) 建立专业化的救援救灾队伍。俄罗斯紧急情况部拥有包括国家消防队、民防部队、搜救队、水下设施事故救援队和小型船只事故救援队在内的多支应急专业力量，并针对不同灾害、事故制定了详细的应对条例。

(2) 加强灾害预测和预报。俄罗斯紧急情况部下设国家危机情况管理中心，各个地区设立分支机构。这是一个智能型的救灾指挥中心，采用了许多高科技手段，对自然灾害和突发事件进行预测预报，组织救援。一旦发生灾害和突发事件，可以迅速获得信息资料，并即时上报和通报。

(3) 实施专业化救援。俄罗斯紧急情况部建立了许多专业化救援机构以实行专业化救助。紧急情况部有一个庞大的搜救队，专门负责发生灾害时的一般搜救工作，总人数近 2 万人，大多数队员同时掌握了多种专业技能，具有在水下、陆上、空中和任何复杂地理及气候条件下完成救助任务的本领和能力。在消防方面，紧急情况部下设一支庞大的俄罗斯消防部队，总人数达 22 万人，由军事化消防部队、地方专职消防队和志愿消防队组成；紧急情况部还设有高风险救援行动中心，专门处理具有高风险的紧急情况，如核事故和化学放射污染事故等；此外，还设有航空救助队、小型船只救援队、心理医疗救助队等。

(4) 重视救灾知识教育和人才的培养。俄罗斯紧急情况部拥有多所院校，其中包括沃罗涅日消防技术学校、俄罗斯国立消防学院、俄罗斯民防学院等。这些教学机构源源不断地为俄罗斯紧急情况部输送专业人才，从而使俄罗斯预防和处理灾害事故的能力得到极大增强。此外，紧急情况部还拥有自己的科研机构——全俄急救和放射医学中心，该中心主要负责对消防队员和其他救援人员提供专门医疗服务。

（5）加强国际合作。俄罗斯紧急情况部还加强国际合作，希望建立世界范围内的联合救灾中心，利用不同国家、地区的优势共同应对自然灾害和突发事件的威胁。

三、俄罗斯联邦安全会议

俄罗斯联邦安全会议主席由联邦总统担任，副主席由政府总理担任，安全会议秘书由总统直接任命并直接向总统负责，安全会议的常委和委员由总统根据安全会议秘书的建议任命。安全会议成员包括总统、政府总理、安全会议秘书、联邦安全局长、外长和国防部长。俄联邦安全会议下设宪法安全、国际安全、独联体合作、军事安全、信息安全、国防工业安全、经济安全、生态安全、边防政策、居民保健、社会安全和反犯罪及反腐败、动员准备与动员等12个常设的跨部门委员会，分别负责相关领域的应急决策、咨询和协调工作。常设机构除秘书处外，还有信息安全与预测局、国防安全局、经济安全局、公民权利与社会安全保障局、联邦宪法安全局等6个局。司法部、内务部、联邦保卫局、对外情报局、边防局、紧急情况部、财政部的部长和局长可视情况列席会议。依据俄罗斯有关法律，俄联邦安全会议是俄罗斯国家公共安全的领导核心，既是俄国家安全决策的最高机构，也是俄公共安全危机管理的中枢机构。发生重大公共危机事件时，俄总统通常会召开俄联邦安全会议的紧急会议，根据联邦安全会议的讨论结果作出决策。若遇到特殊危机事件，安全会议还可成立相关临时性专门机构负责处理。

1. 联邦安全会议的基本任务

（1）确定社会和国家的至关重要利益，阐明安全主体面临的内外威胁。

（2）确保俄罗斯联邦安全战略的主要方向，组织筹备保障俄罗斯联邦安全的联邦总体纲要。

（3）向总统提供保障个人、社会和国家安全问题所需采取重要决策的建议。

（4）制定协调联邦执行机关和联邦主体权力机关在执行有关保障安全的行为过程中活动的建议，并评估活动效果。

（5）通过改组现有或建立新的负责保障个人、社会和国家安全的机构，完善安全保障系统。

2. 联邦安全会议的基本职能

（1）审议俄罗斯联邦在保障个人、社会和国家安全方面的内政、外交和军事政策问题。

（2）准备总统有关保障个人、社会和国家安全等领域的内政、外交和军事政策以及有关保障国防能力、开展军事技术合作、实施经济制裁、促进信息发展、制定保障俄罗斯联邦独立和国家完整的战略举措等方面的决定。

（3）审议有关保障个人、社会和国家安全等领域的内政、外交和军事政策，审议有关保障国防能力、开展军事技术合作、实施经济制裁、促进信息发展、制定保障俄罗斯联邦独立和国家完整的战略举措等方面的法案，向总统提供有关这些问题的建议，并起草有关总统令草案。

（4）评估安全主体面临的内外威胁并阐明其根源，组织和协调内政、外交和军事政策、军事技术合作以及俄罗斯联邦信息安全战略的制定。

（5）对联邦执行权力机关和联邦主体执行权力机关在实施内政、外交和军事政策、军事技术合作以及俄罗斯联邦信息安全战略方面的执行情况实行监督。

（6）审议建立、监督和维持保障安全的力量与手段的准备情况及其活动的问题。

（7）审议和评估俄罗斯联邦安全状况的情报以及安全威胁的情报。

（8）收集、分析和加工有关俄罗斯联邦安全保障系统职能化的信息，提出完善这一系统的建议，组织制定保障俄罗斯联邦安全的联办纲要并评估其有效性。

（9）组织有关安全保障问题的科研工作。

（10）根据俄罗斯联邦法律和联邦总统的命令执行保障个人、社会和国家安全领域其他方面的任务。

四、俄罗斯国防部

俄罗斯联邦总统兼俄联邦武装力量最高统帅，对联邦武装力量和其他军队实施全面领导，并通过国防部长和总参谋长对武装力量实施作战指挥。国防部长通过国防部对联邦武装力量实施直接领导。

俄罗斯国防部的基本职能是：参与制定联邦军事政策和军事学说；制定联邦武装力量建设构想，协调武装力量和军事技术装备发展的联邦国家计划，提出国家国防订货建议；提出国防开支预算草案及其使用办法；组织国防科研和试验设计工作；为武装力量及其他军队生产、订购和采购武器、军事技术装备、食品、被服和其他物资；负责武装力量的动员准备；向总统提交共同条令及有关国防部和总参谋部、军事委员会、后备役委员会的条例草案等。

俄罗斯国防部的主要目标是：

（1）制定和实施国防领域的政策。

（2）制定在国防领域的规范性法律法规。

（3）制定国防部所属的联邦行政机关和武装部队的规范性法律与法规。

（4）协调联邦行政机关与国防机构、部队、军事单位等防务领域机关的活动。

（5）协调和监督下属行政机构。

（6）按照联邦宪法、法律和有关的国际条约组织俄罗斯武装部队。

（7）保持必要的武装部队。

（8）为军队建设采取必要的措施。

（9）提供军队军人、武装部队文职人员、退役军人及其家庭的社会保障。

（10）制定和实施国家的军事政策，加强俄罗斯与世界各国、各国际组织的军事合作。

第三节　俄罗斯政府应急管理过程与应急机制

一、俄罗斯政府应急决策体系

决策指挥中枢系统是应急管理机制的核心。在俄罗斯，由总统直接领导、联邦安全会议作为中枢决策指挥机构的决策系统是维持应急管理机制集中、统一、高效运作的根本保障。在危机管理过程中，总统主要通过三个权力杠杆来实现自己的权力：第一，总统通过相关法律将外交部、国防部、内务部、紧急情况部、对外情报局、联邦安全局和联邦政府通信与情报署等强力部门直接置于自己的领导之下，这些部门直接对总统负责；第二，俄罗斯联邦安全会议作为决定国家安全战略的主要机构，是强势总统的“权杖”；第三，俄罗斯总统拥有强大的办事机构——总统办公厅，总统办公厅拥有广泛的权力，成为实际上的“影子内阁”。

俄罗斯联邦安全会议是俄罗斯危机管理的中枢机构，也是俄罗斯国家安全决策的最高机构。除常设危机管理机构外，遇到特殊危机事件，安全会议还可成立相关临时机构负责危机事件的处理。在危机状态下，安全会议运用“紧急决策机制”。

应急管理机制中的执行与支援保障系统是处置危机的主体机构。它是一个由国家强力部门以及警察、消防、医疗、卫生、交通等相关部门组成的庞大体系。

危机处理就是这个庞大管理系统的紧急调度和演练。系统中的每个部门通常也是一个复杂的子系统。其主要职责是有效贯彻危机决策指挥中枢的决策，保证在危机发生后，决策能得到社会各部门的有效配合，从而化解危机。

作为俄罗斯国家应急救援与协调机构——俄罗斯紧急情况部，负责统一管理协调联邦部门和地区的应急行动。它连同国防部、内务部、联邦安全局和对外情报局，共同组成了俄罗斯联邦政府的五大强力部门。该部设有信息中心，可以自动接收联邦机构和各地的灾害信息，紧急情况部连同各地区的监测机构，对可能发生的突发事件进行预测和预警。在应急行动反应中，紧急情况部负责统一收集和分析来自联邦、地区等部门的灾害信息，情况严重的事件会立即上报俄罗斯总统。

作为执行与支援保障系统的另一分支，安全会议下设的 12 个跨部门委员会在危机发生时，也各司其职，充分发挥应对突发事件的专业技巧与指挥活动。如利用国家政府的通信系统和沟通渠道收集信息、公布情况；调查救险人数；召集相关专家和学者评估事件可能产生的社会和经济后果；按照法定程序与总统办公厅直属部门、国家权力机关、俄罗斯主体政权机关及相关国际组织开展合作等。

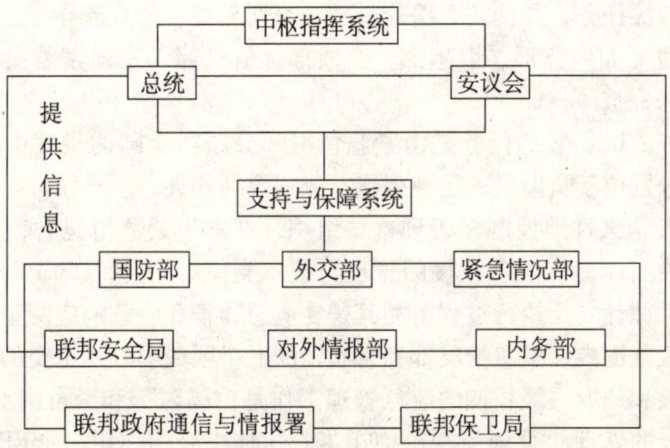

图 3－4　俄罗斯公共危机管理机制示意图

二、俄罗斯联邦的联合应急机制

预防和消除紧急情况的统一国家体系（USEPE）是按照空间（地理）和职能标准划分的，它包括两套子系统，子系统也沿用了上述划分方式。

USEPE 有五个基本层次：

（1）组织，与之相对应的是企事业、研究机构、其他组织等。

（2）地方，与之相对应的是行政区、城邦或者城镇。

（3）地区，与之相对应的是俄联邦实体、联盟。

（4）区域，即相邻的两个俄罗斯联邦实体。

（5）联邦，即超过两个以上的联邦实体或者把整个国家版图作为一个整体。

USEPE 的每个层次都有一个相似的操作程序和管理机构，包括协调组织，一成不变的操作程序和管理组织（这是经过授权的在应急管理方面向共同体和地方区域提供帮助的权威机构），每日的运作程序和监控机构，还有应急救援力量，财政、物资储备和技术支持，通信、预警和信息支持系统。

联邦一级与 USEPE 相对应的组织有联邦各个实体中负责应急救援和应急响应的委员会，代理部长、联邦政府部门的负责人以及国家负责应急管理事务的委员会，这些都由总统领导。俄民防事务的日常工作由民防、紧急情况部等管理。紧急情况部的总负责人是国防部长，国防部长是防御事务的负责人也是军队系统的指挥官。遇到特殊情况时，紧急情况部和政府部门的紧急情况管理委员会以及国家委员会将协同工作。遇到大的自然灾害、技术性灾害和灾难时，联邦政府部门中负责紧急情况救援计划编制、搜寻、营救和后勤工作的主要是紧急情况部。其他的应急救援任务，如消防、医疗救护、交通支持、公众疏导等，则由联邦政府的其他部门（如内务部、卫生部、交通部、信息部以及国家委员会、联邦服务机构等）来完成。

区域一级，USEPE 的任务是由紧急情况部分布在全国的指挥中心承担。这些指挥中心分别位于莫斯科、圣彼得堡、顿河罗斯托夫、萨马拉、叶卡塔琳娜堡等地。USEPE 永久性地控制和管理这些组织，在发生紧急情况时，为联邦共同体和各个政治实体提供应急救援的管理与技术支持。同时，USEPE 也负责培训各个部门并掌握计划的执行过程，尤其是在应急预备和应急响应两个方面。在联邦和整个地区范围内，紧急情况部和它管辖的七个区域中心是主要的应急救援力量。区域一级和地方一级长期的应急管理工作是由国防部和紧急情况部来负责。所有紧急情况的处理和管理控制机构担当着指挥中心的作用，USEPE 的每个决策层都有它的控制中心，管理着各自的应急救援力量和救援技术支持，这两部分群体的任务就是执行指挥中心的命令和指示。为了与这两套功能相匹配，应急救援力量和救援技术支持可细分为日常监控管理和运作控制，这两者皆包含在应急响应行动中。

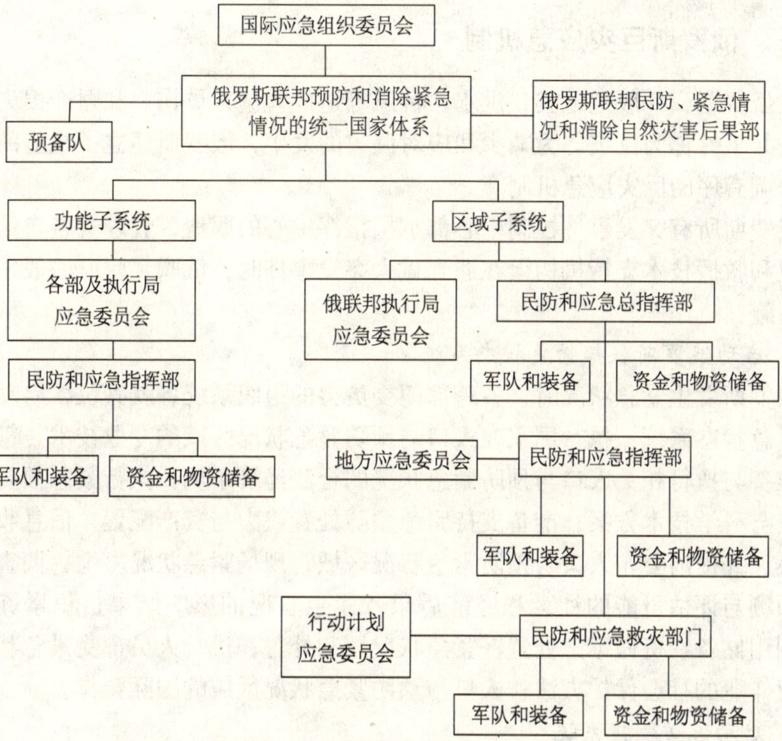

图 3－5　俄罗斯联邦的联合应急机制示意图

USEPE 的功能分三个基本运作阶段，即日常（平常）准备阶段、预警（预备）阶段、应急（异常）阶段。

（1）日常准备阶段的运作程序：包括制定生活社区紧急事件的应急预案（如一些小的突发事件以及一些不会破坏通信和造成重大损失的骚乱），对周围环境的监测和对危险设施的监控，处理意外事件的应急计划，设立并增加应急救援服务基金、应急救援人员的培训和公共信息支持等。

（2）预警阶段的运作程序：包括拟定 USEPE 的子系统及其基本功能，在紧急事件发生前进行准备工作（如化学药品和其他的救援物质都应该提前准备好）。

（3）应急阶段的运作程序：由 USEPE 的组织构成，主要是在事故发生前以及事故期间和事故后立即采取行动。其目的是通过发挥预警、疏散、搜寻和营救以及提供医疗服务等紧急事务功能，使人员的伤亡和财产损失减少到最小，尽可能减缓和消除事故对社会与环境的影响。

三、俄罗斯巨灾应急机制

在俄罗斯，一般把地震、洪水、台风等造成大量人员伤亡和财产损失的重大突发公共事件称为巨灾。为减少和应对巨灾的发生，俄罗斯建立了相应的统一领导、协调有序的巨灾应急机制。

俄罗斯所有突发事件控制中心都承担指挥中心的职责，管理着各自的应急救援力量和救援技术支持机构。在遇到重大突发事件时，俄联邦政府一般采取如下处置措施：

1. 启动俄罗斯联邦紧急状态系统

俄罗斯发生紧急状况时，各跨部门委员会的组织系统各就其位，启动俄罗斯联邦紧急状态系统：执行国家在人口与预防紧急状况区域的专业技术、管理与指挥；准备与执行相关人口与预防紧急状况的合法经济条例；执行紧急预防状况议题修正与科学技术方案；准备支持紧急预防处置武力与资产配置；信息收集、程序交换，并提前公布人口与预防紧急状况区域；现场紧急状况发生，调查行动人数；预测与评估可能的社会和经济后果及紧急状况的影响结果；积累资金、物资，利用储备物资做紧急处置；紧急状况缓和处置；执行人员遭受紧急状况及履行人权作业的社会保护方法；人口与预防紧急状况区域的国际合作。

2. 启动民防救援系统

俄罗斯 1998 年 2 月颁布的《民防法》确定：民防是为准备保护和保护俄罗斯联邦境内的居民、物质与文化财产免遭军事行动或自然、人为灾害所采取的综合措施；组织与实施民防是国家最重要的职能之一，是国防建设、保障国家安全的组成部分。

俄罗斯紧急情况部是俄民防工作的主管部门。该部下设指挥局、预防和消除紧急情况局、国际合作局、民防部队训练局、物资技术和装备保障局、经济局、基金投资和开发局、居民和领土保护局及若干处。该部的主要职能是：协调民防各级指挥机构的活动，为建立俄紧急情况预警和指挥系统提供保障；制订和落实国家有关民防的专项计划，在发生空袭、重大事故和各种灾害时领导消除后果工作；储备相应的兵力和兵器，并保障其处于经常性准备状态；协调建立国家储备、保险基金等工作；组织居民进行民防训练；实施国家监督，进行国际合作。民防部队是俄联邦民防力量的重要组成部分。为领导民防等工作，俄紧急情况部设有民防部队参谋部。目前，俄罗斯国内民防部队约有 2 万人，是紧急情况部的中坚力量。

3. 设立危机管理中心（CMC）

俄罗斯解除重大紧急自然灾害部门的危机管理中心代表管理联合紧急预防处

置国家系统（UEPRSS）的主要机构。其工作要项如下：

（1）坚固防备与连续管理紧急预防的物资配置。

（2）提供紧急情况部防备系统所需要的全部或必需信息。

（3）24 小时协助 UEPRSS 的所有行动。通信和硬件是首长与转换官的职责：首长职责是组织紧急状况的及时初步反应，直到部署起暂时应急总部；转换官负责信息收集、自动评估程序、支持暂时应急总部以满足其信息需求。这有利于沟通发生在联邦与地区阶层的紧急信息，监测早期灾害紧急处置状况。

4. 俄罗斯航空部门、媒体配合解决重大紧急灾害

俄罗斯紧急情况部下设空中机动救援中心。该中心设有搜寻救援大队、工程技术大队、通信情报大队、运输大队和物资保障大队，共有 400 余人。

俄罗斯政府十分注重对媒体的控制和规范。一旦危机爆发，媒体应在政府与各种社会力量之间相互沟通，切实起到安抚民心、稳定社会情绪、缓解社会紧张状态的作用。同时，政府对媒体在危机期间的舆论导向和社会职责作出法律规范，在紧急状态期间，依法加强对媒体的管理。在灾害应急处置的整个过程中，俄罗斯政府及其相关职能行政部门会尽快确定能及时向公众发布有关政府信息的主流媒体，并在阻止“有害”、失真信息传播的同时，主动与媒体进行合作，建立和保证与媒体之间交流渠道的通畅，增加灾害响应工作的透明度。联邦总统及其他相关职能部门的负责人也都通过发表电视讲话或接受主流媒体的采访，以及定期或不定期召开的新闻发布会，及时公布或披露相关信息以增强国民信心，缓和国民的紧张、恐惧心理，稳定社会。

四、俄罗斯紧急状态解读

1.《俄罗斯联邦紧急状态法》的颁布及其法律地位

《俄罗斯联邦紧急状态法》由俄罗斯国家杜马（议会下院）于 2001 年 4 月 26 日通过，后由俄罗斯联邦委员会于 2001 年 5 月 16 日开始实施，并于 2003 年 6 月 30 日和 2005 年 3 月 7 日分别进行了修订。

《俄罗斯联邦紧急状态法》属于宪法性法律，是在紧急状态启动后的特殊时期宪法，拥有最高的法律效力（在该法律规定的紧急状态期间，效力低于宪法的法律文件才有可能被总统的紧急状态令中止效力），为紧急状态下国家行政权力和立法权力的“超宪”使用提供了法律依据。

2. 紧急状态

1990 年苏联《紧急状态制度法》规定：“紧急状态是在发生自然灾害、重大事故或惨祸、流行病、兽疫以及发生大规模骚乱时，为了确保苏联公民的安全，根据苏联宪法和本法宣布的临时措施。”俄罗斯联邦政府对紧急状态有着明确的

定义，延续了苏联的定义并且呼应宪法中的概念。

（1）紧急状态的定义与实施紧急状态的目的。

紧急状态是指依照俄罗斯联邦宪法和联邦宪法性法律的规定，在俄罗斯联邦全境或者个别地区，国家权力机关、地方自治机关、无论何种法律组织形式和所有制形式的组织及其公职人员、社会团体实施活动的特别法律制度，允许依法对俄罗斯联邦公民、外国公民、无国籍人的权利与自由，各组织和社会团体的权利进行个别限制，同时给予他们其他附加义务。实行紧急状态是临时措施，只是为了保障公民的安全，保卫俄罗斯联邦宪法制度。

俄罗斯紧急状态包括以下内涵：

①紧急状态是一项宪法性法律制度，由国家元首和最高权力机关启动。

②对公民的生活和安全，或对俄罗斯联邦的宪法制度甚至国家政权存在本身造成直接威胁的状况。

③必须要采取措施才能使这样的威胁得以消除。

④实行紧急状态的目的是为了消除出现紧急情况的根源，保障公民的权利与自由，捍卫俄罗斯联邦的宪法制度。

（2）紧急状态的情形。

发生对俄罗斯公民生命和安全或者对俄罗斯联邦法律制度造成直接威胁、不采取措施不足以解决的紧急状态的情形有：

①政治因素引起的情形。企图暴力改变宪法制度，篡夺权力或把权力据为己有，武装暴动，聚众骚乱，封锁或占领特别重要的目标或者个别地区，准备开展非法武装组织活动，民族、教会、宗教之间的暴力冲突，对公民的生命和安全、国家权力机关及地方自治机关的正常活动造成直接威胁。

②自然因素和技术因素引起的情形。自然和基因工程紧急情况、生态紧急情况，包括发生事故、危险、自然灾害或者其他灾难时所引发的传染性流行病和动物流行病，已导致（或可能导致）人类死亡，对人体健康和自然环境造成损害，并带来巨大的物质损失，破坏了居民的日常生活条件，要求进行大规模的紧急救援及其他救援工作。

3. 进入紧急状态的程序

紧急状态的启动权是国家最高机关的权力，因为它直接关系到数量巨大的居民的生命、财产安全，甚至国家的存亡，它的启动必须是合宪、合法的，有着非常严肃的程序要求，在紧急状态法中进行明文准确的规定是宪政制度的要求。俄罗斯进入紧急状态的步骤是：第一步，总统首先要签发紧急状态令；第二步，报联邦委员会批准；第三步，联邦委员会接到总统紧急状态令后立即开始工作；第四步，俄罗斯联邦会议、联邦委员会若没有在法定 72 小时内作出决议，需要负法律后果；第五步，紧急状态消失后迅速、及时地恢复到正常状态。

4. 总统紧急状态令的内容

总统所签发的紧急状态令应当立即通过广播和电视予以正式颁布，其内容包括：

（1）实行紧急状态根据的情形。

（2）实行紧急状态的必要理由。

（3）实行紧急状态的地区范围。

（4）保障紧急状态制度的力量和措施。

（5）紧急状态的措施清单及其效力范围，临时限制俄罗斯联邦公民、外国公民和无国籍人的权利与自由，以及社会团体和组织权利范围的详尽清单。

（6）紧急状态下负责实施具体措施的国家机关（公职人员）。

（7）紧急状态命令的生效时间及有效期限。

5. 紧急状态地区的管理机关

（1）临时专门管理机关。

①紧急状态地区的临时专门管理机关根据俄罗斯联邦总统批准的条例规定发挥作用。

②俄罗斯联邦主体执行权力机关和地方自治机关的职权可以全部或者部分移交给在紧急状态地区发挥作用的紧急状态地区的临时专门管理机关。

③紧急状态地区临时专门管理机关的领导人由俄罗斯联邦总统任命。紧急状态地区的警备司令隶属于紧急状态地区临时专门管理机关的领导人，其职务是临时专门管理机关的第一副职。

（2）联邦管理机关。

①如果在实行紧急状态的地区，组建地区临时专门管理机关不能确保紧急状态目的得以实现，则可以建立紧急状态地区联邦管理机关。此时，紧急状态地区的临时专门管理机关终止职权。

②实行紧急状态地区的联邦管理机关领导人由俄罗斯联邦总统任命。实行紧急状态地区的联邦管理机关条例经俄罗斯联邦总统批准。

③组建紧急状态地区联邦管理机关对紧急状态地区实行特别管理时，在所述地区一旦中止实施现行的俄罗斯联邦主体国家权力机关和地方自治机关的职权，其职能则交由紧急状态地区的联邦管理机关行使。

④实行紧急状态地区的警备司令部，在对所述地区实行此特别管理方式时，进入紧急状态地区联邦管理机关机构中。所述地区警备司令是紧急状态地区联邦管理机关的第一副职领导人。

6. 实行紧急状态时的措施和临时限制

（1）在紧急状态有效期限内，可以通过俄罗斯联邦总统的紧急状态命令采取如下措施和临时限制：

① 在实行紧急状态的地区，全部或者部分中止俄罗斯联邦主体（各主体）执行权力机关以及地方自治机关的职权。

②在实行紧急状态的地区限制自由迁徙，以及在上述地区实行特别的出入境制度，包括对外国公民和无国籍人出入上述地区设定限制。

③加大力度维护社会秩序，维护国家保护的对象，保障居民生活条件，并发挥交通功能。

④对个别财经活动，包括商品、劳务和财政手段流动实施限制。

⑤建立粮食和首要必需品的销售、购买及分配的特殊制度。

⑥禁止或者限制举行会议、集会和组织游行、示威及纠察，以及其他群众性活动。

⑦禁止罢工和其他方式暂时中止或终止各组织的活动。

⑧限制交通工具的通行，并对其实施检查。

⑨暂时中止使用爆炸性物质、放射性物质，以及从事化学和生物危险品的生产活动。

⑩如果发生对物质和文化珍品造成毁灭、劫掠或者损坏的紧急情况，需将其疏散到安全地区。

（2）对由政治因素引起的实行紧急状态的地区，实行的措施和临时限制有：

①实行戒严，即在规定的昼夜时间内禁止未持专门开具的通行证和身份证明的公民出现在大街上或其他公共场所中。

②按照规定的条件和程序，实施预先新闻检查来限制出版和其他大众传媒的自由，以及暂时没收或查封出版物、无线电发射、扩音技术设备和复印设备，并制定特殊的记者委派制度。

③中止政党和社会团体实施妨碍消除紧急状态的活动。

④检查居民身份证件，进行人身检查，并检查其物品、住房及交通工具。

⑤限制或者禁止出售武器、弹药、爆炸物、专用设备及有毒物质，制定含麻醉作用，影响精神活动，药性剧烈的，含酒精、酒精饮料的药剂的特别流通制度。特殊情况下，允许暂时没收公民的武器和弹药及有毒物质，也可以没收无论何种所有制和法律形式组织的武器、弹药和有毒物质，甚至还可没收技术兵器和教学用武器，及爆炸性物质和放射性物质。

⑥对违反紧急状态制度、且未在实行紧急状态的地区居住的人，按照规定程序将其强制迁移到实施紧急状态地区以外，费用由其本人负担，在其没有资金

时，也可依审判程序连同后续的补偿开支一起由财政预算资金负担。

⑦根据俄罗斯联邦刑事诉讼法的规定，因涉嫌实施恐怖活动和其他特别严重的犯罪行为的被拘捕人的羁押期限延长至整个紧急状态有效期间，但不得超过3个月。

（3）对由自然因素和技术因素引起的实行紧急状态的地区，实行的措施和临时限制有：

①暂时将居民迁移到安全地区，并且必须向居民提供固定的或者临时的住处。

②实行检疫，采取流行病卫生防疫、动物防疫和其他措施。

③动用国家物资储备，征调任何组织的资源，修改其工作制度，在紧急状态下，重新确定上述组织必需品生产的方向，及生产经营活动的其他必要变更。

④在紧急状态有效期内，如果国家组织领导人不履行其应当履行的义务，则免除上述领导人的职务，并任命他人临时履行上述领导人的职责。

⑤在紧急状态有效期内，如果非国家组织领导人不履行或者不适当履行本联邦宪法性法律，则任命他人临时履行上述领导人的职责。

⑥在特殊情况下为了必须实施和保障抢险救护工作及其他紧急救援工作，动员有劳动能力的居民参与救援，征用公民的运输工具。在遵守劳动保护要求前提下进行上述工作。

7. 紧急状态的期限

俄罗斯2001年颁布的《俄罗斯联邦紧急状态法》沿用了苏联紧急状态法中关于紧急状态期限的规定：全境的紧急状态是30天，局部地区是60天，总统可以根据实际情况决定提前或者延长该期限。这个期限的规定相对其他西方国家的期限是比较短的，更符合现代宪政国家的法制化要求。比如，美国的紧急状态期限定为6个月，虽然可以经过法定程序提前取消，但是就紧急状态本身的破坏性来讲，这个期限在法律上的规定显得过于漫长。

紧急状态是“法治下的暴政”，对于宪政制度是一柄“双刃剑”，其在有效消除紧急情况的同时也严重地伤害了人们的法治信仰，造成难以估计的损失。因此，紧急状态只有在原有法律制度无法平息灾难的时候才能启动，期限绝不能过长，作为该法律制度的组成部分，其还有法律上的法定延长、提前中止等程序，以保障迅速有效地达到立法目的。

8. 紧急状态的法律后果

紧急状态的实施使得部分国家机关和地方自治机关的行政权力受到限制，公民的部分宪法权利在特殊状态下紧急失权（除去宪法中专门规定的即使在紧急状态下也不能失去的个人权利，比如生命权、健康权等，以外都受专门的紧急状态立法的调整)。针对紧急状态情况颁布的特殊法律规范与该地区的有效法律发生抵触时，总统有权中止紧急状态地域内有效的法律文件的效力，实施特殊的紧急状态规范，紧急状态解除后原有的有效法律文件自动恢复效力。紧急状态的宣布和解除都有严格的法律依据和程序要求。

9. 用于消除紧急状态的财政拨款

用于消除实行紧急状态的款项是根据紧急状态情形的原因及后果来拨款的。充分运用国家储备，根据紧急情况的情形拨付足够数额，利用先进技术消除紧急状态，包括对因发生紧急状态情形暂时将居民迁到安全地区的措施，对因采取联邦宪法性法律第三章规定的其他措施而遭受损失的公民提供社会津贴和补偿的拨付程序，以及向因采取俄罗斯联邦政府确定的、联邦宪法性法律第三章规定的措施而遭受损失的组织提供补偿的支付程序。如果所拨付的预算拨款不足以满足所指定的拨款，则由俄罗斯联邦政府向国家杜马提交规定补充拨款法案。

实行紧急状态地区的特别管理机关，在紧急状态有效期内，分配其控制下的预算资金并集中恢复所述地区的生活保障、社会领域和住房设施。

紧急状态下，俄罗斯联邦法律和联邦其他规范性法律文件所规定的劳力、专项资金、武器、技术兵器和专用设备使用的程序与条件，不应当发生变更。

10. 紧急状态下的人权保护

保障人权是宪法的最高价值所在，也是俄罗斯总统宣誓词的内容之一。俄罗斯的紧急状态立法从一开始就一直很注重对公民权利的保护，早在 1994 年制定的《紧急状态保护法》中就专门规定了在自然灾害或者技术灾害来临时对公民权利的保护，对限制公民权利的要求非常严格，生命、尊严、隐私等都在保护之列。俄罗斯在紧急状态期间尽量保护公民财产权利和社会经济权利，并对已经发生的不可避免的损失给予补偿。

为了保障紧急救援工作和其他救援活动的实施与开展，向被动员参与救援人员提供的劳动报酬，需依据俄联邦劳动法规定给予保障。由于实行紧急状态情形而受害的或者因采取措施消除此类情形进行救灾的人，均可享有住房。政府对其所受的物质损害给予赔偿，协助做好安置工作，并根据联邦政府规定的条件和程序，为其提供必要帮助。根据俄罗斯联邦宪法性法律规定组织使用其财产和资源，并对所遭受的损失具有请求赔偿的权利，赔偿的程序和数额依照联邦政府的规定执行。

11. 参与保障紧急状态制度人员的责任

内务机关、刑事执行系统、联邦安全机构的工作人员，内务部队和俄罗斯联邦武装力量、其他部队、军事组织及机构的现役军人非法使用劳力、专项资金、武器、技术兵器和专用设备，以及超出公职人员确保紧急状态制度的力量及公务职权，包括违反俄罗斯联邦宪法性法律规定的保障人和公民自由与权利的，应承担的责任依照俄罗斯联邦立法规定而确定。

第四节 俄罗斯政府应急管理的资源保障体系

一、俄罗斯应急法律

1. 法律法规发展的基本趋势

苏联解体后，俄罗斯进行了激进的政治和社会经济变革，俄联邦立法也随之发生重大变化：发展并制定了关于国家防御、环境保护、紧急情况和灾难应急管理方面的第一个俄罗斯联邦法律。这成为俄罗斯制定国家应急管理政策的制度框架。

（1）政治和社会经济变革的过程表明，在完整的国家法律体系内两个相对立的发展趋势逐渐融合为一个整体，综合性加强，对突发事件和灾难的应急救援是很重要的部分；而立法的多变性加速了新法律和新法规的出台。

（2）应急和减灾法案作为俄罗斯法律体系的一个特殊分支，越来越趋于多变，逐渐成为俄罗斯联邦立法的特有现象。法律法规越来越趋于综合，意味着俄罗斯联邦的立法者正试图把现行的法案整理得更系统化和组织化。

（3）就应急管理法律来讲，与经济政策和社会政策相比，俄罗斯应急管理法律发展趋向于高度集权化。这也是俄罗斯的历史和文化在法律领域的反应，也在一定程度上说明了地方性法律法规在发展和实施中已完全附属于联邦政府。

（4）在应急救援管理方面，地方法案对联邦级法案有一定的缓冲作用。这意味着法案的制定逐渐由联邦“主导支配型”和地方“主动适应型”向“能提前预料并且更灵活的方向”发展。这一转变说明了立法者在努力改变联邦预算分配，即联邦政府用于减灾、应急救援响应和灾后重建之间的经费分配。

（5）在应急救援和减灾立法方面，基本上以联邦立法为标准，仍然趋向于定位风险防范和应急响应，而不是防灾减灾。后者在立法上仍然无优先权，资金投入也不多。

2. 立法发展的主要方向

俄罗斯的立法改革有两个主要方面：一是针对新出现的危险源（包括有害材料）出台新的法律和法案以降低受害的可能性，并用新的方法和手段整理现有的各种应急和减灾法法规；二是意味着协调现行的法案并将其专业化。这是对现行的法律、法规及指导方面的改善和补充，有利于在应急管理工作中更好地明确各个联邦实体和相关服务机构的职责并协调彼此间的工作。

事实上，应急管理政策的这两个方面是紧密联系的。这有利于加强立法结构的整体化，从而更好地应对突发事件，更迅速地对紧急情况和灾难作出应急响应，以便尽快进行灾后重建。俄罗斯的应急管理政策暗含了立法者的思路，这个思路假定各个联邦实体在应急组织里承担相对独立的职责，与在非紧急状态下的情况是不一样的。

然而，无论联邦应急法案的覆盖面多么广、多么细致，它也不可能是完美无瑕的。这个法案负责保护公众以抵抗自然灾害和技术性灾害（也包括危害材料），但是不包括冲突性质的突发事件（暴乱、骚动以及地方性的战乱）。这些类型的突发事件可以由其他法案管辖。即使是最完善的法律保护也不可能构建出一个能够协调应急管理领域内所有关系的法律体系。

3. 应急管理和减灾立法的类型

（1）综合法案。

在俄罗斯，综合法案只提供国家应急管理政策的基本概念性框架、准则、目标和任务，包括约40个联邦法律。它在特殊章节中明确了公民的生命、健康以及财产受保护的权利，这些都是国家应急管理和减灾政策的主要目的。

早期提出的作为综合法案框架的联邦应急法案，主要针对和平时期非冲突性的紧急事务。此法案在1994年被采用，1995年至1998年经过了一系列政府法规（按自然灾害、技术性突发事件和灾难进行分类）的增补和详细注释，明确了联邦对突发事件和灾难有应急响应的职能。冲突类型的突发事件、灾难和危机超出了这一文件的范围，不予以考虑。这里提到的仅仅是由各自的行政区安全机构执行的其他联邦法律，包括国内事务部、国防部、联邦安全局、联邦边境服务部及其他部门。

（2）专业法案。

在俄罗斯，应急管理和减灾立法分为两类：特殊突发事件或灾难的法律法规（主要为各种特殊的突发事件）；特殊应急职能和服务方面的法律法规（主要是应急管理职能或服务）。

第一类法案主要涉及有害材料引发的危险事件。如碰到危险化学材料和工作场所油溢漏时，应该参照1997年颁布的《工业危险生产安全法》，它类似于1996年欧共体颁布的《紧急突发事件处理法案》。

在第二类立法中，应该能区分这些特殊的应急管理职能和特殊服务性工作。1993年至1996年增补了1991年颁布的《民防法》，1994年颁布了《防火安全法》和《紧急救援服务与救援人员权利法》，后者明确了救援人员的执行任务，包括预防和处理紧急事务，也包括意外事件（包括有害材料引发的突发事件）

的处理。众多的总统令和政府出台的法规对联邦法规作出了增补。

4. 关于预防和消除紧急情况及灾难的特殊法案

俄罗斯每个应急管理法案都用大量篇幅描述应急救援和减灾，为各部门提供了实施早期预警的措施，以减少灾害对人类、环境、社会的影响以及经济的损失，也规定了预防措施以确保安全设施用于日常监测和控制，并由政府、公众和私营组织监督。但是，现有应急管理法案所涉及的范围和深度不可能面面俱到。多数法案仅列出了一系列要求，但并不详细。

在与应急管理和减灾有关的法律中，国家计划编制法案、建筑标准和施工许可证具有重要作用。卫生和环境法规禁止在沉降地带建造建筑物，禁止在居民区附近建设危险性建筑。为了适应施工许可证法的要求，1991 年制定了《环境保护法》，1995 年制定了《环境影响评价法》和《建筑标准》，1999 年制定了《公民公共卫生和流行病医疗保护法案》。

上述特殊法案都包含应急救援准备的章节，分别规定了相关应急预案、救援人员（消防、民兵、医务人员及其他人员）的演练和教育、公共信息和培训、增加资金与资源储备和财政支持等措施。

5. 关于紧急事件和灾难的防范准备、应急响应和灾后恢复的特殊法案

在应急管理方面，俄罗斯现行的特殊法案包括一套防范准备、应急响应和灾后恢复的工作体系。这暗含了法律对采取预先措施抵制和降低灾难对社会与环境影响予以认可。这一工作体系包括应急救援计划、搜寻和营救工作、紧急事件发生过程中和发生后的后续工作、医疗救护支持、对受灾民众的补偿、恢复和灾后重建工作。

那些应急救援和减灾法案能在特殊的应急救援和减灾领域里影响政治活动。在俄罗斯，有少许这样的区域存在了很多年，一些真实数据能说明这些区域是生存率极低的危险地带。到目前为止，联邦缺少一个能够制定清晰规范的标准来明确这类区域的情况以区别于其他情况的法律框架。即使是对这些地区能提供解释的完整的联邦应急管理法案，也只提到了由野外应急救援协作者建立分界线的工作程序。

二、俄罗斯应急物资

俄罗斯应急物资储备体系成熟，为应急管理工作提供了强有力的支撑。俄罗斯国家储备物资包括三类：一是国防军事物资，主要满足应对战争需要，如在 2008 年格鲁吉亚战争中就提供了军事保障；二是战略物资，如石油制品、有色金属等；三是应对紧急状态的物资等，如各类救援类物资。在 2008 年我国汶川地震后俄方援助的救灾物资即来源于国家储备。

俄罗斯联邦国家储备署是副部级行政机关，隶属于国家经济发展与贸易部，功能相对独立，署长由联邦政府任命。国家储备署的设立、改组、撤销都由联邦政府决定。国家储备署内设10个司，分别为行政事务司、国防和工业用品司、财政预算和内审司、食品司、紧急情况救助司、燃料和石油产品司、法规司、信息安全司、基建司、国防和民用调动司。国家储备署在七个区域设有储备物资管理局，有100多个储备仓库，其中以中央区域管理局（莫斯科地区）拥有的仓库数量最多。

俄罗斯高度重视国家储备，现已建立起科学、规范、高效的储备运作机制。国家储备是保障俄罗斯国家安全的重要物质基础，被称之为俄罗斯的“家底”。俄罗斯国家储备在长期发展中积累了许多经验。

1. 高度重视储备立法和管理制度建设，储备体系运转高效顺畅

储备立法和管理制度是俄罗斯国家物资储备体系高效运转的前提与基础。《俄罗斯联邦储备法》自1994年颁布以来，至今已经历6次重大修订，并针对物资收储、动用、轮换均制定了详细的管理规定，为消除紧急状态后果、调控国内市场、轮换更新和临时性借用等需要，可以动用储备物资。属于消除紧急状态后果及相应恢复性工作的，由政府相关执行机关向国家储备局提出动用请求。出现市场供需失衡时，由联邦政府根据国家储备法下令动用储备物资进行市场调控。储备物资轮换更新由国家储备局负责，国家储备局对物资合理储存年限有明确规定，对达到储存期限或因技术更新的物资要及时轮换，轮换所发生的亏损由国家财政承担，纳入预算解决。

俄罗斯每年都根据国防安全、应急需要和经济社会运行中的新情况、新变化，及时调整储备物资品种和储存规模，使国家储备始终能够适应国际国内形势变化，为俄罗斯提供战略保障。2008年，俄罗斯及时总结我国汶川地震救援时物资保障的经验，增添电锯、液压钳等救援类物资品种，并加大了帐篷、发电机、冲锋舟、毛毯、活动板房、取暖设备、下水管道等救灾物资的储备规模。俄罗斯联邦设有国家储备委员会，由联邦政府各部门官员组成，作为决定国家物资储备重大事项的机构，其重要职责之一是每年根据国际国内形势变化提出修订物资储备品种和规模的意见，向总统汇报通过后执行。超越部门利益的机构使得俄罗斯国家储备受到足够的重视与支持，可以高效开展工作。

2. 高度重视储备理论和技术研究，为工作提供科学依据

俄罗斯国家储备重视研究各类物资的储存条件、延长保存期限的技术和方法等。作为国家储备的唯一科研机构——储藏问题研究所，其主要研究方向有五个：一是产品和材料长期储存研究；二是产品质量和安全研究；三是基础设施、仓库、技术设备和工艺研究；四是国家储备体系研究；五是信息技术应用研究。

根据这些研究方向共设立有成品油储备技术、工业品储存技术、食品鉴定、食品长期储存、基础设施、经济与信息等6个实验室。

储藏问题研究所的研究工作主要分为三部分：一是常规的物资品种检验和储存条件研究。如当准备收储新物资品种时，要先经过严格的实验室研究，确定该品种物资的保存条件和检验标准等，并编写储存条件标准，使得物资储存保养规范化、科学化。二是长期储存技术研究。这是具有前瞻性的科研工作，通过采购先进的实验设备，利用最新技术手段开展物资储备研究，如利用X光成像技术检验小麦等病害状况；建立数学模型快速计算库房的容积率；通过模拟成品油、橡胶等各类物资的长期储存变化，研究物资质量变化规律，找准控制质量变化的关键因素等。三是开展储备体系和经济、信息化等研究。如在科学论证物资储备品种、规模的基础上，通过风险评估和数学模型研究确定物资储备的目录、储备量，按不同地区、不同风险程度确定物资储存地点和规模，并对每一次储备物资动用的结果进行评估，不断完善储备结构和规模。

3. 拥有严格的储备物资质量检验体系，重视储备物资管理细节

俄罗斯国家储备物资品种丰富，主要分为国防和工业用品、食品、应急物资、成品油等四大类。国家储备拥有严格的储备物资质量检验体系，并根据每类物资的不同保存要求进行分类管理。

在储备物资质量检验方面，俄罗斯国家储备自身拥有完整而严格的物资质量检测体系：一是依托储藏研究所研究制定各类储备物资的检验技术标准。国家储备物资标准依据有关国家标准制定，但对长期储存物资的特殊要求甚至高于国家标准；各类物资质量检验要严格执行国家储备标准；储备物资一般按储备标准实行定点生产。二是分布于各个储备仓库的物资质量检验人员，按照国家储备标准进行严格的物资出入库和储存期间检验，确保国家储备物资质量始终安全可靠。

在储备物资的保管上，俄罗斯国家储备非常重视安全环境条件。如针对金属锡温度低时易变质的特点，提高储存地点温度；针对成品油易挥发损耗的特点，采取水封地下岩洞库和地下覆土库储存。俄罗斯国家储备十分重视细节管理，针对不同物资形状和装卸特点，研究开发适合的装卸设备和储存工具，提高作业效率和空间利用率，如针对存放汽车轮胎的需要特别制作了木架，提高了30%的库房空间利用率。

在物资品种选择上，俄罗斯国家储备充分考虑各种可能，如针对不同年龄段的婴儿储存的特别食品、玩具和卫生用品；与不同的救灾帐篷、房屋配套使用的防寒炉及木炭等燃料；汽车轮胎产品也是各种型号和规格均有一定比例，以保证在紧急情况时的各种需求。

4. 与俄罗斯军方保持高度协同，重视开展国际合作

当紧急情况发生时，一方面俄罗斯国家储备和军方能够迅速协同，提高应急物资保障效率。我国汶川地震发生后，俄军方直接从国家储备仓库调运救灾物资，成为第一个到达我国提供援助的国家。在2008年8月俄罗斯与格鲁吉亚的军事冲突中，国家储备物资在战争发生后第二天即送抵前线。遭遇突发事件时，借助军方的强大运输能力，俄罗斯国家储备能够在第一时间调运储备物资到达任何需要的地方，使得国家储备的战略保障效果大大增强。另一方面，俄罗斯特别重视物资储备在应急处理突发事件、反对恐怖主义等多方面的国际合作。目前，俄罗斯与多个国家建立了物资储备一体化方式，并定期召开合作会议，以建立广泛、有效的应急物资保障体系。

三、俄罗斯应急人力资源

1. “阿尔法”部队

1974年7月，苏联克格勃主席安德罗波夫命令组建一支反恐部队。该部队最初被称为A小组，记者们称它为“阿尔法”，后来“阿尔法”便成了它的名字。如今它已成为俄罗斯联邦安全局麾下的一支反恐奇兵。进入阿尔法部队的人员要经过极其严格的挑选，新队员入队后要进行射击、格斗、驾驶、防爆、排爆、徒手攀登、翻越障碍等特种技术训练。队员心理和身体健康状况要能够适应特种部队任务的需要。自阿尔法组建以来，已执行了1 000余次特别任务，共牺牲了19名成员，几乎所有人都曾获得过荣誉勋章。阿尔法部队每天24小时处于战斗值班状态。一旦发生紧急情况，从接到命令到登记出发只需1.5~2个小时。行动中，小组成员之间有明确的专业分工，狙击手、爆破手、无线电报务员等各司其职。

随着新世纪俄罗斯军方战略任务的调整，如今阿尔法部队最重要的任务就是对付来自俄罗斯境内外的各种恐怖组织。

2. “信号旗”部队

1981年8月19日，苏联部长会议和苏共中央政治局决定在克格勃系统内组建一支特种部队，用于在境外的秘密特工活动，并委托克格勃C局（秘密谍报局）具体负责。新的特种部队取名为“信号旗”，对外名称是“苏联克格勃独立训练中心”，1991年被改编成反恐部队。1993年10月，信号旗部队由于拒绝执行命令而被转隶俄罗斯内务部，导致大批队员辞职。1994年重新组建，1999年和阿尔法部队合并，组建成俄罗斯安全局特种兵中心。

信号旗特种部队建立之初主要从事破坏敌方军事工业设施，现在的职责是防范和制止恐怖分子对俄重要战略设施实施破坏，这些设施包括核武设备、核电站

以及化学企业。由于信号旗部队以前从事破坏活动，知道如何毁坏这些战略设施，所以他们也知道如何有效地保护它们。信号旗部队的绝大多数成员都是军官，包括军校的毕业生，来自空降兵、紧急情况部、武装力量侦察和特种分队以及内务部的军官，以及一些地方大学毕业生。对于那些渴望迈入其门槛的服役者，信号旗部队的要求十分苛刻，所有候选人都必须经过体能测验以及多方面的医疗和心理检测。

3. 专业救援人才

俄紧急情况部拥有多所院校，其中包括沃罗涅日消防技术学校、俄罗斯国立消防学院、俄罗斯民防学院等。这些教学机构源源不断地为俄紧急情况部输送专业人才，从而使俄预防和处理突发事件的能力得到极大加强。此外，俄紧急情况部还拥有自己的科研机构——全俄急救和放射医学中心，负责对消防队员和其他救援人员提供专门的医疗服务。

在救援救灾方面，俄罗斯紧急情况部建立了许多专业化救援救灾机构，实行专业化救助。俄罗斯紧急情况部有一个庞大的搜救队，专门负责发生灾害时的一般搜救工作，总人数近 2 万人，大多数队员同时掌握了多种专业技能，具有在水下、陆上、空中及任何复杂地理和气候条件下完成救助任务的本领与能力。搜救队配备有工程抢险车、直升机和各种便携式抢险设备等现代化装备，可保障该队伍能快速有效地投入各类抢险救灾中，这支队伍能在接到命令 3 个小时内完成各种准备，并开赴全球任何一个救灾点。2001 年还成立了 7 500 多人的大学生搜救队，作为国家搜救队的后备力量，其主要任务是保障大型活动的安全，并在中小学进行搜救方面的实践和理论知识的宣传。在消防方面，俄罗斯紧急情况部下设一支庞大的俄罗斯消防部队，总人数达 22 万人，由军事化消防部队、地方专职消防队和志愿消防队组成。俄罗斯紧急情况部还有一个高风险救援行动中心，专门处理具有高风险的各种紧急情况，如核事故和化学放射污染事故等，拥有一流的工兵、驯犬专家、机器人专家、化学和放射性物质防护专家、潜水专家及登山专家，他们广泛使用机器人救助。此外，还有航空救助队、小型船只救援队和心理医疗救助队等。

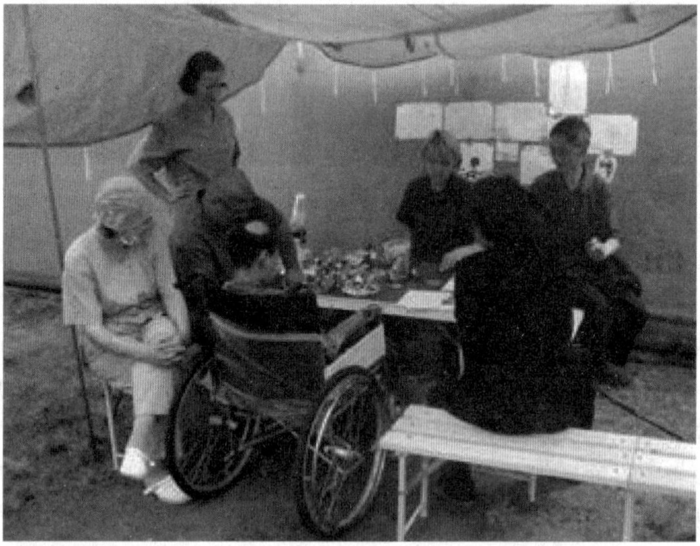

图3－6　179次救援中心紧急心理救援

图3－7　俄罗斯民防队员在救灾现场

图 3－8 俄罗斯应急培训机构

第五节 俄罗斯政府应急管理国际合作

一、俄罗斯应急管理的国际学术交流

在国际合作方面，俄罗斯积极与邻国举行关于防震救灾的学术研讨会，交流关于抗震救灾的理论、经验，以提高国际抗灾合作的能力。2004 年，伊朗德黑兰大学校长里达·法尔吉·达纳与俄罗斯格温研究所所长里瓦尼德·苏鲁迪勒夫举行会晤，就加强两国在地震预测领域的合作和展开长期学术交流的途径进行了讨论。2006 年 9 月 19 日至 21 日，来自中国、哈萨克斯坦、塔吉克斯坦、乌兹别克斯坦、吉尔吉斯斯坦、俄罗斯的地震界官员及专家、学者，在新疆乌鲁木齐市召开了天山地震国际学术研讨会。研讨会以天山防震减灾为中心议题，在地震观测技术、地震预测和地震学研究、城市防震减灾技术运用等方面交流经验，寻求共识。与会的各国官员、专家则希望各国能够超越国界，超越民族、文化、宗教和社会制度的不同，以天山地震研究、合作为契机，加强国家间的地震科学研究，减轻全球范围内的地震灾害。

二、俄罗斯应急管理国际政府间的合作

俄罗斯紧急情况部十分重视危机管理领域的国际合作，一直主张建立危机管理的国际性联合机构。俄方曾向联合国秘书处建议设立国际紧急情况部，以便在某一国家发生紧急突发事件时行使协调管理职能，更有效地集中人力、财力、物力、智力等方面资源用于对紧急情况的处置。2005 年 12 月，时任紧急情况部部长谢尔盖·绍伊古宣布，俄罗斯、法国、德国和意大利已着手在欧盟范围内建立紧急情况救援协会。他表示，灾难应急机制应当合理化，俄罗斯早就提出了建立国际紧急情况救援机构的主张。每个国家都有自己独特的救援技术，比如意大利有装备精良的医疗飞机，瑞士有先进的搜救犬训练机构，因此有必要建立世界先进救援技术数据库。

三、俄罗斯对国际应急管理的贡献

俄罗斯紧急情况部实行合作的主要方向是确保推进国际紧急人道主义救援的一体化进程。俄罗斯特殊的地理位置使其能在欧亚处理应急事件中充当桥梁。2010 年智利地震，俄罗斯的伊尔－76 飞机将 28 吨人道援救物资运抵智利首都圣地亚哥；2009 年 5 月，俄罗斯向有登革热疫情的玻利维亚提供了 30 吨的人道主义救援物资；2008 年，俄紧急情况部参与了数量空前的人道主义行动，自 2008 年初，进行了 27 次人道主义救济行动，救援物资总额超过 5 000 万美元；中国的汶川地震后，在一个月之内，俄罗斯使用 12 次航班，为灾区提供了帐篷、毛毯、床垫以及食物等；2006 年，俄罗斯在与意大利和匈牙利的合作伙伴互动中表示，要利用新技术改善国际应急救援机制，同年俄紧急情况部与芬兰外交部签署了跨界合作协议。

图 3－9　俄罗斯紧急情况部人道主义救援

第六节　俄罗斯政府应急管理的典型案例

一、2002年莫斯科人质事件

2002年10月23日，50多名车臣蒙面武装匪徒在莫斯科东南部一家剧院劫持了700多名观众、100多名演员和文化宫的工作人员为人质，其中有75名外国人。恐怖分子向俄罗斯当局发出最后通牒，要求俄军全部撤出车臣。双方在僵持了近60小时后，俄当局于26日清晨果断出击，仅花了40分钟就制服了恐怖分子，除少数匪徒被俘、逃脱外，以巴拉耶夫为首的大多数恐怖分子均被击毙，大部分人质安全获释。

2002年10月23日至26日的莫斯科人质事件是继“9·11”事件后世界范围内最大规模的恐怖主义事件，它牵动了整个世界，吸引着世人的关注。而这一事件在短短的60个小时内就得以解决，充分反映出俄罗斯危机管理机制的实战功效。归纳起来主要有以下几点：

1. 强而有力的决策核心

在危机发生的时刻，危机处理的中枢指挥系统是整个危机管理机制的核心，俄罗斯总统在国家政治结构与危机管理中发挥着决定性的作用。时任总统普京在这次危机中所表现出的临危不乱、指挥若定的能力更是有着不可抹去的功绩。他在危机发生后采取了一系列行动：首先，迅速召集强力部门领导人召开紧急会议，讨论解决之策，取消与德国总理施罗德的会谈，宣布不参加在墨西哥举行的亚太经合组织首脑会晤，坚守在克里姆林宫办公室，密切关注事态发展；其次，迅速对危机根源作出判断，确定人质事件是由国外恐怖中心策划的。这当中隐含着普京总统深刻的战略思考：①可在一定程度上将人质事件与车臣问题剥离开来，从而减轻在车臣问题上面临的压力；②可把车臣问题与国际恐怖主义问题进一步捆绑，从而获得广泛的国际支持；③可借机寻找车臣问题背后的黑手，为今后断绝车臣武装分子的后路埋下伏笔。

在面临国内和国际不绝于耳的“和解”呼声压力下，普京总统坚定地表示既要最大可能地保证人质安全，又决不向恐怖主义低头，从一开始就明确了要用武力解决人质危机的各项准备。这在很大程度上稳定了民众的情绪，避免了国内外对普京总统的危机应对能力的无端揣测。此次事件涉及几百人的生命，而恐怖分子的要求近乎无理，大多数媒体和观察者持悲观态度，普京总统面临着严峻的考验。在4名人质遇害之时，普京果断下令特种部队出击，在最佳时机击溃恐怖分子，避免了更多的人员伤亡。普京总统的坚定信心与正确决策保证了俄罗斯危机管理机制的高效运转，从而以较小的代价取得了最后的胜利。

2. 执行部门行动迅速

危机管理的支援和保障系统是处置危机的直接机构，它的主要职责是有效贯彻危机中枢指挥系统的决策，保证在危机发生后，政府决策能够得到社会各部门有效的配合，从而化解危机。

莫斯科发生劫持人质事件后，俄罗斯危机管理机制的支持与保障系统紧急启动。联邦安全局和内务部宣布实施应对突发事件的“雷雨”计划，要求所有官员立即到所在部门报到。俄罗斯政府紧急成立了由时任莫斯科市长卢日科夫和各有关部门领导人参加的解救人质指挥部，卢日科夫和联邦安全局局长帕特鲁舍夫亲自领导解救人质的行动。俄罗斯的阿尔法反恐怖小组和联邦安全局有组织犯罪局的所有人员立即赶往事发地点，占领有利位置，进入临战状态。俄罗斯的警察和军队封锁了通往事发现场的道路，紧急疏散附近居民，内务部召开紧急会议，研究如何解救被扣人质，同时向内务部队下达命令，加强对重要设施和所有运输干线的警卫与监视，防止武装匪徒从车臣潜入其他地区及避免类似事件的发生。警方奉命更加严格地检查旅客身份证与行李。与此同时，各重要基础设施的负责人也接到通知，加强守卫，以防不测事件发生。

俄罗斯国家杜马召开紧急会议，讨论解救人质问题。一些杜马代表亲临现场，并参与到与绑匪的谈判当中。俄罗斯议会上院——联邦委员会主席米罗诺夫表示，可依法根据总统的要求在莫斯科实施“紧急状态”，从而为此次反恐行动提供充分的法律保障。

从这次人质事件中不难看出，俄罗斯早已对可能发生的恐怖主义事件有所预案，也正因如此才能做到迅速制敌。

3. 信息传递及时准确

危机的信息管理系统在危机管理体系中承担着非常重要的职能：

（1）及时准确地向普京总统传递情报信息。在2002年10月24日凌晨普京召开的强力部门领导人紧急会议上，俄罗斯联邦安全局局长帕特鲁舍夫和内务部长雷兹洛夫向普京汇报了人质事件的进展以及背景情况。之后，他们又数次直接觐见普京，汇报事态的最新进展。

（2）加强与各种政治社会力量的沟通，缓解社会紧张状态。10月25日，普京在会见国家杜马议会党团领导人时指出，保证被劫持人质的生命安全是当前唯一的主要任务。普京说，目前局势非常复杂，各党派对此必须采取协调一致的立场。在与俄穆斯林大会领袖的会见中，普京又明确表示打击车臣恐怖主义不等于与全俄1 300万穆斯林为敌，呼吁俄罗斯各个民族应共同应对恐怖主义威胁。在

25日的电视讲话中，普京甚至告诫民众，不要因人质事件而不断增加“反车臣情绪”。他说：“我刚得到内务部的一份令人担忧的报告，越来越多的人想要对居住在俄罗斯领土上的少数车臣人进行威胁。我们不允许任何负面影响的事件发生，也不允许任何挑衅行为。我们必须避免非法的行动。”

（3）普京发表数次电视讲话，直接阐述面临的形势与自己的立场，安抚社会情绪。

（4）加强对媒体的管理，避免失实报道扰乱人心。恐怖事件发生后，俄政府一方面允许媒体对事件处理进行现场报道，以避免因信息封锁而导致流言四起、人心惶惶；另一方面，又根据《俄罗斯联邦反恐主义斗争法》的规定，对媒体进行相应管理，防止失实信息激化公众情绪。俄共主席久加诺夫也呼吁大众媒体不要对此次人质事件及相关局势大加炒作，媒体不要因为狂热而使局势恶化。他还提醒说：“我们生活在多民族国家里，在这种情况下，每个用词都要慎之又慎。”上述措施使危机事态中的信息沟通顺畅，同时又避免了社会情绪的波动，为危机的解决创造了一个良好的社会心理氛围。

二、车臣政府大楼恐怖爆炸事件

2002年12月27日，莫斯科时间下午2时40分，3名恐怖分子驾驶载满炸药的重型卡车和小汽车冲进车臣政府大院并发生强烈爆炸，政府大楼及其群楼被完全摧毁，有80余人丧生，200余人受伤，其中包括四名车臣政府副总理和一名安全会议秘书。事件发生后，俄迅速采取措施，力图将损失降到最低。

车臣政府大楼恐怖袭击案，是继莫斯科剧院人质事件后，车臣反政府武装制造的又一起血案。这起事件再次提醒人们，车臣问题远未解决，在反反复复的报复与反报复中，车臣问题面临“巴以化”的危险，莫斯科的反恐战争依然任重道远。

从恐怖袭击形式看，车臣恐怖袭击活动越来越呈现出“阿拉伯化”的特点，如多点连续出击、自杀式人体炸弹、精心策划、多头合作、异地实施等。

车臣局势面临严峻考验。从外部环境看，国际恐怖组织的人力、物力援助依然源源不断，西方人权组织的压力仍未缓解。从内部环境看，加强各部门的协调，切断恐怖分子的资金来源和横向联系至关重要。第一，必须有效利用现有资源和较为有利的国内环境。俄政府针对当时的情况，采取了一系列措施，如加快山区公路建设，以运送边防哨卡所必需的建筑材料和设备；用空降兵替换当地驻军，更有效地控制车臣山区，然后再逐渐向平原地区过渡。第二，加强与车臣周边国家的合作，防止恐怖分子从这些国家窜入车臣。第三，加强情报分析与反间力量，守好反恐第一道防线。

在这次事件中，安检方面出现重大疏漏。第一，安检及验伪措施落后。几道防线的证件检查完全凭借人力，使恐怖分子利用伪造证件蒙混过关的可能性增大。第二，证件签发混乱。据悉，车臣政府机关和联邦驻车臣的任一部门均可签发通行证。第三，防御层次有误。例如，警犬本应放在第一道防线，以便及早发现违禁品，但警方把警犬放在政府大楼院内，使其失去了应有作用，且警犬根本无法阻挡汽车的强力冲击。

同时，情报分析及侦查能力不足也是导致此次事件严重结果的直接原因。俄军曾探测到一个专为叛匪运钱的“银行家”正与叛匪头目在车臣维登斯基地区的谢尔门塔乌泽居民区接头，数支俄特种部队小分队立即出动前往侦查，但由于技术侦察手段不足，没能准确测出其隐藏地点。

第七节　俄罗斯政府应急管理体制的评述与启示

俄罗斯政府为了应对各种突发事件，从国情出发，建立了以总统为核心，联邦安全会议为决策中枢，政府各部门分工合作、相互协调的危机管理机制。俄罗斯危机管理机制主要有以下特点：

1. *危机管理中枢指挥系统强权集中，应急管理体制分级负责有条不紊*

与美国相比，俄罗斯总统的权力要大得多，俄罗斯总统在国家政治结构和应急管理中占主导地位。总统的地位在俄罗斯联邦宪法（第四条）中有明确规定：俄罗斯总统是国家元首，也是宪法及人和公民的权利与自由的保障，他采取措施保护俄罗斯联邦的主权、独立和国家的完整，保证国家权力机关协调合作。总统是全国武装力量的最高统帅，负责决定内政外交的主要方向，解决有关国籍和赦免的问题以及颁发国家奖。显然，总统在处理应急事件中，拥有保障宪法实施权、立法提案权和执行权。俄罗斯总统根据相关法律，将几大强力部门归属自己领导，而这些强力部门是总统用于解决应急事件的重要手段与工具。

俄罗斯实行以紧急情况部为核心、其他有关部门协调配合的垂直管理体制。在纵向上，俄联邦、联邦主体（州、直辖市、共和国、边疆区等）、城市和基层村镇四级政府设置了垂直领导的紧急情况机构。同时，为强化应急管理机构的权威性和中央的统一领导，在俄联邦和联邦主体之间设立区域中心，每个区域中心管理下属的联邦主体紧急情况局，全俄形成了五级应急管理机构逐级负责的垂直管理模式。联邦、区域、联邦主体和城市紧急情况机构（部、中心、总局、局）下设指挥中心、救援队、信息中心、培训基地等管理和技术支撑机构，保证了紧急情况部有能力发挥中枢协调作用。

如今俄罗斯已经建立起一个以总统为核心，以联邦安全会议为决策中枢，政府各部门分工合作、相互协调的应急管理体系，这一体系极大地增强了联邦政府处理突发事件的专业化程度，保证了俄罗斯应急管理机制的高效运转。

2. 反应灵敏、功能强大的信息报告体系

俄罗斯紧急情况部下设危机控制中心，负责整理、分析每天来自各地区、各部门的信息，提出处理建议，视情况上报总统，并分送有关部门和地方政府。危机控制中心内设信息中心，建立了信息自动收集分析系统、指挥系统和全天候值班系统，两分钟内就可以将有关情况传至其他相关部门。当重大事件发生时，有关部门负责人到达信息中心，进行统一协调和指挥。俄紧急情况部将涉及交通事故、医疗救护和刑事案件的报警电话，全部统一到消防报警电话，以进一步加强应急管理的综合性和统一性。在基层，全俄境内每个村、居民点都建立了信息员制度，其主要责任是将灾害情况及时通过网络报告紧急情况部门。俄罗斯十分重视信息的国际交流，比如与美国签订协议，两国共享国际灾害方面的卫星图像信息等。

3. 储备充足的应急物资和装备精良的应急队伍

俄罗斯紧急情况部拥有联邦层面的消防队、民防部队、搜救队、水下设施事故救援队和船只事故救援队等多支专业力量。其中，国家中央航空救援队拥有多种专业的救援设备和技术，如直升机和运输机、航空器材特种汽车、光学设备、液压气压装置以及特制潜水服和呼吸装置等。为提高专业人员素质，俄罗斯建立了领导培训体系、专业救援人员培训和考核体系。

4. 权威、完备的法律法规体系

应急管理机制作为一个庞大的组织体系，除了一套客观存在的组织机构，还必须有其机构操作、运行的原则，规范及法律制度保障。只有具备比较完善的法律规范系统，才能使一个国家的应急管理机制法制化，从而使得应急管理机制内部各机构合理分工、责任清晰、工作高效。俄罗斯的应急管理法律体系既有宪法作为保障，又有相配套的法律法规提供支撑。在2001年之前，俄罗斯联邦就已经通过了与应急救援有关的约40个联邦法律和约100个联邦法规，联邦政治实体的立法机构也通过了1 000多个行政区法案。普京总统加强国家权力体系建设的一个重要方面就是完善应急管理的法律体系。2001年5月30日，普京总统签署了《俄罗斯联邦紧急状态法》，2002年1月又签署了《俄罗斯联邦战时状态法》，俄罗斯应急管理的法律体系由此基本确定。

与此同时，俄罗斯还根据自己的实际情况，不断增加新的立法条目及一些专门化的法律法规，如《联邦公民流行病防疫法》、《俄罗斯联邦反恐怖活动法》、《危险生产企业的工业安全法》、《建筑物安全法》等。这些法律法规都大大增强了俄罗斯应急管理法制化的程度。

5. 加强与国际相关组织的合作

为了更好地解决突发事件，俄罗斯政府一直十分重视与国际相关组织的合作。俄罗斯紧急情况部已与德国、意大利、法国、波兰、白俄罗斯、瑞士、格鲁吉亚和哈萨克斯坦等国签署了灾难反应和预防合作协议，与联合国难民事务所高级专员办事处之间也签有协议。俄方曾向联合国秘书处建议设立国际紧急情况部，以便在某一国家发生紧急突发事件时行使协调管理职能，更有效地集中人力、财力、物力、智力等方面的资源用于应对紧急情况的处置。2004 年，俄罗斯政府与白俄罗斯政府合作，共同成立信息中心，联合处理切尔诺贝利灾难造成的后果等问题。2005 年 12 月，俄罗斯与法国、德国和意大利着手在欧盟范围内建立紧急情况救援协会。

6. 重视联合应急方面的协调管理

在联合应急方面，由 21 个自治共和国、6 个边疆区、49 个州、1 个自治州、2 个联邦直辖市、10 个民族自治专区等 89 个联邦主体组成的俄罗斯联邦共同构筑起了称之为“俄罗斯联邦预防和消除紧急情况的统一国家体系”（USEPE）的应急组织体系，这一体系包含五个基本的层次，每一个层次都有自身相应的应急职责和功能。这种联合应急体系，有助于政府在突发事件发生时及时掌握信息和资源，有助于更好地解决突发事件。

7. 巨灾应急机制

俄罗斯为减少和应对巨灾的发生，建立了相应的统一领导、协调有序的巨灾应急机制。进入紧急状态时，政府按以下程序运行：总统发布实行紧急状态命令后，立即向联邦委员会（议会上院）和杜马（议会下院）通报，并送联邦委员会批准。在实行紧急状态的联邦总统令中，需要阐明实施紧急状态的原因、地区范围、保障紧急状态处置的人力和物力、限制公民和法人权利的范围、负责处置紧急状态的国家机关以及实行紧急状态的期限等内容。联邦委员会批准后，总统的紧急状态令立即通过广播、电视等大众媒体传播给实行紧急状态地区的居民。实行紧急状态时，主管对外事务的联邦权力执行机关在 3 天内将相关情况通知联合国和欧洲委员会秘书长。在俄联邦个别地区实行紧急状态时，主管对外事务的联邦权力执行机关自联邦委员会通过批准总统紧急状态命令之时起，一昼夜之内便可将有关情况通知邻国。

参考文献

[1] 游志斌. 俄罗斯的防救灾体系 [J]. 中国公共安全，2006 (4).

[2] 宋立军，鲁娜，瓦建疆. 俄罗斯的应急体系 [J]. 中国应急救援，2007 (3).

[3] 姚国章. 典型国家突发公共事件应急管理体系及其借鉴 [J]. 南京审计学院学报，2006 (2).

[4] 杨涤非. 俄罗斯联邦紧急状态法研究 [J]. 北京市政法管理干部学院学报，2004 (2).

[5] 倪芬. 俄罗斯政府危机管理机制的经验与启示 [J]. 行政论坛，2004 (6).

[6] 邹逸江. 国外应急管理体系的发展现状及经验启示 [J]. 灾害学，2008 (1).

[7] 沈荣华. 国外防灾救灾应急管理体系 [M]. 北京：中国社会出版社，2008.

[8] 陈安，陈宁，倪慧荟. 现代应急管理理论与方法 [M]. 北京：科学出版社，2009.

[9] 迟娜娜，邓云峰. 俄罗斯国家应急救援管理政策及相关法律法规（一）[J]. 中国职业安全卫生管理体系认证，2004 (5).

[10] 迟娜娜，邓云峰. 俄罗斯国家应急救援管理政策及相关法律法规（二）[J]. 中国职业安全卫生管理体系认证，2004 (6).

第四章　日本政府应急管理体制

由于受特殊的地理、地形、气候等条件的影响，日本成为全球自然灾害事故的高发区。近代以来，日本饱受各种灾害的侵袭，为了切实保护国土及国民的人身、财产安全，日本政府痛定思痛，不断探索、改进，建立了卓有成效的灾害应急管理体制，其曲折的道路和长期的经验对我国的应急管理体制构建有着十分宝贵的参考和借鉴意义。

第一节　日本政府应急管理发展简史

日本应急管理体制及法律体系在世界范围来讲相对完善，这与其多灾多难的客观环境密不可分。历史上，日本受到过很多次不同类型的自然灾害袭击，以地震灾害发生的次数为最多。此外，洪水、台风、暴雪等各种灾害也经常发生，在造成巨大损失的同时也对政府相关部门的防灾、抗灾工作提出了不断的挑战。

一、日本历史上的灾害事件里程碑[①]

日本建立了灾害教训的专门调查会，对历史上发生的大灾害进行经验总结，对受灾状况、政府对策、国民生活及社会经济的影响进行系统的收集和调查，以提高国民的防灾意识，对未来的应急管理提供帮助。

表4－1和图4－1摘录了日本近代以来损失惨重的自然灾害事件，在应急管理发展史上具有里程碑式的意义。

---

① 災害教訓の継承に関する専門調査会. http://www.bousai.go.jp/jishin/chubou/kyoukun/index.html.

表4-1 日本近代史上主要重大灾害

发生日期	灾害	震级	死亡和失踪人数	是否引发海啸
1896年6月15日	明治三陆地震	8.5	21 959	是
1923年9月1日	关东大地震	7.9	约105 000	是
1933年3月3日	昭和三陆地震	8.1	3 036	是
1944年12月7日	东南海地震	7.9	1 223	是
1945年1月13日	三河地震	6.8	2 306	是
1946年12月21日	南海地震	8.0	1 443	是
1959年9月26日	伊势湾台风	—	5 098	否
1960年5月23日	智利地震	9.5	142	是
1964年6月16日	新潟地震	7.5	26	否
1995年1月17日	阪神·淡路大地震	7.3	6 435	是
2004年10月23日	新潟中越地震	6.8	68	是

资料来源：日本气象厅。

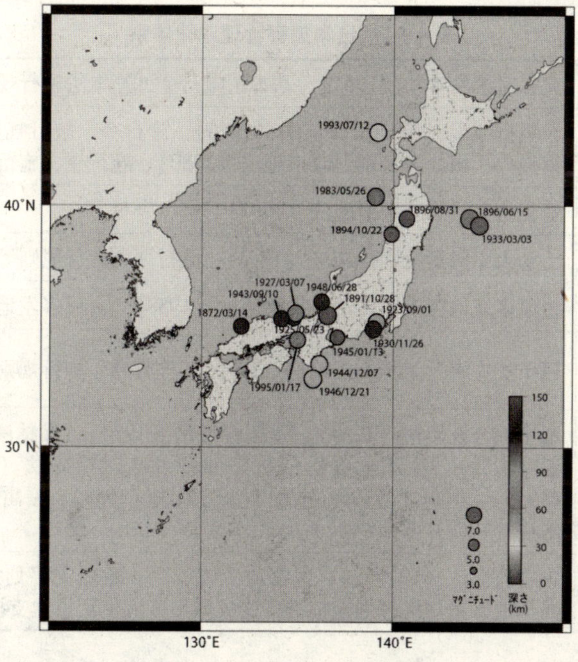

图4-1 日本灾害地图

日本重大灾害事件以地震灾害为主，20世纪前半叶的死亡和失踪人数远远高于20世纪后半叶。在新潟地震与阪神·淡路大地震中间的30年间，发生了7起6.8级以上的地震、9起台风和暴雨袭击及4起火山喷发事件，死亡和失踪总人数仅为2 667人。而21世纪以来，虽然大小自然灾害仍频发，但其造成的人身财产损失却远远少于以往事件。

经济发展和科技进步增强了人们及社会的抗灾能力，除此之外，法律和管理机构的规范起着更关键的作用。日本政府非常注重灾后的调查和经验教训的总结并提出弥补的政策和法令，每次灾害后都会切实地改进。政府应急管理也逐渐被提升到日常行政事务的高度，体制的完善使得日后的每次灾害应对都可有条不紊地进行。

二、日本现代应急管理法律体系

经过长期的发展，日本已经形成相对完善的灾害管理法律体系，庞大的法律体系覆盖应急管理的各个领域，主要包括：基本法关系、震灾对策关系、火山对策关系、台风关系、原子能灾害对策关系、灾害预防关系、应急对策关系、灾后重建及金融财政措施、阪神·淡路大地震震灾关系等。①

表4－2 日本灾害管理法律体系

基本法关系	灾害对策基本法（1961）、基本法施行令、基本法施行规则
震灾对策关系	大规模地震对策特别措施法（1978）、施行令、施行规则；地震防灾对策强化区域改进特别财政措施法（1980）、施行令、施行规则
	地震防灾对策特别措施法（1995）、施行令等
火山对策关系	活动火山对策特别措施法（1973）、施行令、施行规则等
台风关系	台风多发地区灾害防治特别措施法（1958）、台风多发地区政令标准等
原子能灾害对策关系	原子能灾害对策特别措施法（1999）、施行令、施行规则
灾害预防关系	国土综合开发法（1950）、建筑标准法（1950）、森林法（1951）、道路法（1952）、特殊土壤地带防灾和开发临时措施法（1952）、海岸法（1956）、河川法（1964）、泥石流防治法（1958）、暴雪地带对策特别措施法（1962）等
应急对策关系	灾害救助法（1947）、灾害救助法施行令、激烈灾害划定标准（1962）、局部地区激烈灾害划定标准、受灾城市区域生活重建支援法（1995）等

① 災害対策関係法律. http：//www. bousai. go. jp/jishin/law/index. html.

（续上表）

灾后重建及金融财政措施	公共工程设施灾难恢复事业费国库负担法（1951）、应对激烈灾害的特别措施相关法律（1962）、集团减灾促进项目特别金融措施法（1972）、灾害慰问金法（1973）、农林水产业灾后恢复事业费国库负担临时措施法（1995）、特定非常灾害受害者权益保护特别措施法（1996）等
阪神·淡路大地震震灾关系	阪神·淡路大地震重建的基本方针及组织办法相关法律（1995）、应对阪神·淡路大地震的特别财政措施相关法律

从应急管理的阶段性来看，日本的灾害管理法律体系也可分为“基本法体系”、“灾害预防法体系”、“灾害应急对策法体系”和“灾害恢复、重建及其财政金融措施法体系”等几个部分。它们有效地为灾害的预防及日常应对、灾时的反应联运机制、灾后恢复的办法及各方职责等提供法律规范和保障，并且不断改进和细化。

作为指导日本应对和处置各类灾害的根本大法，《灾害对策基本法》包括以下10个方面内容：

①总则：阐述立法目的，解释专用名词，阐明日本中央到地方等灾害管理机构的职责等。

②灾害管理的相关组织：包括中央及地方防灾会议的组织和职责以及灾害对策本部、非常灾害对策本部、紧急对策本部的设置要件和功能等。

③防灾计划的制订事项：包括各行政部门的防灾业务计划以及各级政府的防灾计划的制订和执行。

④灾害预防的相关事项：包括实施责任、相关行政机关的组织和义务、各防灾责任者的防灾训练、物资筹备等义务。

⑤灾害应急对策：第一，规定了灾害袭来时警报、消防、救助、犯罪预防、交通管制、受灾状况调查等工作；第二，规范了警报上报传达的做法，以及通信设备的启用；第三，应急管理决策机构明确事前措施和避难方式；第四，市町村及都道府县的各级应急措施联动，指定行政机关的应急措施和职责等。

⑥灾后恢复与重建：规定了各级政府的责任及所需费用的支出和筹措。

⑦财政金融措施：明确了灾害预防、应急措施、灾后恢复等所需资金的筹集，地方公共团体的灾害对策基金建立，财政的补助及融资政策等。

⑧灾害紧急状态：规定政府认可、宣布及撤销全国进入紧急状态的程序，以及紧急灾害对策本部设置的事项。

⑨杂则：规定了表彰灾害管理有功人员的标准。

⑩罚则：关于应急管理过程中的违法种类及处罚办法。

三、日本现代应急管理体系的发展历程

日本危机管理体系的构建经历了一个动态演变过程。1946 年南海地震（8.0 级)① 后，日本政府总结经验教训，陆续出台了灾害救助法，农业、林业和渔业项目救灾补助金的临时措施法，公共设施因灾害损坏国家财政补助法等法案，改变了应急过程混乱的局面，规范了各救灾主体的职责和任务等，开启了应急管理法制的先河。

1995 年阪神·淡路大地震后，日本政府进一步强化了政府纵向集权应急职能，由“综合防灾管理体制”逐渐转向“国家危机管理体制”，并强调“强内阁、大安全”的危机管理机制，建立了以内阁府为中枢，通过中央防灾会议决策，突发事件牵头部门相对集中管理，中央、都道府县、市町村三级的应急管理体制。同时，将国土交通省的防灾局提升至内阁府内，并专设防灾大臣（又称防灾担当相)。内阁府作为中枢，汇总、分析日常预防预警信息（核事故、工业事故、环保事件除外)，制定防灾和减灾政策，以及承办中央防灾会议日常工作等。各类突发公共事件的预防和处置，由各牵头部门相对集中管理。

1998 年，由日本倡议成立了亚洲防灾中心，目前该中心已有 27 个成员国，成员国可以共享灾害信息和救灾经验，现已成为全球最重要的灾害信息收集中心之一。

2001 年，日本中央政府重组。原灾害管理大臣的职责在整合和协调相关省厅的减灾政策和对策后由重新设立的内阁府“防灾特命担当大臣”承担，以便于对灾害管理各相关机关的综合协调，也便于承担防灾基本政策的规划和对大规模事件的应急联动反应。日本政府内阁仅设 20 个大臣，设立防灾大臣这个职位充分体现了日本对防灾、救灾工作的重视。

在救援方面，医疗救急工作本由医院和民间机构承担。阪神·淡路地震后，为充分发挥消防部门的综合效能，日本政府正式建立消防援助队，将救灾定为消防部门的法定任务。至 2005 年止，消防部队共有 94 万人，其数量是警察人数的四倍。

第二节　日本政府应急管理机构设置和职能

日本政府的应急管理能力处于世界先进地位，这首先得益于比较完备的法律

① 南海地震. http://ja.wikipedia.org/wiki/%E5%8D%97%E6%B5%B7%E5%9C%B0%E9%9C%87.

体系。而任何完备的法律、政策，都需要一个有效的、完善的管理机构去践行和贯彻，依据《灾害对策基本法》规定建立起来的应急管理体制使日本在应对自然灾害和进行决策时迅速而有效，政府相关部门各司其职、有条不紊，也使各级政府和公共团体能协调运作，并最大限度地动员全社会力量，使日常的防灾、灾害预测得到落实。

一、日本应急管理机构组织体系

1. 日本应急管理体制架构

《灾害对策基本法》对日本应急管理的行政主体界定为：中央政府、都道府县政府、市町村政府、指定公共机关、指定地方公共机关、指定全国性的公共事业以及指定地方公共事业。

中央政府要制订灾害预防、灾害应急对策及灾后重建等基本计划，并依法实施该计划。同时，中央政府要推动地方公共团体、指定公共机关、指定地方公共机关等处理关于防灾的事务或业务并进行综合调整，此外，还必须对防灾经费的负担进行合理规划。

都道府县的职责是，为了在灾害中保护本都道府县地区及本都道府县居民的生命和财产安全，在相关机关和其他地方公共团体的协助下，制订本都道府县的防灾计划，并依据法令实施该计划。同时，帮助其区域内的市町村及指定地方公共机关处理有关防灾事务或业务，并对其进行综合调整。

市町村作为基层地方公共团体，在灾害时保护本市町村地区居民的生命和财产的安全，有责任制订本地防灾计划并依法实施。同时，强化对消防机关、防汛团等组织的领导，健全本市町村区域内的公共团体防灾组织及以居民互助协作精神为基础的自发性防灾组织。

指定公共机关及指定地方公共机关要制订与其业务相关的防灾计划，并依法实施。同时要配合完成国家、都道府县及市町村的防灾计划的制订和顺利实施，在其业务范围内有责任给予协作。

居民在防灾上要谋求自救手段，同时要参加自发的防灾活动，为防灾作出贡献。

日本应急管理架构和职能如图 4－2 所示。

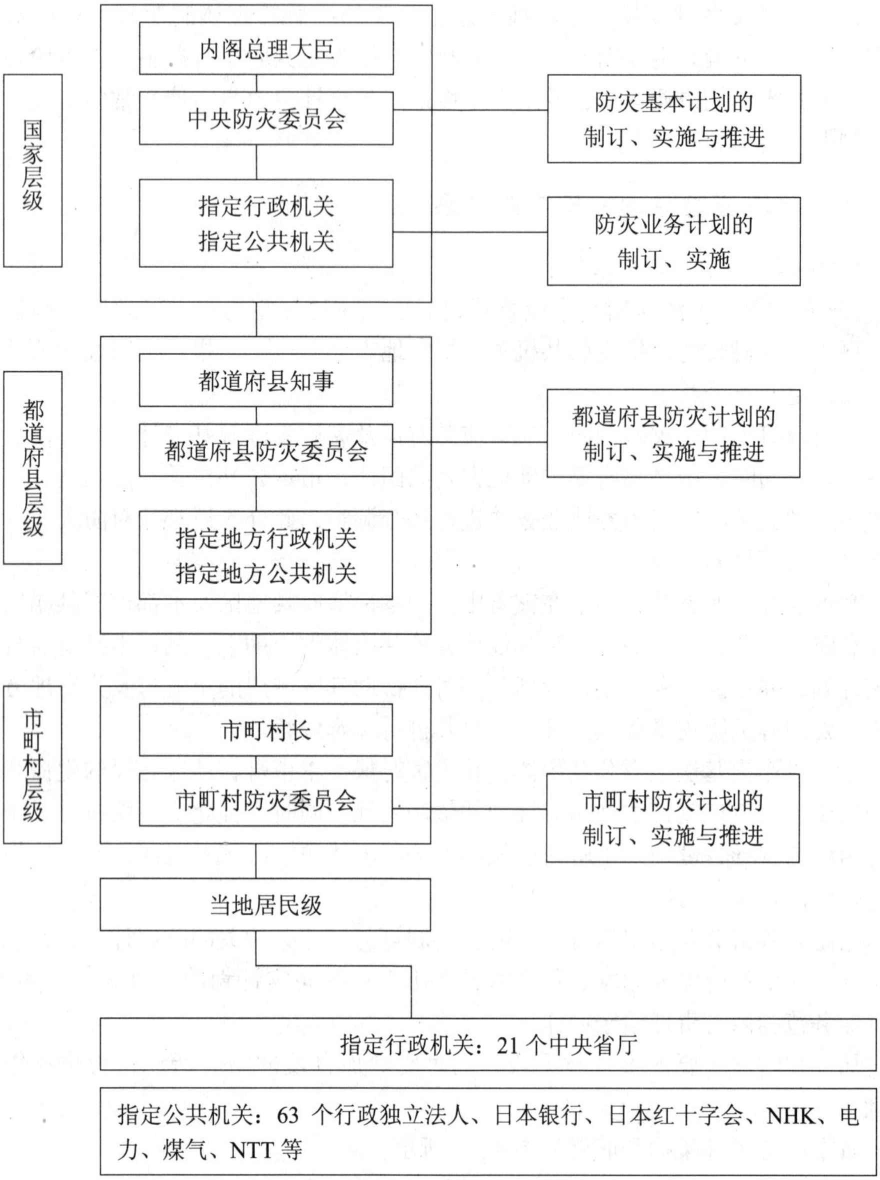

图4－2 日本应急管理架构和职能

2. 日本应急管理组织体系

在日本，应急管理专门组织由各级防灾委员会组成。

(1) 中央防灾委员会。中央防灾委员会是根据《灾害对策基本法》设置的重要的政府会议，由内阁总理大臣担任会长，是设在内阁府内的一个重要事务单位。中央防灾委员会的构成包括：①会长：内阁总理大臣；②委员：全体官员，指定公共机构的负责人（日本银行总裁、日本广播协会会长、日本电信电话会长及日本红十字会会长）、专家学者（现任为东京大学名誉教授、富士常叶大学环境防灾学部副教授、静冈县知事及日本消防队协会会长）；③干事会；④专门调查会：首都直辖型地震专门调查会、东海地震对策专门调查会、东南海·南海地震对策专门调查会等。专门调查会的主要职责是制订“防灾基本计划”、“地域防灾计划”并推进其实施，确保非常灾害时期紧急措施的制定和实施，接受首相和防灾担当大臣的咨询，审议各类有关防灾的重要事项及与应急管理相关的事项。

(2) 都道府县防灾委员会。都道府县防灾委员会由会长和委员组成。会长由都道府县的知事担任，总理会务。委员由以下范围内的人员组成：管辖该都道府县区域全部或部分地区的指定地方行政机关的负责人，负责该都道府县警备区域的陆上自卫队、教育委员会、警察本部方面的负责人，以及由知事从所辖市町村的市町村长、消防机关的负责人及在本区域内进行业务活动的指定公共机关中的指派人员。该委员会的主要职责是：制订和推行都道府县的地区防灾计划；灾害发生时收集相关灾情资料；协调相关机构采取灾害应变措施，并从事灾后处理工作；制订都道府县的灾害紧急应变计划等。

(3) 市町村防灾委员会。市町村防灾委员会由市町村长担任会长，委员与上述都道府县防灾委员的设置一致。其主要职责是在市町村范围内从事的以都道府县防灾委员会的组织及所承担的事务为范例。

(4) 防灾委员会协调会。在都道府县或市町村两级，当需要进行跨区域协调时，即设立防灾委员会协调会，共同处理跨区域的灾害应对事务，以确保不同区域间抗灾的效果。

3. 日本应急管理临时特别机构

在日本，根据灾害事态的发展，还可设置灾害对策本部、非常灾害对策本部及紧急灾害对策本部等临时机构。

都道府县或市町村的地区内发生了灾害或有发生灾害的可能时，根据《灾害对策基本法》，都道府县知事或市町村长可组织建立灾害对策本部，并担任部长来组织相关人员担任部员。灾害对策本部在与该级防灾委员会密切联络的情况下，根据该都道府县地区防灾计划或市町村地区防灾计划的规定，组织实施该区域的防灾活动和灾害应急对策，并可设置现场灾害对策本部来履行该部的部分事务。

当内阁总理大臣认为“非常灾害发生，根据规模的大小等状况，有必要特别推进灾害应急对策”时，可经由内阁会议在内阁府内临时设置非常灾害对策本部，由国务大臣出任非常灾害对策本部长。在非常灾害对策本部，根据本部长的决定，在其所辖区域内作为履行该非常灾害对策本部部分事务的组织，可设置非常灾害现场对策本部。以往曾设置过非常灾害对策本部的事件有两次，第一次是1991年云仙岳火山喷发非常灾害对策本部，于1991年6月4日内阁会议决定成立，1997年6月4日废止；另一次是1996年兵库县南部地震非常灾害对策本部，因阪神·淡路大地震影响巨大而成立，于同年4月28日废止。

当内阁总理大臣认为“特别显著、激烈的灾害发生，根据规模的大小等状况，十分有必要特别推进灾害应急对策”时，可经由内阁会议在内阁府内临时设置紧急灾害对策本部，由内阁总理大臣亲自出任紧急灾害对策本部长，本部副部长由国务大臣担任。若当时已建立非常灾害对策本部，则立即废止，同时由紧急灾害对策本部接任其所有职责。这一设想基于南关东地震及东海地震的周期性活动，但至目前为止还没有真正实施过。

4. 内阁府在应急管理中的角色

内阁府是为了强化内阁的职能，辅助内阁总理大臣的全面政策领导能力而设置的，由内阁总理大臣领导，其组织架构如表4-3所示。

表4-3 日本内阁府

干部	
内阁总理大臣、内阁官房长官/副长官、特命担当大臣、内阁府大臣政务官/事务次官/审议官等	
组织架构	
内部部局	大臣官房、政策统括官、男女共同参画局、冲绳振兴局等
重要政策委员会	中央防灾委员会、经济财政咨询委员会、综合科技委员会、男女共同参画委员会
审议会	消费者委员会、活用民间资金等事业推进委员会、食品安全委员会、原子力委员会、地方制度调查会、选举制度审议会、信息公开·个人信息保护审查会、政府税制调查会等
机构设施	经济社会综合研究所、迎宾馆
特别机构	北方对策本部、金融危机应对措施委员会、少子化社会对策委员会、老龄化社会对策会议、中央交通安全对策会议、自杀综合对策会议、消费者政策会议、国际和平协助本部、日本学术会议、原子力会议等

（续上表）

外局	宫内厅、公正取引委员会、国家公安委员会、警察厅、金融厅、消费者厅
地方支分部局	冲绳综合事务局

内阁府为内阁及整个中央省厅的行政提供辅佐，类似于军师参谋机构。其主要职责包括：在政府应急管理过程中，内阁府的特命担当大臣负责各种防灾计划的编制；出现大规模灾害时进行应对和决策；进行各项抗灾事务的统筹和协调；灾害管理信息的收集、传播和紧急措施的执行；在特殊时期还担任“非常灾害对策本部长”或“紧急灾害对策本部副部长”。此外，设于内阁府的中央防灾委员会作为应急管理的专门机构统领整个应急过程事务。因而，内阁府在应急管理过程中是关键的一环，居于应急管理行政主体的主导地位。

5. 日本的防灾计划

日本的灾害应对计划即应急预案主要有四种类型，即防灾基本计划、防灾业务计划、地区防灾计划和地区间防灾计划。完善的防灾计划能使一国政府在面对各种类型的大小灾害时沉着应对，及时作出有效反应并高效执行。

防灾基本计划由中央防灾委员会制订，并且每年综合考虑灾害和与灾害预防相关的科研成果、已发生的灾害的情况及为此而进行的灾害应急对策效果，并进行研讨和修订。防灾基本计划对以下事项进行规定：有关防灾的综合、长远的计划；在防灾业务计划及地区防灾计划中的重点事项；防灾业务计划和地区防灾计划的制订基准。目前，这一计划已涵盖各类灾害，并覆盖应急管理的预警、准备、应对及灾后重建等各阶段，为各类利益相关者提供详细而又易操作的指南。

其中，自然灾害防灾计划有地震对策、台风洪水对策、火山对策、雪灾对策四类。同时，还有事故灾害防灾计划，包括海上灾害对策、航空灾害对策、铁道灾害对策、原子能灾害对策、危险物灾害对策和大规模火灾对策等。

指定行政机关的防灾业务计划是由指定行政机关和指定公共机关的负责人，根据防灾基本计划制订的防灾业务计划，且每年要对其进行研讨或必要的修改。防灾业务计划是在行政机关所承担事务或公共机关业务范围内，制定出的关于灾害的应对措施。

地区防灾计划包括都道府县和市町村两个层级，由各级防灾委员会根据当地实际，基于防灾基本计划的要求拟订的，是地区内各机关处理有关防灾事务的总指南。都道府县防灾计划包括：该都道府县所辖地区防灾事务相关责任者的事务及业务大纲；防灾事务的分类细化方案，主要是调查研究、教育、训练、灾情收集、灾害预报、警报下达、避难、灭火、防洪、救灾、援助、卫生、灾后恢复工作等对策；所需劳务、设施、设备、物资、奖金等的配备、储备、调拨、分配、运输、通信等的预案。市町村防灾计划在市町村范围内与上述都道府县防灾计划的职责一致。

地区间防灾计划是指跨地区的都道府县之间、市町村之间的防灾计划，由都道府县防灾会议协商会、市町村防灾会议协商会在防灾基本规划的基础上，制定的相互间地区防灾规划，并对其进行年度审议和必要的修订。

二、日本应急管理预警系统

预警系统的建设是一项复杂的工程，需要从体制、运营机制、技术开发、公众参与和应用促进等方面全面推进。日本应急管理预警系统的机构涉及面很广，具有防灾性质的各部门在各司其职的同时，根据其不同业务，对灾害的预防、预测、预报、预警作出不懈努力。为了整合这些力量并使之发挥最大效用，2005年10月，日本政府专门成立了“国际减灾合作联席委员会预警分会”，由相关的政府部门和机构以及相应的减灾组织组成，旨在建立起一个能长远推动在预警领域进行国际协作的组织。

表4－4　国际减灾合作联席委员会预警分会

成员	内阁府、内阁官房、总务省、总务省外局消防厅、国土交通省、国土交通省外局气象厅、地理调查研究所、文部科学省、农林水产省、渔业厅
观察员	亚洲减灾中心（ADRC）、日本海洋地球科学技术中心、日本港湾空港技术研究所（PARI）、日本国际合作银行（JBIC）、国家先进科技研究所（AIST）、渔业研究中心（FRI）等

有效的预警必然以精确、及时的灾害风险预测为前提，在日本，主要由国土交通省外局气象厅[①]（JMA）负责自然灾害的观测和预报。气象厅采用24小时不间断运行的系统，严密监控着各种自然现象和气象变化，并对气候现象进行统计分析。在防灾气象信息方面，主要包括：①滚动气象警报：气象信息、海上警报、台风信息、洪水预报、土砂灾害警戒信息、龙卷风注意信息；②地震·海啸·火山相关信息：滚动海啸预报及警报、地震信息、东海地震相关信息、火山喷发预报及警报；③天气预报：星期及季节天气预报、异常天气早期警戒信息、天气分布预报、地区系列预报、短时间内降水雨量预测分析；④雷达气象数据自

① 日本气象厅. http：//www. jma. go. jp/jma/index. html.

动采集系统：天气图、气象卫星、沙尘实况及预测、紫外线信息；⑤海洋相关信息：潮位观测信息、海浪观测信息。

另外，总务省外局消防厅（Fire and Disaster Management Agency，FDMA）在应急预警方面，除了需切实预防城市火灾、森林火灾的任务之外，还承担着国民保护、推动指定行政机关或公共机关的防灾训练、提高全民防灾意识的教育等职责，同时还在灾情信息发布中起关键作用。2004 年，消防厅开发建设了全国瞬时警报系统（J-ALERT），2007 年已开始投入使用。当遭遇大规模灾害或武力袭击事故时，信息通过通信卫星（Super Bird B2）传达至地方公共团体，同时连接到地方通信卫星，市町村防灾无线网络即行自动启动，向当地居民发出灾害警报。灾害信息预警过程如下：①地震、海啸或恐怖袭击等事件发生后，日本气象厅根据气象情况、内阁官房根据武力事件情况得到第一时间信息；②气象厅、内阁官房根据事态程度、规模，向消防厅发出灾害警报；③消防厅立即通过 J-ALERT 系统将警报发送至地方政府；④市町村的无线防灾网络即行启动，通过警笛、广播等手段向居民发布警报。

对于洪水，国土交通省和地方政府共同选定一些河流作为洪水预测对象，并和气象厅联合发布洪水警报。当洪水警报触发时，立即发布撤离指令，通知相关组织，并把信息传达至当地居民。

日本政府通过广播、电视、通信行业发布警报。日本中央、地方政府与日本广播公司（NHK）以及其他广播公司签署了有关灾害信息广播协议，可通过中断常规节目或者通过电视屏幕滚动条来插播灾害相关文字信息，居民可以很容易地获得有关地震、海啸等恶劣天气或大规模事故的信息，并得到撤离指示。

风险图（Hazard Map）也是使灾害防患于未然的一种工具。日本地理调查研究所（GSI）通过开展各种调查，为绘制火山、地震及台风等不同类型的风险图提供基本信息，并创建了一些主题地图。市町村相关机构也会编制并发布风险图，显示哪些地区最易受到哪种类型灾害的袭击，并包含撤离信息。这样就使全民对身边的风险有一定的认知，也能在灾害来临时意识到如何撤离。风险图作为日常应急管理预警系统的一环，发挥了未雨绸缪的功效。

三、日本应急管理救援系统

在长期不断遭遇各种惨重灾害的袭击下，日本已经形成较为完善的应急救援系统，反应及时、训练有素、装备先进的救援队伍在应对灾害救援的过程中发挥了重要作用。日本的应急管理救援系统主要由消防厅、警察厅、自卫队、医疗机构、海上保卫厅和民间救援组织等构成，组成了严密的灾时救援、灾后恢复的队伍。

日本的消防机构是负责灾害救援的主要机构。在日本，灾害救急、救助、国际支援属于消防机构的职责之一，主要通过设立消防救助队开展灾时的抢险救援工作和日常的医疗救急。近年来日本消防救急队更是全面推行“7 分钟救急体制”，即接到电话后 7 分钟内到达现场救援。日本消防厅专门成立“灾害紧急消防救援队”用于应对巨灾，由特别救助队、高度救助队、特别高度救助队、消防救助机动部队（东京）、特别消防队、山地救援队、水难救援队、化学机动中队等组成。以 2010 年 2 月 27 日 15 点 34 分智利地震（8.6 级）为例，日本消防厅即时开始灾情收集，于 20 点 20 分向都道府县公布《智利中部沿岸地震通知》。28 日 9 点 33 分成立消防厅灾害对策本部（于 3 月 1 日废止），并发布《智利中部沿岸地震海啸警报》，12 点 05 分向青森县、宫城县、岩手县各派遣了一名消防官员。13 点 30 分提出向秋田县、山形县、群马县、栃木县、新潟县出动消防紧急救援队的请求，后根据灾情程度停止。与此同时，消防防灾航空救援队开展灾情收集工作，并处于准备待飞状态。由此足以看出日本消防机构积极反应、迅速应对的救援实力。

警察机构在救灾抢险中也起着重要作用。根据《灾害对策基本法》，在灾害发生时，警察灾害应对体制包括情报应对体系和灾区现场活动。前者主要承担迅速收集灾区情报与传递等工作；后者主要负责劝导和指挥居民避难、寻找失踪人员、维持社会治安、道路交通管制、伤员紧急输送及开展验户等工作。由救助机动队、特别救援小组、山岳警备队、山地救援队、看守水难救助队、反恐部队、化学机动防护队等组成。其中，需要道路交通管制但警察不在现场时，自卫队、消防队员可替代警察行使此权。

自卫队机构是直属国家行政机关的机构，在灾害发生时，根据《灾害对策基本法》和《自卫队法》规定，如需要自卫队参与救援，则由所在都道府县知事向防卫厅长官等提出申请，自卫队长官根据申请内容和实际情况向灾区派遣灾害救援部队。自卫队的应急救援范围很广，包括搜寻和营救伤员、防洪抗险、医疗援助、预防疫病、供水供物、运输人员和物资等。日本规定各都道府县必须设立一家以上的骨干灾害医疗救护中心和若干家地区灾害医疗救护中心。灾害发生时作为指定的救护中心，并立即启动成为专门的救灾医院，最大限度地接纳各类伤病员。

海上保安厅主要负责海上机动救援。此外，日本的民间救援组织力量也很强大，形成了自主消防组织、自卫防灾组织、自主防灾组织、原子能防灾组织等。

四、日本应急管理信息系统

灾难中，通信系统的必要性和紧迫性显得尤为突出，长时间的通信中断将使灾害信息在时间和空间上造成大范围空白，影响应急决策和救援成效，最终将酿成巨大的生命财产损失。日本政府在灾难中不断成长，将教训化为经验，切实研究应急管理通信系统的建设，并取得了大量卓有成效的成果。

日本的灾害管理通信系统建设，按行政层次的不同，分成三个层次：①国家通信网络，包括中央防灾无线网、消防防灾无线网、水防及道路防灾无线网等；②都道府县通信网络，包括都道府县防灾行政无线网、防灾信息系统、地震强度信息网络等；③市町村通信网，包括市町村防灾行政无线网、区域防灾无线网及消防救援无线网等。[①]

1. 中央防灾无线网的构建[②]

在紧急灾害时，中央防灾无线网日夜不间断、迅速准确地收集和传达灾害信息给内阁及相关部门，在正常通信线路由于拥挤造成功能障碍时，利用通信迂回方式实现连接。即使在通电被切断的情况下，也可利用备用电源实现持续通信。中央防灾无线网包括地面系统、卫星系统和移动系统，实现全方位的网络覆盖，由内阁府的内阁信息中心进行全天候监控，能确保灾害发生时对策本部、内阁府、指定行政机关以及指定公共机关之间的灾害数据传输。

2. 消防防灾无线网的构建[③]

消防防灾无线网属于连接消防机构与都道府县的无线网。当大规模灾害发生时，所辖区的市町村将灾害信息和受灾情况通过它迅速上报到都道府县和消防厅，以便于应急决策的施行，将损失降低至最少。在通信设施受灾、停电或一般通信网络使用困难时，消防防灾无线网作为专门的灾时通信网络就变得不可或缺了。

3. 防灾行政无线网的构建

防灾行政无线网分为都道府县和市町村两级，用于连接都道府县和市町村与指定行政机关及有关防灾当局之间的通信，以收集和传递相关的灾害信息。目前市町村级的防灾行政无线网已延伸到街区一级，通过这一系统，政府可以把各种灾害信息及时传递给家庭、学校、医院等机构。该系统已成为灾害发生时重要的通信渠道和手段。

---

① 防災情報通信システム等の概要［OL］. http：//www. pref. chiba. lg. jp/syozoku/a_ bousai/taisaku/singikai/terminal/1/siryou7. pdf.

② 中央防災無線網のネットワーク構築［OL］. http：//www. bousai. go. jp/kunren/chubo/kouchiku. html.

③ 消防防災通信ネットワーク［OL］. http：//www. fdma. go. jp/neuter/about/pdf/japanese/15 - 16. pdf.

4. 防灾相互通信网的构建

为解决地震、飓风等大规模灾害的现场通信问题，日本政府专门建成了防灾相互通信网，可以使警察署、海上保安厅、国土交通厅、消防厅等各机关彼此交换各种现场救灾信息，以便更有效、更有针对性地进行灾害的救援和指挥。目前，这一系统已被日本各个地方的公共团体、电力公司和铁路公司等使用。

第三节　日本政府应急决策体系和过程

灾害在整个发展过程中的不同阶段具有不同的特点，因而政府在应急管理的决策中必须根据灾害事态的发展，在不同阶段作出不同的决策和应对措施。将灾害事件按其生命周期进行分解，可以得到四个阶段，即信息获知阶段、有效响应阶段、应对实施阶段和灾后恢复阶段。日本政府在不同阶段整合、协调各相关部门的力量，形成了积极、高效、有重点的应急决策体系。

一、信息获知阶段的决策过程

从事件发生到信息被获知，就进入了一个连续、系统的应急管理过程。灾害信息的传达一般有两种途径：一是向上汇集；一是向下传达。前者是指灾害一旦发生，灾害所在地的市町村通过各种手段获得与灾害相关的信息。当地居民作为灾害信息的重要提供者，也有义务向市町村相关部门报送信息。信息汇集后到达都道府县再向上报送到内阁府、内阁官员、消防厅以及其他相关部门。此外，指定新闻机构 NHK（日本广播协会）和指定通信机构 NTT（日本电信电话株式会社）按相关程序向内阁府或其他相关中央省厅报送信息。向下传达则是指气象厅、国土交通省等各预警分会成员通过日常业务观测或其他学术途径预测到灾害将可能发生时，将信息传达至内阁府或相关部门（如消防厅）等。此时，这些国家层面相关机构需要把掌握的信息向下流转。这既是实施应急指挥和救援的重要条件，也是指导下级政府机构和居民开展应急行动的必要保障。

在这两个过程中，与灾害可能相关的信息一经确认，相关工作立即随之启动：①内阁府的决策机制。内阁府将召集各省厅要员，指定应急响应队，召开中央防灾会议。中央防灾委员会根据对风险状况的识别和评估，对事态趋势进行预测，并根据分析结果对事件进行归类分级，向防灾担当大臣或内阁总理大臣出具意见和提供决策参考。与此同时，启动预测预警系统，向社会发布预警信息，并24 小时全天候不间断收集情报和联络各相关部门。②关系机关的决策过程。各级防灾会议启动，对政府内部信息进行共享与分配，派遣情报先遣队；相关部门及公共机关即时开展全方位情报收集和整理，保持原始信息被动态获知，并根据防灾计划发出基本指示，引导民众的自我救援和安全撤离。例如，针对地震灾害，日本规定国家气象厅要在两分钟内通报地震强度，继续负责提供各种灾情预报；消防机构、警察和自卫队组成的救援队可先投入紧急救援活动；电力、煤气、自来水公司、通信、交通等部门立即启动各自的防灾机制，农业水产、文化教育、医疗机构、公共设施、港湾河川等各方面要即时开展灾情统计，并采取相应的应对措施。

与此同时，社会力量也要发挥各自功能，民众充分发挥灾害信息传达的向上汇集机制，自我防灾组织发挥社区带头作用，根据以前的防灾训练和灾害教育、风险图的学习，做好自我防护和撤离。因此，在灾害发生的初始阶段，在政府机构的带领下，其他公共机关、社会力量等既各自为战，又统一行动。

二、有效响应阶段的决策过程

灾害发生时，一般根据灾害的类型启动不同的应急机制。日本在应急管理方面起决定作用的是中央防灾会议。根据前一阶段的灾害状况分析、动态形势把握以及应急对策的协调，确定是否需要成立灾害对策本部、非常灾害对策本部及紧急灾害对策本部。若需成立，按照《灾害对策基本法》的规定进行该临时机构的设置，该机构具有统筹全局、统领指挥的权限和职责。

（1）首先应该是灾害发生辖区的市町村成立灾害对策本部，制定应急对策和措施，开展一线的抢救工作，整合、协调各相关机构的资源使之形成有效联动机制，并动态对接都道府县，同时转报内阁府。若灾害已发展至一定程度，符合设立都道府县层级的灾害对策本部条件时，即在都道府县层级设立，进行各项应急对策执行中的组织、指挥事项。若灾害被认定为重大灾害，必须由内阁总理大臣在内阁府内设置非常灾害对策本部，直接统筹、调度、指挥灾害应对事宜。若灾害显著异常且规模很大时，内阁总理大臣须经内阁会议决议后在内阁府内设置紧急灾害对策本部。

（2）无论是灾害对策本部、非常灾害对策本部还是紧急灾害对策本部，都必须与该层级的防灾委员会和防灾计划保持紧密联系与对应，必须根据该都道府县地区防灾计划或市町村地区防灾计划的规定，组织实施该都道府县或市町村地区防灾活动和灾害应急对策。

三、应对实施阶段的决策过程

《灾害对策基本法》从行政层级角度，界定了各级政府的应急过程和决策职责。

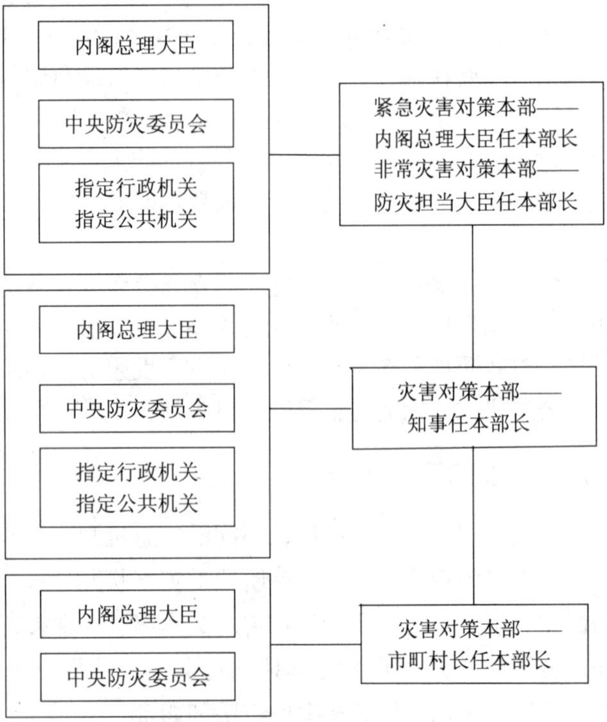

图 4－3　日本灾害对策机关

（1）市町村层级政府的应急决策。市町村长在所辖地区内发生灾害或确实存在灾害发生的可能时，须立即依照防灾计划的规定事项实施防火、防洪、救援及其他灾害发生的防御措施和防止灾害扩大所需的应急措施，根据灾害实际情况，可进行区域警界设定。若市町村长无法及时作出回应，警察官、海上保安官或受命派遣的自卫队军官也有权进行设定。此外，在确认有必要采取应急措施时，可向其他市町村长提出支援要求，或向该市町村所属都道府县知事发出请求支援或实施应急措施的要求。

（2）都道府县层级政府的应急决策。都道府县知事在辖区内发生灾害并确认必要时，可根据《灾害救助法》发布强制从事命令、配合命令及保管命令；对设施、土地、房屋及物资等进行管理、使用和征用；命令职员对设施、土地、房屋及物资等的所在地或物资等的被保管地进行强制入内检查；听取物资保管人员的汇报。为保证所辖区域内的市町村所实施的应急措施能够切实、顺利地实施，可向市町村长或其他市町村长下达必要的指示和援助指示。

（3）指定行政机关与指定公共机构等的应急决策。指定行政机构及指定地方行政机关的首长、指定公共机构及指定地方公共机构，必须按照防灾计划的规定，立即就其所辖事务实施应急措施，同时须配合都道府县及市町村实施的应急措施。在确认必要时，有权向都道府县知事、市町村长、指定公共机构或指定地方公共机构请求或指示其实施应急措施。

四、灾后恢复阶段的决策过程①

根据《灾害基本对策法》的规定，指定行政机关及指定地方行政机关的首长、地方公共团体的首长，以及其他执行机构以指定公共机构和指定地方公共机构与其他法律法规规定的对灾后重建工作的实施负有责任的主体，须依照法律法规和防灾规划的规定事项实施灾后重建工作。

针对不同的自然灾害，日本总结了灾后恢复重建的对策措施，包括城市大规模地震灾后恢复对策、大规模火山灾害恢复对策、台风洪水灾害恢复对策、海啸灾害恢复对策等。从主体上来看，进行了政府、地方公共团体、专门救灾团体推进灾后重建对策的措施，并进行了灾后支援组织建设的实践。在1995年阪神·淡路大地震、2000年乌苏火山喷发和2004年新潟中越地震中，日本政府成立了跨省厅的恢复重建委员会，使得各省厅携手合作，充分考虑了受灾区域的意见和建议，取得了非常好的成效。

日本制定了对灾害规模、灾后受损程度认定的基准和办法，根据实际灾害情况，一般流程如下：①与相关部门合作，根据各机关的支援信息，实现信息共享和合作，向受灾者统一、及时地提供信息；②向受灾者宣传、提供各种支援政策的申请和申请手续的简化图等，使受灾者得到切实的帮助；③市町村内部业务的实施，即各部门对受灾家庭的信息进行共享，开展灾害关联业务的实施。

日本通过一系列的法律条令来规范灾后恢复及重建的工作，基本覆盖灾后各方面所需的制度，从而使重建工作得以有条不紊地开展。

---

① 災害復旧·復興. http://www.bousai.go.jp/4fukkyu_fukkou/index.html.

表4-5 日本灾后支援制度

状况	项目
一、确保经济和生活支援方面的制度	
死亡或丧失经济基础	灾害抚慰金
受伤或疾病障碍	灾害残障慰问金
生活所需资金	受灾者重建生活制度、灾害援护资金、生活福利资金借贷金、母子寡妇借贷金、厚生年金担保贷付、劳灾年金担保贷付
儿童养育、教育支援	教科书无偿给予（灾害救助法）、中小学生就学援助措施、高等学校学费减免措施、奖学金紧急启用制度、儿童扶养特别措施
税费、保险费等优惠	地方税特别措施、国税特别措施、祭葬措施（灾害救助法）、国民健康保险费的减免、广播接收费减免、公共使用费用减免
自主生活的维持	生活保护制度
失业后生活支援	未支付借贷延期替付制度
暂时失业生活支援	失业保险给付
二、住房保障和重建方面的制度	
建设住房资金来源	行政独立法人住宅金融支援机构的融资
返修住房资金	灾害援护资金的贷付
灾时应急住房	住房的应急修理（灾害救助法）
公共住房的迁移	入住公共建设住房、指定住房入住
住宅用地的损害	宅地防灾工程项目融资、关联住宅用地融资
三、支援中小企业、自主创业方面的制度	
农林渔业者所需资金	自然灾害融资制度、日本公司政府金融公库资金贷付项目
中小企业者所需资金	灾害恢复借贷金、高度灾害恢复借贷金、稳定经营保证金、灾害关系保证金
再就业支援	职场适应训练费支付

五、以2009年8月静冈县骏河湾地震的政府应急反应为例[①]

2009年8月11日05时07分，日本静冈县骏河湾地区发生最强震级为6.0

① 駿河湾を震源とする地震について. http://www.bousai.go.jp/090810/091028surugawanhigaizyoukyou007.pdf.

级的地震，气象厅第一时间发布了地震预告；05点10分对伊豆诸岛及静冈县发布了海啸注意警报；07点13分警报解除。日本政府的应对过程如下：

05：10，紧急召集中央省厅各要员，设置首相官邸对策室。

05：15，内阁总理大臣指示：对灾情进行初期把握，迅速传达灾害信息，全力解救受灾者。同时对以下事项进行确认：①对骏河湾地震受灾状况有关信息进行初期把握；②与地方政府的信息收集紧密联系，迅速对受灾者进行营救，全力全面开展救援活动；③对广泛区域进行受害确认，向受灾地区派遣紧急消防援助队、警察广域紧急援助队、自卫队，根据损失情况进行必要的及时支援。

05：07至06：28，各中央省厅也及时启动应急机制，消防厅、国土交通省、气象厅、警察厅、海上保安厅、防卫省、总务省、经济产业省、环境省、厚生劳动省、国土地理院、经济产业省、文部科学省、农业水产省都已设置灾害对策本部和灾害信息联络室。

此外，根据文部科学省指示，相关都道府县地区的教育委员会对学生安全情况及文教设施的损害状况进行把握，阻止二次灾害的发生；厚生劳动省向提供医疗用品和医疗机械的公共团体提出确保受灾地区医疗资源的倡议；国土交通省的国土技术政策研究所道路领域的专家、土木工程技术研究所及港湾机场技术研究所的专家，以及3台卫星通信车被派遣到受灾地区；国土地理院负责向内阁、内阁府、国土交通省等提供灾害对策图、空中摄影及灾害概况图，并向社会公布HP图；气象厅派遣了机动调查班，调查受灾状况及地震率动，同时对5级强度以上地区进行24小时观测，发出大雨及沙尘注意警报。

05：45，静冈知事向消防厅首长提出派遣紧急消防救援队的要求。从东京都、山梨县、爱知县3个地区出动紧急消防救援队，其中包括航空部队3队、陆上部队3队，同时开展灾情收集及救援等工作。

14：30，派遣紧急消防救援队的要求解除。同时，爱知、山梨、长野各个县的警察航空队直升机向静冈县出发，收集灾害状况。

19：00，灾害相关的省厅召开联络会议，各省厅就所负责方面了解到的状况进行了汇总及进一步的对策制定和安排。

与其他公共机关的对接同时进行，对日本固定电话运营商NTT的通信受损状况的调查及跟进恢复一直持续到9月15日。

灾后，各行政省厅对人员伤亡状况进行调查和资料收集。消防厅对人员伤亡状况、国土交通省对沙尘和道路交通状况、经济产业省对停电状况、厚生劳动省对停水及福利设施受灾状况、总务省对通信状况、文部科学省对文教设施的损害状况、农林水产省对农林及水产业的受灾状况等进行把握，同时还对港湾、河川、下水道、公园、航路标志及一般废弃物进行调查。另外，气象厅对余震进行监控和预测，地震防灾强化区域划分委员会对此次地震召开会议，判定其与东海地震的关系，并得出否定的结论。国土地理院对电子基准点的变动数据进行分析，测定地壳变化程度。

最后，日本政府于11月19日形成了完整的地震情况报告，并向社会公开。

第四节　日本政府应急管理中的社会参与机制

日本《灾害对策基本法》明确规定：指定公共机构、独立行政法人、日本邮政总局、日本银行、日本红十字会、日本广播协会等公共机构，以及电气、运输、通信等公共事业经营的法人，都是防灾相关机关，有防灾和灾时相关的业务支援的义务。

一、日本公共事业机关应急管理的参与机制与作用

1. NHK在日本应急管理中的角色和作用

NHK是日本放送协会，也称为日本广播协会，是日本唯一一家法定的国家公共新闻机构，是承担应急管理传媒职责的首要责任公共事业机关。与此同时，根据《广播法》的规定，NHK具有法定义务，在面临诸如地震、海啸等自然灾害时紧急播报预警信息。NHK不仅与日本气象厅的灾害监测网络连为一体，还有自己独立的灾害信息采集系统，可在第一时间向公众播报各种灾害信息。

紧急地震快报①是指，气象厅在预测到地震开始时的微小摇晃时，在震动开始前将预测的震度和震源信息紧急公布。地震具有P波和S波，P波是纵波，会造成微小的晃动；S波是横波，会造成剧烈的破坏性震荡。P波开始至S波到达会有一定的时间差，地震快报信息则抢在S波到达前几十秒甚至几秒前播报。靠近震源的地区地震快报可能不起作用，同时预测到的震度也可能因技术局限而有1度左右的误差。但是，能抓紧几秒时间采取防灾减灾措施，也可能减缓灾害带来的巨大伤害。

NHK及时在电视和广播中播送地震快报，在预测到将有强烈震感的地区，电视将会发出警铃声，同时屏幕上会出现发生地震的地图和文字信息；而广播节目将会中断，同样响起警铃声和有关地震的具体信息。

在听到或看到地震紧急预报后、在真正大震动前还有很短暂的时间，这时保护自己人身安全是第一位的，同时沉着冷静的行动也很重要。由于日本经常受到

---

① NHK緊急地震速報. http：//www. nhk. or. jp/bousai/about. html.

自然灾害的侵袭，全民性的防灾意识培养得比较到位，人们会根据自身及周边的状况进行简单的防灾措施，这就有效地减少了人员伤亡。

2. NTT在日本应急管理中的角色和作用

日本电信电话株式会社（Nippon Telegraph and Telephone Corporation），简称NTT，是日本最大的通信公司。根据《灾害对策基本法》的规定，内阁总理大臣指示，在遇到灾难时，NTT集团（主要指NTT东日本、NTT西日本、NTT DoCoMo、NTT通信等）有确保其他指定公共机关间通信的义务。从平时的网络和通信设备的准备，到灾时重要通信的确保以及灾后通信的修复，NTT在应急管理中发挥着重要作用。

（1）发生灾害时，紧急确认安全的联络及其他媒体的重叠，使以灾区为中心的通话量急剧增加，交换机可能因此产生故障从而导致线路堵塞。为了解决这一问题，NTT开发了“灾时手机留言板”（171）、“灾时宽带留言板”（Web171）、“模式灾时留言”等服务，通过专门的通道使个人安危得以确认，有利于救援工作的展开。

（2）重要通信的确保。①NTT向防灾相关的行政机关、公共团体等提供灾时有效利用通信的方法。气象、水防、消防等国家层级的灾害救援机关，秩序维持、防卫、输送、供电、供水、供气等与供给直接相关的机关，以及新闻媒体、通信公司、广播公司等公共事业机关拥有优先通信权，以保证重要通信。②特设和临时公共电话。特设公共电话是为了在灾后能进行紧急处理事故并保证受灾者通信而特设的免费公共电话；临时公共电话是在特设公共电话和既有的公共电话无法对接时，视情况而临时设置的收费公共电话。③街头公共电话的开放。大规模灾害发生导致长期停电，公共电话卡由于硬币挤满收纳箱、面临瘫痪的危险不能使用时，街头公共电话可以免费开放，以保证信息畅通。

（3）通信服务的迅速修复。①车载数字卫星基站。灾时由于中继站线路传送的中断导致通信阻断时，NTT立即出动车载数字卫星基站，通过数字传导线路可在紧急避难所实现最大容量为192路的电话回线。此外，在交通断绝的情况下，也可用直升机运送。②移动电源车。发生长时间停电或预备电源中断时，可通过移动电源车确保通信电源，它最大能提供1 000千瓦的电能。③便携式卫星装置。这种装置在灾害时具有极大的机动性，在交通中断的山谷中可作为临时回线，发挥特设公共电话的用途。④可移动型无线基地局。灾害发生时，出动P-MBS（可搬型移动无线基地局车）及移动电源车，能很快地确保通信的早期恢复，有利于开展灾害情报收集和执行防灾对策。NTT在全国配备了P-MBS，与移动电源车一起确保了灾时通信服务的稳定。

（4）根据《灾害对策基本法》，NTT作为防灾相关公共机关，制定了相应的

《防灾业务计划》，并切实地执行各项规定。此外，根据武力攻击事态的国民保护等相关法律，NTT 作为指定机关，必须为国民保护作出努力，因而制定了《国民保护业务计划》。

3. 日本红十字会在应急管理中的角色和作用

日本红十字会①是依据 1952 年制定的《日本红十字法》设立的，是类似法人的社团组织，个人参与者被称为会员，是日本红十字活动的唯一团体。日本红十字会的政治地位非常高，现由皇后美智子担任名誉会长，名誉副会长根据代议员会议由历任皇族成员出任。

日本红十字会事业中，最为首要的是灾害救护活动，主要是医疗救护、救援物资的分配、血液的供给、捐款的发放等志愿者活动。日本红十字会的机制主要包括：①灾时医疗救援机制：按自然灾害和事故等配备人力，将各地红十字会医院的医生和护士集中编成470 个医疗救护队。在遇到台风、地震等自然灾害或飞机、火车等事故时，直接向受灾地派遣医疗救护队、开设救护所或在避难所巡回医治伤者等。②物资配备的机制：由日本红十字会向全国筹集毛毡、床褥、帐篷等紧急物资，并由各都道府县的红十字分会考虑各地的实际情况独立进行物资发放。③供血机制：在国内各地设置日本红十字会血液中心，在灾害发生需要血液时能有一定的血液储备，并且为高于全国的需求，血液中心之间会进行相互调剂和整备。④捐款的发放机制：红十字会通过电视捐款等方式募集捐款，同时集中更多公共团体的款项，向受灾者发放。由受灾自治团体、红十字会和新闻机关等一起组成的捐款发放委员会，作为捐款的第三方机构，集中各机关、团体等取得的捐款，制定好发放标准向受灾者发放。

近年来，日本红十字会在国内的业务成果主要有：1995 年在阪神 · 淡路大地震，2004 年新潟县中越地震中的灾害服务团、医疗救护志愿者及献血的供给。在国外的业务成果主要有：2004 年底的苏门答腊岛地震海啸、2005 年巴基斯坦地震的资金援助和外援医疗队的派遣以及 2006 年的菲律宾滑坡事件的援助等。

4. 日本银行在应急管理中的角色和作用

日本银行②简称“日银”，是日本的中央银行。在灾害发生时，日银有责任保障银行券的流通和经济系统顺畅运行，制定金融、资金的特别措施，同时要执行自身的防灾业务计划，尽力进行灾时继续体制的完善。以 2009 年兵库县的台

---

① 日本赤十字社. http：//ja. wikipedia. org/wiki/% E6% 97% A5% E6% 9C% AC% E8% B5% A4% E5% 8D% 81% E5% AD% 97% E7% A4% BE.

② 日本银行. http：//ja. wikipedia. org/wiki/% E6% 97% A5% E6% 9C% AC% E9% 8A% 80% E8% A1% 8C.

风灾害中日本银行的特别措施为例[①]，其在灾害救助法所规定的区域，规定了金融机构、证券公司、人身保险公司、财产损害保险公司及火灾共济互助联合组织等。

（1）对金融机构（银行、信用社、信用合作社等）作出具体规定，如灾时常规业务的特殊办理、灾害应急资金的借贷及手续的效率、确认丢失的存折失主等事项。

（2）对证券公司的要求是，在灾时办理业务要便利、迅速，协助进行有价证券丢失的手续办理，对受灾客户有提前支付有价证券的优惠政策，受灾停止营业时指示公众如何进行其他途径的业务办理等。

（3）对保险公司的要求是，向参保或丢失保单的客户提供尽可能便利的措施，尽量迅速支付生命保险或损失保险金，保费缴纳可根据灾害的情况适当放缓等。

（4）对火灾共济互助联合组织的规定与上述对保险公司的要求一致。

通过这些规定，日本银行执行在灾后保证金融和经济正常运行的角色，对受灾者的生活恢复提供资金的援助，并使得各公共机关、社会团体有更充足的资源去救援或进行援建工作。

二、NGO在日本应急管理中的参与机制与作用

近几年大规模灾害发生时，越来越多的非政府组织（NGO）活动起来，它们的活动有效地补充了政府行动的一些缺陷，其专业性能、组织体制、运营方法及资金使用等在灾害中发挥了极大的优势，并且在日常生活中也担当了提高防灾意识的重要角色。日本民众也已经认识到，在灾害发生时及时采取自救和互救措施对降低人员伤亡有极大帮助，因此，日本各地的社区出现了越来越多非政府的自主防灾组织。日本政府鼓励各种组织的发展，主要从宣传、提供训练场所和教习条件等方面提供支持。自主防灾组织已经从临时性、简单化发展到长期稳定性、完整性的组织，其职能也逐渐渗透到防灾、应急响应和灾后恢复重建的整个环节。其具体功能有：

（1）提高当地居民的防灾意识，对灾害知识进行启蒙和普及。由于亲近居民，自主防灾组织通过座谈会、讲演会、宣传册、手册和海报等方式，使居民对防灾计划、自然灾害常识、地区周边情况及防灾基本知识、家庭防灾注意事项等有了更好的了解。

---

① 平成21年台風第9号に伴う災害に対する金融上の措置について［OL］. http://www.boj.or.jp/type/release/adhoc09/fso0908a.pdf.

(2) 防灾训练。包括灾情收集和传达、灭火、避难及引导、救援和救护、给食给水、读图纸等训练，也有配合政府或指定行政机关的综合训练。

(3) 信息收集和传达。能对灾害情况迅速且正确地把握，适当及时地处理，并进行信息传达等任务；通过防灾行政无线、电话、手持麦克风等方式，将确认的灾害信息上报给相关行政机关或居民。

(4) 防火及初期灭火。大灾害发生时引起的火灾是造成损失巨大的主要原因。所以，防止家庭起火要对注意事项进行检查，如烟火器具及周边是否有所整顿、消防器具的状况及建筑物的情况是否良好等。若区域内发生了火灾，要配合消防队迅速灭火。

(5) 救援救护。由于建筑物倒塌等产生救援需要时，应立即开展救援活动，迅速联络医疗机构，协助医护人员进行简单救护和伤员运输。必要情况下，向防灾相关机关请示。

(6) 避难及引导。市长的避难劝告或命令发布后，根据疏导避难的指示，积极指引居民的行动，引导其撤离至指定避难场所。

(7) 在避难场所供给饮食。确保食品和用水的供给，对政府或其他机构提供的资源进行分配和发放。

(8) 灾害时对需援助者的对策。制作灾时援助者台账和地图，以配合政府或相关部门做好灾情的把握；根据对受灾者的劝引效果，及时进行检讨和改进；提供灾害发生时的支持，在政府信息下传时，保持与受灾者的联系，必要时提供支援。

(9) 保管防灾器材，并定时进行清点和检查。

近年来，内阁府、消防厅等行政机构致力于促进与防灾 NGO 间的信息共享和职能互补，并提供帮助以改善 NGO 的生存环境，包括每年举办“减灾与志愿者论坛”、出版基于实际经验交流等相关信息的手册等。

表 4－6　日本近年来重大灾害中的志愿者活动

灾害	志愿者人数	统计来源
阪神·淡路大地震（1995.1）	1 377 300	兵库县
纳霍德卡号海难溢油灾害（1997.1）	274 607	消防厅
新潟福岛暴雨（2004.7）	45 229	消防厅
福井暴雨（2004.7）	60 208	福井县
第 23 号台风（2004.10）	44 473	全国社会福利理事会
新潟中越地震（2004.10）	92 262	新潟县

三、日本的全社会应急宣传和教育动员

只有全民防灾，在灾害来临时才有可能将损失降到最低。在日本，全民防灾训练的普及和防灾意识的广泛宣传，使日本民众在面对经常突如其来的灾害时能镇定地开展自救和救援工作。日本的社会应急训练和动员主要有以下三大部分：

1. 防灾宣传活动

在日本，每年的9月1日被定为“灾害管理日”，从8月30日到9月5日的一周被定为“灾害管理周”。在这段时间里，日本全国上下举办各种活动，如展览、研讨会、灾害管理宣传海报设计大赛等，以各种形式唤起全民参与防灾的意识。此外，每年的3月1日和11月9日被设为“全国火灾预防运动”，5月或6月为“水防月”，6月的第二周为“危险品安全周”，12月1日至7日为“雪崩防灾周”，等等。

日本政府和社会团体充分利用这些宣传时机，借助各种公共设施和宣传媒体进行科普宣传。此外，在日常生活环境中，也随时能看到以防灾为题材的公益广告、网站上的Flash小测试等，其采用的方式都比较新颖和实用，内容包括基本知识、防灾手册、应急对策等，使民众更客观地面对饱受自然灾害的生存环境，更加积极地防御灾害，保护自身和他人安全。

2. 应急演练活动

《灾害对策基本法》明确规定了进行全民防灾演练的义务。为了促进在全国范围内进行不同形式的演练，中央防灾委员会制订了每年一度的“综合防灾演练计划”，具体规定了执行演练的要求与规范，并对中央政府与地方政府以及相关组织共同执行的综合防灾演习作出了具体的规定。日本各级政府和相关应急管理组织、相关行政机关等会协同组织应急演练，如政府的综合防灾训练、消防厅的国民保护训练和全国火灾预防运动等。

应急演练的范围一般有两种：一种是全国范围的，在中央政府带领下，都道府县政府在所辖区域内推广大规模演练；一种是局部范围的，如消防厅在学校、企业等地进行专门的、有针对性的防火防爆或武力袭击演练，或是社区防灾演练等。近年来的演练大多是模拟仿真演练，在参加人员完全不知情的情况下进行，以训练其在面对灾害突袭时的应急响应。

3. 灾害管理教育

（1）面向学生的灾害管理教育。日本的灾害管理教育首先从中小学教育抓起，从小培养公民的防灾意识。日本各都道府县教育委员会编写《危机管理和应对手册》、《灾害管理教育指导资料》等教材，指导各类中小学校开展灾害预防和应对教育。2005年日本文部科学省发表的一份调查结果表明，在日本所有学校中，76%的学校已对学生进行过如何应对天灾人祸等突发性危机的教育，有

67%的学校每年组织学生进行如何防范和应对突发危机的训练。除了进行自然灾害教育之外，日本各类学校还开展应对和预防各类人为犯罪伤害、火灾等教育。目前，日本45%的学校已经建立了防范监视系统，严格盘查进入学校的人员。有的小学还利用卫星定位系统，给每位小学生配备可以随时显示学生所在位置的联络装置，如遇不测，校方一按联络装置就可以马上知道该学生在何处遇到危险。

（2）面向社会的灾害管理教育。向居民进行日常性防灾教育更是日本各级政府共同面临的一项基本任务。日本各级政府、各种行政机关、各种自主防灾组织等经常通过各种手段，如广播、电视、报刊、互联网等媒体为公众提供各种灾害管理教育，防灾教育内容简单实用，非常富有针对性。此外，在各防灾相关主体的官方网站上，还有公开资料和报告，其在每一次灾害过后进行总结和分析，使公众对灾害的认识和防灾经验得到进一步深化和巩固。

以三重县应急管理部门的做法为例，其通过三重县FM广播和电视台每天播放以防灾为主题的讲座，每天一个专题，涉及住宅防震化、灾害支援制度（受灾者生活重建支援法）、灾害救助法、地震保险、家庭防灾储备品等方方面面的内容，实用而生动地将防灾意识渗透到居民的日常生活中。此外，为了使地震损失最小化，在了解住宅的抗震化等硬件对策的同时，要意识到自我保护的重要性，三重县政府在财团法人代表日本彩票协会的赞助下，开发了“体验号”地震体验车（防灾启蒙车），并专门设置了“防灾启蒙专业人员”。地震体验车具有实际体验型防灾启蒙、影像型防灾启蒙和防灾演讲的特点，能够帮助县内各地居民提高防灾意识，推动防灾事业发展。①

图4-4　地震体验车

① 地震体験車（防災啓発車）について. http://www.pref.mie.jp/D1BOUSAI/jishin/index.htm.

第五节　日本政府应急管理的资源保障体系

从资源角度来讲，日本凭借其雄厚的经济基础和技术实力，使得政府的应急管理体现出高效、专业、全面的特征。从我国实际出发，学习日本在信息通信、预测技术、人力、资金和物质资源等方面的先进做法，对处于起步阶段的中国应急管理有非常好的借鉴作用。

一、日本应急管理中的技术保障体系

1. 日本应急管理通信系统的建设

先进的信息通信技术在日本防灾体系中得到充分应用，日本灾害管理的信息通信技术的支撑系统有三个，即区域同步通信系统、核心网络系统和紧急地震警报系统。

区域同步通信系统的主要功能是通过中心站在区域范围内获取相关监控信息，并向公众发布各种警报及灾害信息，由当地应急管理部门管理。其通信模式包括同步通信、组播、群组通信和点对点通信四种类型。其信息发布包括文字和声音，通过户外广播、家用广播以及能自动显示文字信息的显示设备等发布。目前，日本已将这一系统的应用从内陆扩展到了沿海的海啸预警领域，其高音喇叭播报预警信息可覆盖300~500米的范围，播报警报声还可达到半径1千米至2千米的范围。

核心网络系统是连接中央政府、都道府县、市町村应急管理部门的通信中枢，充分利用了地面通信、卫星通信及移动系统通信等方式。地面通信（固定连接）主要采用微波多元无线系统及公共网络等通信网络，实现中央与地方防灾委员会、公共机构、防灾相关机构等之间的通信联络和数据传输。卫星通信是在大规模灾难造成正常通信系统瘫痪时使用的紧急备用通信方式。移动系统通信是综合应用移动通信手段及因特网，实现警察、电力、煤气、医院、消防、学校及避难所之间的通信联系，并为公众提供移动通信的服务。

（1）中央防灾无线网的支撑系统。支撑这一系统的通信线路类型有以下三种：①固定通信线路。它是用来传送灾害影像与各种数据的中央防灾无线网的基础线路，向上连接到包含内阁府与中央防灾委员会的防灾相关部门，向下连通至都道府县及市町村的灾害对策本部，在图像等大容量数据传输方面发挥着重要作用。灾害一旦发生，直升机立即到现场采集图像和视频信息，通过接收站接收后，迅速传递至内阁和各个防灾相关机关，为内阁总理大臣、各首长及各方面专家的分析判定和应急决策提供可靠的一手资料。②卫星通信线路。日本政府规划了28个指定公共机关的应用卫星通信线路，旨在解决高层建筑、远距离地区的通信问题。③移动通信线路。日本政府在东京专门规划了三座移动通信基站，并在相关大臣、灾害对策要员的家里及相关部门的办公室中设置移动型无线防灾通话装置，以便在休假日或晚上也能联络到相关部门。

（2）消防防灾无线网的技术保障。①地面通信。消防防灾无线网的陆上通信线路采用了国土交通省的微波无线通信网络，以电话或传真连通着各都道府县，还承担收集灾情的责任。②卫星线路。采用了超鸟（Super Bird）通信卫星系统，能直接连通到市町村一级政府及消防机构，甚至灾害现场，是确保消防防灾无线网全方位连接无阻碍的重要保障。③消防急救无线网。这是为了在灾害现场确保消防机关、消防员、消防车辆、救护车辆及医院之间的通信联络，它在灾害现场搭建了移动基站，是一个保密的通信系统，可实现车辆定位和动态管理、指令下达、直接通话、传输心电图等各种媒介的信息，满足灾害现场的特殊需求。④现场消防通信的联动。通过在灾害现场建立集中基地局的方式，除了可使来自跨地区的消防队与各自的消防本部保持直线通信外，还能与各消防队之间进行协同通信，保证了有效的通信调度和统一指挥。

（3）防灾行政无线网络的技术保障。首先，都道府县的防灾行政网络建设同样由地面固定通信、卫星通信及移动通信构成，不同地区根据本地应急管理的经验和实际，设计了符合切身需要的防灾无线网。目前，全国47个都道府县都已基本建立起防灾无线网。一般来说，地面通信是有线系统，采用运营商的高速线路或宽带网络进行连接。在卫星通信方面，充分应用了超鸟B2通信卫星、N-Star通信卫星等先进技术。其次，市町村的防灾行政网络也具有“平战结合”的特色。市町村执行着应急管理直接基层行政主体的角色，为了达到应急通信的各项功能，其防灾无线网包括通报系统、移动系统和遥测系统三个部分，在平时也有着多方面的具体应用。通报系统用于实现市町村灾害对策本部与居民在防灾抗灾中的通信联络和信息交互，通过通报广播系统向当地居民播报灾情信息，各家各户自备接收系统获取政府的相关信息和指令，以采取相应的应急行动；移动系统应用于市町村行政机关与灾害现场的通信，可以连接灾害现场的指挥车辆、救援人员等，并可动态地、随时地获得灾害最新情况，用于下达紧急命令等；遥测系统应用于远程运输对河川水位、流量及降雨量等观测数据，将其及时地从野外观测站传输到市町村的监控中心，以判断灾情并作出决策。市町村防灾行政无线网络实际应用到社区服务、远程控制、政府应急部门与警报点间的通信联络、区域广播、电话信息自动应答、与地震检波器的连接、显示板控制以及遥感勘测，因此，即使在平时也可以用于广播、行政事务公告、日常生活信息的提醒等，而在灾时可以迅速、直接地将灾害信息传达给居民。

(4) 日本卫星技术。在日本灾害管理中发挥作用的卫星主要有通信卫星和对地观测卫星两类。日本的地方机关卫星通信网络是将卫星通信应用到应急管理的成功范例，也是目前全球最大的灾害管理卫星通信网络。除了通信卫星外，还包括四种不同形式的地球站，即都道府县行政机关的核心基站、市町村的地球站、移动地球站及可控所有地球站和分配通信连接的中心站。它们覆盖了日本全部都道府县、90%的市町村及65%的消防防灾本部，是防灾相关机构在应急管理通信系统中的重要基础设施。此外，在长期的发展和探索中，日本的灾害管理卫星系统取得了很大进展。如超高速因特网卫星 Winds 可进行灾害情况报告、区域防灾宣传、灾害地医疗服务等。再如 ALOS 陆地观测技术卫星①，通过不间断的红外高精度对地表观测，用于开发卫星影像地图、监控火山活动状况或地震活动、监测海洋与海岸的变化等。此外，温室气体观察卫星 GOSAT、全球降水测量卫星 GPM、全球变化观察使命卫星 GCOM 等构成的卫星系统也使日本的应急管理更加科学。

2. 日本应急管理观测预警系统的建设

日本的气象厅承担综合性应急管理职责，具有独特的防灾减灾职能，并通过先进的观测技术、监测监控技术、预警预测技术及持续研发，在应对灾害中发挥着不可替代的作用。

(1) 观测技术。日本气象厅已经建立起全方位全天候的观测系统网络，包括地面、雷达、高空、卫星、航空、海洋气象等。日本使用自动气象数据采集系统（AMeDAS）的自动观测设备进行地面观测，在全国范围内按照平均 17 千米的间隔设置监测站（共 1 300 个），观测的范围覆盖了天气、风向和风速、降雨量、云层种类及其高度、能见度、气温、温度和气压等各种观测值，每 10 分钟自动记录一次，所有观测数据都实时传送到气象厅总部。此外，气象厅还构建了一个由 20 个 C 波段雷达组成的网络，覆盖了日本大部分领土，用以观测降雨强度和分布状况，每隔 10 分钟生成一次专门的雷达回波综合地图，并采用 AMeDAS 采集的原始数据进行校准。高空观测通过 18 个无线电高空气候监测网络和 31 个风廓线雷达检测网络来运行。无线电高空气候监测网络是装有无线电传送装置的压力气球器械平台，可覆盖海拔 30 千米的高空，在 0 000 UTC 至 1 200 UTC范围内一日执行两次，用于测量温度、压力和湿度等；风廓线雷达是基于地面的多杆多普勒雷达，可覆盖海拔 5 千米，每隔 10 分钟自动测量风速。在海洋方面，气象厅有 5 艘研究船、4 个海洋观测站进行海洋环境的整体观测。

① ALOS. http://www.alos-restec.jp/.

此外，浮标和浮舟（Argo 项目）被用来自动观测海浪、水温及海面到海下 2 千米海水的动作，这些数据通过卫星自动传输到气象厅数据收集中心，以进行进一步的分析和预测。

（2）数据处理技术。日本气象厅目前主要使用气象服务计算机系统进行观测数据的处理和分析，它由自动数据编辑和转换系统（ADESS）、超级计算机系统组成。ADESS 通过专用的地面线路单独与气象服务设备相连，并与国家层级及地方层级的各防灾相关机关相连；超级计算机系统主要用来执行数字天气预报。

（3）紧急预警技术。除了上述各种类型的防灾通信网络执行着灾害信息向公众发布的职能外，一些非政府团体研发的预警系统也支持着应急预警。如日本铁道集团的紧急地震监测和警报系统（UREDAS）用于新干线与传统的铁路服务，当监测到初步地震并认为可能会干扰铁路运输服务时，铁路系统电源会自动关闭。此外，由东京天然气集团启动的实时地震防灾系统 SUPREME，是一个地震预警系统，它使用硅传感器，拥有震时可用于远程观测的装车和远程断路器组，服务面积约 3 100 平方公里，采用在发生地震破坏时能优先使用的通用电路，多地区管理者可迅速切断天然气电路。

二、日本应急管理中的资金和物质资源保障体系

日本政府对于应急管理的重视从其金融财政政策、应急管理费用纳入国家政府预算且额度逐年上升中可见一斑。下面以 2009 年的防灾白皮书为例①，对日本应急管理中的资金和物质资源保障体系进行详细阐述。

1. 灾害财政金融措施

日本应急管理十分重视资金、物质资源的保障，从政府到公共事业机关、社会团体等都达成了共同抗灾的共识。

（1）灾害贷款。为了保障冲绳县境内的中小企业受灾者、日用及卫生关系从业者、农林渔业者及医疗设施开设者等的生活恢复及住宅重建，冲绳振兴开发金融公库，提供了灾后贷款还付的缓冲条件。社会福利医疗机构独立行政法人、日本政策金融公库及信任保证协会都向其利益相关者提供灾后金融优惠措施及融资优惠政策。日本私立学校振兴·共济团体对受灾学校提供了一系列金融缓和政策，并安排了 1 亿日元用于强化防灾机能的基础设施建设。此外，农林水产省安排了 1.03 亿日元用于农林渔业者的重建融资及损失补偿，日本政策金融公库也提供了 350 亿日元用于维持受灾者的经营安定及设施恢复。

---

① 平成 21 年度の防災に関する計画．http：//www.bousai.go.jp/hakusho/h21/bousai2009/html/honbun/index.htm.

（2）灾害保险补偿。财务省根据地震保险的相关法律实行地震再保险制度，2009 年度的支付预算额为 679.25 亿日元。此外，农林水产省根据农业灾害补偿法、森林国营保险法、渔业灾害补偿法、船只损害赔偿法等为从业者的经营稳定进行灾害补偿，2009 年度列入预算的款项为 1 185.23 亿日元。

（3）地方债务。日本总务省方面对于灾害修复预计规定了 372 亿日元的地方债券进行发行。

2．灾害风险预算

日本将减少灾害风险纳入国家预算里。2008 年安排了 20 895 亿日元防灾关系预算（最初预算），用于防灾科学技术的研究开发、灾害预防、国土保卫及灾后恢复重建。其中，包括科技研发费用约 89 亿日元、灾害预防约 6 649 亿日元、国土保卫约 11 738 亿日元、灾后恢复重建等约 2 419 亿日元。在防灾关系预算中，科研占 0.4%，灾害预防占 31.8%，国土保护占 56.2%，灾难恢复等占 11.6%。

表 4－7 是 1989 年至 2008 年所安排的日本政府各项预算及其在政府总预算中所占比例的统计分析。

表 4－7　1989—2008 年日本政府预算中的减灾支出

年度	科学技术研究		灾害预防		国土保卫		灾害恢复等		合计（百万日元）
	（百万日元）	百分比（%）	（百万日元）	百分比（%）	（百万日元）	百分比（%）	（百万日元）	百分比（%）	
1989	34 224	1.4	605 079	24.1	1 625 547	64.7	246 299	9.8	2 511 149
1990	35 084	1.5	593 545	24.7	1 528 074	63.6	245 346	10.2	2 402 049
1991	35 321	1.4	601 906	24.1	1 616 993	64.7	246 542	9.9	2 500 762
1992	33 979	1.3	618 627	24.1	1 686 528	65.6	232 929	9.1	2 572 063
1993	34 548	1.3	652 584	24.4	1 743 368	65.1	245 603	9.2	2 676 103
1994	35 851	1.2	660 778	21.5	1 789 155	58.1	592 680	19.3	3 078 464
1995	37 324	1.3	676 964	22.7	1 856 711	62.4	405 914	13.6	2 976 913
1996	47 919	1.5	873 490	26.8	1 926 575	59.1	410 711	12.6	3 258 695
1997	54 819	1.6	1 077 710	31.1	1 952 161	56.3	385 423	11.1	3 470 113
1998	56 932	1.8	1 010 564	31.9	1 766 001	55.7	334 425	10.6	3 167 922
1999	58 551	1.8	1 066 382	32.4	1 864 317	56.6	306 631	9.3	3 295 881

(续上表)

年度	科学技术研究		灾害预防		国土保卫		灾害恢复等		合计
	(百万日元)	百分比(%)	(百万日元)	百分比(%)	(百万日元)	百分比(%)	(百万日元)	百分比(%)	(百万日元)
2000	60 784	1.9	1 067 668	32.6	1 877 044	57.3	272 736	8.3	3 278 232
2001	47 144	1.5	883 306	29.0	1 846 019	60.7	266 009	8.7	3 042 478
2002	43 454	1.6	778 031	28.4	1 652 939	60.4	263 417	9.6	2 737 841
2003	42 372	1.6	790 900	29.6	1 586 734	59.4	251 667	9.4	2 671 673
2004	32 668	1.2	933 626	34.2	1 524 090	55.8	241 587	8.8	2 731 971
2005	30 326	1.2	752 741	29.8	1 496 718	59.3	245 461	9.7	2 525 246
2006	28 987	1.2	649 596	27.0	1 471 392	61.2	254 841	10.6	2 404 816
2007	9 687	0.4	684 928	31.4	1 228 763	56.4	255 860	11.7	2 179 238
2008	8 921	0.4	664 889	31.8	1 173 777	56.2	241 955	11.6	2 089 542

其中，防灾关系预算费用的总额推移如图 4－5 所示。

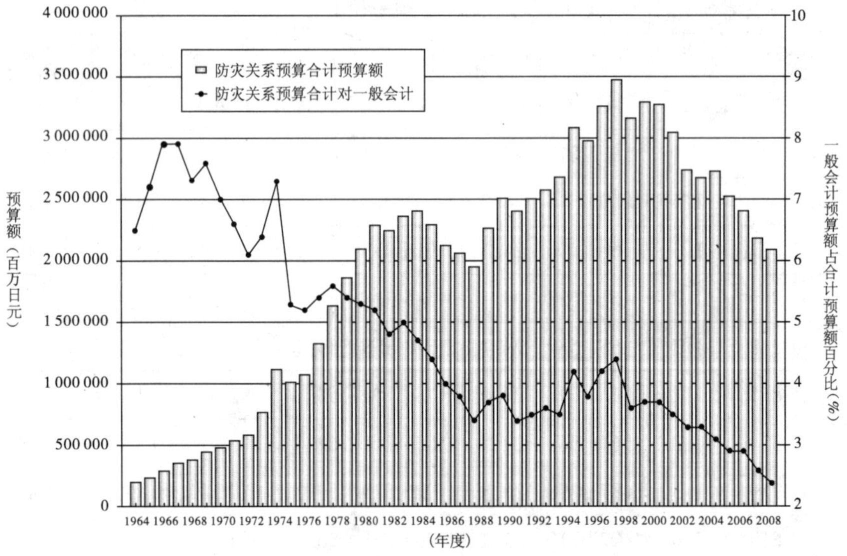

图 4－5 日本近年来的防灾预算支出变化

此外，具体的防灾预算费用在防灾关系预算费用中的比例及其变动关系如图4－6所示。

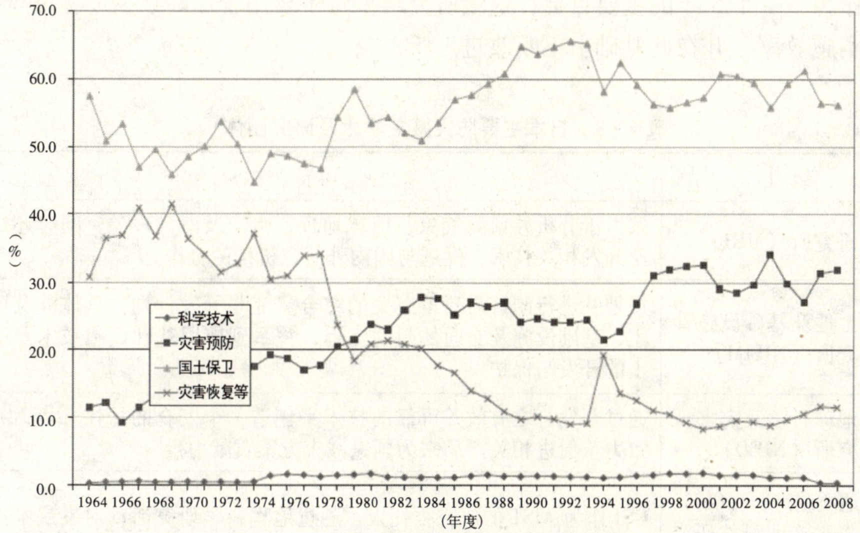

图4－6　日本近年来防灾预算支出的变化

从这些图表中可以看出，日本在应急管理方面的预算绝对数基本处于逐年上升的态势，当遇到特别重大的灾害时当年的预算显著上升。近年来由于大规模灾害较少发生，防灾关系预算有一定下降。从长期以来防灾关系预算占政府预算的比例看，最低约为2.5%，最高为8%。而用于国土保卫的费用一直都占防灾关系费用的50%～60%；灾害恢复重建预算与灾害预防预算的地位实现对调，说明日本近年来对灾害预防的重视加强；防灾的科研费用一直维持在1%左右，稳定地支持着日本应急管理事业的发展。

三、日本应急管理中的知识保障体系

在日本，学术研究的知识保障体系为应急管理提供的巨大的背景和理论支持，是日本的应急管理能力居于世界领先地位的重要因素。

从属于学术和研究机构的专家，有的作为中央防灾委员会成员，有的作为该委员会下属机构的特殊研究小组成员，同参与减少风险灾害的国家和地方机构紧密合作。这样，可在该领域内实现信息共享，推进技术与理论研究发展的共同进步。

例如，地震研究促进总部阐述了关于地震研究的总体基本方针。此外，在一些领域，如地震防灾科技方面、应急和减少灾害风险方面的研究与发展成果被列为科技基本计划的优先任务。在这种基本计划的专业领域实施计划中，安全施工也已作为一个基础结构被列为优先任务，另外有 9 个研究与发展领域（R&D）已经作为下一个 5 年的主要目标，这项研究结果将主要用于提高减少灾害风险措施的实施效率，并在此基础上不断改进。

表 4－8　日本主要防灾减灾学术及研究团体

组织	功能
气象研究所（MRI）	致力于分析并预测气象、地球地理、水文及海洋现象，同时还广泛开发相关技术，促进与国内外研究机构的合作
国家土地及基础设施管理研究所（NILIM）	规划并进行制订与政策有关的综合研究与开发计划，具体涉及国土、基础设施及交通部门的工程，关系到应用基础设施技术及国土的开发与保护
国家地球科学及灾害预防研究所（NIED）	通过开发行之有效并可靠的技术来创造一个安全的居住环境，并致力于促进相关产品来为国家减灾方案贡献力量
日本地质调查所（GSJ）、国家先进产业科技研究所（AIST）	GSJ 作为 AIST 的研究委托人，通过地理科学研究活动对发展本国经济及外国经济作出了贡献，并改善了国民的生活质量
地震研究推进本部（MEXT）	作为文部科学省的下设机构，MEXT 的目标在于促进地震研究，加强地震预防措施，尤其是减少由地震带来的损失和伤亡
国家消防研究所（NRIFD）	致力于基础研究和工程研究两方面。前者基于科技防火及防灾管理，如“对于地震中灾害减轻信息收集和系统规范的研究”就是其优先研究项目之一
地震研究所（ERI）	东京大学下设的研究机构，任务是调查地震、火山喷发，并且研究出减少由地震带来的灾害损失的方法
灾害预防研究所（DPRI）	东京大学下设的研究机构，有 5 个研究部门：灾害风险综合管理部、地震防灾部、地理灾害部、河流与海洋灾害部及大气灾害部；还有 6 个研究中心：灾害环境中心、地震预测中心、樱花岛火山研究中心、水资源中心、减灾系统中心及泥石流中心
公共工程研究所（IAI－PWRI）	他们正系统地推动土木工程技术及基础设施的研究与开发。目前致力于“确保安全”、“保留并修复健康环境”及“有效建设基础设施”等方面的研究
建筑研究所（BRI）	推动先进建设及城市规划技术的研究、基础设施的开发
城市安全工程国际中心（ICUS/INCEDE）	东京大学工业科学研究所下设的研究机构，致力于城市安全工程领域的研究及开发，包括从国际角度对基础设施的维护与管理。该中心由 3 个主要部门组成，即可持续工程部、城市安全及灾害缓解部和基础设施信息动力部

（续上表）

组织	功能
港口与机场研究所（PARI）	改进有关港口、海岸、机场的技术，使建设工作安全有效
林业及林产品研究所（FFRPI）	推动森林功能的研究，如土壤资源、土地、水资源以及生存环境的保护，开发出森林管理方法来实现这些功能，并推动技术进步
渔业研究机构（FRA）	调查渔民、渔船及渔业港口相关设备的安全，并推动技术的发展
海事防灾中心（MDPC）	调查和研究海上防灾技术、设备及材料，并积极促进相关活动
国家乡村工程研究所（NIRE）	这是一个独立的行政机构，进行有关农业服务的建设、管理方案的技术研究与分析，并为农田及农业设备开发灾害预防技术
亚洲减灾中心（ADRC）	它的设立是为了推动来自不同国家及有关团体的减灾专家间的交流，汇集并提供减少灾害的信息，以及进行跨国合作的研究
阪神大地震减灾纪念馆及人力革新机构（DRI）	它的设立是为了向后人传达在阪神地震中得到的经验与教训，致力于在全球范围内减少未来灾害所造成的影响，以及人力资源的开发、调查与研究，并进行与阪神大地震相关物件的收集、展览及保存

四、日本应急管理中的心理保障体系

日本在灾后恢复过程中，一项不可忽视的内容就是对灾民实施精神救助。实践和理论研究均表明，重大突发灾难会给现场人员带来巨大的心理创伤，特别是老人和儿童更需要精神上的安慰与关切。为此，日本在遇到灾害时，第一时间与消防人员和新闻记者同时赶到的还有心理咨询人员。政府还派专家定期为幸存者免费进行心理咨询和心理学知识讲座，安排生活援助员和老龄户生活援助员定期走访老年人住宅等。

五、日本应急管理中的其他资源保障

在长期应对灾害的管理实践中，日本很早就已构建起以地震保险为主体的巨灾保险体系，为政府和社会有效减少灾害带来的损失构筑起了强而有力的保障。

1966 年 5 月，日本颁布了具有里程碑式意义的《地震保险法》，标志着由政府和私人财产保险公司共同经营的地震保险制度产生。依据这一法律，日本组建了日本地震再保险公司（JER），并建立地震保险中的住宅保险体制。这样，一个震灾保险体系得以建立，它主要由两类保险组成：一是由个人投保的住宅与家庭财产地震保险；二是由企业投保的企业财产地震保险。

日本地震灾害保险体系具有以下特点：

（1）地震灾害保险由政府与各非寿险公司共同经营，以非营利为目的，既是高公益性的保险险种，又是非强制的，民众可自愿参加。

（2）为分散风险，根据地震保险法的要求，由各商业保险公司共同发起组建再保险公司，政府同时承担相应的风险责任，形成了保险公司、再保险公司和政府共担风险责任的体系。

（3）地震保险业务不是独立开设的，而是与家庭火灾保险业务“捆绑”在一起，保险金额一般是火灾保险总报额的30%～50%。

（4）覆盖与地震有关的多种灾害，包含由地震、火山爆发、海啸、地震后的火灾等造成的损失。

（5）理赔金额有上限。目前每一建筑物的赔偿额最高为5 000万日元，每一家庭的财产赔偿额最高为1 000万日元。

（6）实行保险费率折扣体制，对抗震能力强和新的建筑物实现保险费率折扣，做到具体对象具体对待。

（7）根据损坏情况估计来赔偿损失，损坏情况按照完全损坏、半数损坏和部分损坏来决定补偿金，大量受灾民众可以迅速获得不同程度的补偿。

（8）作为带有公益性的保险业务，政府有严格的规范管理制度，要求保险公司统一费率标准，保险费率则根据建筑物的抗震、防震性能以及建设年代的差异等因素来确定。

日本震灾保险体系从实施至今已40多年，历经了包括阪神大地震在内的多次重大地震灾害的考验，总体上发挥了不可或缺的作用。

第六节　日本政府应急管理中的国际合作

一、日本政府与国际应急管理组织的合作

2005年1月15日，在日本兵库县神户市召开了“联合国世界防灾会议”（WCDR），会议表决通过了直到2015年的国际社会防灾活动的基本方针，确定了世界共同的防灾目标，并组成了“兵库行动框架”（HFA）。日本政府表明，日本会在信息和知识共享、科技贡献、财政复兴支援等方面提供最大限度的国际合作，并强调“兵库行动框架”的重要性，以“大幅减少全球灾害损失、可开发持续的配套减灾措施”等5个课题作为优先任务，以“受灾社区的灾后重建、

紧急状态下风险降低方法、应急对策、程序设计以及灾后复兴计划的实施”为战略目标，优先顺序的行动是“改进灾后恢复及复兴的过程，通过专业技术、相关知识、经验教训结合来减轻长期灾害风险”。具体做法包括：切实执行会议的重要成果；充分利用官方开发援助（ODA）防灾合作的主导权；加强地域防灾协助；推进国际水准的合作项目；构建灾害信息收集体系；履行联合国规定的防灾合作职责。目前，以“兵库行动框架”为基础，国家、地区、国际机构、联合国国际防灾战略事务局等各主体也在配套推进国际防灾合作。

1. 国际组织的国际防灾合作

（1）联合国国际防灾战略事务局（UNISDR）。根据联合国世界防灾会议取得的成果，在“兵库行动框架”的推动下，2005 年 8 月，UNISDR 提出了联合国大会事务局机能强化的提案，2006 年 12 月的第 61 届联合国大会决议决定设置全球防灾平台。在 2007 年 6 月瑞士日内瓦的第一次防灾会议上，120 多个机构的 1 500 多人参与的“兵库行动框架”计划公布，同时在各领域展开合作，共同推进人类防灾意识的提高。2009 年 6 月的第二次防灾会议，举办了高层全体会议、专题讨论会、其他主题活动、展览活动和研讨会等相关活动。此外，2007 年 10 月 UNISDR 在日本神户开设了防灾相关知识和技术集为一体的兵库事务所。自联合国防灾会议召开以来，提供了全球防灾的场所和平台，其中“兵库行动框架”起到了积极的推动作用。

（2）世界银行防灾基金（GFDRR）。GFDRR 是以捐赠者筹款为基础，并由世界银行管理的信托基金之一。为了“兵库行动框架”的计划得以顺利进行，它根据灾害危险性的高低，作为使各国的开发战略以防灾为中心的配套支持。从 2006 年 9 月启动以来，其活动范围不断扩大。具体的支援内容有：第一，对 UNISDR 的国际防灾活动的支援。世界银行对世界及区域防灾活动支援设置基金，由 UNISDR 管理。第二，对发展中国家防灾开发的支援。向中低收入国家、灾害危险性极高的国家以及岛国等条件劣势的地区及国家提供基金，基金由世界银行分配的基本资金及反映捐赠者意向的资金两部分构成。第三，特殊灾后恢复基金。这是向贫困国家提供的、为了灾后迅速复原而建立的、国际机构准备的基金，用于支援受灾国家重建。与 GFDRR 相对应，日本在三年之内共拨款 600 万美元用于该项目，并接受内阁府、外务省及财务省的监督咨询。

（3）亚洲防灾会议。首届亚洲防灾会议于 2005 年 9 月在北京举行，2007 年 11 月在印度新德里举行了第二次会议，2008 年 12 月由马来西亚政府主办了第三届亚洲防灾会议。至今已举办 7 届。

“兵库行动框架”在根据亚洲各国实施情况及推动政策进行讨论的同时，还就关于减轻灾害损害的成果进行总结。2005 年，包括日本在内的亚洲・大洋洲地区的60个国家政府、联合国代表及其他专家、NGO等约600名代表参加了会议。各国政府发表了自己的声明，专家会议广泛讨论了防灾方面政府与民众的合作机制、防灾科学知识的应用、地方防灾能力的提高、有关防灾法律的整理、媒体的完善、全民防灾运动的促进等内容。日本以“防灾的科学技术研究的推动实用化”为主题进行商讨。此外，在神户的联合国组织和NHK也参加了会议，并最终通过了吉隆坡宣言。

（4）国际灾后复兴支援平台（IRP）。联合国世界防灾会议上通过的行动框架以减轻灾害风险为优先课题，预防灾害在灾后重建过程中也极具必要性，极需加强国际支援。在这个基础上，2005年9月，日本以UNDP为首，联合UNISDR、UN/OCHA、ILO、亚洲防灾中心、世界银行、IFRC等相关机构，为更好地开展灾后恢复工作，更好地提供国际援助，构建了国际灾后复兴支援平台（International Recovery Platform，IRP），以神户东部新都中心为据点，逐步开展国际灾害援助。其活动宗旨是：为了受灾后能顺利地开展救援工作，要充实网络合作化队伍；要吸取灾后复兴教训，开发共同相关的重建方式；对灾后重建计划的构思及制订提供意见和帮助；进行灾后长期规划和合作，提高一国重建能力。

IRP将每年召开一次国际灾后重建论坛会议，会上将就重建案例及数据库信息来对相关领域进行指导，亚洲减灾中心据此对1984年后约30件主要灾害的数据信息进行整理。在近年来发生的灾害中，IRP对生活恢复、住宅重建、男女共同参与的领域等进行具体的案例分析，切实发挥其指导作用。

（5）联合国亚太经济社会委员会（UN/ESCAP）防灾委员会。联合国亚太经济社会委员会新设立了防灾委员会（Disaster Risk Reduction Committee），2009年3月召开首次会议。会上，各国政府高层领导参加了主题圆桌会议，民间团体、国际机构、NGO等也参与了讨论，日本内阁府及国土交通部等出席了会议。

日本与UNISDR共同制定了世界防灾白皮书，向UN/OCHA提供实时灾害信息网络传输共享机制，向各国际防灾组织捐献资金等，为世界其他国家提供各方面的支援和协助。

2. 亚洲地区的区域防灾合作

1994年在日本横滨举行的联合国世界防灾会议，提出了“灾害脆弱性有共同的侧面，设立国际地区中心来推动国际地区防灾合作体制的建立”的横滨战略。日本从阪神大地震发生以前就对亚洲各国提供各种国际合作援助，在阪神大地震中得到的许多教训也应向各国介绍，培养国际地域防灾的共同意识。于是在1998年7月，以横滨战略为契机，通过日本的支援与22个成员国成立了亚洲防灾中心，到目前为止已有27个国家构成亚洲防灾合作网络。

亚洲防灾中心的活动内容主要有：

（1）共享防灾信息。通过亚洲防灾会议，成员国和联合国机构等的防灾专家每年都进行全面的交流探讨；通过亚洲防灾网站（http：//www. adrc. asia/）提供发生灾害的信息、该国防灾体制、防灾案例及防灾知识解说等信息；普及世界灾害共同代号——GLIDE，实现灾害信息共享；为了亚洲地区灾害信息的迅速提供与分享，宇宙航空研究开发机构（JAXA）与亚太各国的宇宙开发机构及防灾机构合作，对地观测卫星（ALOS）的网络传输、灾害地理信息系统（GIS）等，在灾害发生时向各国提出紧急观测要求。

（2）人才培训。主要包括研究员招聘、举办综合防灾行政研讨会、制定和完善亚洲防灾中心成员国的共同抗灾能力提高机制。

（3）提高社区防灾能力。首先是居民参与方式的开发和普及，进行防灾意识启蒙、防灾知识普及，提高防灾力量。到现在为止，防灾教育教材（如印度、印度尼西亚、马来西亚、新加坡等国），社区和学校教育的防灾意识（如泰国等）及海啸防灾手册（如巴布亚新几内亚等）逐渐普及。其次是 NGO 防灾—灾害救援网络的支援，包括促进亚洲各国 NGO 有效地开展防灾活动，促使 NGO 之间救援合作实现网络化。

3．政府间的防灾合作

日韩防灾合作从 1999 年开始，韩国方面侧重于气候变化的对策、风水灾害保险制度构建等方面；日本侧重于大规模水灾的研究对策、最新地震研究情况等。2008 年 12 月，中日韩首次举行单独首脑会议，三国在防灾的重要性上达成一致意见，今后将由各国防灾担当大臣及专家召开等级会议。2009 年 3 月中日韩就气候变化导致水灾害风险剧增，而对共同研究河川管理达成共识。

二、日本政府对国际灾害的援助

丰富的经验教训、先进的科技水平使日本在应急管理方面走在世界前列，同时，日本也致力于在世界范围内减少灾害损失，并且积极努力地参与灾害援助，为国际的应急支援作出了重要贡献。

1．政府开发援助（ODA）

在防灾领域，日本 ODA 的基本方针是：①提高防灾的优先地位；②从人身安全保障出发；③从性别角度出发；④软件支持的重要性；⑤充分利用国家的经验、知识和技术；⑥灵活运用和普及合适当地实际情况的技术；⑦促进各种防灾相关人员的合作。

防灾领域的合作，从应急的阶段可分为两种：一是在灾前做好应对的准备援助措施；二是灾后进行紧急支援和恢复重建。若只从后者出发，将会造成应急管理过程中的恶性循环。因此，持续进行防灾相关技术的开发、促进防灾对策的制定就显得尤为重要。灾害预防方面，面对台风、地震、海啸、洪水、火山喷发、泥石流等自然灾害，根据过去的经验，救援技巧、防灾技术、基础设施的建设与人才培养和培训等是必不可少的。灾后配套方面，有灾后直接救援、医疗救助及国际紧急救援队的派遣，还有基础设施重建计划、复兴支援的建设开发等后期工作。

2. 技术协助

日本吸收发展中国家技术人员、开发人员或行政官员来日本接受防灾专业知识、技术等研修，并向国外派遣专家、青年海外援助队以及高级志愿者。另外，还开展了很多国际技术合作项目，如协助中国水利部进行人才培训和开发、向伊朗地震后72小时紧急援助对策计划的构建提供帮助、向印度尼西亚提供提高海啸早期预报能力的培训和技术支援、向罗马尼亚提供减轻地震灾害计划等。此外，还有开发计划调查型技术协助，即为了灾害对策计划的有效执行开展基于某个特定计划的调查研究，如基于灾后重建而普及耐震住宅计划可行性的调查。

3. 国际紧急援助

当发展中国家有大规模灾害发生时，若该国向日本提出请求，日本政府将立即派遣国际紧急救援队，或紧急援助物资及资金等。图4－7是日本开展国际紧急援助的实施程序。

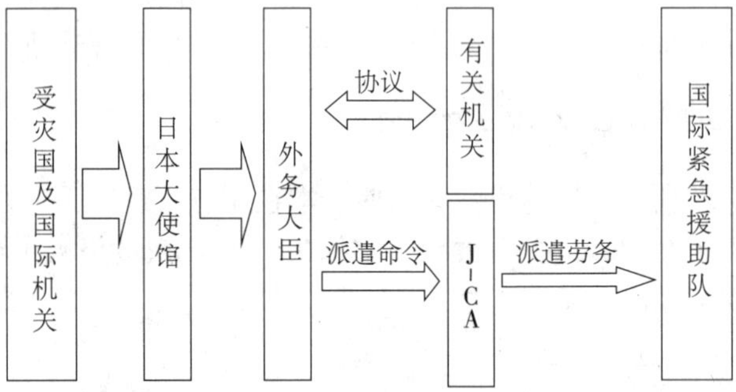

图4－7 日本开展国际紧急援助的实施程序

4. 资金援助

资金援助分为无偿资金支援和有偿资金支援。前者是根据灾时对受灾情况的迅速把握，为了救援购买物资等而提供的紧急的、无偿的资金援助；防灾及与灾后重建相关的设施和器材准备等所需资金在无偿资金援助的范围内。日本2007年度用于无偿资金支援的实施金额约为231亿日元。有偿资金支援则是日本向受灾发展中国家提供的长期的、低利息贷款条件的资金援助。

三、日本在国际应急管理中发挥的作用

1. 自然灾害风险观测方面

在第三次地球观测首脑峰会上，一个名为“多系统集成的全球地球观测系统”（GEOSS）的十年执行计划被制订出来，其目的在于进行广泛而准确的观测，以确保在对地震、海啸、台风及暴风雨等自然灾害应急中能采取最为合适的举措。GEOSS由地球观测组织（GEO）积极推进，日本作为GEO的一员，为该系统的建设发挥了积极作用。

此外，日本还积极参与名为“国际灾害宪章”（The International Disaster Charter）的全球灾害观测协作架构。依托这一行动框架，当大规模灾害发生时，日本将提供其免费的“Daichi”卫星观测数据。“Daichi”是日本2006年1月发射的地球观测卫星，可用来让监控装置对洪水与山崩灾害状况进行辨认，还可观测由于地震和火山喷发引起的地形改变。

2. 预警信息和知识共享

信息共享的国际合作在应对超大规模地震中有很大作用，联合国教科文组织（UNESCO）的政府间海洋学委员会（IOC）正在开发和强化这一协作系统，太平洋海啸警报与减灾体系政府间协调集团（ICG/PTWS）的成员国必须在IOC的领导下，通过太平洋海啸警报中心（夏威夷）努力实现海啸预警信息共享。日本气象厅承担着西北太平洋区域地区中心的角色，从2005年3月起向有关国家提供海啸的通报。同时，日本也在积极为建立作为IOC组成部分之一的“印度洋海啸预警和减灾体系”的“政府间协调团体”（ICG/IOTWS）提供技术帮助。

在水灾领域，日本土木工程研究所“水危险与风险管理国际中心”（ICHARM）已经开发完成了一套系统，可使用卫星数据来支持缺乏观测数据的发展中国家进行河流洪水的预测、警报和警告的准备工作。

在气象领域，世界气象组织（WMO）在气象协调、标准化和改进世界气象活动领域促进国际协作。日本是WMO的积极成员之一，并在WMO派驻了历届常驻代表。日本气象厅是WMO执行科学研究项目的核心成员之一，有多位专家在技术委员会任职，并与WMO的各个实体开展合作。此外，日本气象厅还管理着WMO的“世界天气观察”项目的区域和全球中心，同时也积极参与联合国教

科文组织的政府间海洋学委员会、国际民用航空组织（ICAO）和其他国际组织的相关计划。

第七节 日本政府应急管理的典型案例

日本历史上发生过很多次大规模的自然灾害，日本政府在应急管理过程中面临着巨大的考验和多样的挑战，既付出过惨痛的代价，也取得了很大进步，其管理体制、科学技术及法制体系等方面都日益完善和成熟。以下对日本政府在应对阪神·淡路大地震中的教训反思和成功应对新潟中越地震这两个案例进行分析。

一、1995 年阪神·淡路大地震中日本政府应对的教训

1995 年 1 月 17 日凌晨 5 时 46 分，在日本兵库县南部发生了 7.3 级大地震，震源位于淡路岛，震中靠近神户、大阪等大城市，被称为“阪神·淡路大地震”，是自 1923 年关东大地震以来日本损失最大的一次自然灾害。死亡 6 434 人，重、轻伤 43 792 人，全、半坏房屋 274 181 栋，烧毁房屋约 7 500 栋，避难者约 35 万人，断水 130 万户，停电 260 万户，瓦斯停止供应 86 万户，损坏电话线路 30 万回线，同时多发火灾约 290 件，道路破坏 9 402 处（3 条高速公路、山阳新干线、JR 铁路线、2 条私营铁路及城市地下铁均被切断）。港湾码头大量液化、沉陷、开裂，岸壁破坏 80 起以上，港口作业停止。据通产省 2 月 14 日统计，这次地震的直接经济损失约为 96 000 千亿日元，约合 1 000 亿美元（未包括企业库存和个人财产），占全国资产额的 0.8%，约占国民生产总值（GNP）的 0.2%。

这次地震引起了日本国内和全世界的关注：一方面，地震的严重损失超出预料；另一方面，这次地震是对日本的防灾法规和体制、抗震规范、应急救灾、震后恢复等工作的全面考验。这次地震属“直下型”，发震断层通过城市脚下，震级大、震源浅、距离近，它袭击了现代化的城市，生命线的严重破坏使城市一时瘫痪，通信和交通中断阻碍了救灾行动，供水系统破坏使得消防人员在火灾面前无能为力。此外，这次地震发生在日本地震预测和防震减灾相对薄弱的关西地区，由于人们普遍对关西地区的地震危险性估计不足，因此在灾害到来时手足无措。这次震灾暴露出在平时或中等地震时所难以发现的问题，是日本政府用高昂代价换来的经验教训，值得我国借鉴。

1. 政府应急响应迟钝，防灾体制松散

在阪神·淡路大地震中，从6时7分气象厅和国土厅发出灾害信息传真，到10时4分设置非常灾害对策本部，11时才开始召开灾害对策关系省厅联络会议，11时30分下达余震警戒，掌握灾害调查情况，搜救失踪者，对受灾者进行救济措施，开展早期的救火、紧急恢复道路及铁路等“生命线”，中间超过了5小时。政府的缓慢响应、统一指挥中心的缺乏使救援错失了黄金时间，造成更大的不必要损失。

此外，在震后关键时间段（2~3天）内，救灾指挥系统失灵。日本社会各界认为，日本防灾体制特别是中央一级缺乏强有力的集中救灾指挥机构，现行的各部门、各行业自成系统的所谓“纵向分割”防灾体制不适应大灾的抢险救灾①，主要表现在：缺乏迅速集中掌握灾情的信息传达系统，由各部门分别独立进行情报收集和上报，层次多、信息分散，无法对灾情进行全面的把握；中央政府对救灾行动支援和协调不力，基本上处于被动和等待状态，救灾措施逐步升级，延误了抢险救灾时间；有些法律程序不当，如根据法律自卫队出动必须要得到地方最高长官的批准，虽然灾区附近自卫队多次联系地方最高长官，但因灾情不明、通信不畅等原因，震后4小时兵库县知事才提出正式请求，延误了救援时机；在救火力量的部署、救援物资的分配上也都存在类似的问题，基本没有设置居民全员避难所，学校等场所只能收容12%的灾民，在运动场和公园里有很多无家可归的灾民。

2. 应急的心理准备不足

从历史地震活动性来看，神户地区历史地震的最大烈度是日本烈度表5度，这样的设防烈度在日本有很多。在兵库县防灾规划上20世纪主要的大灾害中，7次是台风和暴雨，2次是海难，只有2次是地震，其中1次还不在神户地区。因此，神户市主要关心的灾害是防风防洪，松懈了对地震的防备。不管是政府官员，还是一般市民，大多缺乏在关西发生大震的准备，这使得地方政府不能作出迅速正确的反应，普通市民也缺乏对大震的心理准备，许多人不知所措，观望者居多。

日本阪神地震的经验教训表明，像日本这样防震观念很强的国家尚且还有薄弱地区和松懈麻痹之处，我国的防灾教育宣传和防灾训练更是需要切实地推行到全国各地，政府和人民都要时刻做好应对灾害的准备。

3. 应急通信系统落后

地震后，受灾地区通信系统瘫痪，行政机关的信息收集机制混乱，连国土厅

---

① 袁一凡，陈永. 日本阪神大震灾在应急救灾上的几点教训［J］. 自然灾害学报，1995（4）.

都没有得到及时准确的灾情报告，反而是新闻媒介的报道反应更快，但并不全面、准确。灾情不明使指挥者难以作出正确决策。例如对死亡人数的估计，日本中央政府在地震后4小时只从电视报道中知道死亡22人，7小时后只知道死亡203人、失踪331人。此后，死亡人数直线上升，最后达5 000多人，与最初估计相差几十倍。这造成了严重的时间上和空间上的空白，使得较长时间内得不到可利用的灾情信息，也使得急需救援的重灾由于信息无法上报而耽误了最佳救援时机，同时使得救援力量、物资力量的分配和调整无法实现供求最大化。

灾后，日本在总结教训时指出，不管是国家、行政机关、自治体或个人，灾时强大的通信基础以及防灾与灾害信息系统的推进势在必行。此外，通过互联网与便携通信工具实时迅速传达灾害信息的系统也必须构建起来。

4. 防灾计划、法律的不足

由于历史上神户发生高震级地震的几率很小，而该地方防灾计划的设定基础相对较低，从防灾设备、物资、器材到心理上都缺乏对大地震的准备，一旦地震破坏超过灾前的估计、打乱原先的计划，就显得手足无措。

在阪神·淡路大地震中还暴露了一些其他问题，如交通安全与规制、建筑标准落后等。作为教训，日本对《灾害对策基本法》进行了修改和完善，对各级防灾基本计划进行了根本性的修正，对相关部门的防灾业务计划进行了重新审视，对政府和国家行政机关的应急管理体系进行了整顿。另外，以受灾地区政府为首，对地区防灾计划及该层级的防灾体制进行了重构，同时也吸取教训对专门灾害的对策进行了相应的修改和充实。

二、2004年新潟中越地震中日本政府积极应对的经验借鉴

经过阪神大地震后，日本政府进行了深刻的反思，对应急管理体制启动、应急信息传送机制及应急救援反应等进行全面改进，构建了一个庞大、全面、反应迅速、执行有效的应急管理系统，以最大限度地减轻地震损失，向日本国民交出了令人满意的成绩单。

2004年10月23日17时56分，震源位于新潟县中越地区6.8级、震源深度为13公里的直下型地震发生。此次地震震源位于欧亚板块地震逆断层，是自阪神·淡路大地震以来日本观测到的最大震度。此后，还发生了大大小小多次余震，直至12月28日余震才结束。此次地震造成68人死亡（其中因房屋倒塌直接致死者16人），4 805人受伤，避难灾民约103 000人（10月26日统计数据），与阪神大地震相比损失少得多。

1. 应急管理通信启动

地震发生前，紧急地震快报已经启动，各个防灾主体收到信息后立即开始防

灾活动：足立区立千寿本町小学在约40秒前收到信息后，立即向正在进行体育比赛的体育馆内发布了紧急地震快报，教师、儿童等立即采取人身保护措施并紧急疏散；长野县上田市约30秒前接收到信息后，立即通过有线电视进行播报，并指导保护姿势、关闭煤气、立即躲到桌子下并确认孩子们离开可能倾倒的危险物；神奈川县横滨市铁道公司在地震摇晃前1分03秒接到紧急地震快报，运行中的列车立即停止，等到在本公司沿线的地震计检测到最大震度为3后重新开始运行；东京急行电铁股份有限公司在约45秒前接收到信号，安装了无线系统的列车在接到紧急地震快报后自动启动停止命令，紧急停车。此外，医院、建筑工地、酒店、公司等都自动启动防灾措施或命令停止活动，迅速有效地减少了人员伤亡和经济损失，这些都得益于先进的灾害观测系统和强大的应急通信系统。

2. 日本中央政府的应急响应

日本中央政府在本次灾害中表现出色，行动迅速，决策准确而果断：震后4分钟，设置了首相官邸对策室，紧急召集各中央省厅主要负责人；与此同时，内阁府设置了灾情对策室，形成统一集中的中央领导机构；防灾担当大臣向灾害现场派遣了情报先遣队。另外，新潟县政府设置了“中越地震震源现场联络调整室”。震后7小时，灾害关系省厅联络会议召开，对受灾情况和各省厅初期应急信息进行共享，制定应急对策，保持信息动态更新和传送机制畅通。同时，设置了“中越地震非常灾害对策本部”（2008年3月31日废止）。10月24日，由防灾担当大臣任团长的政府调查团向新潟县出发。24日20时20分，召开中越地震应急对策会议，汇报目前灾区的现场状况，相关行政机关与受灾的县及市町村政府一起再进行应急对策的决策和强化。25日，根据灾情，“现场联络调整室”上升为“现场支援对策室”（12月3日撤销）并增派了人员。26日，内阁总理大臣到现场视察。至此，日本中央政府的应急体制有条不紊地建立了，同时，对相应决策也进行了调整。

3. 各省厅方面

随着中央应急管理体制的成立，各省厅也立即启动了各部门的灾害对策本部，根据各自规定的职责展开救灾工作。具体如下：

（1）警察厅。23日18：00设置了灾害警备本部（24日调整为非常灾害警备本部）。警察航空队派出直升机进行灾区图像采集、影像发送，并进行救援物资的运输、灾后道路通行管制和安全检查；机动警察通信队开展灾情通信、影像传送等通信活动；联合都道府县的当地警察办理紧急通行车辆的手续，为道路的物资运输提供方便。

（2）防卫厅。23日18：00设置防卫厅灾害对策室，19：00召开防卫厅灾害会议，派出11架飞机进行灾害情况调查。在灾害期间负责运送天皇、皇后、内阁总理大臣、政府调查团及防卫厅长官到灾害现场进行视察。

(3) 消防厅。23 日 17：56 设置消防厅灾害对策本部，19：50 消防队 5 名先遣队员抵达新潟县。此后共计向新潟县派遣官员 36 人、消防研究所官员 24 人。

(4) 海上保安厅。23 日 18：00 设置海上保安厅灾害对策本部，即时向灾区派出飞机及巡视船舰进行调查，同时根据新潟县的请示开展人员救助、医生运送及人员航空运输。

(5) 总务省。23 日 18：30 设置总务省灾害对策本部（24 日 10：00 调整为非常灾害对策本部），其主要应急措施包括以下五个方面：第一，对地方政府的要求：25 日向灾区提供生活必需物资并派遣土木工程技术职员和专家，26 日进行对策负责者的人力援助，27 日要求建立受灾地居民的登记台账和证明，11 月 4 日向受灾地区居民的地方纳税提供延期及相关税收减免措施，2005 年 2 月 15 日提出由各地方政府向灾区派遣中长期技术人员的支援要求。第二，通信方面：为了灾害信息及应急管理体制的顺畅，由通信局向现场灾害本部提供无线电台、卫星携带电话、MCA 无线及业务用无线器等；提供给地方政府无线网络 211 个中转站，给志愿者无线网络 1 个中转站以及开通市町村防灾无线行政网络，并且减免所有费用，媒体运营商及自治团体可免费申请灾情报道相关的临时专用 FM 电台，同时，电波使用费也进行全免。第三，为安抚民心和稳定社会，由相关行政机关开设行政咨询所，提供灾情咨询和访谈。第四，相关地方财政措施：新潟县及下辖 12 町 3 村 8 时，11 月开始按惯例该支付的税收可支付其中一部分。第五，对电气通信运营商的要求：灾后召开电气通信运营从业者联络会，确保今后灾时各方的合作。

(6) 金融厅。24 日 15：30，由新潟县银行协会等团体、关东财政局新潟财务事务所及日本银行新潟分行共同出台了“地震灾害的金融措施”和根据灾害救助法针对市町村受灾者应用的“灾害相关融资措施”、“提前支取存款和退款措施”以及“票据交换、假日营业等相关措施”。

(7) 外务省。23 日 18：30 构建联络体制，对各国政府的来电、支援的提出及拨款情况进行汇报等。

(8) 财务省。23 日 18：30 建立和完善省内情报收集体制，25 日根据各省提出的请求提供国有财产的变动情况，并且向灾区政府、公共机关及新潟县财务事务所提供救灾所需的财政援助，此外还采取了国税方面的优惠、缓期等措施。

(9) 文部科学省。23 日 18：35 设置灾情联络室（19：30 调整为灾害紧急对策本部，24 日 9：00 调整为非常灾害对策本部），18：55 向各县教育委员会发出迅速调查当地文教设施的损害情况、确保学生安全及防止二次灾害的命令，并令全国各地大学的附属医院等向灾区的医院、救护所、体育馆等进行医疗支援。

此外，为了对学生进行心理保护，日本临床心理学会向灾区派出心理医生，教育委员会也发出重视心理救助的通知；国立青年之家、国立少年之家、国立女性教育会馆、公立学校共济互助工会等向受灾者提供了各方面关怀；参与的志愿者提供了对学生自我保护及恢复学习等方面的建议；地震调查研究推进本部的地震调查委员会就本次地震作出分析和研究，并加强了观测技术和数据推测方面的工作；灾后还提供了日本学生支援机构奖学金，开展学校机构灾后重建方面的专门研究等工作，使科教文化事业尽快恢复。

（10）厚生劳动省。23日19：05设置灾害对策本部，25日决定设置现场联络室。厚生劳动省进行了以下方面的决策：一是医疗活动，主要是医疗机构的派遣等支援；二是心理援助对策，针对受灾者创伤后应激障碍（PSTD）向灾区派遣心理学家和精神神经科医生进行心理问题的疏导，劳动者健康福利机构之新潟县产业保健推进中心设置了灾后劳动者的心理问题的交流窗口和辅导服务；三是灾民健康问题对策，包括健康管理体制的支援、健康局总务课保健指导室专门官员的现场派遣、保健师的派遣、对“Economic－class”症候群的预防及防疫接种等措施；四是物资的调运，如日本卫生材料工业联合协会的厂商直接供应相关物资，医疗关系业界团体向灾区提供的医疗品、医疗机械、面具、手指消毒剂、体温计、整肠药、便秘药及漱口剂等；五是对老人、残疾人等特殊人群的紧急救护，包括旅馆、饭店向社会福利机构提供紧急的临时避难所，专门护理人员、家庭佣工及看护师等的派出，民间洗浴运营商协力提供的临时洗浴车等，实施残疾人的援助费用制度，向残障儿童及其家庭提供生活必需的支援以及特设残疾人专属咨询窗口等；六是对劳动雇佣关系方面的对策，新潟县劳动局通过对当地主要的6家企业和4个经济集团提出雇用维持的请求，发放雇用调整补助金、职业形成促进金、特定训练事业费等，以及基于雇用保险的特殊条款进行的一系列事项；七是社会保险对策，主要是社会保险费缴纳、待遇给付及住宅融资等事项，通过参保者相关社会保险金的支付及缴费的优惠政策使灾区居民尽快恢复生活。

（11）农林水产省。23日18：00设置省内相关机构的联络体制，21：00召开“新潟县关系省厅联络会议”，24日11：00设置灾害对策本部。农林水产省主要应急行动有：对堤坝、农林等的安全点铺开调查；对食物的紧急供给，确保干粮、饭团、饮用水、婴儿食物、大米及木炭和煤等相关取暖燃料的供给及分配等；对农地及农业设施、牲畜生存环境、水产环境等的救灾；对山地林野的灾时照片图像等的采集；北陆农政局、农协系统金融机关在农、林、渔业方面的金融优惠政策的制定等。

（12）经济产业省。23日18：30建立信息收集体制并设置非常灾害对策本部。经济产业省对大型流通连锁机构提出了紧急物资运输的规定，如燃油、液化石油气及毛毯等日用品；向原子力安全保安院、电气事业联合会、附近的3家电力公司（东京、中部、北陆电力），日本瓦斯协会提出了最大化支援灾区的要求，主要是无偿提供能源和确保断电断气地区的紧急能源供应等；由于在汽车内临时避难的灾民非常多，为了保证汽油供给，炼油销售公司向灾区运送了大量的油轮；此外，在建筑协会牵头下，日本铁钢联盟、焊接钢管协会、日本浴室工业协会、公共汽车协会、木板石膏协会及玻璃纤维板建材协会优先供给灾区临时房的建设。

（13）中小企业厅。25日，新潟县中小企业金融机构（中小企业金融公库、国民生活金融公库、工商联合中央金库）、信用保证协会、主要工商会议所、工商联合会和关东地区经济产业局特设了咨询窗口，提供灾后重建的借贷及债务缓和偿还服务，在损失惨重的地区采取贷付减息措施。

（14）国土交通省。23日17：56设置非常体制，24日7：50设置非常灾害对策本部，11月26日设置灾害复兴支援本部。第一时间将现场画像向首相官邸及相关机构发送，并且由下设的相关调查机构（航空·铁道事故调查委员会、河川局调查官等）派遣人员到实地调查相关防灾业务，使道路、新干线、机场等交通枢纽尽快恢复运作，对住宅等建筑进行危险鉴定等。

（15）国土地理院。23日18：30设置了灾害对策本部，主要行动有：一是根据电子基准点进行地壳变动的监视；二是通过飞机进行航拍，对地形现状进行把握；三是对芋川流域的河道闭塞进行水域推移的把握，制图并传送给相关机构。

（16）气象厅。23日18：00启动气象厅非常体制，向现场派遣地震机动观测班；24日7：50设置非常灾害对策本部，11：00开始向防灾关系机构提供灾区在线气象预报及大雨、洪水的注意警报。

（17）环境省。主要对市町村下水管的破损进行了应急处理。

4. *应急救援启动*

（1）自卫队的灾害派遣。23日18：30，海、陆、空自卫队已到达新潟县展开救援，自卫队还承担着情报收集、伤员运送及物资输送等职责，救援活动一直持续到2005年2月12日，自卫队迅速、专业、高效、强大的执行力在本次灾害中发挥了巨大作用。

（2）海上保卫厅的灾害派遣。根据法律规定，接收到地方政府的请示后海上保安厅须即时出动，履行对行政官员、医生等专门性人员等的输送职责，同时还有救助孤立者、派遣巡船艇等任务，确保救援系统的流畅运作。

（3）消防系统的紧急救援。23日18：25救援活动开始，消防队承担了最主要的救援职责，一共出动了480支消防队（其中39支消防航空队），救助救急人员453名，成功地完成了救援任务。

（4）警察系统的紧急救援。23日20：15警察厅下达向灾区派遣紧急援助队的命令，职责是交通整理、灾民救助救出活动及受灾状况调查，包括管区机动队、避难住民支援、巡逻支援及机动警察通信要员共计21 734名，直升机139架，车辆5 758台，救出灾民137名。可见，警察系统的紧急救援对于维护灾区社会安全、交通安全等关系重大。

5. 灾时灾居生活援助及灾后重建

这方面主要包括建设应急临时住宅、受灾者生活重建支援金的给付、决议通过非常灾害受灾者的权利保障特别措施法、通过“户主与租户民事调解”的临时处理决定、海外援助的汇总和使用等。

6. 地方公共团体的支援

这次灾害中体现出日本高度的全民防灾意识，其中地方公共团体在成功应对灾害中功不可没，表4－9是消防厅对地方公共团体救援物资的调查数据。

表4－9 地方公共团体救援物资分类

一、物的支援		
饮用水等	饮料、水	606 174件
	供水车	55台
食物	干粮等灾害时特殊食品	2 507 963餐
寝具	毛毯等	142 412张
厕所	简易厕所	24 901个
其他	蓝色床单	50 335床
	尿布	445 262张
	生理用品	184 550样
二、人的支援		
全国知事会议、北海道·东北片理事会（8道县相互支援协定）		9 915人
其他（建筑危险度判定、粮食支援调整、供水支援、避难所运营管理、上下水道恢复、医疗及保险）		

7. 其他公共事业机构和NGO的防灾

（1）日本邮政公社。其措施包括邮件的费用减免、邮局储蓄及保险金的简易支取、灾害捐款免除转账手续费用等。

（2）独立行政法人日本信息通信研究机构。26日起通过飞机搭载雷达对受灾地区现状进行观测，并于2005年2月9日公布数据。

（3）国民生活金融公库及农林渔业金融公库。25日，二者都设置了“中越地震特别咨询窗口”，迅速实施灾害贷付的特殊对策。

（4）住宅金融公库。为灾后住宅重建融资开设了金融机构咨询窗口，在灾害现场也提供了同样服务。另外，对于住宅受灾者，25日起开始募集住房建设或维修资金的相关融资。

（5）日本红十字会。10月24日至12月21日期间，日本红十字会派遣了162个救护班开办紧急临时诊疗所；对平时储备的救援物资和御寒道具等进行分配（毛毯18 069张、日用品1 191样、睡眠用具2 135套、防寒衣28 946套、地毯3 370张等）；小千谷市综合福祉中心的心理援助中心从2004年10月24日至2005年2月21日派遣了588名员工，对4 328人进行心理关怀和援助。

（6）地方公务员互助共济会。对灾民向新潟县内宿泊设施进行积极指示，开设免费入浴的澡堂等。

（7）志愿者关系。在新潟县社会福利会志愿者中心内设“县灾害救援志愿者总部”，负责志愿者的组织和联络。此外，相关都道府县或指定城市的社会福利会派遣了志愿者协调员，来协调小千谷市、长冈市、十日町市当地志愿者的业务支援，受灾市町村都设置了灾害志愿者中心来进行协调和联络。

第八节　日本政府应急管理的评述与启示

通过上述案例，可以看到2004年日本政府在应急管理方面的改进和完善，凭着处置有力和协调统一的应急管理体制、全方位覆盖的应急法律体系、层次分明职责明确的应对计划、反应迅速执行高效的救援体系、高度的全民防灾意识、先进的科学技术及其充分利用、巨大的资源投入以及严密稳妥的灾后重建对策，日本的应急管理过程紧凑而有效，对我国极具启发和借鉴价值。

一、日本全社会对应急管理的重视

日本具有高度的全民防灾意识，上至内阁总理大臣，下至所有居民，包括众多公共团体、公共事业机构等在内构成的全方位防灾责任主体，对灾害管理的重视使得问题出现时能从容应对，各献其力。

1. 政府对应急事业的重视

日本的各级政府首脑十分重视突发公共事件的应急工作，作为应急管理最高决策机构的中央防灾委员会，由内阁总理大臣直接领导，地方防灾委员会也由各级最高长官直接统领，履行应急管理的最高职责；内阁府特设“防灾特命担当大臣”具体负责应急管理中的各项任务，作为内阁府20个特设大臣之一；政府预算将“防灾预算”包含在内，财政投入力度也不容小视；在相关防灾机关的官方网站上，随处可见防灾的知识普及和政策宣传，并且通过深入浅出的形式如Flash动画、漫画等，使孩子和老人也能很轻松地获取各种信息；灾时的灾情紧急通报更新迅速，不同行政机关、公共团体等将自己职责内的救灾情况、灾情现状及时地向大众公布；日本政府高度重视防灾减灾的全民教育，将培养危机意识、普及应急知识作为学校教育的一个重要任务，还法定了“防灾日”、“防火周”等，在全国轰轰烈烈地开展防灾应急训练。以上方方面面都体现了日本政府将防灾事业提升到新的高度，充分显示了日本政府加强应急管理的决心。

2. 社会对应急事业的重视

首先，居民自身对防灾非常重视，从平时的自我学习、防灾用品的储备、对全民防灾演练的积极响应到灾时互助互济、开展自我救援等工作，都是和高度的防灾救灾意识密不可分的。其次，社会团体也积极投身防灾领域，平时组织居民开展各项防灾相关工作，如在小区里进行的防灾演习、“风险图”的应用培训、自然灾害常识的普及等；在灾时更积极活动在灾害现场，开展物资的分配、呼吁大众对灾民伸出援手、组织开展自救等活动。此外，社会公共团体、公共事业机构等也将应急管理看作自身的社会责任，在发生灾害时最大限度地开展支援活动。

在中国，虽然自然灾害的发生相对日本而言次数较少，但灾害具有突发性、危害巨大性等特点，我国必须加强应急管理工作。在国家层面，常态性机构的设置、应急预案的完善、政府的政策性倾向等都是我国应改进之处，只有将应急作为各级政府承担的行政职能的主要任务之一，由最高长官直接领导，才能对应急管理和指挥的效果起到充分的保障，也只有政府的积极引导才能营造一个积极防灾的氛围，开创应急管理的新局面。在社会层面，除了被动等待政府的应急工作开展之外，还可以探索更多、更新、更有效的积极应对措施，全民皆兵、平战结合，无疑是从日本民众身上获得的最大体会。

二、相对集中的综合协调应急管理机构的设置

从构建历程来看，日本中央层级的应急管理机构体现了由分到合、由弱到

强、由虚到实的共同特点。在长期遭受自然灾害侵袭中，日本政府不断改进应急管理体制，逐渐明确了中央统一防灾组织的必要性，明确了中央的中枢地位，强化了综合协调职能，形成了以相对集中的强有力的“中央防灾委员会”为核心、相关部门按照职责协同配合的运行机制。在地方，日本政府通过设置各级“防灾委员会”的方式来综合协调纵向独立成体系的防灾组织体制；各部门在应急过程中设置了“灾害对策本部”来统领紧急状态下的组织、指挥和协调职能。这些都是十分有效的“条块结合”的应急管理模式，有利于日本政府在平时整合各类应急资源，夯实工作基础；在灾时协调各方面力量，实现快速反应，提高应急处置的效能。

目前，我国按突发公共事件类型分别由不同行业或专业部门负责相应的应急管理工作，在各级政府办公厅（室）设立应急管理工作机构，发挥运转枢纽的作用。但是，若缺乏统一的应急管理中枢，便极有可能出现各部门“分块管理”、“分头行动”的局面，造成像阪神大地震中日本政府反应迟钝、决策延误的后果。因此，为加强各部门的协同应对能力，提高应急管理工作水平，应加强各级政府应急管理运转中枢的建设，强化其综合、协调职能。被动应付突发事件、临时设立各种应急管理机构的做法已不能适应应急管理的宗旨和要求，中国也应逐渐转向主动预防和积极应对突发事件的体制发展。同时，各部门对突发性灾难的综合性协调能力也须得到切实加强。

三、不断完善的应急管理法律体系

在日本，由《灾害对策基本法》全面指导日本各级政府实施应急管理的各项事宜，依法应急是日本取得高水平的应急效果的重要原因之一。此外，还有不同层次的“防灾基本计划”、“防灾业务计划”、“地区防灾计划”和“区域防灾计划”，这是确保不同级别的政府部门应对不同类型的突发公共事件的基本依据，而且这些计划经过长期的实践检验而不断成熟，在实际工作中所发挥的作用也越来越大。

目前，我国在应急方面还缺乏一部根本大法，各应急主体的各项职责和功能、运作机制、管理模式都得不到明确的规定。我国各级政府在实际的应急处置过程中，也常常通过建立“现场指挥部”等方式进行指挥，但由于缺乏必要的法律和规范，时常会出现准备不足、长官意志决定一切、权责不清等倾向，需要通过立法的形式加以固化、规范和完善。

此外，我国各级政府都在编制各种形式的应急预案，但由于缺乏经验和实践的检验，很多预案离实际要求还有不小的距离，需要逐步完善和优化，应尽力使各类预案更具操作性和适用性，避免防灾计划的规定过于笼统、缺少具体措施、没有完成与否的检查指标、空洞或照抄有关法律条文，而最终流于形式。

四、强大的科技支持和财政投入机制

在科技方面，日本拥有堪称一流的观测和预测系统，有全面而发达的通信系统，先进的科技支撑着日本的应急事业不管在软件还是硬件方面都走在世界前列。日本在内阁府设置了内阁情报中心以快速收集和整理国内外的情报，通过构建中央与地方政府之间的紧急联络通信网，强化了中央防灾无线通信系统。在日本首相官邸，除了常规通信设备外，还在危机管理中心装备了与事故现场联系的多功能卫星转播通信设备。灾情发生时，信息交流与共享主要依靠完善的地面固定通信系统，同时也利用通畅的专用无线通信网络，形成了一个整体的、覆盖全国的应急对策专用无线通信网。值得一提的是，城市街区无线网系统由户外扩音器、家庭受信机、车载无线电话移动系统，以及市街区公所、学校、医院等防灾相关机关的防灾网络系统所构成。一旦有灾情，可以在5分钟内将灾害信息通知有关居民，避免引起社会恐慌。

我们还可以看到日本的科技投入在防灾预算中所占的高比例，持续不断地对科技的支持使日本的应急管理走向了信息化，逐步完善的基础设施建设、充分应用各种先进的信息通信技术，使日本构筑起了高效、严密、适合实际国情的应急管理科技和信息体系。对于我国正在起步的应急管理来说，信息化、科学化应该是一个重要的方向，日本的经验和做法，使我们更好地把握住应急信息化发展的方向和趋势。

在财政投入方面，经过多年的发展，日本已形成了通过经济政策推动应急管理发展的有效途径，如加大财政对应急管理事业的投入力度；通过实施缓征或减免税赋、为中小企业提供融资便利等财税政策，加快受灾地区和企业恢复重建步伐；采取税收等方面的奖励、补贴措施，鼓励和支持公共安全技术与产品的发展；加大保险业的参与，全社会共同应对风险并承担其影响和损失。

这也是我们目前亟须研究和解决的问题。财政的支持对我国应急管理事业的发展具有重要的推动作用，防灾过程中预警及通信方面科技的研发、基础设施的建设和完善等都需要大量资金的投入。此外，在灾时和灾后为保证灾民的基本生活、尽快恢复生产重建家园等，也需要政府财政、银行、保险业等各方面力量进行支援。

五、严密的应急救援体系

日本地震灾后救助三位一体，即自救、政府援助和社会救助，三种方式根据各自的特点在救援中起到了不可或缺的作用。自救即居民开展自我营救、自我保护及社区自救等，为提高广大家庭自救能力，日本家家户户门窗附近都备有矿泉水、压缩饼干、手电筒和急救包。以2003年、2005年发生在新潟县长冈市的两次7.0级以上地震为例，无一人死亡，90%遇险者依靠自救、互救脱险。在阪神·淡路地震中，77%被救人员为近邻救出。政府援助力量主要包括消防、警察、自卫队，消防部队是其中的中坚力量。大规模灾害发生时，消防部队可调度全国先进设备、人力物力资源进入灾区进行救灾、灭火、救助等行动。日本政府还通过《大规模灾害时消防及自卫队相互协助的协议》等一系列法律法规，建立了跨区域防救灾协作机制及消防、警察和自卫队应急救援合作机制，强化了中央和地方、部门与部门之间统一指挥、分工合作的力度。社会救助即公共事业机构、NGO等开展的职责范围内的救援活动。通过这种三方面相结合的全方位救援体系，日本的应急救援活动应对有力、反应迅速，能够将损失降到最低程度。

我国应借鉴日本救援系统，明确救援责任主体的职责和内容，在分工合作的基础上充分探索其他救援形式，拓展救援队伍。此外，自救和社会救助是我国救援中的短板，而这两种救援方式却有着灵活、及时、迅速的特点，应考虑通过普及救援知识、鼓励社会团体发展相关事业等措施，使三位一体的救援体系发挥其巨大作用。

六、全民宣传动员与普及应对灾害的教育

日本的应急教育和宣传取得了显著的成效，公众对突发灾害应急的认识以及日本民众整体的应急能力和素质，在国际上可以说是首屈一指。中央财政每年投入大量经费用于国民的防灾教育和宣传，民众对于灾难来临时可能遇到的情况、逃生要领、急救知识等都非常清楚，遇到突发性灾难并不慌张，具有冷静、顽强、有序的应对能力。

完善的应急教育体系、完备的应急教育场馆以及丰富多彩的应急宣传活动，使危机意识和防范应急能力真正内化为每个公民最基本的“生存能力”。日本尽管屡受各种突发性灾难的考验，但总体来说所遭受的生命财产损失变得越来越小。其中一个重要原因是基本形成了全民宣教、社会参与的良好氛围，社会成员危机意识较强，具备较高的自救互救能力以及非常坚固的应急群众基础。在日本，针对不同人群特点还建立了各种各样的志愿者组织，以达到应急知识自学和帮教的目的。各地还建设了一批面对公众的防灾知识宣教馆，免费对公众开放。

在我国，全民宣传动员活动与灾害知识的普及教育进程发展缓慢，需要进一步加强面向不同群体、形式灵活多样的科普宣教及防灾演练，使大家有意识、会自救、能互助。另一方面，要大力发展志愿者队伍，针对不同人群建立

形式多样的志愿者队伍，如企业建立专业化志愿者队伍、大学建立宣教志愿者队伍、社区建立隐患排查志愿者队伍等。相信通过全民防灾意识的提高和防救灾能力的加强，我国在未来定能防患于未然，在应对各种突发灾害时能够沉着应对、有条不紊。

七、积极利用大众传媒的力量

非政府组织、公共事业单位、居民自治组织等社会团体在科技研究、应急救援、信息传播、支援和引导等各方面贡献了巨大的力量。其中，媒体在应急管理中更是政府重要的合作对象，发挥媒体在处理灾害危机中的积极作用是应对灾害的有效途径。阪神大地震中，震区同外界完全中断联系，政府无法了解灾情，在此情况下，日本有关媒体出动直升机在震区上空了解情况，进行实况转播，客观报道灾情，对稳定社会、安定民心起到了重要作用。

充分发挥新闻媒体在应急管理中的积极作用，这已受到我国各级政府应急管理部门的高度重视，但在具体发展策略上还存在不少问题与困难。借鉴日本经验，我们应认识到：第一，大众传媒机构在应急处置中发挥着突出作用。广播和电视具有广泛可达性、信息发布的实时性、应急处置行动的指导性等特点，在紧急状态下应该成为传达灾害信息的有效手段。第二，我国政府应急管理部门应慎重选择特定的媒体作为灾害事件信息发布的主要渠道，建立紧密的信任合作关系。通过统一指定的媒体来发布正式的官方消息，在确保信息透明度、公开化的同时，避免不必要的恐慌。第三，媒体应将“帮助公众应急、消除社会恐慌、减少生命财产损失”作为灾害新闻报道的重点，积极承担起媒体应有的社会责任，预警信息、对策引导等高于死亡和损害报道，否则只会导致事态向相反方向发展，对应急于事无补。第四，提高新闻报道的速度，将灾害威胁可视化，这是各类灾害事件对民众造成的影响最大限度地减少的必要措施，NHK 的灾害应急新闻中对时间的准确性和及时性的追求、将信息进行可视化的图像处理，为我国媒体树立了很好的榜样。第五，加强应急新闻报道的日常演练、改进自身科学技术、搭建和完善基础设施、加强与有关政府部门的合作等，都是使媒体能更好地承担应急管理信息中介的重要途径。

八、日本灾害保险体系对我国的借鉴意义

通过研究和分析日本灾害保险的发展历程与经验，可以看到保险在促进灾后恢复、灾区重建的重要经济保障作用。我国同样面临着包括地震在内的各种巨灾威胁，但灾害保险几乎还是空白，因此，加快灾害保险体系的建设迫在眉睫。

建立符合中国国情、有中国特色的巨灾保险机制，应该做到：第一，落实开展灾害保险的基础，建立统一的巨灾风险管理机构，发挥政府在保险体系中的关键作用。此外，需要加强土地规划和建筑规范，进行风险区划评估；收集国内外各种巨灾的发生频率和损失数据，确定巨灾保险基准费率；建立巨灾基金并给予相应的财政税收优惠政策。第二，总结国内已有的地震保险经验，探索综合性巨灾保险业务，并加快立法式的进程，为其提供全面的法制保障。第三，采取政府与保险公司共同分工经营的运作模式。运用共保、分保与证券化的风险管理工具，连接保险市场与资本市场，推进风险证券化为代表的保险经营技术与金融产品创新，实现风险管理市场化，推动政府管理职能的转变。第四，拓宽思路，解决灾害保险的资金瓶颈，探索多方面、多途径的筹资模式等。

参考文献

[1] 日本内阁府. http://www.cao.go.jp/.

[2] 日本《灾害对策基本法》. http://www.houko.com/00/01/S36/223.HTM.

[3] 日本总务省. http://www.soumu.go.jp/.

[4] 日本气象厅. http://www.jma.go.jp/jma/index.html.

[5] 日本总务省消防厅. http://www.fdma.go.jp/.

[6] 日本厚生劳动省. http://www.mhlw.go.jp/index.shtml.

[7] NHK（日本广播协会）. http://www.nhk.or.jp/.

[8] 内閣府防災情報のページ. http://www.bousai.go.jp/.

[9] フリー百科事典『ウィキペディア（Wikipedia）』内閣. http://ja.wikipedia.org/wiki/%E5%86%85%E9%96%A3_(%E6%97%A5%E6%9C%AC).

[10] フリー百科事典『ウィキペディア（Wikipedia）』中央防災会議. http://ja.wikipedia.org/wiki/%E4%B8%AD%E5%A4%AE%E9%98%B2%E7%81%BD%E4%BC%9A%E8%AD%B0.

[11] 阪神・淡路大震災総括検証調査シート. http://www.bousai.go.jp/kensho-hanshinawaji/chosa/index.htm.

[12] NTT防灾业务计划. http://www.ntt.co.jp/saitai/pdf/NTTbousai.pdf.

[13] NTT国民保护业务计划. http://www.ntt.co.jp/saitai/pdf/NTTkokuminhogo.pdf.

[14] 災害時被災者支援業務の手引き. http://www.bousai.go.jp/fukkou/pdf/tebiki.pdf.

［15］柳田邦男．事故の視角［M］．东京：文艺春秋株式会社，1978.

［16］Takahiro Fujiwara. A Wireless Network Scheme Enhanced with Ad - Hoc Networking for Emergency Communications［R］. 2008 - 6 - 18.

［17］姚国章．日本灾害管理体系：研究与借鉴［M］．北京：北京大学出版社，2009.

［18］陈安，陈宁，倪慧荟．现代应急管理理论与方法［M］．北京：科学出版社，2009.

［19］全国干部培训教材编审指导委员会．公共危机管理［M］．北京：人民出版社，2006.

［20］王守兴．俄罗斯、日本应急管理考察报告［J］．中国应急管理，2007（3）.

第五章　英国政府应急管理体制

第一节　英国政府应急管理发展简史

一、英国突发事故发生的因素

导致英国突发事故发生的因素有以下四个方面：一是英国受其气候和地理位置的影响，经常发生大雾、洪灾、风暴、高温、火山爆发和地震等自然灾害；二是英国在工业化的高速发展中发生过多次燃料危机和技术事故危机；三是英国的经济发展高度依赖国际贸易，大量人口流动和国际交往增加了发生公共卫生和恐怖袭击事件的风险；四是英国是一个多民族社会，众多不同的宗教信仰和文化背景容易引发民族冲突，从而导致社会公共安全问题。例如 1952 年伦敦发生的城市空气污染，就是由于石化燃料的无节制燃烧，空气中充满了大量的一氧化碳和二氧化硫等有害气体，造成 4 000 余人死亡。此外，由于国际形势的动荡等其他社会因素，英国也面临着恐怖主义、生化武器和核武器袭击的威胁。2005 年 7 月，伦敦发生的地铁连环爆炸事件，再次警醒了英国政府对灾害事件的管理和重视。

二、以 1948 年《民防法》为基础的应急法律框架

英国建立灾害应急管理体制已有漫长的历史，其应急管理法律体系比较完善，有关法律达 30 多部，加上平时的应急准备工作做得较充分，一旦发生灾害，英国政府能快速作出反应，并迅速启动整个应急管理系统，整合各方面力量来应对灾害事件。

英国最早关于应急管理的法律是 1920 年的《紧急状态权力法案》（Emergency Powers Act），这部法律授权政府在发生动乱时有权宣布进入“紧急状态”。但真正作为英国应急管理法律基础的是 1948 年的《民防法》（The Civil Defence Act）。它规定民政大臣有权制定影响地方政府职能以及处理保卫民众有关事务的法规。该法律还规定，中央政府对地方政府民防实行专项拨款。如

2003—2004 年度中央政府给地方政府提供的财政支持预算是 1 800 万英镑，该类预算是地方政府从中央政府获得维持应急管理活动唯一的资金来源。在此后的 50 年里，英国议会出台了一系列相关法律法规，使各种应急法律规范相互协调、自成一体，逐渐形成政府的危机应急法律框架。1972 年的《地方政府法》授权地方政府动用财力“避免、减轻或彻底清除”灾难所造成的后果，并进一步授权地方政府“动用民防资源”来应对“和平时期的紧急事件”，即英国面临的与任何敌意威胁无关的各种危机。20 世纪 80 年代英国的灾害频繁，由此产生了 1986 年的《和平时期民防法案》（The Civil Protection in Peacetime Act）。该法案允许地方政府动用民防资源对和平时期的紧急情况作出反应。1987 年的《民防拨款条例》提高了“用以支付地方政府应急规划团队成员薪水以及其他相关费用的拨款标准”，这一标准由 75% 提高到 100%。1993 年的《地方政府一般民防职责条例》规定大城市的义务为“制订、检查和修改计划，进行测试，培训人员，做好准备工作并执行那些计划”。同样，1984 年的《重大工业事故控制法》也要求从事危险工业生产的企业，要制订处理重大事故的现场应急方案，在发生重大事故时保护当地居民。

1999 年，《重大事故危害控制》（COMAH）取代了《重大工业事故控制法》，这一法规是针对企业制定的，包括 170 种指定的危害物质，并按照工艺和贮存分类；重大事故危害控制分为两个水平控制标准——下限标准和上限标准，分别具有特定的职责。如果一个企业实行下限控制标准，经营者必须通报主管当局，这是 COMAH 的一个最新特点。对于实行下限标准的经营者，最重要的新职责是建立重大事故预防方针，这一职责反映了在事故预防中管理体系的核心作用。如果一个企业实行上限控制标准，则经营者必须遵守法规第 7 ~ 14 条。第 7 条要求经营者提交书面安全报告。如果经营者计划建立实行上限标准的新企业，他们必须在施工前提交有关资料，并且在企业开始建立安全指标前等待主管当局的批复，这能够保证在设计阶段就已充分考虑到生产的安全性。法规第 9 ~ 13 条是应急计划的要求，其中包括测试现场应急计划和场外应急计划的必要性，还包括由地方政府负责建立和测试场外应急计划的安排。法规第 14 条包括经营者必须向公众披露的信息。同时，主管当局应在年鉴上向公众发布安全报告。

另外还有一些相关法律法规，如有关石油输送管道的法律，有关核危机的法律等。在应急管理标准方面，英国标准协会（BSI）制定了很多应急产品和方法标准，如应急照明、声音系统、便携式呼吸器、应急通风设备要求、应急滑翔和降落设备、应急电缆防火能力测试方法、应急出口系统、消防人员防毒面具、应急通信频率、放射性应急测量仪器和应急逃生自动测试系统等。

三、20 世纪 90 年代英国政府的《橘皮书》

20 世纪 90 年代，各国政府都面临着更新管理观念的时代需求。如何在实际运作中完善各个领域的决策成为政府运行的核心问题。对英国政府而言，应急管理正成为其管理领域中的一个重要模块。英国财政部在《橘皮书》里列举了成功的应急管理应该包含的基本元素。良好的应急管理可以使组织拥有更强的信息以实现既定目标，可以有效地将危险控制在可承受的范围内，还可以使组织更合理地利用资源。

应急服务体系中危机分析的发展，建立在政府对危机管理价值认同度不断增强的背景之下。正如英国前首相布莱尔所言，应急管理的发展意味着“在内阁决策中融入危机理念；在成功的政策执行中融入危机理念；动员社会公众管理危机；领导和文化的变迁；以运动伙伴关系来管理危机”。

政府决策过程中的行动计划主要包含十个环节：①科学的政策分析，以确保总的政策方向满足真正的需要，并赢取支持；②形成明确的支配和充分集中的领导，以保证决策顺畅地执行；③界定成功的有效指标，为政策执行和理解政策重点提供明确的方向；④适当考虑外部环境，以便政策具备足够的弹性应对外部环境的变化；⑤确定现实的政策执行目标和方法，以确保政策执行者有一个可操作的计划；⑥保障受危机影响的群体利益以及基层危机处理资源，为政策的成功执行赢取充分的支持和认同；⑦制订科学合理的执行计划，以确保或形成成功执行所需要的能力；⑧识别、分析和管理危机，制定适当的应急措施，以使政策更具应对危机的适应性，并具有成功进行政策创新的可能性；⑨建立有效的绩效控制和绩效评估机制，以便及时采取行动解决问题，达到预期效果；⑩对政策执行过程本身实行健全的、专业化的管理，以便决策者可以充分地相信其所掌握的信息。

应急管理要求将相应的程序、战略和政策融入既定的制度文化中。应急管理的整个过程不仅要求政府组织的运行方式实现转型，而且要求在所有政策领域与相关合作者建立和改善关系等方面都要实现转型。

风险计划涉及一系列必须采取行动的问题，要求高层管理者和国务大臣们支持与推动应急管理，鼓励他们监督和审计危机管理措施的有效性，支持创新。各个部门必须一开始就制定一套明确的危机战略和相应的危机决策，并且贯彻到各部门核心任务的边界之外。各个部门必须设立“危机工作室”，以便识别、评估和制订处理危机的行动计划，并在此基础上任命专门的内部人员或成立专门小组负责管理“危机网络”。危机网络可理解为与其他合作伙伴建立起紧密联系，形成跨部门的发展战略，加深政府部门与相关利益主体对合作关系、职能和责任的理解。

四、《资源条例》和《国内应急法》

“二战”后，由于国际、国内形势发生了深刻变化，尤其是进入21世纪之后，美国“9·11”恐怖袭击、2004年伦敦地铁爆炸案、英国消防人员大罢工以及在全英不同范围内出现的疯牛病、放射性物资泄漏、火车脱轨、飞机坠毁等一系列突发事件，造成了英国社会的不安定和民众的极度恐慌。在这种情况下，英国政府强烈地意识到1948年制定的《民防法》已经不能适应和满足形势变化的需要，迫切需要完善法律体系来解决上述问题。英国当前的应急政策集中体现在《资源条例》和2004年颁布的《国内应急法》之中。

《资源条例》是英国自“9·11”恐怖袭击事件之后生效的首批法律之一，可以视作英国把发展应急能力作为重点战略的一次尝试。经过不断的调查研究，广泛征求政府、相关部门以及社会各方面的意见，2004年英国出台了《国内应急法》，也叫《民事应急法》。该法本质上是一部执行法，是以《民防法》和《国内和平时期警戒法》为基础而制定的，但废弃了之前相关法律的大部分内容。

第二节　英国政府应急管理机构设置和职能

一、英国应急管理机构的概况

在英国，发生突发公共事件后，一般由当地政府负责处置，直接参与处置人员来自警察、消防、医护等管理部门，其他地方政府及非政府组织予以协助和支持，中央政府通常不介入。

英国中央政府负责应对恐怖袭击和全国性重大突发公共事件。在中央层面，首相是应急管理的最高行政首长；相关机构包括内阁紧急应变小组（Cabinet Office Briefing Rooms，COBR，又称“眼镜蛇”）、公共紧急事务委员会（Civil Contingencies Commitment，CCC）、公共紧急事务秘书处（Civil Contingencies Secretariat，CCS）和各政府部门。其中，COBR是政府危机处理最高机构，但只有在面临非常重大的危机或紧急事态时才启动；CCC由各部大臣和其他官员组成，向COBR提供咨询意见，并负责监督中央政府部门在紧急情况下的应对工作；CCS负责应急管理的日常工作和在紧急情况下协调跨部门、跨机构的应急行动，为CCC、COBR提供支持；政府各部门负责所属范围内的应急管理，卫生部等相关部门设立了专门的应急管理机构。

二、首相和内阁紧急应变小组

1. 首相

首相是英国应急管理的最高行政首长，负责统一领导、指挥和协调政府各部门的应急管理活动。根据1920年的《紧急状态法》，内阁首相有权在“正常物质生活”受到威胁的情况下，宣布全国处于“紧急状态”。宣布“紧急状态”后，内阁首相可以对煤、石油、电和煤气实行配给，控制交通运输业，征用车辆、土地和建筑物，甚至可以使用军队来运送重要的供应品。

2. 内阁紧急应变小组

COBR不是一个常设机构，实际上它是中央政府应急管理协调和决策机制，通常在面临重大危机并且需要跨部门协同应对时才启动，以召开紧急会议的方式运作。COBR的组成人员不是固定的，而是根据事态的性质和严重程度由相关政府部门相应层级的官员参加。部长级会议一般由首相主持，首相不在时由副首相或内政大臣主持；政府官员级别的会议，一般由内阁办公室负责安全、情报事务的常务次官主持，或由与处置工作关系最密切的政府部门负责人主持。

3. 内阁紧急应变小组的机构设置

COBR设有安全和情报协调官，具体负责跨部门的协调，处理反恐危机工作。安全和情报协调官由首相任命，日常工作向内阁秘书、内政事务负责人报告，同时担任内阁办公室的日常秘书、国家情报机构的总会计官员，其主要职责有：在单位情报账目中担任总会计官；领导情报委员会（该委员会就情报收集、机构项目支出和各部门事务协调提出建议）；领导情报委员会以保证英国的五年反恐战略；代理公共紧急事务委员会的领导；担任英美安全联络小组的联合主席；领导情报委员会以保证政府安全战略的实施；检查公共紧急事务秘书处的工作，以维持国内安全。

4. 内阁紧急应变小组的职能

COBR的主要职能是：在危机管理方面负有收集和评估灾难信息、向公众提供预警信息、进行公众教育等方面的职责；确保应急处置指挥人员与COBR的有效沟通；及时、准确掌握危机的现实情况；制定应急管理的战略性目标；在应急处置与保护公众权利之间保持平衡；向社会公众提供相关信息；加快决策的形成。

5. 对内阁紧急应变小组的评价

到目前为止，COBR已召开紧急会议处理了多起危机，如2000年9月燃油供应短缺危机、2001年爆发的口蹄疫、2005年7月的伦敦地铁爆炸以及2006年

4 月发生的高致病性禽流感和 8 月发生的伦敦机场爆炸未遂事件等。相关决策都是由 COBR 作出决定或提请首相决定，如在燃油短缺危机中禁止油价上涨、在炸机未遂事件后严格控制机场安检和减少随身携带物等。COBR 的协调和决策机制既体现了属地管理、分级处置的基本原则，又强化了其应对重大突发公共事件的协调和指挥能力，在一定程度上克服了因沟通不够、协调不力导致的反应迟缓、效率低下等问题。

三、公共紧急事务秘书处

1. 公共紧急事务秘书处的职能

2001 年 7 月，英内阁办公室设立公共紧急事务秘书处（CCS），具体协调跨部门、跨机构的应急管理工作和紧急救援行动及通过内阁办公室负责安全与情报事务的常务次官向首相汇报情况，英国的国民防护职责也由此从内政部转移到了 CCS。

CCS 主要有以下职能：一是负责应急管理体系规划和物资、装备、演练等应急准备工作。二是对风险和危机进行评估，分析危机发生几率和发展趋势，确保现有的应急计划和措施足以应对。三是在危机发生后，确定“领导政府部门”（LGD）的名单、职责（CCS 还负责平时适时更新 LGD 名单和职责）以及是否启动 COBR，制订应对方案，协调各相关部门、机构的应急处置；在区域性突发公共事件处置中，负责督促地方政府报告处置情况；在 LGD 处置不当或不力时，及时介入并进行干预。四是对相应工作进行评估，从战略层面提出改进意见，协调推动应急管理立法工作。五是负责组织应急管理人才培训。

2. 公共紧急事务秘书处的机构设置

CCS 下设评估部、行动部、政策部三个具体职能部门和紧急事务规划学院。评估部负责全面评估可能发生或已经发生灾难的程度、规模和影响范围，并发布有关信息。行动部负责制订和审议应急计划，确保中央政府做好有效应对各类突发事件和危机的充分准备。政策部参与制定后续管理政策，并与政府各部门磋商起草计划和全国性标准。紧急事务规划学院（EPC）负责进行危机管理研究和人员培训。EPC 具有以下三个特点：

（1）EPC 是集应急管理培训、科研和咨询为一体的国家级综合性平台，始建于 1937 年，长期为内政部管辖，2001 年后划归 CCS 管辖。EPC 与利兹大学商学院合作办学，拥有上百人的师资队伍。学院培训规模为每年超过 7 500 人次，对象包括各级政府官员，消防、警察、急救等专业救援部门管理人员，也包括国民健康体系、学校、军队、志愿者的管理者以及外国官员等。除了教育培训外，EPC 还承担了研究制定应急管理标准、手册，为 CCS 和社会各界提供政策建议等一系列科研、咨询任务。

（2）EPC 分模块、分层次设置培训课程体系。根据英国的法律法规与“金、银、铜”三个管理层级的应急处置职能和机制，EPC 分模块、分层次设计了 4 大类 55 门课程，内容涵盖了应急预警、风险评估、应急规划、应急处置、恢复管理、媒体沟通，以及体育赛事、节假日应急管理、自然灾害、生产交通安全、核生化事故处理、卫生防疫等方面。从最基础的应急入门教育培训到应急管理硕士课程，内容丰富齐全。

（3）EPC 全面运用现代化培训互动式、演练式教学方法。EPC 委托有关公司开发了移动式的“金层级标准培训演练系统”，旨在提高应急决策者跨部门、跨地区协同应对的能力。该系统集场景虚拟、环境集成、控制实时、决策指挥于一身，与现代计算机和通信设备实现互动，不断变换场景和控制要件，实时记录被培训者应急决策指挥行为和过程，并对结果进行客观评价。该系统可以输入各种应急预案的数据和程序并开展演练，一方面可使管理团队经历模拟的应急管理体验，另一方面也能够检验和完善各种应急预案的可操作性。

四、地方应急管理机构

英国地方政府行政首长是本地灾害管理的最高领导人。为了加强应急管理的统一领导、综合协调和相互沟通，地方政府通常设有应急服务联络小组，核心成员包括警察、消防、交通和急救中心等部门的代表，主要职责是面临灾害事件时确保各个相关部门能够密切配合，及时作出反应。此外，地方政府通常设有应急服务联络论坛，参与人员为各个部门的主要官员。论坛的宗旨在于制定应急服务联络小组的战略方向，该领导层给予下级一定的支持和领导，但不直接参与灾难面对。所以，地方应急服务联络小组和应急论坛可以看作是地方应对灾难的决策协调机构。

1. 地方应急管理机构介绍

地方政府各部门对各自主管领域发生灾害负有应对职责，但警察、消防、医疗急救机构等则是提供灾害应对的主要部门，属于《国内应急法》规定的一线灾害处理者。

（1）地方应急论坛。地方应急论坛是地方应对危机的协调机构，负责监督社区风险登记处遵守《国内应急法》。

（2）地方警察部门。其职责主要包括：与其他应急机构一起抢救幸存者；在事故现场提供应急支援；保护事故现场，疏散围观者，疏导交通；调查事故原因；收集并发布伤亡信息；采取措施恢复正常秩序。

（3）海上及海岸警卫署。该部门归属中央政府的交通部，主要负责处理涉及海事的突发事件，其职责包括海上搜救活动、海上污染如石油泄漏事故之类的处理及有关法律诉讼工作。

(4) 军事部门。该部门包括陆、海、空三军种，主要提供直接或间接的营救与支援行动，特别是大规模突发事件或影响较大的紧急事态中的应急增援行动。

(5) 地方消防部门。其职责主要包括：搜索和救援幸存者；消除和预防火患；提供人道主义服务；处理危险品并保护环境；负责获救和遭到破坏的财务；警戒线内的安全管理；负责在现场清除污垢，消除生物、化学残余，消除包括核辐射在内的各种放射性污染。在伦敦，为了让每个市民都了解发生火灾时的自救常识，伦敦消防和应急策划局还建立了“青少年纵火者干预体系”，对青少年进行防火教育，解答他们有关火灾的疑问。消防机构和应急策划局与“国家健康服务体系”签订协议，在遭遇火灾的人一时情急而错拨求救电话时，这两个机构之间的通信交换系统将自动把电话转接到消防站。

(6) 地方急救中心。其职责主要是：抢救生命；为伤者提供治疗、安抚和照顾；提供适当的运输和医疗人员、设备以及资源；确定伤者的优先撤离顺序；为国家卫生署及其他医疗机构提供现场通信设备，使医生、其他控制机构能够直接与电台联系；从官方推荐的医院名单中指定接收伤者的医院，并提前通知这些医院；运送事故医疗主任、流动医疗救护队及其装备到现场；为伤者安排到达接收医院最合适的运送措施；在最短的时间内恢复急救中心辖区内应急服务的正常状态。

(7) 卫生部。卫生部负责地方的救护车服务、急救服务以及基本医疗保障。卫生部下属的应急规划合作小组负责制定预防危机的政策，指导全国危机预防事务，提供全国医疗协作，必要时参与处理重大事故。医疗保障署在医疗应急专家的协助下，提供“地区级”的协作支持，其主要任务是确保解决方案适用于参与危机处理的各方，而不违背国家方针。卫生保护局接管了前英国传染病检测中心，并在12个区域建立传染病检测中心，构筑了一个强大的传染病监控网络。该中心设有国家和区域两个层次的公共卫生实验室。国家公共卫生实验室主要是为区域公共卫生实验室、英国国民健康服务（NHS）医院实验室、传染病控制顾问、医务工作者和卫生官员等提供专业知识与建议。

英国的公共卫生突发事件实行垂直管理，它是以卫生部和国民医疗服务体系为主导的自中央到地方的垂直管理体系，与地方政府没有实质性联系，地方政府没有设立相关机构。其危机应对的“掌舵者”与“划桨者”权责分明：中央的卫生部是“掌舵者”，负责制定战略性指导纲要，为地方提供智力支持，对地方的相关部门进行绩效评估；地方国民医疗服务体系是一个具有高度自治权的实体，仅接受卫生部的战略性政策指导，它是主要的“划桨者”，直接提供应对危机的服务。正是这种有效的组织机制，使得英国对突发性公共卫生危机的响应具有高度的敏捷性、快速性。

(8) 环保部门。其基本职责是保护所在地区的水资源、土地资源和大气环境。同时，该部门还肩负以下任务：防洪事务，包括汛前的预警、汛期的专家咨询、汛后的修复和调查勘探等；在出现污染事故的情况下，负责收集相关证据；必要时对国外出现的核事故进行评估，并提供公众咨询服务。

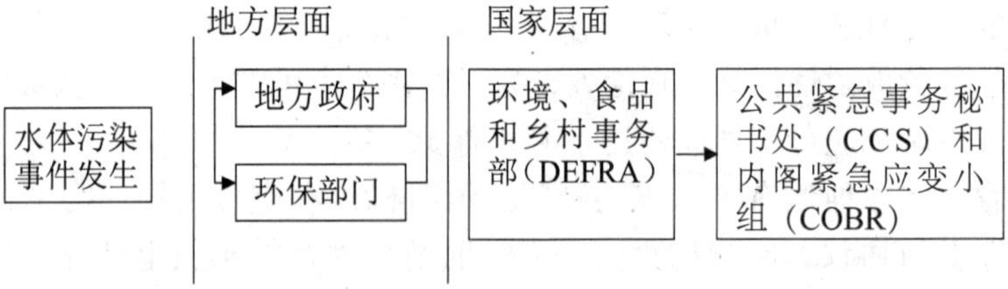

图 5-1 英国水体污染应急管理模式中的环保部门

(9) 英国气象局。该局将“全国恶劣天气预警服务”作为向市民和政府机构服务的一个重点。一旦出现大风、暴雨、暴雪、浓雾和大面积冰霜等灾害天气，英国气象局就会启动预警机制。在警告发出后，该系统会在短时间内，通过因特网、电台和电视台向英国 13 个区域提供极端天气信息。

(10) 英国高速公路局和铁路网。高速公路局和铁路网根据从气象部门得到的“洪水热点地区图”，预测洪水发生地点，并提供及时的维护和应急援助。在风灾频发的地区，铁路、高速公路和地铁管理部门都设法减少在道路两旁植树，以防恶劣天气到来时树木被刮倒，阻碍交通。2004 年冬季，威尔士地区发生洪水，完整的防灾体系帮助政府在短期内控制了灾情，没有造成任何人员伤亡。

2. 举例介绍伦敦的地方应急管理机构

(1) 伦敦应急服务联合会。

伦敦应急服务联合会成立于 1973 年，致力于建设跨机构的应急规划体系。该机构成员是应急服务组织和地方政府的代表，主要是来自以下各部门的代表：城市治安服务队、伦敦消防总队、伦敦市警察局、英国交通警察署、伦敦急救中心以及伦敦市各级地方政府。该机构主要依靠伦敦消防总队、英国交通警察署和伦敦急救中心。

伦敦应急服务联合会的宗旨是“确保各有关机构在规划、应对任何重大事故时的伙伴关系”。它还编写了《重大事故处理手册》，描述了“受到认可的有效合作程序和机制”。伦敦应急服务联合会成员在城市警署理事会主席的召集下每三个月召开一次例会，目的是确保伦敦市区无论面临恐怖事件还是突发自然灾害之类的重大事故，各个相关部门都能够密切配合，对事件作出反应。除此之外，自1996年10月以来，伦敦应急服务联合会还运用了另外一种沟通机制，即每两年一次的伦敦应急服务联合会论坛。参与论坛的是各个部门的主要官员和首席长官。论坛的宗旨在于制定战略方向，并从领导层给予一定的支持和指导。

伦敦应急服务联合会的责任是为伦敦市区提供最好的、有准备的应急服务，它是一个有效的合作模型，能够促进各级政府间的合作，对突发事件作出迅速的反应，其作用已经在全英范围内得到认可。

（2）伦敦消防应急规划署。

伦敦消防应急规划署是一个地方应急规划组织。该组织脱胎于早前的消防民防署，直接对大伦敦议会和市长办公室负责。它的消防职能由副总理办公厅管理。其内部应急规划小组有义务协助地方政府进行人员培训，执行计划。同时也有为伦敦履行地方政府控制重大事故的职能，执行预防核危机计划和保护石油输送管道计划。它还要资助、组织、推动跨机构的合作，将公共部门、私营部门和志愿者组织团结起来，提高危机预防意识，并帮助这些组织明确各自在预防危机中所肩负的责任。

五、地区应急管理机构

1. 地区应急管理机构与地区应急论坛

地区应急管理机构是地方政府寻求处理危机意见的第一站，它负责将中央政府的信息传达给地方政府。地区应急论坛由多个机构组成，负责“推动地区内应急规划的协调和发展”。地区应急委员一般由政府地区长官领导，也可以按规定任命专门负责人。它负责协调地方政府应对能力有限的规模危机，“主要但不完全集中于危机后果的控制以及灾后恢复阶段”。

2. 举例介绍伦敦的地区应急管理机构

（1）伦敦应急小组。

伦敦应急小组是伦敦市政府办公厅的内设机构，也是与伦敦地区应急委员会一样的泛伦敦组织。它是2001年美国纽约世贸中心被袭击后的第一个地区性应急组织。最初该组织只是一个临时的下属委员会，负责调查首都应急管理机制应急能力状况。如今已成为一个常设机构，主要由来自代表伦敦应急论坛各个机构的二把手组成，其职责在于保证伦敦做好各种“灾难”事件包括现阶段尚未发生过的意外事故的应急准备工作。

伦敦的许多组织机构都派出自己的二把手参加伦敦应急小组，进行危机管理调研，具体涉及在伦敦范围内对个人、部门、组织的问卷调查和访谈。调研结果已经编入2002年3月的一份报告，该报告提出了142条改进建议，但考虑到其敏感性，伦敦应急小组将其归为“机密文件”，只有调研的参与者以及经过筛选的组织才能看到这份报告。

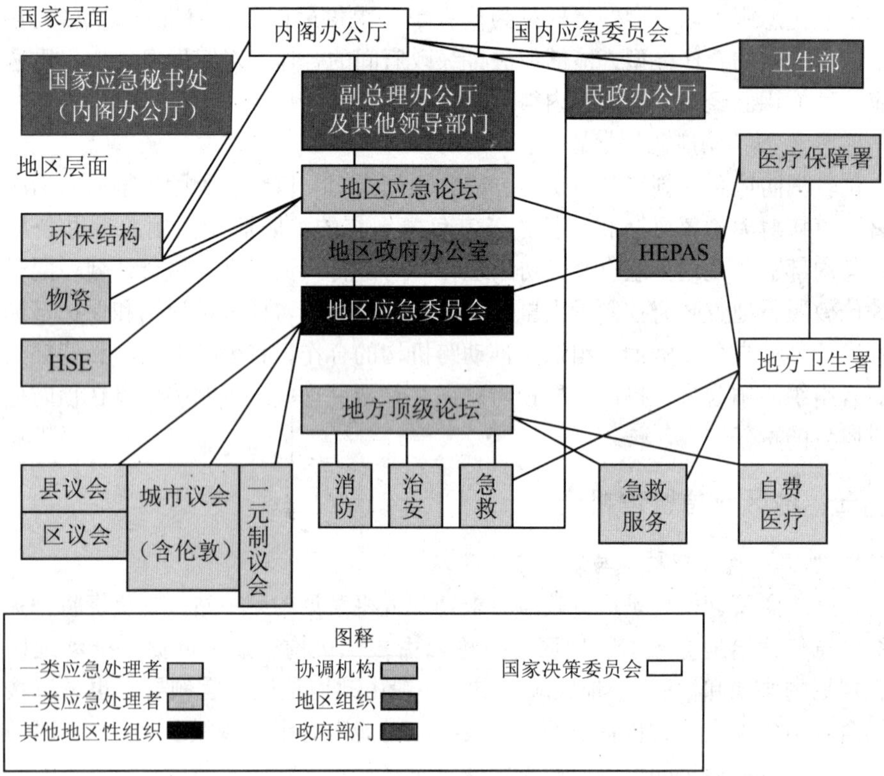

图 5－2 英格兰和威尔士的应急规划机制

伦敦应急小组对伦敦的危机管理体系提出了很多总体改进建议，如建议设立更规范的指挥管理中心结构，包括设立“钻石”级的灾难事故组织。宏观战略管理的新体制也在逐步形成，包括伦敦常规应急计划，以及应对灾难事件时各组织职责的明确规定，并进一步建议各组织提高它们在未来履行各自危机管理职责的绩效。

（2）伦敦应急论坛。

伦敦应急论坛主要负责监督伦敦应急小组的工作，其成员都是代表主要应急机构和关键合作部门的高级官员。该机构由英国内阁主管伦敦应急工作的内务大臣担任主席，伦敦市长担任副主席。该机构对中央政府负责，下设许多分会和工作组，致力于伦敦各方面具体的应急准备措施。

（3）市长办公室和大伦敦会议。

市长办公室和大伦敦会议是 2002 年在伦敦设立的地区层级政府。市长、伦敦会议与大伦敦政府构成了一个新的独一无二的伦敦全市范围的政府战略结构形式。市长负责处理伦敦的战略管理问题，协调全伦敦范围内的行动。尽管市长有权向监督伦敦消防应急规划署的机构派遣官员并制定其预算，但目前发生的灾害应急规划中，市长的职责尚无法确定。大伦敦会议在危机预防和危机应对中同样没有正式的职责，只是通过伦敦政府协会为伦敦地方政府提供援助。

（4）伦敦政府办公室。

伦敦政府办公室主管伦敦应急小组，其职能与其他地方政府办公室相同，但同时还协助一些政府部门的工作。

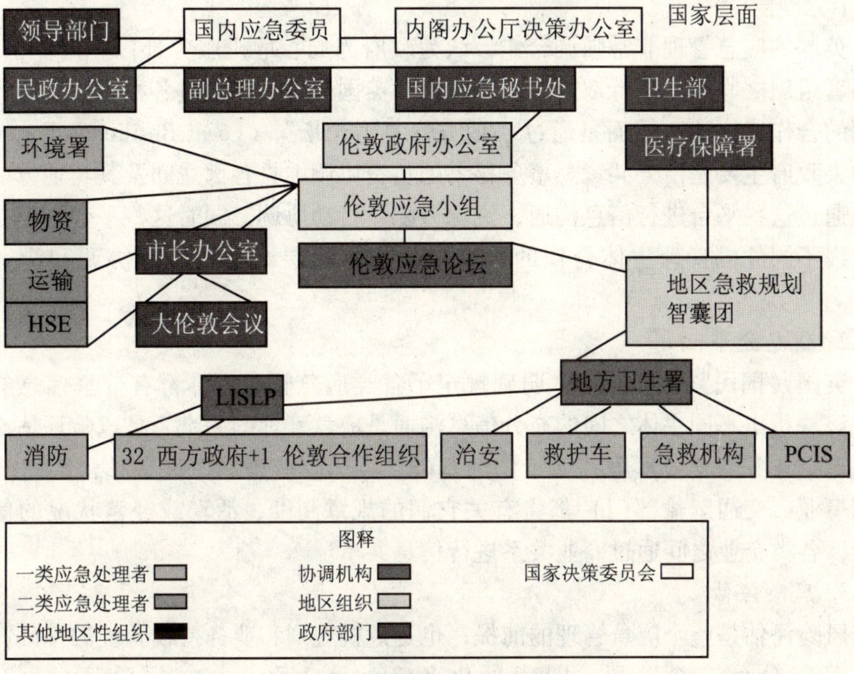

图 5－3　伦敦应急规划机制

第三节　英国政府应急管理的准备及应对与恢复

英国的应急管理由六个相互依存的环节构成，即预期、评估、防止、准备、应对、恢复；又可分为应急管理的准备方面以及应急管理的应对和恢复两个方面。

一、准备方面

准备方面在整个应急管理当中占有十分重要的地位，具体工作包括合作、信息分享、风险评估、业务持续管理、应急规划、预警和通报公众、演习、培训等。

1. 合作

英国的应急管理非常强调合作，认为政府当局、危机服务部门、商业部门、志愿者组织之间必须进行双边和多边合作。英国应急管理通过各种平台来进行这方面的合作：在地方层面是通过“地方恢复力论坛”（Local Resilience Forum）；在中央政府主要是由公共紧急事务秘书处负责协调中央各部之间及其与地方的工作。通过这些平台进行信息沟通、资源分配、行动协调，同时这些平台不但是同一层级不同危机管理主体合作的平台，也是不同层级之间进行协调和沟通的平台。

2. 信息分享

英国《国民紧急事务法》明确规定了各类应急管理主体都有分享信息的义务，该法指出不同主体之间的充分信息沟通是应急管理的关键，是风险评估、应急规划、业务持续管理等各项工作的基础。英国政府当局、许多私营部门（如公用事业、交通运输部门）都将有关它们的规章制度、活动或经营状况的信息公开，各类企业之间通过商业关系进行信息共享。

3. 风险评估

风险评估是整个应急管理的前提，也是危机规划和业务持续管理的基础，它大致可以分为三个阶段，即背景化（Contextual Station）、风险评估（Risk Evaluation）和风险应对（Risk Treatment）。英国应急管理体系的各个层次都要进行风险评估，在风险评估过程中特别强调各类危机应对主体、各管理层次的合作以及行动的协调一致。英国应急管理的风险评估一般以 5 年为一个周期。

表5－1　英国风险管理规划中特定风险评估（一）

风险类型	风险类别	基于规划目的之结果描述
危险	暴风雨和大风	持续6小时以上的影响全国绝大多数地区的暴风雨。主要内陆区域、低地面临的平均风速超过时速55英里、狂风时速超过85英里
危险	低温和大雪	大雪覆盖绝大多数地区超过1个月以上。绝大多数低地积雪超过30厘米，有些区域积雪超过1米，连续7天以上平均最低温度低于零下30度
危险	地方性、潮汐性和沿岸性洪灾	海潮、巨浪和大风影响海岸线和某个区域，某些堤防被淹没。地方性的影响包括1 000个以上的建筑物遭到洪水袭击。洪灾警报装置运作正常、有效。相关机构的应对措施已经启动，某些地区已经撤离，受灾区域被划为警戒区域。对基础设施的影响包括交通瘫痪1～3日，对农业和灌溉等基础设施产生影响

注：本表适用于地方、各地区、各授权区域以及英联邦。

表5－2　英国风险管理规划中特定风险评估（二）

风险类型	风险类别	基于规划目的之结果描述
危险	流感类疾病	严重的流行性疾病比通常的季节性流感严重得多。每周报告所预报的新型流感类疾病最高的人口比例为4%（年度平均每周的最高比例为2%）
危险	脑膜炎等疾病的爆发	此类地方性疾病的爆发导致10人以上死亡，50人以上发病，各地的情况相差无几

注：本表适用于地方、各地区、各授权区域以及英联邦。

表5－3　英国风险管理规划中特定风险评估（三）

风险类型	风险类别	基于规划目的之结果描述
威胁	针对机场的常规攻击	超过100人死亡，大机场部分关闭（小机场完全关闭）
威胁	针对政府主要机构的常规攻击	超过40人死亡，大部分机场暂时性关闭

注：本表适用于地方、各地区、各授权区域以及英联邦。

表 5－4　英国风险管理规划中特定风险评估（四）

风险类型	风险类别	基于规划目的之结果描述
危险	客船在英联邦水域或者内水意外地快速沉没	共有 50 人以上死亡，300 人以上受伤
危险	高速公路和主干道上的交通事故	涉及数辆车辆的交通事故，导致 10 人以上死亡，20 人以上受伤（内伤、骨折和可能的烧伤）；道路封锁，导致较大的破坏或者延误
危险	涉及危险化学品的地方交通事故	共有 50 人以上死亡，500 人以上受伤（直接伤亡类似于道路或者铁路交通事故，间接伤亡较多）。具体的影响取决于涉及危险物品的性质、数量以及事故发生的地点

注：本表适用于地方、各地区、各授权区域以及英联邦。

表 5－5　英国风险管理规划中特定风险评估（五）

风险类型	风险类别	基于规划目的之结果描述
危险	可以识别的、非交叉感染的动物疾病（如口蹄疫等）	屠杀 400 万感染或者可能感染的牲畜，并且可能继续屠杀大量的牲畜。屠杀 1.2 亿左右的鸟类。传染性疾病的爆发持续 6～18 个月
危险	可以识别的、交叉感染的疾病（如高致病性禽流感等）	屠杀 1.2 亿左右的鸟类。在英联邦，为了消除西尼罗河病毒，需要屠杀 20～1 000 匹马

注：本表适用于地方、各地区、各授权区域以及英联邦。

表 5－6　英国风险管理规划中特定风险评估（六）

风险类型	风险类别	基于规划目的之结果描述
危险	大规模的公众示威	大规模的公众示威。数以万计的激动的示威者，包括 2 000 多名核心成员，导致大量的物质损害，需要全国警方的协调应对

注：本表适用于地方、各地区、各授权区域以及英联邦。

表 5－7　英国风险管理规划中特定风险评估（七）

风险类型	风险类别	基于规划目的之结果描述
危险	净水设施的技术性事故	10～150 000 人超过 3 天没有自来水供应
危险	电力设施的技术性事故	整个区域电力资源全部中断，并已持续 24 小时

注：本表适用于地方、各地区、各授权区域以及英联邦。

表 5－8　英国风险管理规划中特定风险评估（八）

风险类型	风险类别	基于规划目的之结果描述
危险	建筑物坍塌	大量人口被困或者失踪；能源或者其他基础设施中断供应；由于公路封闭导致交通中断；超过 5 人死伤，具体取决于建筑物的规模、破坏程度以及人数
危险	地表运动（地震和滑坡）	道路或者通道长时间中断使用；人口难以紧急疏散，大量区域严重堵塞；大量人口被困或者失踪；超过 5 人死伤，具体取决于地表运动的规模和程度

注：本表适用于地方、各地区、各授权区域以及英联邦。

表 5－9　英国风险管理规划中特定风险评估（九）

风险类型	风险类别	基于规划目的之结果描述
危险	发生在燃气终端或者燃气管道内部的火灾或者爆炸事故	事故现场覆盖 3 平方千米以上的区域，导致 10 人以上死亡，100 人以上受伤
危险	发生在燃料管道中的火灾或者爆炸事故	事故现场覆盖 1 平方千米以上的区域，导致 100 人以上死亡，500 人以上受伤。爆炸可能导致人员的严重损伤，火灾可能导致大规模的烧伤
危险	涉及有毒物质泄漏的技术性事故	事故现场覆盖 1 平方千米以上的区域，导致 10 人以上死亡，100 人以上受伤
危险	海上污染	10 万吨原油泄漏入大海之中，污染 200 平方千米的海岸线。同时，还可能对农业、商业和海洋生态系统造成影响

注：本表适用于地方、各地区、各授权区域以及英联邦。

4. 业务持续管理

业务持续管理实际上是应急管理在具体组织中的应用，通过这一管理过程确保组织在危机爆发后能继续履行其关键职能，并且能在危机过后尽快完全恢复。业务持续管理大致分为五个阶段，即了解业务、制订备用方案、业务持续管理、培育业务持续管理文化以及业务持续管理的维护和审核。业务持续管理是英国应急管理中危机应对主体的重要责任之一，《国民紧急事务法》明确规定第一类危机应对主体有进行业务持续管理的义务，要求它们在危机爆发后能够维持关键功能在必要程度上的运作，同时还规定地方政府必须对企业和志愿者组织的业务持续管理提供建议与帮助。

伦敦金融城里几乎所有公司都有相应的“业务连续性计划”和例行演习。这个计划规定，一旦发生紧急事件，员工将被分批疏散到郊外应急备用办公楼中继续工作，那里设备与资源齐全，可以确保公司业务的连续性。伦敦金融城是世界最重要的金融中心之一，这一计划的实施确保了国际金融市场的稳定。

5. 应急规划

英国的应急规划一般分为普通规划和特殊规划，普通规划是指适应各种危机事件的规划，而特殊规划则只针对特定的危机事件或危机事件爆发的特定地方。普通规划是指导性、大纲性的，特殊规划是具体性、操作性的。所以，特殊规划要以普通规划为基础。一般而言，应急管理主体在制定危机规划时，既要制定普通规划又要制订特殊规划。英国的《国民紧急事务法》还规定第一类危机应对主体有按处理危机事件所需的程度发布危机规划的法定义务。

6. 预警和通报公众

英国危机事件的预警工作充分利用各种传播媒介，注重发挥互联网的直接简单、快速高效、成本低廉的传播优势，同时，还特别强调发布的预警信息要有吸引力，要照顾到一些特殊的受众（如残疾人、老人和儿童）。当危机事件爆发后，首先是英国政府告知公众某种危机事件即将爆发或已经爆发，尽快让公众了解事件的一些基本情况（如危机类型、时间、地点等）、危机事件对自己生命财产安全有多大的威胁、一些自身能采取的应对措施、危机事件对交通和通信及能源供应的影响、求助热线、政府处理危机事件进展情况等内容。同时，其他受危机事件影响重大的组织如交通部门、能源供应部门、通信部门也要发布相关信息。

英国的应急管理强调各部门在预警和通报公众等信息沟通过程中的密切合作，以避免信息混乱和资源浪费。在英国，无论是中央层次还是地方层次都有“危机事件媒体论坛”（Media Emergency Forum），这一论坛是在预警和通报公众等信息沟通过程中各类危机应对主体与媒体机构之间进行合作、协调、沟通的重要平台。当危机事件的影响达到全国规模时，中央政府就会成立“新闻协调中心”（News Coordination Center），以统筹全国的关于危机事件信息的发布工作。为了做好预警和通报公众等信息沟通工作，英国中央政府还专门印发了《危机应对手册》，手册的内容主要是关于若干种危机事件（包括恐怖事件）应对的基本知识，在英国每家每户都备有这一手册。

7. 演习

演习是英国应急管理不可或缺的部分。上述的业务持续管理、应急规划、预警和通报公众等都需要通过演习来检验其合理性与适应性，以便不断地予以完善。同时，工作人员通过演习能够受到一定的训练，积累体验性认知，加强与应急管理的各种程序、体制的磨合，进而增强应对危机的信心。英国应急管理的演习分为三种类型，即讨论型演习（Discussion - based）、模拟型演习（Tabletop）和实战型演习（Live）。英国的中央政府和各级地方政府都有自己的演习计划，同时，英国政府在双边或多边关系（如西方八国集团、北约、欧盟）的基础上积极参加国际性的应急演习。

8. 培训

英国的应急管理很注重对危机应对人员的培训工作。其培训工作可分为两大类：一类是关于危机应对准备培训，包括对管理工作人员进行风险评估、业务持续管理、应急规划等方面的培训；另一类是关于危机应对的培训，它是指对管理工作人员在危机事件爆发以后如何开展危机应对工作能力进行培训，培训的内容主要包括各种规划的内容、个人在执行规划中的职责、应对危机的关键技能和知识等。值得注意的是，在英国的应急管理中演习也是一种重要的培训。应急规划学院（The Emergency Planning College）是英国应急管理的培训任务的主要承担者，也是英国仅有的一个全国性的各类危机应对主体相互交流危机管理经验的常设平台。

二、应对和恢复方面

英国的危机应对和恢复体制从纵向看，可划分为国家灾害应急反应和地方灾害应急反应。

1. 国家灾害应急反应

在英国，如果突发灾害的规模或者复杂程度超过一定限度，需要中央政府进行紧急处置、协调和救援时，公共紧急事务委员会会根据灾害类别和规模指定一个中央部门作为“领导部门”，或由得到授权的行政机构，负责中央政府对突发灾害事件的全面管理，协调各部门的紧急救援活动。英国内政部长在 2002 年 7 月回答议会问题时，宣布了针对不同种类危机的法定领导部门。

（1）领导部门的确定。

领导部门的具体职责由公共紧急事务秘书处确定并根据情况适当更新。当无法直接准确判断属于哪类危机时，公共紧急事务秘书处的领导就有责任作出判断，并确定最合适的主管部门。确定领导部门的依据主要有两个方面：一是灾害与领导部门的正常工作之间有明显联系；二是领导部门能及时准确地获得相关信息，拥有相关救援设备、技术、场所等。当灾难发生时，如果领导部门认为在灾害风险对国家构成重大挑战，需要国内紧急情况委员会作出中央部署时，就会向该委员会提交灾害风险的评估报告。在中央紧急救援行动过程中，领导部门将不断与公共紧急事务秘书处积极磋商合作，协调各方关系和支持。

（2）领导部门的层次。

在应急反应中，英国领导部门可分为三个层次。

第一层次：主管部门领导运用自己的应急设备负责应对危机事件，公共紧急事务秘书处可提供适当的建议。

第二层次：由主管部门与内阁管理办公室指挥中心发出联合命令。如果主管部门认为应对危机事件需要动用更大范围资源时，可以启动内阁办公室的指挥中心和国家设施，公共紧急事务秘书处可以给予帮助。

第三层次：如果一场突发事件重大且具有灾难性后果，需要中央政府从开始到实施都介入应急反应，则将由首相或任命国务大臣来领导。

（3）公共紧急事务秘书处的任务。

在应急反应过程中，公共紧急事务秘书处在公共紧急事务委员会的领导下开展工作，其主要任务是通过与其他部门的共同努力，进行灾害的预测、评估、预防、准备、回应和恢复等工作，涉及范围包括从洪水、人畜疾病的爆发到恐怖袭击。具体任务主要包括：通过为政府和公共部门服务来提高政府应急能力，包括为各部部长制定和颁布政策提供支持；确保政府在危机期间仍然能发挥作用和提供公共服务，与其他部门和内阁办公室协作，确保涉及各种应对危机的计划得到执行；通过发展关键技术，提高各级政府、公共部门、私人部门以及志愿者机构的预防、反应和处理危机的能力；与其他组织和国家建立合作伙伴关系，分享在灾害管理中的实践经验、危机网络等知识。

（4）政府部门的应急职能分工。

根据英国政府制定的应急规划，中央政府的应急救援分为 17 项职能，其中每项职能和工作流程都由中央政府作为领导部门负责，如大规模疏散安置工作由内政部负责，维持交通和运输救援物资由交通部负责，灾害结束评估由内阁办公厅负责等。

2. 地方灾害应急反应

英国在应急管理方面主要实行属地管理原则，绝大多数灾害事件是在没有中央政府的直接参与下，由地方政府的应急服务机构来处理的。灾害发生后，一般由当地政府负责迅速处理，提供应急救援，阻止灾害扩大。当灾害事件超出当地政府应对能力时，中央政府将向地方政府提供支持，或者当地政府寻求邻近地区的就近支援。

地方应急的通常做法是，突发事件发生后，到达现场的第一位警员首先要做的是评估现场的状况，并立即向警署控制中心汇报。汇报内容包括人员伤亡情况、目前和潜在的危险、到达事故现场最便捷的途径、事故现场的准确位置、已有的应急措施和还需要增加的应急措施等。警署控制中心根据警员所汇报的信息，判断是否为重大灾害事故，并采用集中指挥的方式进行资源调派，确保各部门协调行动。同时，消防部门主要负责防火救火方面的问题；救护人员负责提供紧急救护服务；媒体新闻中心也会履行自己的职责，与控制中心时刻保持联络，及时发布和反馈各方面的信息。

地方层次的危机应对和恢复工作的运行机制是英国危机管理的一大特色，它包括铜色操作层、银色策略层、金色战略层三个层次。该机制既是一种应急处置运行模式，又是一个应急处置工作系统。一方面，根据事件性质和大小，规定形成不同的“金、银、铜”组织结构；另一方面，“金、银、铜”三个层级的组成人员和职责分工各不相同，通过逐级下达命令的方式共同构成一个应急处置工作系统。为保证通信畅通，政府统一购买通信装备、提供无线通信频道。

（1）金色战略层。这一层级主要解决“做什么”的问题，由应急处置相关政府部门（必要时包括军方）的代表组成，无常设机构，但明确专人、定期更换，以召开会议的形式运作。该层级负责从战略层面对突发公共事件进行总体控制，制定目标和行动计划下达给银色策略层。金色战略层要重点考虑以下因素：事件发生的原因；事件可能对政治、经济、社会等方面的影响；需要采取的措施和手段，以及这些措施和手段是否符合法律规定、是否会造成新的人员伤亡、是否会对环境和饮用水等产生影响；与媒体的关系等。金色战略层可直接调动包括军队在内的应急资源（决定资源在全国范围内调动的是内阁紧急应变小组），通常远离事件现场实施远程指挥。由于成员很难短时间集中到一起，一般采用视频会议、电话等通信手段进行沟通和决策。在2005年处置一起因漏油造成的火灾事件中，因气体含有害物质，当时的金色战略层就下达了疏散下风向10英里范围内人群的命令，军方也参与了疏散行动。

（2）银色策略层。这一层级主要解决“如何做”的问题，由事发地相关部门的负责人组成，同样是指定专人、定期更换，可直接管控所属应急资源和人员。该层级负责战术层面的应急管理，根据金色战略层下达的目标和计划，对任务进行分配，很简捷地向铜色操作层下达执行命令（What，Where，When，Who，How 等），并可根据不同阶段处置任务和特点，任命相关部门人员分阶段牵头负责。银层级指挥官由各相关部门的高级官员担任，他们要承担策略指挥的任务，解决如建立外围封锁戒严区、一些重要功能区或设施的位置（幸存者集中地点、死者遗体安置点、媒体联络官驻地）等问题。

（3）铜色操作层。这一层级的工作是各部门在危机事件现场第一时间直接做的工作，如弄清危机事件的性质、危害程度等。各相关部门都有一个铜层级指挥官，负责各自部门的危机应对工作，如警察部门的首要任务是建立现场封锁戒严区、确保现场安全、维持交通秩序等。一般情况下，警察部门还负责协调其他各部门的危机应对工作。铜层级指挥官还有一个重要任务是确定是否需要启动银色策略层，其依据主要是看危机应对和恢复工作是否超出了铜色操作层的能力。银色策略层启动后，铜层级指挥官的任务就是负责执行银层级指挥官的策略，规划在他所管辖的区域或部门内的执行工作。

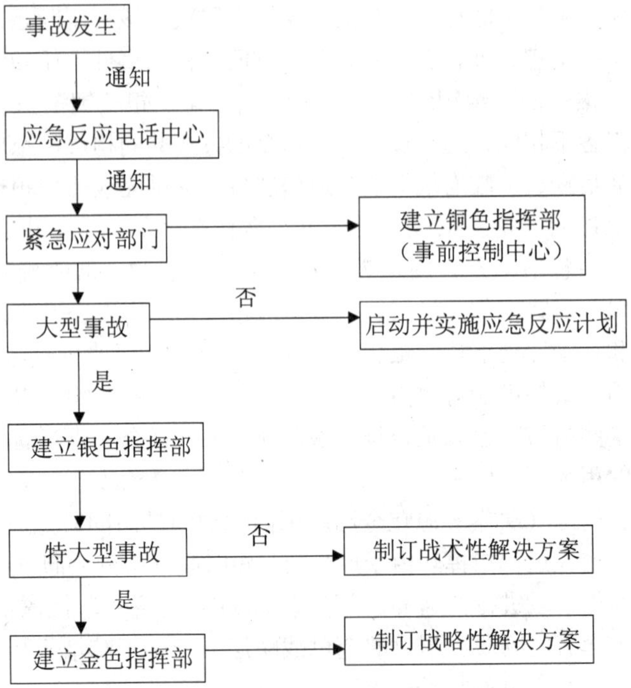

图 5－4　英国环境污染突发事件管理体系的金银铜指挥部

第四节 英国政府应急管理的法律保障体系

一、《资源条例》

作为“9·11”恐怖袭击事件之后生效的首批法律之一，《资源条例》可以视作发展以应急能力为重点的一次战略尝试。只有它的效力覆盖整个英国，包括苏格兰和北爱尔兰政府机构，而且被当作是英国政府寻求在全国范围内建立应急规划核心体系的一部分。但是，这也使部门内部以及部门之间的职责范围和界限更加复杂，更加模糊不清。

“资源”一词是军事术语，主要指人事、装备、培训以及计划、原则和理念运用等。从本质上看，该条例是对英国现有基础设施和资源的监控，其范围已经扩大到对英国21世纪前十年可能发生的应急事件所作出的一切反应，其目标是确保一个稳定的危机应对结构，可以迅速有效地处理国内突发事件和各种分裂活动造成的大范围灾难。

《资源条例》共有17项资源责任流，可分为以下三类：① 3项基本结构性的，分别应对中央、地区和地方的应急能力；② 5项关于基础物资的，涉及食品、水、燃料、运输、保健、财政物资等；③ 9项规定职能的，涉及危机及其后果的评估、生化核武器的应对、人类疫情、动植物疫情、大规模伤亡、大规模撤离、现场清理、公众预警和信息通报。

该条例的每一项规定都对应中央政府某一部门的职责，这也是英国政府体制的独特之处。各部门都有一位高级官员主管该项工作，其具体内容由国务大臣们通过的执行计划来规定。

该条例的汇报结构，包括责任流的负责人每月例会、向预防恐怖主义委员会及向安全信息协调主任领导的应对委员会提交的月度进展报告；由民政大臣领导的国防及海外政策管理委员会和英国应急工作组负责。

九个职能型责任流的负责人有义务促进国家级应对能力的发展。各地区政府办公室新设立的地区应变小组负责当地范围行动的协调以及两个层次的沟通：一是与中央以及责任流负责人的沟通；二是地方政府与现场处理者的沟通。

为了取得更好的效果，以英格兰为基地的地区应变小组的每一位高级协调主任都享有九项职能性责任流中的其中一项领导权。对于苏格兰、威尔士和北爱尔兰的特殊责任流，由当地的自治组织政府行使领导权。自治政府的代表由于都有相应的职务，因此在预防恐怖主义委员会中只能获得观察员的身份。责任流负责人每3个月与自治政府代表进行一次会谈，以此来保持全国范围内的一致。由此可见，复杂的协调和沟通已经开始简化。地方一级的职责将通过《国内应急法》的条款正式确立。

国内应急秘书处承认，到目前为止，该条例还没有明确的终点和效果。然而，一切良好的应急管理机制必须是可持续和循环的，强调不断地进行监督、评估、咨询以及沟通。此外，缺乏明确的可操作指导也会为实施该机制造成困扰。国内应急秘书处曾经指出，该项工作初期的一个重要部分是掌握责任流框架下各方面应有的应变能力。这有助于国务大臣们明确预期所要提高的应变能力水平，并据此进行规划，考虑是否有必要为了实现应变能力水平的预期提高而追加资源投入。

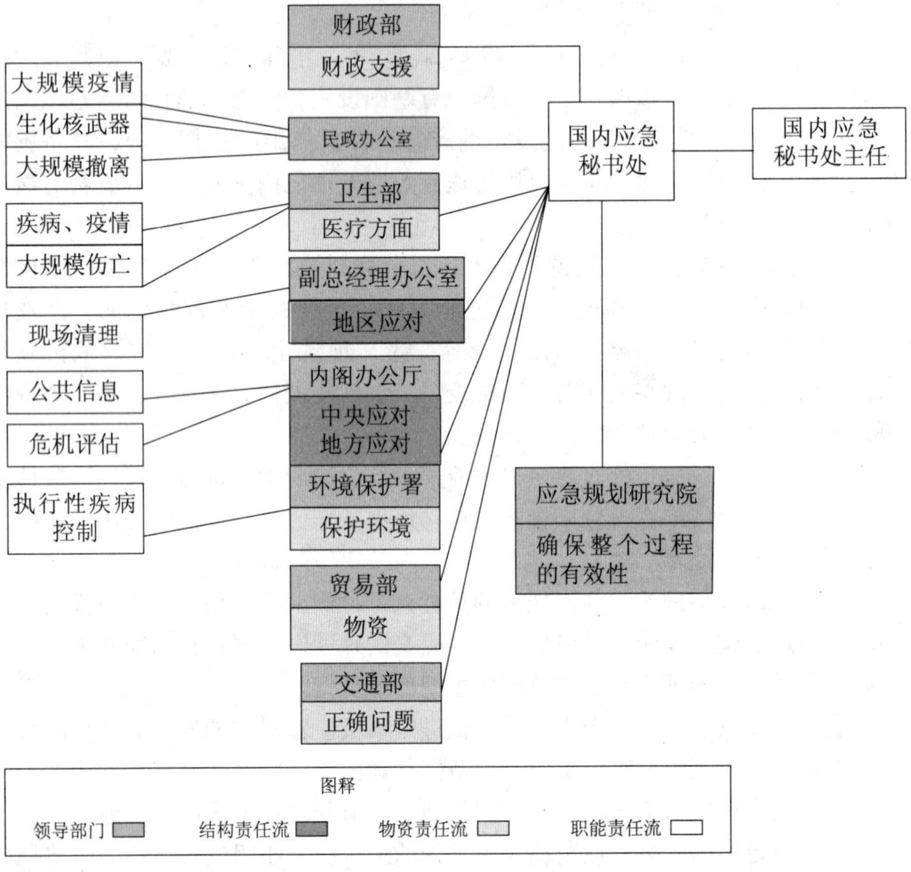

图5-5 《资源条例》及其领导部门

二、《英国突发事件应对法》

1. 内容

《英国突发事件应对法》的主要内容包括：应急事件的操作定义；有关危机确认和社区危机管理发展的条文；国内应急规划的职责；危机处理者信息共享的职责；危机处理者的分类；一线危机处理者指定现场计划的职责；有关社区建议和援助的规定；有关宣布地区及紧急状态的规定；有关公众预警和信息发布的规定；有关任命地方协调者的规定；有关首相制定处理危机的行政法规的规定。

2. 特点

《英国突发事件应对法》自2004年11月出台以来，对稳定社会、保护国家和人民生命财产安全起到了积极作用。该法首先确定了其适用范围，将严重威胁某一地方人民福利、环境和安全的突发事件或情境作为启动突发事件应对程序的条件。其中，严重威胁人民福利被放到了首要位置，显示了立法者对人的利益的充分关注。该法规定，严重威胁人民福利是指导致或可能导致人员死亡、患病或受伤、无家可归、财产损失；同时，资金、食物、水、能源、燃料供给、电信或其他通信系统、交通设施、医疗服务中断的事件或情境也因威胁到人的福利而属于适用该法的突发事件。该法将严重威胁到环境的事件或情境列为第二类突发事件，除了对有关土地、水和空气污染、洪涝灾害规定适用之外，还契合国际社会对动物福利的保护浪潮，将对植物和动物的破坏与毁灭也作为突发事件在国家的层面进行积极应对。该法将战争、武装冲突、恐怖主义作为第三类严重威胁到安全的突发事件进行了规定。

《英国突发事件应对法》详细规定了承担突发事件处置责任的团体和个人。其中，内阁大臣全权负责突发事件的处理。他有权利要求负有职责的个人和团体履行职责，留意、采用或依赖其他指定的个人或团体的工作。按照该法附录表格的罗列，英国内部负有职责的机构包括地方机构、应急服务机构、环保机构及提供救护车和医疗床位等服务的健康机构。这些机构在突发事件未发生时即负有经常评估危机发生风险的责任，在危机发生或可能发生时则执行当地政府制订的紧急应对计划。该法要求每年都按计划进行突发事件应变演习。参加者至少包括警察局、消防机构、地方健康署和根据1990年《国家健康服务和社区保健法》确定提供救护车和医疗床位及服务的国家健康服务信托机构。这些机构的最高行政官组成指挥机构，负责对突发事件作出处理意见，领导、指导和协调下级机构迅速控制与解决突发事件。供电、供气、铁路、港口、通信和健康委员会等相关部门负责善后及恢复工作。而地区应急委员会则担负现场处置的责任，负责对整个事件可能发生的风险进行评估，找出风险因素并对预案随时进行必要的调整。例如，当装载有害气体的运输车辆在高速公路上发生车祸而致泄漏时，公路管理局除了清理、疏通和恢复交通秩序外，还负责对车辆机械故障和轻微的伤病员进行现场处理；警察局负责出动警力，对造成事故的原因进行调查，提出侦察结论，同时对周边群众进行疏散；警察局、气象局、环境署、健康保护局、食品标准局、媒体等在现场召开联合会，评估危害程度，商讨应采取的应急措施，明确各机构的具体职责。例如，气象局须对现场的风力进行分析，预测泄漏气体的去向，安排可能受害地的防范工作；环境署负责清理化学污染物，并对当地的水源进行检测，防止污染源对居民的损害；健康保护局负责检测有害物质对人体和动物是否有长期性的影响；食品标准局对有害气体污染范围内的食品质量进行检测，确保如牛奶类的产品没有受到污染。而当突发事件的状况已经造成社会不稳定的危险时，军队也会被决定参与突发事件的处理。

突发事件如果处理不当，通常会引起公众情绪的极度不安，还可能导致社会动荡。因此，各国都将突发事件发生后的公众情绪安抚工作作为非常重要的环节。《英国突发事件应对法》第六条专门规定了信息公开规则，并要求参与处理突发事件的团体和个人作出减轻、控制、缓解突发事件影响的行动。在突发事件发生时，英国政府的首要选择是在符合国家利益的情况下，在第一时间准确发布信息。因此，在突发事件的处理中，应充分利用媒体在安抚公众情绪、保持社会稳定上的积极作用，通过媒体向公众传达事态进展、处理状况和应对事件的建议或指示。在政府接到突发事件发生消息后的20分钟内，就要向公众发布第一次新闻。因此，在英国发生突发事件后，公众只需要收听本区的广播就能得到所需信息和必要的指导。而为了防止信息不准确传播所造成的不良后果，英国政府要求参与处理突发事件的部门在发布消息前统一口径，各部门对事件的内部讨论、推测和不同意见都予以保密，以阻止谣言的产生。

在突发事件的应急处理中，政府相关部门的决策（包括出台的政策或采取的措施）往往因突发事件的紧急性而非常迅速地出台，这在及时控制突发事件的负面影响中发挥了积极作用。但是，也可能因为强调迅速应对而出现决策的失误或导致新的不公正。英国议会针对应急事件处理中的政府权力设置了政府内部的监控和司法的终局救济途径。《英国突发事件应对法》第九条规定，内阁大臣应当要求参与突发事件处理的个人和团体按照要求的时间和方式提供为履行该部分责任而采取行动的信息，解释未采取行动的原因。内阁大臣和个人、团体对于未按照《英国突发事件应对法》规定履行经常评估危机发生风险义务的，未向公众提供有关突发事件中公众商业活动持续安排的建议或援助的，未遵守命令在指定的范围和方式内允许、要求或禁止协作的，以及未遵守该法所规定的其他规章的个人和团体，都应当在最高法院或最高民事法院提出诉讼。

第五节　英国政府应急管理与社会参与

一、城市基础设施建设

“二战”后，英国突发事件较少，得益于基础雄厚、长期建立起来的一整套严格规范的管理机制和行之有效的长远规划。防火是英国应急机制中的重点，英国政府制定的《建筑管理规则》明确规定了城市建设的防火措施，规定建筑外部要采用砖石结构而不准使用木材，限定了街道的最小宽度，并且在泰晤士河畔保留开放空间以保证消防车取水的方便。如今的伦敦消防和应急策划局在每个社区都设有消防站，工作人员包括市政管理人员、消防安全专家和社区建设人员。消防站 24 小时有人值班，居民可以随时进入消防站，寻求帮助或者咨询相关问题。

英国具有发达的交通枢纽，百年地铁深达几十米，当时就设计出了足够容纳和疏散众多人数的场所，无论是对经济效益还是战备效益都发挥了重要作用；英国地势低洼，但每一幢建筑物都设计了地下室，即使遇到持续降雨，也很少出现被淹现象，这主要得益于城市先进的排水系统；所有人员出入重要场所都须出示证件，有一整套严格的保密和管理制度；几乎所有的交通要道和重要场所都有明显的标识牌，一旦遇到紧急状态，民众按照标识牌就能迅速找到和赶往指定的疏散地点。

英国城市建设中有的地区以重建旧城危房区为主，从社会学角度能够达到安抚宗教、种族矛盾的效果，在建设城市新貌的同时保证原住民生活方式的延续，如伦敦斯皮塔菲尔德区。

英国是世界上最早提出公共住宅政策的国家之一，尤其是“二战”后对城市住房需求的增加迫使政府制定了一系列廉租房和政府低成本住房政策。政策仅对弱势人群倾斜，如老人、儿童、残障人士和失业者等。对于特权阶层，如皇室、贵族、权力机构的公务人员等，在公共领域不但没有“免费午餐”，还征以高税，保证了社会矛盾的“即时消化”。

二、普及应急意识，进行紧急应变演习

英国政府认为，应急反应的基础是准备工作以及每一个参与应急处置机构组织的专业化水平，而行动的效果取决于各个参与组织之间的合作程度，这就需要在计划和准备阶段进行紧急应变演习。紧急应变演习被认为是应急计划整体的一部分，而不是独立的。对于警察和消防部门、医疗救护部门等应急处置的核心部

门来说，参与灾难性事故与事件应急处置工作可以被看作是其正常工作的组成部分；而对于其他的机构和人员，如地方政府、工商业组织、志愿者组织与军队等来说，就不涉及其日常工作。因此，不断组织紧急应变演习的目标之一是使参与应急处置的所有部门与组织都能认识到自身的使命，并了解到在实际应急过程中应如何协作。每次训练和演习后，都不断进行评价，以修正应急计划。

紧急应变演习的内容包括：①风险意识。对报警的训练主要需要考虑灾难性事件的影响范围、受害人以及受灾难影响的人的数量。受训人群应该了解在什么情况下会受到危险的威胁，以及政府应急的基本措施，提高自身风险意识。②联络和协调。无论是在计划阶段还是在应急过程中施发命令，联络和协调都非常重要，有助于提高联合反应的效果。③通信。在通信方面的要求是熟悉参加联合行动的其他组织的形式、使用的术语、沟通信息的渠道和必要的信息技术。④应对媒体。这包括如何安排采访、召开新闻发布会，以及现场新闻管理的必要准备工作。⑤社会心理调查。灾难发生之后的社会心理以及相应的社会心理干预一般也作为联合行动的一部分而予以重点训练。

紧急应变演习的方式可谓多种多样。有实地的紧急应变演习，也有专业性的训练；有用计算机进行的模拟训练，也有在桌面上用道具进行的演习。实地演习虽然困难较多，但对于检验应急程序、联络过程，以及是否能进行有效的协作而言确是一种有效的途径。在组织紧急应变演习准备阶段，一般会成立一个对紧急应变演习效果进行综合评价的组织，这个组织能够监视、控制和报告有关联合行动各方面的实际情况，并对整个演习过程作出综合评价。紧急应变演习过程中出现的失误和不足，以及需要改进的地方，无疑是评论的重点。比较专业性的应急训练一般在专门的训练单位进行，如英国的紧急规划学院、警察学院、消防学院等就是专业的训练机构。训练的方式包括讨论、授课与座谈，而且储存有大量的有关灾难性事故与事件应急处置方面的文字资料和计算机软件、中央政府的信息管理部门协助地方政府与紧急事件应急管理部门信息管理及控制方面的内容。国家的卫生安全部门、紧急护理协会，以及有救护能力的基层医疗单位，都可以开设医疗服务训练方面的课程；社会上的学术机构与组织也在社区、单位等开设相应的专业训练课程，全社会形成了一个相对完整且系统的训练体系。桌面演习的优点是能够设计用于整体的联合行动的指挥与控制系统，也便于讨论提出的问题和评价涉及的问题，但缺点是在调度和通信方面不能进行有效演习。计算机模拟的优点是有利于管理者和实际参与者对灾难发生的环境有一个实际的体验和感受，同时也可以显示未来在应急救援方面可能实现的先进技术。

无论哪种演习，均需要进行详细的检查，其检查项目有：演习的书面计划、目的、内容；集众多部门各自领域的演习计划，统一演习目标；简要列出演习的主要项目与时间表；明确外部机构的可靠性，如媒体与志愿者；列出所需的设施与装备，以及其使用的可靠性，如交通工具等；确认演习所使用的通信工具的可靠性；检查确定演习各阶段的仲裁人；保证现场能够确认演习的指导人员，使其有独立的控制演习的通信工具；如果演习涉及许多彼此相关的活动与功能，要实现让各部门各自做好检查；保证所有的参与人员得到相应的指示；保证所有人员都意识到演习过程中的所有程序都是连续的；如果演习有观众参与，包括媒介，要保证他们能够被识别，而且要让他们知道演习的过程，并保证其安全；如果长时间演习，要安排伙食与其他的卫生设施；如果参与演习的外部机构人员发生意外，要保证其得到赔偿；热情对待媒体、紧急事件控制部门以及对可能受到演习影响的邻近单位，给出演习正在进行的标志；保证高层管理、指导人员，以及仲裁人员和重要的参与者意识到他们所在的位置、时间，计算演习时间；准备一份详细、统一的介绍演习的材料，每一份均应配有具体行动的地址和时间；准备一份清晰而简洁的演习总结报告给所有参与演习的组织；与高级管理人员讨论演习的成果，并对未来的演习计划取得一致的意见；对所有参与演习的人员和外部机构表示感谢。

三、志愿者

英国的志愿者服务起源于19世纪初宗教性的慈善服务。亨利·索里牧师参照德国爱尔伯福利制度的做法，于1869年倡导在伦敦成立了第一个慈善组织协会。志愿者组织（包括单位和个人）具有人力、专业技能和设备等方面的丰富资源，是突发事件应急系统中的一支重要力量。不管是在预防准备阶段，还是在灾难救助阶段，志愿者都会积极参与其中，协助政府开展防灾救灾工作。英国在平时就已建立起一些志愿者组织：一是类似于红十字会、救护车队、军队和妇女皇家志愿服务组织；二是能够提供专家技术的组织，如海上和高山救援组织、圣约翰救伤队、皇家国民救生艇协会、国际营救队、英国医生紧急救护协会、山地营救会、岩洞营救会；三是对受害人及其家属提供感情、心理方面劝慰的组织、宗教协会以及学生联合会、外交使团；四是有特殊技能的个人，如无线电爱好者协会、翻译者协会等。以下简单介绍几种志愿者组织。

（1）英国红十字会。英国红十字会由国际红十字会与红新月运动的成员组成，可以为处于危机中的人提供救济、紧急服务、情感支持以及其他法定机构规定的任务。此外，英国红十字会也是一个急救培训的主要提供者。

（2）圣约翰救伤队。这是一个急救、运输和医疗慈善机构。它提供急救和医疗支援服务，关怀社会需要和教育，培训青少年，支持青少年个人发展。

（3）圣安德鲁斯协会。该协会是一个在苏格兰的急救和培训的慈善机构。

（4）妇女皇家志愿服务组织（WRVS）。WRVS帮助孤独和孤立的人，缓解在危机事件中人们心里的焦虑和恐惧，在应对突发事件中提供专业支援队伍，如发生水灾、火灾、铁路灾害时，24 小时待命。

（5）救世军。救世军不是主要的紧急救灾组织，而是在最需要的时候提供支持。它提供了一系列的心理支持和咨询服务，服务群体是无家可归者、老年人、弱势群体和其他受危机事件影响的人。

（6）克鲁斯丧亲护理工程。这一工程为失去亲人的人提供福祉，缓解他们的悲伤，并弥补他们的损失，提供信息咨询、教育和培训服务。

（7）撒玛利亚受害者支援会。这是一个独立的慈善机构，帮助人们应对犯罪分子的活动，为人们提供免费和保密的信息。

（8）搜索和救援队（SAR）。SAR 为处于危险中的人提供专业支援。他们受过专业训练，反应敏捷，经常在恶劣条件下工作，以挽救生命、减少伤亡。

地方政府“突发事件计划官”负责掌握当地的志愿者资源，其主要职责包括：一是在平时建立和保持与各类志愿者协会的联系，并将志愿者协会编入“地方政府突发事件应急计划”中，使之具有法律效力；二是对志愿者进行资格审查，并出具相应证明；三是地方应急管理部门和志愿者之间达成协议，作出相应的行动；四是按照志愿者的服务范围，确定相应的法定部门和机构与志愿者保持正常的联系与接触，并定期对各类志愿者组织进行突发事件的应急培训及实战演练，以保证他们的应急处置能力。在发生灾害性事故和事件之后，有些未经登记注册的人员和组织也往往希望伸出援助之手，参与应急处置的工作。在这种情况下，地方当局或警察部门通常会在远离现场的地方设立一个临时接收点，根据志愿者的具体情况统一安排其工作。

第六节　英国政府应对突发事件采取的媒体政策

在应对突发事件时，英国有一套既定的规范。对政府来说，首先是在符合国家利益的情况下，以最快的速度发布消息；对媒体来说，则强调自律守法，尽可能获得现场第一手材料，进行准确报道；对公众来说，通过在中小学推行媒介素质教育，培养对媒体信息的判断力，同时还要了解应对紧急突发事件的常识。

一、政府重视在第一时间发布准确信息

首先，英国政府在观念上确信媒体在突发性事件中的地位和作用。在应对突发事件时，英国政府的首要选择是在符合国家利益的情况下，在第一时间发布准确信息。英国政府认为，对重大突发事件，如果处理得当，媒体能在安抚公众情

绪、保持社会稳定上起到非常重要的积极作用，还能帮助政府迅速向公众传达一些重要的建议或指示；反之，如果媒体不能及时得到准确信息，信息的混乱、错误、拖延会在公众中造成非常不利的影响，引起社会恐慌。在突发事件发生时，越早发布消息，就越能阻止谣言和猜测的产生与扩散。

其次，英国政府通过相关的法律制度保障信息的及时、准确发布。英国于2000年通过《信息自由法》，该法具有政治和经济的双重意义。正如英国国务院所指出的，《信息自由法》的主要特征有四个方面：其一，除非有明确规定的豁免和限制条件，广大民众有获取公共信息的权利；其二，即使是在适用豁免的情况下，信息公开也应考虑到公众利益，具体情况具体处理；其三，公共部门（包括政府部门）有积极主动地公开公共信息的义务；其四，通过信息官一职和异议审查会的设立，加强《信息自由法》的实施力度。另外，英国《重大工业事故控制法》等规范性文件也规定，政府有义务将险情告知该区域公众。英国政府与各电台及电视公司都有协议，若遇严重突发事件，政府有权中断节目，广播有关通告并为公众提供安全指导及有关事故的资料。因此，遇到突发事件，公众只需收听本区或英国任何地方的广播，就能得知所需信息和必要指导。

再次，英国政府设立相关机构保障信息的及时、准确发布。比如，为应对SARS及生物恐怖事件，英国于2003年4月成立了英国卫生保护局（BHPA），卫生保护局下设传染病防治部、微生物服务部、传染病监测中心、快速应急部、化学毒品部、企业开发部以及国际科研合作部七个部门。其中，快速应急部负责信息的准确发布和与新闻部门的协调。一些紧急救援部门还建议对专家进行与媒体沟通的训练。另外，英国政府不仅要求参与处理某一紧急事故的部门在发布消息前统一口径，而且要求这些部门对有关这一事故的内部讨论、推测和不同意见都予以保密以阻止谣言产生。

二、媒体强调自律和守法

英国媒体不具备任何特殊的法律地位。除广播、电视等特定媒体外，英国新闻出版业主要采取行业自律的方式进行自我管理，即由新闻投诉委员会制定行业规则、独立仲裁和处理违规事件，法律则是最后的解决手段。凡被判定违规的报刊，必须在显著版面全文刊载新闻投诉委员会的裁定。2004年6月1日起，英国新闻投诉委员会推行了新的媒体报道行为准则，言辞简洁而内容全面。按照这一准则规定，媒体首先必须进行准确报道，这其中又包括以下几项原则：必须注意不能发布不准确、令人误解或被歪曲的信息和图片；一旦出现重大报道失实必须立即在显著版面予以更正，在合适的地方刊登道歉声明；应保持公正，不偏不倚，必须把评论、猜测和事实清楚地区分开来；一份出版物若卷入诽谤事件，必须公正和准确地报道这一诽谤行动的后果。另外，当出现报道不准确的情况时，媒体必须给当事方公平的答复机会。

在与突发事件有关的报道中，这一行业准则规定，如被采访对象正处在哀痛和震惊状态，必须以一种同情和谨慎的态度接触采访对象并询问问题，报道时要格外敏感小心。如果被采访对象拒绝接受采访，不能穷追不舍地提问或追着拍照。进入医院等机构的非公共区域时必须表明记者身份并获得许可，在报道时要符合公众利益。英国新闻投诉委员会没有对公共利益作出明确解释，但指出公共利益应当包括：调查或曝光犯罪和严重不当言行；保护公众健康和安全；防止公众被某一个人或组织的言行所误导。

英国虽无单独的新闻法，但与新闻行业相关的法律很多，其中关系最大的有《诽谤法》、《藐视法庭法令》、《保守秘密法》、《1989 年国家秘密法令》、《淫秽出版物法令》等。《保守秘密法》规定，只有当公开某一消息的公众利益大于不公开这条消息的公众利益时，媒体才可以予以公开。这条法律在英国已成为阻止媒体公开个人信息的一个强有力的法律工具。而《1989 年国家秘密法令》规定，凡从现职或前国家安全亦或情报部门工作人员中获取或者公开有关信息，而公布这种信息有损国家安全的行为，都构成刑事犯罪。

三、突发事件中政府与媒体的协作

随着过去几十年的电子信息革命，在英国等许多国家对突发事件的报道已经从偶然几张现场照片加事后文字报道，变成同步进行的图文互动现场报道。通过卫星电视直播，这一事件瞬间能传遍全球。有鉴于此，英国媒体和政府都认为，在突发事件发生时，越早发布消息，就越能阻止谣言和猜测的产生与扩散。他们还在实践和调查中发现：在突发事件中应尽可能由医生、专家等专业技术人员直接参与消息发布，以增强公众的信任度和稳定公众情绪。

例如，1995 年 1 月，北安普敦郡东部一座农场废料堆里发现了贫铀。当地警方、消防、急救、公共保健、环保署、地方环境健康处、市政议会紧急计划处和全国应对放射性事故规划局有关人员立刻联合开会，评估危害程度，并讨论相应措施。评估结果是，虽然不清楚现场贫铀的数量和辐射程度，但可以肯定这已对公众构成危险，需要核专家处理。当时，核专家还需要几个小时才能到达，但北安普敦郡在专家抵达之前就已经采取了三项措施：通过广播向当地居民播报这一消息；建立健康电话热线；在现场外举行记者招待会。警方还特地要求环境、公共保健和医疗部门各派一位专家参加记者招待会并负责回答大部分问题。接下来的几天里，全英和许多国际媒体记者纷至沓来。但在大部分贫铀被妥善清除之前，当地政府坚持一条原则：参与处理这一事故的所有部门和人员在对传媒发布消息前必须统一口径，以免造成误会、猜测甚至不必要的恐慌。

进入21世纪以来，英国传媒对突发事件的反应速度越来越快。尤其是对具有全国乃至国际新闻价值的突发事件，记者和卫星电视直播车往往能够在十几分钟内赶到现场。这给政府和直接处理有关事件的各部门带来很大压力，因为往往他们还没弄清楚状况，初步调查还没完成，就已经必须举行第一场记者招待会和发布消息。但英国警方认为，再有限的事实、再简单的声明也比谣言强。因此，英国警方往往会在事故之后立即发表声明，哪怕这个声明只有一两句话。

不仅如此，在筹备记者招待会和考虑事故地点安全时，有关部门都会考虑到前来采访的记者和电视直播车数量，考虑到地方报纸和全国性报纸的不同截稿时间要求。在英国，次日发行的全国性日报的截稿时间一般是在晚上5点至6点，而电视早餐新闻时间是早上6点。在北安普敦贫铀事故中，警方急于在下午4点举行记者招待会，其原因就是确保官方消息能够在傍晚的电视新闻播出，并在次日日报中刊发。

英国政府不仅重视发布新闻的时机，也十分重视发布的内容，注意依靠专家发言以获得公众的信任，但要求专家尽量简洁和浅显地描述事件的危险程度。一些紧急救援部门还建议对专家进行与媒体沟通的训练。与此同时，英国政府还尽量运用媒体作为公众了解情况和向公众发布警告信息的渠道。如在北安普敦贫铀事故中，警方利用记者发布会等渠道公布建立健康热线电话的细节，并在当地报纸和广播电视中广泛播出，收到了很好的效果。

背景与资料
美国学者麦尔文·曼切尔在《新闻报道与写作》一书中，列举了灾难报道应具备的基本要素。
在灾难中，记者必须收集到的资料包括：灾难的成因及覆盖范围；目击证人情况；政府部门及警方对灾难的说明；政府的反应及介入方式；国家有关安全方面的政策；受害者的姓名、年龄、联络方式等资料；灾难发生的时间；随着事件发展，锁定救援、医疗议题。
在报道中，一般来说应该包括以下内容：伤亡人数、医疗单位状况、最新救援情况、灾难发生的日期和时间、灾难发生背景、导致灾难发生的因素、最新调查结果、生还者的口述、目击者的口述、过去类似的历史经验、灾后复原的最新情况。

四、普及应对紧急事故常识，推行媒介素质教育

2005 年夏天，英国内政部向全英每户家庭寄送《紧急事故指南》，帮助公众为紧急事故做好适当准备。这一指南中的一项指导原则是：除非火灾等特殊情况，否则在紧急事故发生时，公众应留在屋内收听广播。这一指南对应对紧急事故的建议十分详细，包含很多重要原则，如“确保已拨打电话 999”、“先检查有没有受伤——记着在尝试帮助别人之前，首先要帮助自己”、“设法保持冷静，先想清楚再行动，并设法安慰其他人”等。

近几十年来，英国还从中小学开始推行媒介素质教育。所谓媒介素质教育，即教导学生正确理解、独立判断、接收并分析大众传媒传递的信息，培养学生具有健康的媒体批评能力，充分利用媒体资源完善自我，参与社会发展。这是英国中学生的必修课程，课程内容包括什么是媒体机构、谁在传播、传播什么、为什么传播、媒体类型、文本分类形式、如何理解媒体信息的含义、媒体传播动机与效果的关系等。

第七节　英国政府应急管理中的国际合作

一个国家的应急响应能力与几个因素相关，包括灾害的易发性，地方和地区的经济资源，政府的组织体制，技术、学术与人力资源的供给等。但是，在巨灾面前国家缺少响应能力，这种情况日益增多，并呼唤着外援。国际合作是应急管理综合性特征在全球经济化时代的新表现，即要整合国内与国际力量以应对可能发生的巨灾。

近年来，随着国内外重大事故的发生，英国密切加强与世界其他国家的应急合作关系。英国参加了一些国际重大事故的救援，向受灾国提供了大量援助。如在 2004 年 12 月 26 日发生的印度洋特大地震海啸灾害中，英国向班达亚齐派遣了救援人员和军队，提供了 1 500 万英镑的援助。2005 年，援助非洲发展和改善全球环境会议在苏格兰召开，八国集团同意分别向非洲和巴勒斯坦提供 500 亿美元和 30 亿美元的援助。在打击恐怖主义、帮助贫困国家解决经济危机、全球气候问题等方面，英国也作出了一些贡献。

英国参加了一系列有利于各国共同应对重大突发事件的国际会议。以反对恐怖主义为例，2005 年 9 月 14 日，联合国安理会举行首脑会议，一致通过了由英国提出的关于反恐问题的第 1624 号决议，要求各国立法禁止煽动恐怖活动的做

法。该决议指出，煽动恐怖行为的做法将破坏所有国家的社会和经济发展，危及全球稳定和繁荣，联合国和所有国家必须积极主动地采取措施防范这种行为。决议对煽动恐怖行为的做法予以最强烈的谴责。决议规定，各国应立法禁止煽动恐怖活动的做法，并拒绝为涉嫌此类行为的人提供庇护。此外，英国等国分别通过了《防止大规模杀伤性武器扩散以及核、放射性、生物和化学恐怖主义的行动计划》和《防止大规模杀伤性武器及其运载工具扩散战略》。

2006 年 10 月，“打击核恐怖主义全球倡议”首次会议在摩洛哥拉巴特召开，英国作为该倡议的 12 个创始国之一参加了会议。会议通过声明强调：必须制止恐怖分子拥有、运输或使用核材料和放射性材料，防止其对核设施采取任何破坏行为。

2008 年 6 月 12 日，英国参加八国集团发展部长会议，会后发布主席国声明：各与会国和国际组织将兑现承诺，协助发展中国家发展经济、战胜金融危机；与会方将遵守在 2005 年鹰谷峰会时确定的政府开发援助和国际援助承诺，实现联合国千年发展目标；与会方将加强合作以帮助发展中国家应对金融危机，并将特别关注这些国家的弱势群体；与会方支持并鼓励发展中国家发展社会保障机制，以保护受金融危机冲击最严重的弱势人群；与会方鼓励发展中国家进行改革，完善规章制度，促进金融市场发展。非洲议题是此次会议的重点。会议主办方、八国集团轮值主席国意大利还提议将在海外工作的非洲工人寄往家乡的汇款手续费减少一半。

2009 年 4 月，英国参加了在意大利北部召开的八国集团农业部长会议，这是八国集团首次举行农业部长会议。2008 年小麦、大米价格暴涨，导致 30 多个国家发生民众抗议和骚乱。虽然国际市场粮食价格随后又暴跌 50%，可是依然高于危机前。这一会议报告指出，世界粮食价格的波动依然是食品安全的关键所在，有必要迅速提高发展中国家的粮食产量。世界农业论坛主席、新西兰前总理博尔格认为，八国集团农业部长会议意义重大。

2009 年 6 月 9 日至 11 日，英国参加了在土耳其伊斯坦布尔召开的第 16 届国际应急管理学会，会议主题是“新方法在国际洲际间紧急事件当中的应用”。会议分大会报告和专题报告两部分，主题涉及地震、火灾、水灾、飓风、新技术的培训和演练、危机管理、应急预案等方面。

世界上最大规模的防务展——英国国际防务系统及设备展，于 2009 年在伦敦会展中心举行。来自 40 个国家的 1 300 多家公司携最新研制的国防产品参加了这次展会，其主题是“21 世纪战争的三条战线”。英军士兵们演示了使用最新装备完成战斗、维护稳定、人道主义支援三大任务。这些装备包括侦察套装、轻型装甲巡逻车、拆弹装置、通信设施、饮水净化器、战场救生装备等。

英国还参加了2009年12月7日至18日在丹麦首都哥本哈根召开的联合国气候会议，商讨《京都议定书》一期承诺到期后的后续方案，就未来应对气候变化的全球行动签署新的协议。英联邦政府首脑会议28日发表《西班牙港气候变化共识：英联邦气候变化宣言》，强调在哥本哈根联合国气候变化会议上各方应该达成有法律约束力的协议，发达国家应该对欠发达国家给予帮助，尤其是资金援助。

第八节　英国政府应急管理的典型案例

一、英国伦敦地铁爆炸事件

1. 事件经过

2005年7月7日上午，英国伦敦地铁发生一连串爆炸事件。第一起爆炸于8点51分发生在伦敦市中心金融城的罗素广场地铁站和国王十字路地铁站；紧接着在莫尔门站、艾德门和利物浦街地铁站之间发生爆炸，随后塔威斯多克广场也发生爆炸案。根据伦敦警方公布的数字，爆炸至少造成56人死亡，700多人受伤。英国首相布莱尔随即离开八国集团峰会紧急返回伦敦处理这一突发事件。

7月21日，伦敦又发生四起连环爆炸。除了地铁站，伦敦26路公交车也发生爆炸。英国政府和伦敦市府采取了大量的事前预防、事中控制和事后处理等安全应急措施，开展了非常有效的危机预防、危机管理、危机救济和危机恢复工作，通过科学的公共危机防范意识、快速协调的危机应急体系、属地化的危机管理负责制、畅通的危机信息渠道和开放式的危机管理合作机制，使恐怖爆炸袭击事件对整个英国的政治环境、社会环境和经济环境等方面所造成的损失和破坏减小到较低水平。

2. 英国政府处理突发事件的特点

（1）居安思危，未雨绸缪，树立和普及科学的公共危机防范意识。

伦敦爆炸事件在刚发生时伦敦城区就已基本瘫痪，但它并未造成混乱和恐慌，伦敦市民在撤离和救援中也表现出了很好的心理素质和实际应对能力。7日上午第二个爆炸点是行驶在国王十字车站和罗素广场间的地铁，当时乘客们一直想办法自救和互救。救援人员20分钟后赶到，最先来的不是军警，而是地铁工作人员，他们带着乘客进入一条地道，平安回到车站。受伤者并没有惊慌失措，在受袭地铁站里，仍然井然有序，走得慢的往右边，走得快的往左边，没有发生践踏和骚乱。

英国政府经常组织有针对性的演习活动，尤其是在危机易发地点。此次伦敦地铁爆炸事件中，市民之所以表现出很高的素质，重要原因之一就在于此次事故之前，英国警方和情报部门很早就认定伦敦将成为恐怖袭击的目标，而且早就把重点放在伦敦地铁上并多次组织演习活动。2003 年 9 月 7 日，伦敦举行了自美国“9·11”事件以来的首次反恐演习，就是针对提高地铁系统受到大规模恐怖袭击后的反应能力。

（2）迅速反应，全局调控，有效启动危机应对方案。

英国应急体系分工明确，非常重视预防灾害。其应急管理包括风险评估、灾难预防、做好应对准备、执行应急措施和灾后恢复五个部分，各部门各司其职，既有分工又有合作。突破传统行政管理体制的局限，能对外界变化作出快速准确的反应，保证常规状态下行政管理体制的正常运转，同时建立了启动特定危机环境下的快速反应机制，内阁紧急应变小组、公共紧急事务秘书处、公共紧急事务委员会、卫生部、消防部等国家部门，志愿者以及各行业的专业人员各司其职，协同应对袭击。在有限的时间和严峻的状态下，采取权变的管理方法发挥非程序化组织机制的效用，实现管理与环境的生态平衡，减少形式主义和官僚主义。

7 月 7 日上午，接到地铁爆炸的消息后，政府有关职员在第一时间赶往唐宁街 10 号内阁每星期例会会场进行报告。由于首相布莱尔正在苏格兰主持八国集团首脑会议，副首相约翰·普雷斯科特立即召集内阁紧急应变小组开会，启动了预算为 20 亿英镑的反恐预案。内阁成员通过秘密通道转移到防爆地下掩体内，在那里聚集了军事情报五处、军事情报六处、警察首脑联合会以及政府首席科学顾问。同时，英军收到在伦敦街头采取行动的命令，以防首都遭受袭击。警察、消防员、护理人员以及各家医院进入完全戒备状态。由爆炸和法庭科学专家组成的专家小组也应召待命。另外，内阁紧急应变小组在爆炸后立即发布地铁电力故障的消息，有意宣布爆炸是因为“用电达高温”所致，避免了恐慌的居民涌上街头，为营救和调查赢得了时间。

英国政府依法从政、依法管理的观念根深蒂固，即使是突发事件也要纳入法律体系内进行审视。这次爆炸事件后，议会立即反思相关的法律法规是否合理，并着手开始准备制定新的、更为严厉的反恐法。根据 2004 年的《反恐法》，英国不得无限期拘留外籍恐怖嫌疑人，而是通过一系列控制令，对证据不足的英籍和外籍恐怖嫌疑人进行严格管制。此次爆炸事件说明该法规显然不足以遏制日趋严酷的恐怖活动。英国宪政事务大臣兼上院议长福尔克纳勋爵在接受英国广播公司记者采访时说：“我们要吸取教训，这就是为什么我们准备出台这些新法规。”这次危机管理验证了英国立法体系有非常良好的运转、更新和监控能力，能够从制度上保证危机管理的有效经验不断积累，从而实现转“危”为“机”。

(3) 属地救济，全民动员，伦敦地方政府全面负责。

英国的应急管理坚持“分级响应、重心下移”的原则，拥有从国家到地方的多级管理机构、分布在不同层次的指挥机构和救援力量。根据灾害的种类、规模、发生的可能性、社会影响程度等因素，英国实行分级管理，规定相应级别的机构启动指挥系统实施救灾，尤其注重属地救济，提高公共危机“第一反应人”的应急能力，避免条块分割、推诿扯皮，真正做到应急管理中的属地化。

英国中央政府应对具体灾难的一个主要原则是：灾难发生后，一般由所在地方政府主要负责处理，而不是依赖国家层面的机构。伦敦发生多起爆炸并造成严重伤亡后，伦敦市政府立即启动了一套完整的、经过检验的紧急应对方案，包括军队在内的相关部门皆行动起来。警方封锁事故发生地铁站周围，并及时向伦敦市民发出警告，要求市民尽量不要上街。有标志和没有标志的警车带着特殊装备赶赴爆炸现场。200 名消防员和 40 辆消防车也奔赴现场。戴着呼吸装置、身穿防护服的消防员深入地铁隧道实施救援。与此同时，伦敦急救部门派出 100 多辆救护车把伤员送往医院。伦敦 7 家医院转入重大事件运行模式，位于市中心的英国伦敦大学附属医院离整个出事地点非常近，许多受伤者被送往这里进行抢救。对于大部分伤势严重的伤员，医护人员就在街头及地铁站台上进行紧急救护。所有的伦敦医院都拉响了事故警报，而游客也被警告勿前往伦敦旅游。同时警方立即对此次爆炸加紧调查，并很快找到了爆炸装置的线索。另外，一旦认为恐怖分子使用电话应爆炸弹，关闭通信系统的应急方案则将启动。各个部门在中央和伦敦市政府的统一指挥下，在第一时间作出了有效反应。

除了政府机构外，伦敦当地的非政府组织也积极投入危机救济中，自发开展对民众的安抚工作。在事故发生的一个地铁站附近，一家慈善机构对公众敞开大门，提供免费的茶、咖啡和电话，收音机也一直开着。在临时安抚中心内，有深受爆炸事件惊吓的民众，也有因为交通中断而无处可去者，在这里他们获得了一定的慰藉。

(4) 建立畅通、快捷的危机信息传播和获取渠道。

英国政府和社会各界非常重视公众信息渠道的维护。据报道，爆炸发生不久后，由于太多的手机用户同时发信息或者打手机，造成伦敦部分地区手机通话瘫痪。为了保证突发事件应对过程中的通信顺畅，英国最大的通信供应商沃达丰启动备用通话宽带，果断关闭英国部分地区的手机用户，尽量保证灾区的通话宽带，保证伦敦灾区的通话顺畅。

政府在信息渠道的营造和引导中扮演了积极的角色。爆炸发生后不久，就有所谓的“欧洲基地组织”承认是自己所为，并欢呼爆炸是穆斯林的巨大胜利，英国的穆斯林马上就成为一些人发泄的目标。英国穆斯林委员会收到 1 000 多个带有恐吓以及仇恨内容的电子邮件，其中几个提到英国各地都将开始反穆斯林战争。首相布莱尔闻讯，立即发表声明，指出正派的回教徒是不会搞恐怖行动的，爆炸事件是由有极端和邪恶的意识形态的回教徒造成的，其根源在于对回教教义的曲解。媒体对首相的讲话给予全面的报道，从而避免了国内爆发进一步的民族、种族冲突。伦敦市长利文斯通则通过媒体对公众说，人们对生命的渴望和对自由的追求将战胜爆炸者。他在7月11日早晨上班的高峰时分乘坐地铁，用自己的行为证明自己的誓言——“伦敦不会屈服”，同时鼓励伦敦市民恢复正常活动。政府的这些正面引导，极大地鼓舞了士气，稳定了民心。通过畅通的信息沟通渠道，英国民众在危机面前很快消除了恐惧感，表现出超常的冷静和团结，不同宗教信仰和文化背景的人们之间没有筑起怀疑和误解的高墙，相反，人们比以往更加互相关心。

英国电视、报纸、广播在危机事件中也表现出很高的素质。爆炸案发生的第二天，英国各媒体几乎都刊登和播报了各种人种、各种宗教背景受害者的头像，有的报纸特意挑选回教徒受害者的照片，告诫人们恐怖袭击者的目的是离间文明社会的和谐共存，让人人自危、彼此怀疑。评论家们更是呼吁人们保持冷静，应更好地了解邻居、了解其价值观和期待。也有专栏作家提醒英国人要避免马德里火车爆炸事件后所出现的社会分裂和政治内讧。回教学者撰文指出，制造恐怖不是回教的教条，和谐生活才是他们共同的愿望。《太阳报》指出英国人绝对不会被击倒。该报发表社论说：“凭着纽约、华盛顿、巴厘岛、内罗毕、马德里和现在的伦敦的名义，我们应该进行报复并将罪犯绳之以法。”

（5）毫不松懈，加紧追捕凶手，防止危机复发。

英国侦破专家展开伦敦有史以来最大规模的线索搜寻活动，超过1 000名警察奉命加入专案组，英国最为秘密的军事情报机构“特别侦查团”也派人缉拿真凶。英国交警在整个铁路往火车站入口收集了将近100万张用过的火车票，希望在一些车票上发现乘火车进入伦敦的凶手的指纹。他们下到地铁里，用棉签搜寻爆炸残留物，希望能借此确定炸药的类别，对所有爆炸现场有关的电视监控录像一一细看，寻找凶手的蛛丝马迹。与此同时，法庭科学鉴定专家对数千残骸加以“过滤”，寻找哪怕是最不起眼的弹片，借此确定炸弹的精确模型。他们对织物残片也不放过，希望能找到携带炸弹的运动带或帆布背包。军情系统除了解国内外相关情况外，还重新审视了2000年以来截获的所有通信记录。当把从地铁和被炸巴士车上找到的个人身份证、银行信用卡与闭路电视录像、炸药遗留物、DNA检测结果、举报线索一一对比后，警方很快就确认爆炸案是由英国青年制造的，他们首次在英国发动了自杀式炸弹攻击，其中三名是巴基斯坦裔。

英国大小街道和铁路都加紧全方位的安全工作，尤其是在地铁上采取了一系列的安全加固措施，弥补那些易被恐怖分子发觉并利用的显著缺陷，包括：修复“障碍系统”上的缺陷，为铁路交通工具周边环境提供更多的控制；改善照明设备，既能阻止恐怖分子，又可以改善交通工具的视野；安放抗爆炸垃圾箱，借以减少在垃圾箱里安放炸弹的可能性，同时保证旅客有地方处理垃圾；安装闭路电视，给安全人员提供更好的、遍及整个交通工具的监控系统；提高对于无主包裹的危险性警觉，并提高紧急情况下疏散人员的能力。这些高度负责、谨慎、精细的防范措施保证了危机不会再次发生，也极大地安定了民众情绪，保证社会生活的有序进行。

(6) 开展式地联合多方力量开始追击活动。

英国有丰富的侦探技术和文化传统，也有对付爱尔兰共和军的反恐经验，但面对伦敦爆炸案，英国人仍然采取开放的心态来对待。伦敦爆炸案发生后，警方立即公布了反恐热线电话，希望公众能够将任何可疑线索反映给警方。依靠大众办案，是英国警方惯常使用的方法。英国广播公司每周都与警方合作办一个电视节目，将日常刑事案件模拟出来，提供举报电话。热线电话公布不久，一名回教徒家长举报自己的孩子失踪，为破案提供了有效的线索。

同时，英国警方和情报当局邀请来自欧洲、美国、中东和南亚的情报专家通力合作，提供援助，伦敦爆炸案调查成了“二战”以来最大规模的国际情报和技术合作。7 月 10 日，在英国警方的邀请下，来自世界 32 个国家的 100 位情报首脑聚首伦敦，共享反恐情报，同时协助英国全力以赴侦破伦敦爆炸案。出席会议的情报首脑来自法国、意大利、澳大利亚、以色列、美国、捷克、日本、荷兰、土耳其、瑞士和西班牙等国家。其中，英国特别重视侦破了马德里爆炸案的西班牙情报首脑。

3. 英国政府在处理伦敦地铁爆炸事件中的不足之处

(1) 过高的经济成本。

两次爆炸后，1 000 多名警官一周七天每天连续工作 12 个小时，追捕制造此次爆炸案的元凶。伦敦警察的调查开支高达每日 50 万英镑。每个星期四，伦敦警察局更是出动 6 000 名全副武装的警察，到地铁和铁路干线进行系统的巡逻，费用超过了 200 万英镑。伦敦警察局的财政主管们不得不考虑前一年结余的 1 400万英镑预备金和当年 4 月内政府拨出的 1 400 万英镑反恐经费。伦敦警察局除向政府申请额外的反恐经费外，还拟提请政府通过征收伦敦市民的“反恐税”，让民众为额外部署弹力埋单，但这遭到英国民众的强烈质疑。

(2) 人力消耗过大。

由于担心恐怖分子再次发动袭击，伦敦的恐怖威胁级别仍旧停留在第二高的位置，警方需要布置大量人力、物力、财力加强安全戒备。尽管 7 月 21 日爆炸发生后，英国警方逮捕了37名嫌疑犯，但是还不得不在伦敦大街上继续保持一定的巡逻警察。其中1 000名警官一周七天，每天12个小时轮班替换追捕爆炸案的幕后黑手；还不得不从其他部门，比如有组织犯罪侦查部门、大谋杀案调查部门抽调人手来替换早已疲惫不堪的警官们。

（3）草木皆兵的危机防范。

对恐怖分子高度戒备的氛围下，一股急躁不安的情绪开始在伦敦弥漫。7月22日，一位名叫梅内塞斯的巴西青年在斯托克韦尔地铁站惨遭英国警察枪杀。警方事后辩称，梅内塞斯身穿不合时宜的黑色棉夹克，肤色可疑，行色匆匆。他听到警方警告后，转身急速跳过检票口，并跑入一辆正好到站的地铁内。为防止他“引爆炸弹”，警方才向他开枪。可是电视台图像显示，他没有背包，走路的速度很正常，还停下来拿了免费报纸，并没有跳过检票口。有目击者称，他被制服后，警察仍然对他开了枪。误杀事件引起了轩然大波，国内外众多人士对伦敦警方草率的枪击行为予以抨击。

二、疯牛病危机

1. 疯牛病危机经过

疯牛病起源于1986年10月25日。位于英国东部的阿福什德镇的奶牛发病之初无精打采，站立不稳，步履踉跄；到后期口吐白沫，倒地不起。经权威兽医确诊，这头牛患的是疯牛病。同年，英国80个农场发现95起疯牛病病例，1992年达到最高，为44 844起。从1990年开始，相继发现了猫和猪感染疯牛病的案例；1996年，确认疯牛病会传染给人类。到2002年5月6日，英国有89人死于与疯牛病有关的新型克雅氏疾病。英、法、德等民众通过抗议、示威等各种形式表达对政府危机管理的不满，疯牛病危机从经济危机升级为社会、政治危机。1996年3月27日，欧盟理事会禁止英国出口牛肉及相关产品。1996年6月21日，欧盟成员国政府首脑会议签署《佛罗伦萨框架协定》，要求英国在达到以下先决条件的基础上，取消对英国牛肉进口的限制：淘汰性屠杀有被感染危险的动物；改善英国的动物身份证和追踪体系；立法禁止将哺乳动物的肉和骨头用于动物饲料；屠宰30个月大的牛；有效清除屠宰后动物尸体残留的危险材料。欧盟还采取了其他措施：1997年4月1日开始实施关于处理动物废料的“严格加工标准”；1998年5月1日开始对检测、控制和消除疯牛病实施“积极监督”。这使消费者对牛肉安全和消费的信心回升，但2000年爆发在德、法等国家的新一轮危机又使消费者丧失了信心。

2000年2月初，欧盟各国农业部部长开会时一致认为，疯牛病危机对欧盟的经济和社会压力已经达到“紧急状态”。2000年10月，法国一些超市发现被怀疑染有疯牛病病毒的牛肉。法国牛肉出口锐减，农牧民损失惨重。法国政府面临重大社会压力，一方面要控制疯牛病蔓延，一方面要帮助牛农渡过难关。接着，西班牙、德国、意大利也发现病例，整个西欧陷入了一场严重的疯牛病危机。2001 年 2 月 22 日，法国农牧民在第 38 届巴黎国际农业博览会上举行抗议。

疯牛病危机使欧盟内部的贸易摩擦增加。最明显的例子是“英法牛肉大战”。欧盟于 1999 年取消了英国牛肉的出口禁令，法国政府拒绝解禁。英国认为法国在实施贸易保护主义政策。为此，英国一些进口商对法国的水果、酒类和其他食品进行抵制，对两国贸易产生了不利影响。欧盟内部围绕共同农业政策的分歧进一步扩大，有些成员国要求从农业预算的其他项目中拨出资金用来支持养牛业；有些成员国认为，这样会影响更多成员国的利益，造成欧盟农业政策的混乱。欧盟委员会负责农业事务的委员费施乐甚至表示要重新审查共同农业政策。德、法政府则主张修订农业政策，重新确定农业政策目标，主张根本性的转变。他们还提出重新安排农业援助问题，将农业财政支持与遵守消费者保障权益、环境保护和动物保护的各项标准挂钩。欧盟内部边境开放后，由于取消了各种检查措施，使疾病传播更加广泛。疯牛病危机的扩大对欧盟产生了消极影响。2000 年 6 月，欧盟与首批候选国在谈判涉及最敏感的农业补贴和劳动力自由流动等问题时，由于各方立场不同而陷入僵局。中东欧申请国大多是农业国，其目标是从共同农业政策中获得补贴。而在乌拉圭谈判达成的最后协议中，欧盟必须减少对农业的高补贴政策。

2002 年初，伦敦皇家科学技术和医学学院一批流行病学家作出最新估计，在 2000 年至 2008 年期间，英国仅因为食用受疯牛病污染的牛肉而死亡的人数将逐步上升到 5 万人，最多可达 10 万人。实验室检测已经证明，通过给羊注射受感染的牛脑物质或者投喂受感染的饲料，可以把疯牛病传染给羊。如果真是这样，死亡的人数可能增加 20% 至 50%。2001 年研究的初步发现表明，1% 的羊可能感染了疯牛病，使人们担心全英国的 4 000 万只羊可能被屠宰。2002 年 5 月 23 日，疯牛病监管协会建议消费者不要食用羔羊肉、羊肉和山羊肉。科学家预言，新型克雅氏疾病的潜伏期可能长达数十年，疯牛病对人类的影响是长期的。

2. 英国政府在疯牛病后期危机管理的成功之处

（1）较重视沟通信息。政府危机管理与传达危机信息的渠道畅通，定期向公众和欧盟委员会通报危机管理的进程。

（2）重视危机研究机构各部门间的合作管理。通过各类研究机构使公众正确理解危机，避免过度恐慌，提高对危机的反应能力。各机构共同分享有关危机的情报，通过对危机管理人员进行培训等手段，提高管理和传达危机信息的技术水平，规定由环境、食品和农村事务部主要负责危机的管理。

(3) 采取了一些具体有效的措施来保障食品安全。加强对疯牛病的研究；屠宰感染牛群；保护牛肉市场；发放屠宰补贴；提高消费者的信心；进行市场干预性购买，维系牛肉的价格体系；由政府向整个行业注入资金，支持私人公司重组等。

(4) 与欧盟和其他国家协调，防止危机扩大与恶化。英国政府力求恪守欧盟《佛罗伦萨框架协定》以争取解禁，重整英国牛肉产业。鉴于英国政府危机管理取得的成效，欧盟于1999年8月1日，解除了英国牛肉出口的禁令。

3. 英国及欧盟对疯牛病危机在管理上的教训

(1) 不听忠告，自欺欺人。英国政府一方面委任专家对疯牛病的原因进行调查研究，另一方面又表示并无任何证据显示疯牛病可以传染给人类，想以此安定人心。农业大臣甚至公然在电视里表演吃牛肉汉堡。直到1996年3月才正式承认疯牛病会传染给人类，但为时已晚。英国政府危机初始管理失败，直接导致危机的蔓延及连锁效应。

(2) 南辕北辙，错上加错。在未明确向牛农、牛肉经营者与消费者传达危机严重性的同时，拒绝以市场价格收购病牛，牛农不甘心亏本，于是将有可能染病的牛另找销路出售，从而造成大量疯牛流入市场。

(3) 目光短浅，造成后患。英国政府虽然在1988年认定动物饲料的蛋白质是引起疯牛病的最大嫌疑，但直到1996年，才正式全球性禁止这种饲料出口，此时整整延误了8年。为降低眼前的经济损失，没有采取果断措施，致使多达70个国家和地区进口了可能感染疯牛病病毒的蛋白质饲料。

(4) 反应迟钝，管理滞后。1990年，德、法、奥地利等国已经开始禁止进口英国牛肉，并向欧委会提议使欧盟实施这一措施。但是，欧委会并未意识到问题的严重后果，一方面同意采取保障公民健康卫生的措施，另一方面却威胁要在欧洲法院来判断成员国的禁令是否合法，迫使各国不得不取消禁令。1996年当得知人也会感染疯牛病时，欧委会才意识到危险的严重性。此时，疯牛病危机已经爆发了10多年，所能找到的解决方法也已经过时了。

(5) 机制缺陷，无人问津。疯牛病危机的扩大与爆发，暴露了欧盟缺乏对区域内危机特别是欧盟内部问题的系统研究。欧盟下设24个总司，其对危机的研究与管理几乎都集中在军事、安全领域。没有设立一个总司负责保护欧洲的公众健康，这是疯牛病问题爆发之初在欧盟无人问津的原因。

三、英国2001年“口蹄疫”危机

1. “口蹄疫”危机概况

英国是世界上主要的旅游目的地之一。据统计，在“口蹄疫”爆发之前的

2000年，英国共接待国际游客0.252亿人次，国际旅游收入为190亿美元，在世界排名第5位，仅次于美国、意大利、法国和西班牙。

然而，2001年由农场牲畜所造成的“口蹄疫”却对英国旅游业的国际市场造成重大影响。由于“口蹄疫”的高度传染性，特别是在羊、牛、猪等牲畜中的高发病率，使得英国农场主无法售出其肉、奶及皮毛制品等农产品。最早证实的第一例“口蹄疫”出现在2001年2月，随后在英国许多农场都发现有此病例。到2001年3月，英国“口蹄疫”疫情的有关发展情况如下：确认病例435起、已宰杀牲畜272 824头、等待宰杀的牲畜130 634头、已焚烧的牲畜尸体190 284头。随即，英国农业当局下令在受感染地区进行检疫，并命令受感染地区及周边地区的农场主宰杀所有牲畜，对那些曾访问过疫区的人们的鞋及交通工具进行全面消毒处理。

在“口蹄疫”爆发期间，英国政府有关当局还通过广播、电视、报纸，特别是互联网颁发了一系列公告，限制游客进入疫区及周边地区，关闭了大量的国家公园和自然保护区，取消了一系列的大型活动，甚至推迟了大选。由于大量的公园、花园及乡村地区禁止人们进入，很快，这场“口蹄疫”的危机转化成了一场旅游危机，并直接导致英国旅游业在2001年的大滑坡，使英国入境旅游遭受重大打击。同时，由于对部分乡村地区限制游客进入，也对英国旅游局的一系列乡村旅游推广活动（如“英国花园”等）造成负面影响。此外，由于越来越多的国家对访问英国的回程游客甚至其所携带的行李采取严格的检疫消毒措施，使游客产生不满，再加上英国当局本身采取的一系列限制措施，这些都阻挡了一些潜在游客访问英国。

2. 英国旅游局针对“口蹄疫”危机采取的措施

英国旅游局采取的措施主要包括一般措施和媒体措施。

（1）一般措施。

英国旅游局在“口蹄疫”爆发后，积极制定了一系列措施，并分阶段实施。

第一阶段：短期应急措施。英国旅游局在“口蹄疫”爆发初期，首先采取措施，收集信息，向公众提供最新的疫情和各旅游景点情况。英国旅游局还委托全球著名的公关公司GCI负责与国际媒体及各主要客源国的旅游企业联系，通报信息。在这一阶段，英国旅游局网站成为其最主要的传播工具。另外，英国旅游局还专门邀请了世界40家最主要的旅游公司负责人，召开了一个“高层论坛”。英国首相布莱尔参加了论坛并和与会人员一起对英国主要旅游景点地区进行了视察。英国旅游局希望这些国外旅游企业高层主管回到自己国家后能成为“英国旅游大使”。与此同时，英国旅游局还组织了一系列重大活动，将公众的注意力放在正面宣传活动上。例如，2001年4月，在英国西南部的Cornwall，名为“Eden”的旅游推广项目正式实施。这个活动主要以大规模植物展览为主题，展示了来自世界各地近85 000种不同品种的植物，吸引了全世界环境爱好者的广泛注意，并已成为英国生态旅游活动的主要组成部分。可以说，在“口蹄疫”爆发期间，“Eden”项目的实施至少对英国乡村旅游业损失的减少和恢复起到了重要的促进作用。

第二阶段：中期措施。这一阶段主要是与各主要航空公司、旅行公司及酒店集团协作，针对某些特定的客源国市场（如美国和加拿大）制定一系列市场促销战略，吸引这些国家的游客重返英国。促销活动包括邮寄宣传材料、参与推广各种体育比赛活动、组织商务论坛和各种艺术展览等。另外，英国旅游局还作出了一个重要的战略决策，即参与赞助转播著名的英国足球联赛，在转播联赛的节目中，穿插了许多英国著名旅游目的地的画面，收到了很好的效果。

第三阶段：长期发展战略措施。在这一阶段，英国旅游局重新开展各种不同的主题宣传活动，特别是2002年的庆祝英国女王伊丽莎白二世登基50周年的大型庆典活动及在曼彻斯特举办的英联邦国家运动会，吸引了大量英联邦国家的游客。同时，还与英国政府其他部门，如体育部、文化部、外交部等建立了密切的合作关系，这些部门都积极参与帮助推广英国作为旅游目的地的促销活动。如前所述，英国旅游局与世界各主要航空公司及旅行公司建立了密切的合作伙伴关系。通过这种伙伴关系，在“口蹄疫”危机爆发期间，英国旅游局鼓励航空公司和旅行社降低价格，特别是在美国、西欧及日本市场，其降价幅度更大，因为这些地区的客源下降幅度也最大。然而，一些乡村地区的旅行社及酒店业主却希望提价以补偿因“口蹄疫”危机所遭受的损失。所以，尽管英国旅游局与全球各大旅游企业的合作关系在“口蹄疫”危机控制方面得到了体现，然而在基层的旅游景点地区，这种合作关系还不明显。有鉴于此，英国各州或县一级的政府部门对私营的一些规模较小的旅游经营商提供了一些补贴，以减少他们的损失。

（2）媒体措施。

在“口蹄疫”爆发初期，国际媒体就进行了广泛的报道。很快，这一疫情危机就转变成了“乡村危机”和“经济危机”。英国当局大规模宰杀和焚烧牲畜、关闭旅游景点、强制游客及车辆进行检疫消毒、环保组织和农民的抗议活动、大型节庆活动的取消等，都成为国际媒体在2001年2月至6月的报道主题。

针对这种情况，英国旅游局采取了一系列宣传手段向外报道英国旅游的正面形象。在此期间，英国旅游局特别重视利用互联网和群发电子邮件的传播方式。为了加强其所发布信息的可信度，英国旅游局还采取了一系列与其他媒体合作而不是对抗的方式，如邀请国际新闻界的记者访问疫区，以取得第一手资料，并力图向记者们强调疫情的报道对英国乡村经济的重大打击，包括旅游业收入的减少、失业增加等，以试图引起记者们的同情。这种巧妙的公关方式，也使得英国本土的媒体自发地发起了一系列运动，鼓励英国人在国内度假、旅游，用国内旅游抵消国际旅游的负面影响。这些由英国本土媒体发起的运动得到了英国各级旅游部门的支持。至2001年6月，“口蹄疫”疫情的负面报道已大幅度减少。

四、伦敦西北部普斯菲尔德镇油库爆炸

2005年12月11日，英国首都伦敦西北部普斯菲尔德镇油库接连发生爆炸并引发大火。这是自1974年以来，英国乃至欧洲发生的最大的一次工业设施爆炸事件。该油库是伦敦希思罗机场的主要供油中心，是英国第五大油料储备中心，设有大约20个油罐，每罐可储300万加仑汽油。英国石油公司、TOTAL等大型石油公司常年在这里储备石油。爆炸事件发生后，英国政府处理及时、方法得当，未引起连锁反应，也未引起社会恐慌和供应紧张，其处理危机的一些做法值得我国借鉴。

1. 充分利用现有法律和社会体系保证救援

英国是全世界工业安全生产记录最好的国家之一。1974年，亨伯赛德郡一化工厂爆炸导致28人死亡。此后，英国政府加强了对大型工厂企业的管制。1999年又颁布了一套完整的法规，明确规定事故发生后警方、消防和企业等方面的责任，有效保证了参与救援的各部门在开展工作时能充分地协调合作，从而提高救援效率。

2. 充分发挥各种媒体的作用，及时公开报道

从爆炸发生开始，英国当地警方、消防局和卫生部门就纷纷召开新闻发布会，及时介绍事件进程和救援情况。同时，各部门分别开通热线，接待公众问询和媒体采访。相关部门的新闻办公室的工作效率和应答速度都比往常要快。第一次爆炸发生后，当地警方即通过电视向居民发出通告，要求关紧门窗，以防有害烟雾，并紧急疏散了油库附近大约2 000名居民。卫生官员和专家借助电视向公众宣传爆炸可能对居民带来的伤害，并提出预防方法。医疗部门和警方还不断通报受伤人员的情况和最新数字，并公布伤亡救助站和卫生服务中心电话，提醒居民在出现咳嗽等症状后及时就医。警方还及时通告爆炸油库附近的交通阻塞和道路关闭等情况。为减轻可能引发的汽油抢购风潮，政府不断通过电视传递油库爆炸不会造成汽油供给短缺的信息，舒缓人们的紧张情绪。警方紧急调查后，迅速公布油库爆炸是意外事件造成的，消除人们对恐怖袭击的疑虑。

3. 迅速启动各项救援和善后工作

爆炸发生在早晨6点，消防局2个小时内组织周边16个消防单位参加扑救工作。当地警方当天上午就将油库附近的2 000多名居民疏散，并在爆炸现场方

圆大约1英里的地方实施戒严，禁止车辆和人员进入。英国交通局在事故发生后，也迅速封闭了油库附近的两条高速公路。当地警方将爆炸油库附近居民疏散后，紧急送往附近的宾馆并支付一切费用，每天还定时定点召集被疏散者，通报最新情况。保险公司的反应也相当迅速，对居民房屋承保的保险公司第二天就开始对投保人进行走访，展开理赔工作。

4. *政府监管部门及时监控报告污染情况*

英国环境保护署接到油库爆炸消息后，立即开始进行两项针对地面水的监测工作。首先对附近两条主要河流，即红河和维尔河的水质进行实时监控，监测是否有爆炸造成的污染物进入河中，更重要的是严防消防废水进入地表水和地下水体系。环境保护署和消防局合作，将消防废水引入救援现场的地下排污体系，灭火工作结束后再将其排出进行处理。环境保护署表示，一旦出现污水进入地下水或地表水系的情况，政府将对水系进行特殊处理。环境保护署还将使用含水层分区绘图技术来确定地面和地下的裂缝与洞隙，以更细致地监控任何污水泄漏情况。国家环境研究委员会及时向英格兰南海岸派遣飞机，沿着爆炸烟雾边际飞行，收集空气样本，确定烟雾飘移的方向，将数据反馈给气象局。同时，气象局和环境保护署还对大气质量进行监控，随时发送最新空气质量报告，向民众提出各种健康建议。卫生保健局则通过新闻发布会、网站等多种渠道，向公众宣传爆炸对健康的影响、吸入烟雾的威胁以及对附近居民的建议。英国调查工业事故卫生安全委员会表示，一旦火势得到控制，专家调查小组将进入油库进行全方位调查，特别要对油库设备、器材进行检查，并将样本送往位于德比郡的实验室进行测试，调查结果将及时公布于众。

参考文献

[1] Timothy Cook. *Governing with the News* [M]. The University of Chicago Press, 1998.

[2] Thompson J. *The Media and Modernity: A Social Theory of the Media* [M]. Cambridge: Polity Press, 1995.

[3] David Edwards. Why the Mainstream Media Ignore the Civilian' s Death in Afghanistan [J]. *The Ecologist*, 2002 (2).

[4] Workers' Daily Internet Edition. Lack of Credibility of the Monopoly-Controlled Media. www. wwne. demon. co. uk/ww20001/d01 - 198. htm, 2001 - 11 - 19.

[5] Daivd Banisar. Freedom of Information and Access to Government Records Around the World. http: //www. freedominfo. org/survey.

［6］ Maurice Frankel. Freedom of Information. http：//www. cfoi. org. uk/progressarticle. html.

［7］ The Campaign for Freedom of Information. Objectives of the Campaign for Freedom of Information. http：//www. cfoi. org. uk/objectives. html.

［8］ David Haynes & Fran Huckle. Freedom of Information Act 2000 ［J］. *Handbook of Information Management*, Aslib-IMI, 2001.

［9］ Helping the Media Help You During a Public Crisis. http：//www. cdc. gov/communication/emergeney/features. htm.

［10］ 英国应急管理网站. http：//www. emergencymanagement. org. uk/.

［11］ James Curran. *Media and Power* ［M］. London and New York：Routledge, 2002.

第六章　法国政府应急管理体制

第一节　法国政府应急管理发展简史

一、法国面临的主要风险因素

法国经历过数次流感灾害和两次世界大战，同时还深受其他风险因素的影响，造成了大量的人员伤亡和经济损失。当今法国面临的主要风险因素可以分为以下四类：

1. 自然灾害

自然灾害是法国面临的最常见的和造成人员、经济损失最为严重的风险因素，主要包括洪水、干旱、地震、火灾、极端高温天气等。

2. 恐怖主义

法国历来是境外伊斯兰恐怖组织、恐怖爆炸事件的目标之一，法国国内科西嘉独立运动势力酝酿的爆炸事件也时有发生。

3. 工业、技术灾害

在法国过去的几十年里，发生了多起工业、技术灾害，如化工厂爆炸、有毒废弃物泄漏、严重的交通事故、核电紧急事故等。

4. 社会危机

法国的社会危机包括严重的社会骚乱、长时间大范围罢工等引起的危机事件等。

二、法国历史上发生的重大危机事件

1. 自然灾害

（1）地震。如发生于1708年的马诺斯克地震，造成900人死亡；1887年的尼斯地震，造成12死亡；1909年的朗贝斯克地震，造成40死亡。

（2）洪水灾害。如发生于1846、1856和1866年的卢瓦尔河谷洪水灾害，造成了巨大的人员和财产损失；又如发生于1802、1876和1910年的塞纳河谷洪水

灾害，其中最严重的一次发生在1910年，持续数周的暴雨导致了塞纳河河水的迅猛上涨，巴黎部分地区积水深达8米，数以万计的人无家可归。此次洪水灾害造成了破坏性的社会和经济后果，以至于人们一度抛开了当时国内紧张的政治和阶级纷争，均投入城市的灾后重建中来。

最近几十年来，法国面临的洪水危害既有传统的卢瓦尔河谷和塞纳河谷水灾，又有法国南部山区出现的高度破坏性的骤发洪水。如发生在尼姆（1988）、维森—日尔曼（1992）、奥德（1999）和加尔（2002）等地的洪水浸泡事件等。以加尔省为例，2002年9月8日，加尔省一天就达到了670mm的降水量，相当于该地区常年降水量的50%。

（3）热浪。法国历史上最为有名的热浪发生于2003年8月，当时极端的高温天气使得气温甚至上升到104华氏度。此次热浪造成法国本土大陆超过14 000人死亡，特别是在缺乏空调设备的地区。极端高温对老年人和残弱人的影响更为严重，因为这些受害者往往是独居的。如此大量的死亡人数，事后也引发了人们对法国老年人生活状态、媒体信息发布不足等的反思。

2. 恐怖事件

法国的领土分布较为独特，分为法国本土大陆、科西嘉和海外领地三个不同的地理区域。其中法国本土大陆面积为213 010平方千米，人口约为6 500万；科西嘉面积为3 351平方千米，人口约为30.2万；海外领地大约有262.5万人口。地理因素在法国发生的恐怖事件中扮演了重要的角色，法国历史上的恐怖势力分为三个明显不同的群体：

（1）思想上致力于推翻资本主义和以美国为首的帝国主义的左翼激进组织。该类组织在1979年至1987年最为活跃，组织实施了大约50次的攻击事件，包括对法国政府大楼、军事设施和以色列政府机构的袭击；以“无产阶级征用”为名义的抢劫、暗杀等，如1985年该类组织杀害了一个法国军火销售经理。

（2）主张独立或自治的某些地区的分裂组织。如科西嘉、巴斯克和布列塔尼等地主张独立或分裂的组织。该类组织的暴力行径是法国反恐的重要主题之一，他们的恐怖行径通常是最为一致和持续性的犯罪行为。该类组织的恐怖活动主要针对公共建筑、银行、旅游基础设施、军事建筑和法国控制的其他象征性地点等。

（3）国际恐怖主义组织。法国面临的国际恐怖主义威胁大多来自中东。1983年10月发生在黎巴嫩的针对多国部队的自杀性爆炸事件中，58名法国特遣队士兵被炸身亡。1986年，一个名为“近东政治犯声援委员会”的组织发动了针对巴黎的一系列攻击事件，进行了至少14次的攻击，造成了11人死亡和220人受伤。1994年，一个名为“伊斯兰武装集团”（GIA）的组织劫持了一架由阿尔及尔飞往巴黎的航班，幸运的是法国突击队在马赛成功地解除了这次劫机事件的危机；其后调查表明，恐怖分子打算驾驶该架飞机撞毁巴黎埃菲尔铁塔。1995年7月至10月，由GIA发动的其他恐怖行动共造成了10人死亡，150多人受伤。

3. 重大工业、技术事故

(1) 蒙沙南废弃物处置事件。一个位于法国蒙沙南住宅区的工业废物填埋场在1980年到1988年间共收纳了大约40万吨的有毒废弃物。这些废弃物中的挥发性有机化合物（VOCs）散发的强烈气味严重滋扰了当地社区的正常运作，并对当地居民的健康造成了严重的危害，因此，当地政府不得不在1988年关闭了这一填埋场。

(2)“协和号”飞机坠毁事件。2000年，一架“协和号”超音速客机在巴黎戴高乐机场起飞仅两分钟后坠毁。该次事故共造成了113人死亡，并直接导致了“协和号”飞机退出历史舞台，这是超音速飞行时代的重大挫折。

(3) 图卢兹AZF化肥厂爆炸。2001年，位于图卢兹的AZF化肥厂发生了巨大爆炸。这次事故造成了26人死亡和数以百计的人受伤。在此次事件中，由于对危险因素进行了事先的研究和应急预案制定，应急预警、公民安全和公民保护的部署较为及时，但是对灾后的重建和恢复并没有详细和长远的规划，因此花费了多年时间，该地才从灾后恢复过来。

(4)“埃里卡”号油轮泄漏事件。1999年，装载了约31 000吨2号燃油的“埃里卡”号油轮在法国海岸折断沉没。沿岸5个省份、400多公里的海岸线受到了此次石油泄漏的严重污染，仅海岸清理就持续了两年多之久。该次事故被认为是世界上最严重的事故之一，更催发了后来欧盟关于海上运输的新立法。

(5)“普雷斯蒂奇”号油轮漏油。2002年，一艘满载77 000吨燃料油的“普雷斯蒂奇”号油轮在西班牙附近海域搁浅，超过27 000吨燃料油外泄，造成了法国和西班牙渔业的巨大损失，事后的总清理成本更是高达120亿美元。自此次事故之后，类似“普雷斯蒂奇”号的油轮被引导至远离法国和西班牙的海岸线。另外，此次事故还推动欧盟委员会出台了关于单壳油轮的禁令。

4. 社会危机事件

(1) 巴黎郊区骚乱事件。2005年10月27日至11月17日，巴黎郊区爆发了长达20天的社会骚乱。此次骚乱是法国自1968年“五月事件”以来规模最大、持续时间最长的一次社会危机。在此期间，有4 700多人因参与巴黎骚乱而被逮捕，有650人被送进监狱，约有10 000辆汽车被烧毁，仅这些被焚毁的汽车所造成的直接经济损失就超过2 500万欧元。此外，占国内生产总值6.5%的支柱产业——旅游业也受到巨大影响。由于法国政府应对失当，骚乱在短时间内蔓延全国，并波及德国和比利时。

（2）大罢工。2008 年 1 月 29 日，大约 250 万人在法国各地举行罢工，抗议萨科齐政府应对金融危机不力，要求当局改变经济政策，为保护公众利益作出更多努力。这是法国 20 年来规模最大的集会，也是全球金融危机引发的第一次大罢工，媒体称之为“黑色星期四”。罢工期间，巴黎一些火车站空空如也，大量火车停运；戴高乐国际机场取消超过 10% 的航班；公交运营也受到影响；许多学校、邮局、医院关闭；数个公立电台循环播放音乐，凡尔赛宫也停止接待游客。大罢工对民众的正常出行和生活造成了严重的影响，国家正常的运作秩序也被打乱。

三、法国政府应急管理的发展阶段

法国应急管理工作起步较早，“二战”后即开始以应对主要风险为目标，以加强法制建设为龙头，不断转变应急理念，调整政府职能，完善政策措施，到 21 世纪初，基本形成了符合法国国情的应急管理体系。其发展历程主要分为以下三个阶段：

第一阶段是以 1955 年出台的《紧急状态法》为标志，建立了紧急状态制度。20 世纪 50 年代，法国社会极不稳定。为维护公共秩序，法国政府于 1955 年颁布实施了《紧急状态法》，1958 年在宪法中规定了戒严制度。这些法律制度虽专为应对社会问题而设，但首次赋予了政府应对非军事威胁采取强制措施的紧急行政权力，为政府应急权力的合法性提供了法律依据。

第二阶段是以 1987 年颁布的《国民安全组织法》为标志，健全了民事安全救援体系。由于“二战”结束后长期无战事，法国政府逐渐开始重视非军事威胁的应对。自“二战”后组建的用于战时平民保护的预备战役队伍的功能逐步转为处置自然及人为灾难。1987 年 7 月，《国民安全组织法》及其配套政令颁布实施，《国民安全组织法》明确规定：“国民安全的目的是预防各种风险，保护人员、财产及环境免于遭受意外事故、灾害和灾难的伤害。”在明确既有救援力量民用功能的基础上，着重对强化救援队伍建设作出安排，并规定了突发事件救援组织程序，应对非军事灾难的救援体系逐步完善。

第三阶段是以 2004 年出台的《国民安全现代化法》为标志，形成了现代应急管理体系。自 20 世纪 90 年代以来，加德河洪水泛滥、图卢兹 AZF 工厂爆炸、高温酷暑等一系列重大突发事件相继发生，法国开始全面审视现代社会公共危机的种类、发生和发展机理，重新定位国民安全保护的理念和工作内容。2004 年 8 月颁布实施的《国民安全现代化法》，标志着法国由单纯强调“救援组织”进入“全面应急管理”的新阶段。法国政府确立了通过预防风险、抵御各类灾害，为民众提供人身、财产和环境保护的应急管理工作宗旨，明确了公民义务和政府责任相结合的危机应对原则，相应调整了应急管理体制、机制和救援体系，围绕风险评估、监测预警、预案制定等加大工作力度，应急管理体系日趋成熟。

第二节　法国政府应急管理机构设置和职能

法国政府的应急管理职能主要由中央政府、内政部、各专业部门及省级国家专员的单线垂直体系集中行使。这种权力高度集中的模式，与法国中央集权的政治传统和行政管理体制相适应。法国政府应急管理体制框架如图 6-1 所示：

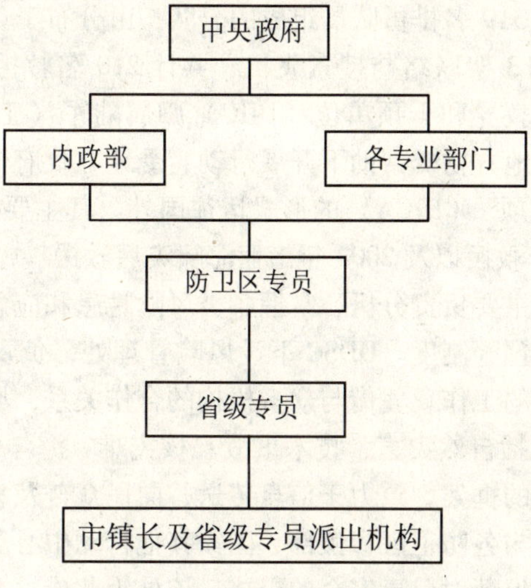

图 6-1　法国应急管理体制框架

一、中央政府统一领导

中央政府是法国应急管理工作的最高领导机构，总理府设有国民安全办公室（SGDN），是协助总理指挥突发事件应对工作的常设机构，编制 400 人左右，主要负责制定重要专项预案、编制应急规划、研究拟订相关政策、汇总分析应急信息、综合协调相关部门及总理府值班等工作，发挥辅助决策、协助指挥作用（英、日、俄、德等国家也设有类似机构）。当风险预警达到最高级别或发生需要国家组织处置的严重突发事件后，中央政府将临时设立部际委员会，统一领导应对工作。总理担任部际委员会主任，主持召开会议，研究制定应对政策措施。

部际委员会成员来自各有关部门和军方，下设危机处理中心，一般设在内政部，负责协调具体事务。

二、内政部综合管理

法国内政部的一项重要职能是负责应急综合管理，该职能主要由维护社会秩序的警察系统和负责应对其他自然、人为灾难的民防总局（DDSC）行使。随着法国政府对应急管理工作的逐步重视，民防总局的职能不断加强，目前其职能主要包括以下三个方面：

一是组织救援。DDSC设有专门的国家行动中心（CODISC），并拥有直属救援力量，必要时DDSC可以根据地方乃至其他国家的支援请求，直接派出救援力量。国家行动中心的救援力量组成如下：由分布于本土和海外领土的20个中心和6个前沿所、共计319名排雷队员组成的分队；由分布于22个基地的40架直升机、25架洒水机和3架联络与搜索飞机、共计210名救援飞行员和机械师组成的分队。民事安全教导和干预单位（UIIC）归属陆军（工兵部队），由1 500人组成。这些单位在地方物资帮助下开展行动，受地方政府辖制，可将上述物资以“空中机动灾难干预”（DICA）的形式运往国外。其主要行动包括2001年图卢兹AZF化工厂爆炸救援以及2004年南亚海啸灾后救援。

二是风险管理。主要负责分析、掌握各类风险隐患和应急资源状况，向民众普及相关知识并建立预警制度。DDSC下设风险管理处，负责组织和支持国家代表在各防卫区和各省的工作。凭借与众多机构的合作关系，风险管理处分析来源不一的各类风险（包括自然灾害、技术事故、核灾难、海洋污染等），确定救援和民事防卫措施计划的框架，致力于信息传送、向民众普及相关知识并建立预警制度。其最终职能是与各防卫区参谋部、国家其他行动中心和欧洲委员会信息及追踪中心联合工作，保证对民事安全的警戒。该处为此成立了永久性的部际行动中心（COGIC），并根据部长的决定成立了危机追踪部际小组（CISC）。由该处确保向政府提供信息、动员公共和民间合适的资源来满足分区省长或外国的增援要求。

三是指导协调。负责指导各类救援力量建设，草拟和执行民事安全预算等；中央政府成立部际委员会后，承担其办事职能。DDSC下设消防员和救援参与者协调处及行政和后勤处。消防员和救援参与者协调处是各省消防和救援厅（SDIS）的首要对话部门。该处负责汇集有用信息，供地方管理使用并用于国家对上述省厅的指导。它也负责确定动用民事编制和军事编制的职业或志愿消防员的原则，批准协会参与民事安全工作以及促进民事安全乡镇预备队的发展。行政和后勤处除了其财政、预算、信息及不动产方面的职能之外，还为各部门提供法律咨询。在紧急情况下，民防总局将政府其他部委联合开展行动，比如与环境部共同处置重大自然和技术风险，与卫生部共同处置卫生领域的风险，与农业部共同处置食品安全风险等。总体来看，由于应急管理职能的不断强化，法国内政部在各类突发事件应对工作中发挥着越来越重要的作用。

三、专业部门各司其职

在中央层面，除内政部具有应急管理综合职能外，工业部、生态部、卫生部、交通部等专业部门负责本行业领域突发事件风险防范工作，多设有本部门危机处理中心，其职责主要是统计分析风险分布状况，制定和落实安全防范措施，指导处置一般突发事件，为重大突发事件处置工作提供资源和技术支持。以核事故应急为例，法国核电工业及相关产业较为发达，核安全管理由国家核能安全局（ASN）负责。该机构主要在制定法规、审批执照、监督运行、技术支持以及配合国家组织的核事故应急处置和救援行动方面开展工作。ASN 在本部门设有危机处理中心，在全国有 11 个派出机构，分 11 个区对核安全实施监督，形成了较为完备的核安全管理体制。

四、国家专员集中指挥

法国国土面积为 55 万平方公里，划分为 24 个大区、100 个省。国家专员是中央政府向大区和省两级地方派出的国家代表，负责对地方行政与财政事务进行监督。设置独立于本级政府的专员公署是法国在地方分权的同时加强中央集权的重要举措。但在突发事件应对响应层级方面，法国并没有与其行政管理体制层级完全对应，而是在大区之上，又将全国领土分为 10 个防卫区（其中 7 个在本土、3 个在海外），确保应急及救援工作的协调。作为民事安全管理的区域性实体，大区不具有应急管理职能，国家向防卫区、省派出专员，专门负责本区域的国民安全工作，指挥协调大规模突发事件的处置工作。这种体制在集中区域资源、应对跨行政区域的突发事件中发挥了重要作用。中央各部门采取紧急措施的指令统一下达给国家专员，国家专员直接对中央政府负责，有权协调地方政府采取各项紧急措施，地方政府是国家专员公署的配合者。市镇是法国的基层行政单位，市镇长是本级政府的行政首长，在应急管理方面，主要负责在国家法律框架下制定安全防护措施和组织常规救助，直接对省级专员负责。同时，根据各地风险分布的实际情况，省级专员公署在部分市镇派出办事机构，实行延伸管理。目前，法国各省专员公署在 350 个市镇派出了办事机构（法国共有超过 3.6 万个市镇）。

第三节　法国政府应急决策体系和过程

一、应急预案准备

法国早期的应急预案是在没有法律基础的情况下自发成长起来的，自2004年《国民安全现代化法》颁布实施以后，法国开始了第三代应急预案的制定工作，逐渐形成了新的应急预案体系。数量精简、动态开放是法国应急预案体系的主要特点。

1. 预案数量精简

法国政府规定在防卫区、省、市镇三级分别只有一个应急预案，在防卫区、省统称为“通用救援计划”（Orsec Plan），在市镇称为“市镇救援计划”（PCS）。

通用救援计划是法国的一项通用应急预案，通常适用于处理常规的救援手段或难以应付的应急事件，如应对影响范围广、持续时间长的洪水、风暴、地震以及其他一些主要灾害等。通用救援计划规定了应急情况下可以使用的公共和私人资源，并定义了在何种情况下可以调用这些资源。通用救援计划通常分为以下三种：

（1）由负责民事安全的部门制订并经总理亲自启动的国家通用救援计划。

（2）由各防卫区、省制订并经防卫区、省长官启动的地区性通用救援计划。

（3）由国家各部门制订和启动的部门通用救援计划。

市镇救援计划是根据2004年8月13日“2004－811号法”第13条设立的，其机制由2005年9月13日“2005－1156号法”加以明确。市镇救援计划是市镇长应对民事安全突发事件的行动指南，每一个市镇都有一份针对当地情况制订的市镇救援计划。市镇救援计划详细规定了市镇应急行政框架、政府角色、风险识别分析、预防、应急准备、紧急救援以及灾后恢复等的内容。如果应急事件的影响跨越几个市镇，则受影响地区的市镇救援计划可以统一为多市镇之间共同的市镇救援计划。

此外，各专业部门也制定了各自的应急预案，如法国核安全部际委员会制订的核应急计划、卫生部门的红色计划（Red Plan）、消防部门的消防抢险预案等。在一些高危害领域也有专门的应急预案，如处理高危风险源的特殊介入计划（PPI）和处理洪水、原油泄漏等具有扩散性影响的应急事件的特殊应急计划（PSS）等。

2. 预案制定程序完善

动态开放的应急预案的制定以风险评估为前提，以公众参与为基础。预案制定前，所有公私生产运营单位必须向国家专员公署通报本机构存在的风险状况和防护措施，预案草案提交给民众和运营单位来广泛征求意见。国家专员及市镇长必须根据本区域内风险隐患、应急演练、处置经验等方面的变化情况，及时修订预案。此外，《国民安全现代化法》还规定，所有的救援方案必须在5年内进行全面修订或重新起草。

二、应急管理运行机制

法国应对突发事件的运行机制主要包括信息报告、先期处置、逐级响应三个环节。

1. 信息报告

为直接、全面掌握和综合分析全国各地突发事件情况，法国内政部在全国设置了5 000多个信息点，主要分布在各地的消防中心、警察和宪兵等单位以及国家生态、卫生、工业等部门的分支机构。各地信息点对获知的突发事件和潜在风险，事无大小一律通过专门网络直接报送内政部。内政部在民防总局设有负责信息接收、分析、上报的信息处理中心，从而形成了从内政部到各地信息点的突发事件信息网络直报体系。

2. 先期处置

法国在政府与社会之间建立了单一明确的危机信息传递渠道，即“18”火警电话。分布在各地的消防队伍是具备多种救援能力的综合性应急力量。民众在面临或发现危机时，直接向消防中心报警，消防中心接警后立即出动并向省级专员公署报告。各类公私运营单位在政府的指导和监督下，都备有救援方案和应急力量，并按照规定指定专人负责与省级专员公署联系，发生突发事件后，可立即自行组织处置，同时向省级专员公署或其派驻机构报告。

3. 逐级响应

当突发事件达到一定规模或超出一定地域范围后，上级将介入事件应对工作。其程序是：消防中心直接向省级专员请求支援，市镇政府不直接指挥处置工作，主要为省级专员提供资源支持；省级专员需要上级介入时，直接由防卫区启动响应。省、防卫区、内政部接到支援请求或认为有必要进行干预时，首先立足于动员协调资源力量对当地的救援行动进行支援，指挥权仍在下级单位。只有事态发展到一定规模，上级层面认为必要时，方启动本级应急预案，直接指挥应对工作。这种辅助性原则下的逐级响应机制、协调职能与指挥职能分离的运行模式，符合法国领土面积小、大规模突发事件较少的实际，有利于指挥中心前置，提高救援效率。法国应急管理运作机制如图 6－2 所示。

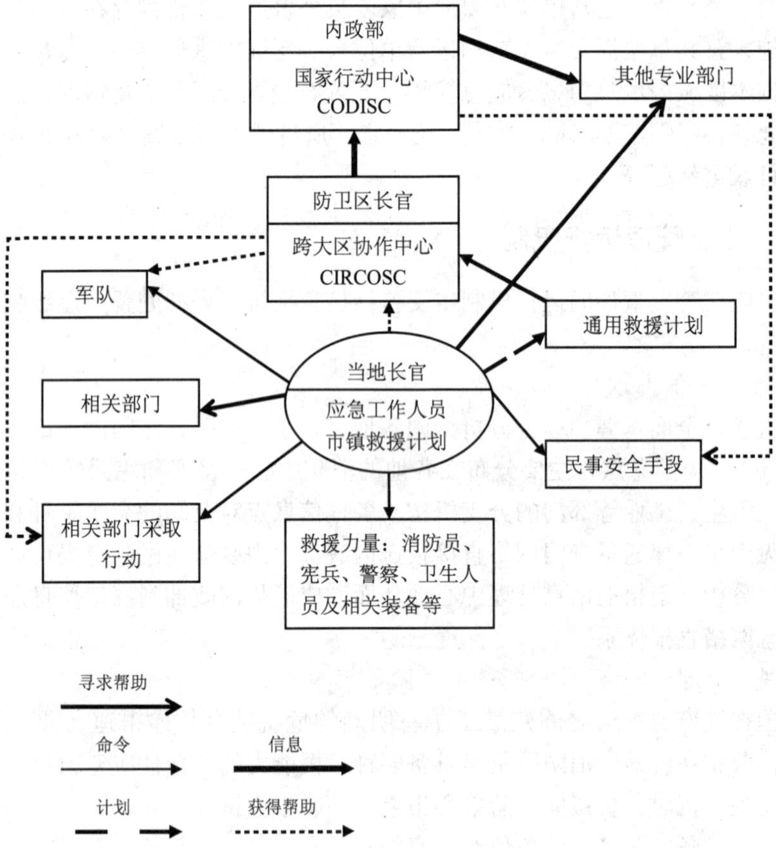

图 6－2 法国应急管理运作机制

第四节 法国政府应急管理的资源保障体系

法国的应急力量分为以下四个层次：一是国家直接掌握的主体救援力量；二是分布广、规模大的民间救助力量；三是紧急情况下按照国家指令采取保障措施的公用事业、企业单位；四是指挥部门的专家队伍。

一、国家主体救援力量

目前，法国拥有的主体应急力量包括国家直属救援队、警察、宪兵和消防员队伍。国家直属救援队有 2 500 人（其中 1 500 人编制在军队，但受命于内政部），分布在全国及海外各基地，并有 4 个大型救援装备物资储备基地。国家直属救援队在具备较强的地面搜索、救助能力的同时，也不断加强空中救援力量，目前拥有 33 架直升机，用于勘察、指挥、灭火、运输、救护等任务，其执行任务时间、地区不受民航相关法规的限制。消防员队伍有 24 万人，分布在全国 10 240 个救援中心，全国各地消防中心按照功能多元化的任务需求，配备了 15 000 台救援车辆和各类救援船艇、大型机械等，能够承担火灾、危化品泄漏、交通事故等处置和水上、高空救援等危机工作，是应急救援的主体。

二、民间救助力量

法国的民间救助力量十分强大，如红十字协会、天主教救援会、全国保护国民联合会、全国海上救援协会以及法国洞穴救援会等社团组织，有几十万名成员。这些民间组织的运行费用不依赖政府拨款，而主要是与企业建立了各种形式的合作关系，如与出租车公司签订合同，通过车辆救援或者提供安全救助知识培训收取一定费用等。民间组织在开展预防、培训和常规救护工作时的优势比较明显：一是稳定的民间组织可将长年积累的救助经验在社会中代代传递；二是它们能够吸收志愿者加入，将防护意识与技术广泛深入传播，使防护安全有稳固的社会基础；三是各民间组织贴近基层、反应速度快、灵活度高，在先期处置中发挥重要作用，有效弥补了国家救援力量的不足。

三、公用企事业单位

公用企事业单位包括消防队、警察等，法国所有消防队员、救援队员都必须经过培训取得资格后才能上岗。法国设有专门的培训机构，如民防学院、消防基地等。培训内容分为基础培训、模拟训练、协同训练、复训等环节。基础培训完成后方能取得上岗资格；模拟训练将救援实例再现，让受训者进入模拟现场，培养亲临灾难时的方案制定、实际操作能力；协同训练是以小组为单位的救援训练，目的是在熟练搜救技能的基础上，加强队员间的配合，提高队伍的组合、指挥、调度及适应救援程序转换、救援内容变化等能力；此外，所有救援人员和消防队员每年都要经过一段时间的复训。

四、专家队伍

法国注重发挥专家队伍在突发事件处置中的辅助决策作用。如内政部部际危机处理中心专门聘用了15名相关领域的顶级专家，平时参与风险分析、防范；遇有突发事件时，相关专家必须在15分钟内赶到危机处理中心（实行A、B角制度，节假日2小时内必须赶到），从事件性质、危害程度、救援思路和组织安排等各方面提出决策参考意见。

第五节 法国政府应急管理中的社会参与机制

法国在应急管理工作中实行政府责任与社会参与相结合、突出强调危机应对的全民共担原则。鼓励公众参与是法国应急管理工作的重要政策导向。

一、设置公众法定义务

《国民安全现代化法》对突发事件应对中的社会公众义务作出了明确规定：

（1）社会成员是国民安全工作的第一参与者，要按照政府指引采取日常安全防护措施，及时向救援机构通报险情，并在第一时间参加必要的救援。这是每一位公民义不容辞的责任。

（2）各类生产经营单位必须为危机应对提供保障，市政、基础设施、电力、通信、运输等运营单位有义务在危机时刻保障民众的基本生活需要，保障措施的具体标准由政令加以规定并写入各项公用事业运营合同。上述公用事业或管网服务单位必须与省救援机构建立稳定联系，并接受其指导和监督。

（3）各类传媒和具有信息发布手段的单位有配合发布风险预警的义务，公私媒体在对突发事件进行报道时一律接受政府的指导和约束。

二、政府深入开展宣教培训

法国政府十分重视增强公众的安全意识和自救、互救能力，并致力于在民众间深入开展宣传与培训活动，具体做法可归纳为以下三点：

（1）将“向民众普及危机应对的相关知识”作为应急管理部门的一项重要职责，开设信息传送的多种载体，经常在民众间开展各种形式的宣传活动。

（2）将安全意识和技能培训纳入国民教育体系。目前，已在小学课程中设置了安全教育内容，并计划向中学扩展。

（3）每年举办“国民安全日”等活动。自1998年以来，法国每年都会在全国范围内举行一次“国民安全日”活动。“国民安全日”有三个目的：一是为居民提供从事救助与帮助的相关单位、机构和协会信息，介绍它们在法国国民安全组织中的使命和作用；二是提醒公众注意预防各类意外事故，告诉公众为减少各类事故和减轻其危害程度时应该采取的行动；三是告诉居民（尤其是青年人）参加救助行动和为受难者提供帮助的必要性和可能性。“国民安全日”的活动内容主要包括：嘉奖褒扬应急工作人员和志愿者，为民众提供救助机构信息和功能，告知风险隐患、防护措施以及普通公民参加救助活动的方法和程序等。

在政府的大力鼓励与推进下，公众参与在法国的应急管理中扮演着越来越重要的角色。在法国24万名消防队员中，志愿者占了85%左右，他们的工作热情高，人员装备、救援技能都比较专业。这得益于法国政府采取的一系列激励措施，主要包括：在内政部设立全国消防救援中心联席会议，负责制定吸引民众参加应急志愿服务的鼓励政策；以法律形式明确国家对各级消防救援中心的资金保障规则；明确消防救援工作属于危险使命，在满足消防队员荣誉感的同时，通过设立卫生安全委员会加强消防员的健康保障，对志愿消防员事故伤害或罹患职业病给予特别抚恤。

第六节 法国政府应急管理中的国际合作

1999年12月8日，欧洲理事会1999/847/CE号决议制订了旨在促进欧盟民事安全保卫的欧盟行动计划。2007年3月5日，欧洲理事会CE/2007/162号决议制定了一套财政办法，以提高各国民事保卫制度的行动能力并加强它们之间的合作（普及措施、培训和演习等）。随着欧洲一体化进程的推进，包括法国在内的欧盟各国，已将应急管理纳入相互合作的重要内容。欧盟各国在应急管理方面的合作不断加深，法国在涉外应急管理和国际救援方面的工作力度也在不断加强。

一、建立地区合作常态机制

欧盟旨在加强民事安全保卫领域内的合作机制是根据2001年10月23日欧洲理事会欧洲原子能共同体2001/792/CE号决议建立起来，目的是在一个国家受到工业或技术灾难危害时促进成员国之间的互助。30个国家加入了这一机制，在一个成员国遭受灾难时，它们可通过设在布鲁塞尔（欧盟委员会）负责永久警戒的追踪和信息中心，应事发国的要求将本国可用资源提供给其使用。该中心成为欧盟各国在应急管理领域进行国际合作的重要平台，拥有记录各成员国可被动员资源的数据库和一个共同的通信系统。此外，法国还分别与其周边6个国家签订了灾害救援合作双边协议。

二、加强涉外应急管理

2007年法国新一届政府成立后，外交部被赋予了“涉外危机管理和应对”的新职能，主要包括在其他国家发生突发事件后，为身处该国的法国公民提供帮助和向受灾国提供人道主义援助。为此，法国外交部专门设立了危机处理中心，负责分析、跟踪海外突发事件情况，评估境外风险，向境外法国公民传递预警信息，通过外交渠道请求有关国家对其公民采取保护措施，或直接为其避险、撤离提供帮助；负责管理国际捐赠，统一协调本国救援力量的境外行动，并通过救灾合作发挥国际影响力。

法国与欧洲、非洲和拉丁美洲的23个国家签订了培训、交换专家和互助行动合作协定。法国国民安全技术人员在专业技能方面受到了这些国家的高度评价。全国国民安全研究所和全国高级消防军官学校具有很高的国际声誉，每年都有约5 000名实习生在这里接受基础或专业培训。

第七节　法国政府应急管理的典型案例

2005年10月27日至11月17日，法国巴黎郊区爆发了长达20天的社会骚乱，由于法国政府应对失当，骚乱在短时间内蔓延全国，并波及德国和比利时。这场历时三个星期、席卷全法国的骚乱被认为是自1968年“五月风暴”后法国面临的最严重的社会危机。这一事件在暴露了法国社会深层次矛盾的同时，也为应对现代社会大规模动乱的公共安全事件提供了有益启示。

一、骚乱始末

巴黎郊区的骚乱肇始于一起移民少年死亡的偶发事件。2005年10月27日下午，巴黎东北郊克利希苏布瓦镇的一群少年为躲避警察的追赶，跑入一座变电站躲藏，结果导致两名北非裔移民少年意外触电身亡，另一名土耳其少年被严重烧伤，引起当地移民的强烈不满。当晚，数百人走上街头，焚烧垃圾桶和汽车，破坏店铺和消防站，并试图攻击镇议会厅。当地警察前去干预后，移民的暴力行动反增无减。在冲突中，有20余名警察受伤，10余名肇事者被捕。此后，地方当局迅速在该地区增加警力并逐步控制了局势。

10月28日，骚乱继续，克利希苏布瓦街道多辆汽车被焚毁。两天的骚乱造成23名警察受伤，13人被捕。

10月29日，当地数百名居民在市政厅和事发变电站举行默哀游行，警察一度控制了局面，仅有少量人员被捕、受伤，23辆汽车被焚。

10月30日，克利希苏布瓦地区仍有少量移民青年上街滋事。警方在追捕躲入一座清真寺的肇事者时，不恰当地发射了催泪弹，随即引发当地及附近市镇的大批穆斯林群众再次走上街头焚烧汽车和建筑物以示抗议，骚乱再度升级。

10月31日，时任内政部长的萨科齐赶到巴黎市郊阿尔让特耶地区视察并发表强硬讲话，称政府一定要对策动骚乱的“社会渣滓予以严厉清洗”，其强硬言辞进一步激化了群众的不满情绪，抗议人群向其投掷石头和瓶子。当晚，法国总理德维尔潘出面接见遇害少年家属。为缓解萨科齐讲话的负面作用，他承诺将对事件展开全面调查，并呼吁民众保持冷静。但此时骚乱事态已势不可挡。

11月1日晚，骚乱从克利希苏布瓦镇蔓延到欧奈苏布瓦镇，造成该地区30多人受伤。巴黎周边9个城镇首次出现小规模骚乱。民众开始用汽油弹攻击政府办公大楼等公共目标，警方在用催泪瓦斯和橡皮子弹回击中也造成数十人受伤。

11月2日，总理德维尔潘取消出访加拿大的计划，紧急召集8名内阁部长会商危机对策；总统希拉克也通过发言人呼吁民众保持克制，称“缺乏对话和无理行为增多将造成危险局势”。但是，急风暴雨般的群众运动已达到高潮。当夜，骚乱蔓延至巴黎周边20多个城镇，共有177辆汽车被烧毁，闹事者至少4次向警察和消防队员开枪，双方共有9人受伤。

11月3日至7日，形势持续恶化，骚乱蔓延到东部的第戎、东南部的马赛、北部的鲁昂等274个城镇，并最终进入巴黎城区，数千辆汽车被烧毁，1人被暴徒殴打致死，2 000余人被捕。比利时首都布鲁塞尔和德国首都柏林也相继发生了类似事件，少量汽车遭焚毁。国际社会反应也逐步升级。

11月8日至9日，希拉克总统宣布法国进入“紧急状态”，授权骚乱地区政府实行宵禁。巴黎、里尔、上塞纳、塞纳—圣但尼等大区及骚乱活动比较严重的25个省的39个市镇随后宣布宵禁。总理德维尔潘发表谈话，承诺法国政府将采取措施，消除社会歧视。内政部长萨科齐则下令将参与骚乱的120名外国人驱逐出境。至此，法国全境骚乱活动出现拐点，被焚毁的车辆和被捕人数每天分别以百位数和十位数下降。

11月12日至13日，巴黎警方截获了手机和互联网上有关在巴黎市区“采取暴力行动”的信息，随即宣布禁止在公共场所举行“任何可能破坏公共秩序”的集会，并动用大量警力在市区重要地点进行隔离和盘查。东南部的罗纳省政府也针对里昂市内爆发的警民严重冲突，宣布对法国第三大城市里昂及其周边的10个城镇实行宵禁。

11 月 13 日，欧盟委员会主席巴罗佐提出向法国提供 5 000 万欧元，帮助其解决骚乱所暴露的法国市郊社会治理问题。同日晚，巴黎市民举行集会，要求政府采取果断措施尽快平息事态。

11 月 14 日，总统希拉克向全国发表电视讲话，承认骚乱源于法国社会内部存在严重的认同危机，政府将采取大规模的综合措施解决对少数族裔的歧视问题。总理德维尔潘也宣布，将恢复被削减的对基层社区管理组织的公共拨款，并致力解决长期困扰移民区的住房、就业和犯罪问题。

11 月 15 日，法国国民议会批准了政府提议，将总统临机实行紧急状态的授权延长 3 个月。

11 月 16 日，法国全境的骚乱活动进一步回落，被捕人数降为 33 人，被焚汽车约百辆。法国警方称，这些数字“已接近正常水平”。此后，骚乱基本结束。

11 月 17 日，法国官方宣布骚乱平息。

二、法国政府的应对处置

2005 年的骚乱是自 1968 年“五月事件”以来法国规模最大、持续时间最长的一次社会危机。从应急管理的角度来看，它可大致分为早期预警、反应与升级、控制与降级、后序处理四个阶段。其中，第一阶段是整个应急管理链启动的关键，由此暴露法国政府信息失灵、认知错位等严重缺陷；第二、三阶段在时间上存在交叉重叠，法国政府的应急表现存在决策迟缓、管理失范、行动脱节等问题；在第三阶段的后期及第四阶段，法国政府校准了处置方向，把握了“软”、“硬”两手的平衡，使骚乱最终得到控制并基本结束。

1. 早期预警

社会危机往往可以通过专门的社会安全监测、预警机构，透过灵敏、发达的各类信息网络，保持对社会生活中异常现象的持续观察，筛选主要失稳诱因，对其跟踪和累加之后形成对一定时空条件下社会安全趋势的判断，及时调整模拟处理预案的次序选择。在 2005 年骚乱发生前，法国政府明显忽视了移民群体长期积怨所显露的种种爆炸性迹象，更低估了个别冲突事件会给法国社会带来重大失稳后果的可能性。由于种族、宗教、教育、就业等多重因素，聚居于市郊廉租区内的大量移民无法真正融入法国社会，且缺乏正当、有效的利益表达渠道。因此，自 20 世纪 90 年代以来，移民群体自发泄愤的现象愈加普遍。然而，法国政府一方面忽视了基层治理的重要性，将用于基层组织建设的公共预算一减再减，造成对贫困社区学术教育机构的投资严重不足，加剧了移民聚居区各类社会问题恶性联动；另一方面，虚化各级政府和各类社会组织疏导矛盾、预防危机的功能，单纯依靠公安部门处理频繁发生的移民泄愤群体事件。因此，在早期的预警阶段，法国政府并未能及时探嗅出正处在酝酿中的社会危机。

2. 反应与升级

2005年10月27日至11月7日是骚乱的反应和危机上升期，在此阶段，法国政府持续了前一阶段的失误，低估了突发事件背后广泛的社会基础，未能就事态可能产生的连锁效应进行有效动员，因而进退失据，不当的处置方式使得原本可在小范围内及时平息的骚乱不断升级。

（1）法国政府对骚乱事件反应迟缓。由于预警失灵，且国家警察总署远离出事地点，对事态发展不知情，因此反应迟钝，未能及时调动或协调警力。此外，在骚乱初期，法国政府对各级官员疏于紧急动员，致使骚乱得以放任自流。由于法国在政体上属于中央集权的国家，地方政府因未得到中央政府的及时通报，无法针对本地的“高危”群体采取相关的防范措施。在10月31日至11月6日的关键一周内，中央政府未能在全国范围内展开有效动员，只是一味地在巴黎地区反复进行“高压灭火”式行动，导致许多政府官员滞留在乡间度假，民间舆论和小道消息肆虐横行，骚乱于11月4日后向全国蔓延。

（2）政府处置不当促使了骚乱升级。10月29日，形势曾一度趋于平静，骚乱基本得到了控制，但在10月30日的平息零星骚乱中，警察不当地发射催泪弹，严重激怒了当地的穆斯林，使得骚乱蒙上了严重的宗教和种族色彩。10月31日，内政部长萨科奇的强硬讲话进一步激发了骚乱者的不满情绪，使得骚乱进一步升级。对危机事件的定性失误导致错失了平息事态的最佳良机，直到危机爆发的第13天（11月8日），总理德维尔潘、总统希拉克才公开承认事件的根本动因是积重难返的移民认同问题。错误的判断导致法国政府未能在危机之初采取切中要害的果断措施，如及时展开事故责任调查、对遇难者家庭作出抚恤安排、与移民青年代表展开对话、增派警力在更大范围内进行社区隔离、防范等。

3. 控制与降级

在事态日益严重的情况下，法国政府终于调整对策，采用“软硬结合”的手段，使危机在11月8日出现拐点。

（1）鉴于危机迅速蔓延之势和社会舆论压力上升，法国官方开始纠正对骚乱事件的错误定性，承认法国在移民融合问题上存在严重问题，并承诺采取大力消除歧视的相关措施。总理德维尔潘出面，就警方向清真寺投掷催泪瓦斯事件表示道歉。这些姿态有力地扭转了包括约500万穆斯林在内的公众情绪，起到了缓和事态的效果。

（2）法国政府在认错的同时，果断采取包括进入“紧急状态”、实行宵禁等在内的非常措施，并产生了立竿见影的效果。特别是法国国民议会及时批准将总统的紧急状态授权延长3个月的举措，也对平息骚乱起到了关键性的震慑作用。此外，法国政府还及时动用了宪兵、共和国安全卫队参与在巴黎等大城市重要地点、标志性建筑周围的警戒与巡逻。与此同时，法国警察总署及时向事发地警局放权，增加其临机处置能力，并在重点地区编制了流动小组，负责收集情报并随机报告，使其多层指挥体系运转大为改善。

4. 后续处理

后续处理是危机管理的延伸阶段，也是保障整个管理取得最后成功的关键步骤。除清除危机留下的显性后遗症外，最重要的后续处理是对引发危机的深层问题采取有效的改进措施，建立必要的常设机制加以日常管理，避免新的不安定因素滋生。

11月17日骚乱平息后，法国政府汲取教训，立即出台以下针对性措施，进一步消除骚乱带来的负面影响：①改善郊区住房条件；②恢复部分已经削减的贫困街区的教育预算，在这些地区增加助学金、奖学金，以改善移民青少年的就学条件；③通过职业培训和财政配套等手段帮助移民青年就业；④加大对基础设施和警力培训的投入，改善郊区治安秩序和警察的执法水平；⑤组织重灾地区移民青年与警方对话，增加彼此的了解和信任；⑥成立志愿者机构，进一步协调环境、卫生、文化等紧迫问题，在基层与高层之间建立更直接的沟通渠道。

上述措施也带动了法国社会各阶层对移民问题的再认识，法国思想、教育和舆论界的主流机构及知名人士积极跟进，从道德、法制、经济发展和社会稳定等层面发动持续大讨论，很大程度地改善了移民的心理环境，为进一步促进社会和谐创造了思想基础。

第八节　法国政府应急管理体制的评述与启示

大部分国家都普遍重视应急管理工作，应急管理的发展方向、管理方式、工作内容基本趋于一致，与近年来我国开展应急管理工作的主要做法比较接近。但是，法国在应急管理工作中形成的一些好的经验和做法，仍然值得我们学习和借鉴，以此不断加强和完善我国应急管理体系的建设。

一、强化应急管理机构职能，从整体上提升应急能力

结合法国的应急体制来看，应急部门由虚到实、职能由弱到强、资源由分到统，是各国应急管理体制发展的基本趋势。目前我国在应急体制上，按突发事件类型由相关部门分类管理，各级政府应急管理办事机构综合协调。这是适应我国

应急资源分布特点的一种制度安排。但从近年来我国发生的一系列重特大突发事件来看，事件复杂性、危害衍生性特点明显，往往需要跨区域、多部门协同应对。在很多时候，我们不缺乏资源，而是缺乏对资源的有效整合。因此，进一步加强各级政府应急管理办事机构的职能建设，强化其综合协调、运转中枢的作用，是有效整合各类应急资源、统筹预防和处置、提升应急管理能力的关键环节。建议按照常态与非常态相结合、预防与应急并重的原则，研究制定应急管理办事机构履行综合协调职能的具体内容和程序，并从职责、编制等方面进一步探索保障其履行职能的制度措施。

二、落实地方政府的责任，提高应急管理效率

法国在应急权力、资源高度集中的垂直管理体系下，建立了辅助性原则下的分级响应机制，即当突发事件发生后，按照事件规模由相应层级组织处置工作，上级协调资源进行必要支援，一般不直接参与指挥。这种机制有利于落实各个层级的应对责任，对其积极采取事前防范措施、减少突发事件的发生也形成了有力的制约。目前我国实行统一领导、综合协调、分类管理、分级负责、属地管理为主的应急体制，既有地方政府本级的横向组织体系，也有各部门从上到下的指挥体系，这有利于发挥中央和地方两个方面的积极性，符合我国国情。同时，为了统一资源调度、提高处置效率，建议进一步发挥地方政府特别是县级人民政府在突发事件防范应对中的作用。要通过完善绩效评估机制，健全目标管理责任制、领导干部考核制、行政领导问责制等制度，进一步促进地方政府落实应急管理责任，提高其主动防范、有力应对的积极性，统筹好常态管理和非常态管理。

三、建立区域应急机制，促进应急资源整合共享

法国超越行政区来划分民事安全专设防卫区体系，是对应急管理区域合作机制的实质性深化，在应对大规模突发事件中作用明显。建议在我国根据地区之间自然地理环境的相似性、重特大突发事件蔓延扩散迅速等特点，深化区域联动机制建设。总结推广地震应急救援区域联动机制、以流域为单元的防汛协同指挥机制、泛珠三角区域内地9省（区）应急管理联动机制等方面的经验，探索建立应对各类突发事件、不同层次的区域应急网络体系，实现区域应急资源的优势互补、快速联动和协同应对。

四、增强应急预案的科学性和可操作性，为有序应对突发事件提供制度保证

法国应急预案的精简原则，与我国“横向到边、纵向到底”的预案体系存

在较大差别。这是由两国应急管理体制的不同所决定的，适合各自国家的具体国情。但是法国注重预案修订以及通用条款、特别条款相结合的做法，仍然值得我们借鉴。

现对借鉴法国政府的做法提出两项建议：一是完善预案动态调整机制，可参考法国定期强制修订的做法，明确各类预案修订的主体、期限和具体程序，及时组织风险评估，更新预案内容。二是不同层面预案应突出各自重点。可将预案分为高阶和低阶预案，并对其内容加以指导规范。高阶预案如国家总体预案、专项预案、部门预案，主要规定组织安排、职责划分、预警级别、响应程序等基础性内容，解决应急权力的合法性问题，弥补法律规定的不足；低阶预案如基层政府、各类企事业单位的预案，主要规定力量组织、资源调配等操作性内容，立足于实战应用；在文本框架上低阶预案无需层层模仿高阶预案。

五、加强综合应急队伍和专业队伍建设，提高救援处置能力

法国的应急管理内容宽泛，既包括重大自然灾害、事故灾难、公共卫生、社会稳定等问题的应对，也包括民众生活领域的个人救助。分布广、规模大、装备精的消防队伍在种类繁多的突发事件处置中发挥着主体作用。我国的消防队伍是一支既有的重要应急力量，在包括火灾抢险在内的多种突发事件处置中表现出较强优势。

建议继续依托消防队伍，通过适度整合，建设一专多能的区域综合应急力量，实现应急资源的高利用和应急力量的宽覆盖；不断加强其救援基地建设，提高技术装备水平，提升救援能力；按照以人为本和建设社会主义和谐社会的要求，将为群众排忧解难、扶危救困列为延伸职能。同时，在救援难度大、专业素质要求高的行业领域，继续强化各类专业应急队伍建设。深入实施《“十一五”期间国家突发公共事件应急体系建设规划》，按照规模适度、注重素质的要求，提高公安、武警、防汛抗旱、森林防火、地震救援、矿山救护、核生化应急、海上搜救、卫生防疫、应急测绘等专业队伍的装备水平和技术支撑能力，完善突发事件应急救援体系。

六、加强对志愿者及社会力量的引导和管理，形成突发事件应对合力

法国的消防队伍以志愿者为主，民间救助力量十分庞大，成为政府应急力量的重要补充。从我国近年来对较大规模突发事件的应对工作来看，社会力量参与的积极性很高，志愿者具有一定规模。建议在认真贯彻执行《国务院办公厅关于加强基层应急队伍建设的意见》（国办发〔2009〕59 号）中，努力提高基层

应急队伍的社会化程度，研究制定吸引志愿者参加的政策措施，解决其装备、培训等问题，提高队伍素质和现场处置能力。在各类灾害应对工作中，各级政府应从灾情信息、任务分配、行动组织等方面，统筹政府力量和红十字会等民间力量，加强规范、引导和管理，为应急志愿服务提供舞台和载体。

七、深入贯彻预防为主的应急理念，从根本上防止和减少突发事件及损失

法国的应急管理工作渗透在社会发展的各个行业和领域，国家和各专业部门为防止突发事件发生采取了一系列综合措施。我国已经将预防为主作为应急管理工作的重要指导方针，建议进一步采取法律、行政、经济等综合手段，将预防关口前置。在“十一五”规划基础上，尽快着手编制《“十二五”期间国家应急体系建设规划》，统筹推进应急体系建设。

同时，要不断完善各项保障政策措施。加大违规惩戒力度，提高安全准入门槛，完善财政税收政策，督促和鼓励企业改善生产工艺，淘汰落后产能，提高安全基础能力；强化扶持力度，鼓励和引导公共安全产业发展，提高技术支撑能力，积极推进应急平台建设，强化航空应急救援体系；加大资金投入，提高基础工程和公共设施设防标准，增强防灾抗灾能力；高度重视民生问题，消除不和谐因素。

八、探索建立国际合作机制，广泛利用国际资源

欧盟作为当今世界上一体化程度最高的区域性组织，已将突发事件防范和应对纳入其工作内容，各成员国在地缘政治基础上形成了较高层次的应急管理国际合作机制。从我国的实际情况来看，在应急管理方面开展多种形式的国际合作，有利于利用国外先进技术和资源应对重大突发事件，有利于消除国外对我国反恐、反分裂斗争和维护社会稳定工作的认识分歧，有利于通过对外援助锻炼队伍、提高我国的国际形象和地位。

建议在确保国家主权和利益的前提下，积极稳妥地参加国际各类防灾减灾框架协议，吸收国际先进理念和经验；在我国参加的区域性国际组织中，积极倡议增加应急管理主题，深入开展多方面的交流合作；按照量力而行的原则，适当开展各类形式的对外援助；进一步建立健全接受国外捐赠、来华救援力量的机制。

九、增强群众的安全意识和技能，最大限度地避免和减轻生命财产损失

法国在加强政府应对危机能力建设的同时，通过一系列强制性规定，促使民

众广泛接受安全教育，提高了社会公众的安全意识和能力。我国目前还存在着广大群众安全意识不强、缺乏自救互救技能的问题，迫切需要加强宣传教育和培训。

建议着力改变“政府施救、群众被救”的角色定位意识，树立自救互救是减少灾害损失有效手段的观念。通过建立约束性制度，引导群众积极参加安全教育培训，提高风险识别能力和逃生避险技能；继续在中小学课程中，强化有关安全教育内容；建立和落实各类从业人员职业准入制度，指导各类企业特别是高风险行业将安全技能列入劳动用工合同；充分发挥基层组织的优势，将突发事件的防范应对知识宣传列入村镇、社区的重要工作内容，实现宣传教育培训的广覆盖，并确保取得实效。

十、适时开展应急管理战略研究，准确把握应急管理的内在规律和发展方向

从近几年来英、德、日、俄、法等国应急管理的总体情况来看，随着当今世界公共安全形势的日益严峻，许多国家都把应急管理作为政府的重要职能并不断予以加强，探索建立适合本国国情的应急管理体系。在多年的实践中，我国对应急管理的认识不断深化，也积累了较为丰富的经验。为深入贯彻落实科学发展观，构建社会主义和谐社会，进一步提高保障公共安全和处置突发事件的能力，建议适时开展应急管理战略研究，全面总结实践经验，借鉴国际上的成熟理念和做法，创建系统完善的应急管理理论，为今后深入推进应急管理工作提供理论支撑和智力支持。

参考文献

[1] Irmak Renda-Tanali, D. Sc. & Francois Mancebo, Ph. D. . French Emergency Management System: Moving Toward an Integrated Risk Manage ment Policy. http://training. fema. gov/EMIWeb/edu/CompEmMgmtBookProject. asp.

[2] 国务院办公厅应急管理能力建设赴法考察培训团. 法国应急管理能力建设与培训 [J]. 城市应急，2010 (3)：38 ~44.

[3] 吴白乙. 2005 年法国巴黎骚乱的应急管理及启示 [J]. 中国应急管理，2008 (6)：54 ~58.

第七章　加拿大政府应急管理体制

第一节　加拿大政府应急管理发展简史

一、加拿大的风险环境

加拿大的风险环境包括传统范围内的自然和人为灾害，如野外和城市边界的火灾、水灾、石油泄漏、有害物质泄漏、运输事故、地震、飓风、龙卷风、疾病暴发或传染病、大范围停电、网络事件和恐怖主义等。

1. 自然灾害

加拿大大部分地区属于寒带，冬季时间长，40%的陆地为冰封冻土地区，蒙特利尔冬季的温度可降至零下30多度。因此，加拿大主要的自然灾害是冬季的暴风雪，恶劣的冰雪天气经常给当地居民的正常生活带来困扰。近半个世纪以来，加拿大的经济、社会、人口及技术环境发生了重大变化，这也促使越来越多的加拿大人选择居住在高度依赖技术、高速公路、机场、港口、铁路、大坝及饮用水和污水管道的市中心，而这些基础设施在自然灾害面前非常脆弱。地处高纬度的加拿大大部分地区，每年的暴风雪都会夺走上百人的生命，超出加拿大其他所有自然灾害所造成的生命损失总和。

严重的气候灾害给加拿大造成了巨大损失。1998年1月，加拿大安大略省东部和魁北克省等地区发生了一场加拿大历史上最为严重的冰雹灾害，灾情与我国2008年南方部分省份遇到的雪灾极为相似，当时灾区上千座高压输电线铁塔倒塌，电力、交通、通信设施瘫痪，造成直接经济损失近80亿加元。2003年8月，加拿大不列颠哥伦比亚省发生了严重的森林火灾，造成334户家园被毁，包括众多的企业，超过45 000人被迫从他们所住的社区疏散。在全省范围内，有超过26万公顷的森林被毁，包括财产损失和火灾的扑灭费用达7亿美元，并致使三名飞行员在执行任务中牺牲。2003年9月，“胡安”飓风袭击了加拿大新斯科舍省的达特茅斯，海岸边铁路上的几节火车车厢被飓风吹倒，造成2人死亡，8万人家中断电。

2. 人为灾害

各种各样的人为灾害严重考验着加拿大的应急管理力量，包括网络病毒、工业事故、恐怖主义袭击等。其中，重大的恐怖主义袭击仅在1982年到1999年间就发生了不少于6起。

表7-1 1982—1999年加拿大重大恐怖主义袭击事件表

年份	事件的详细信息
1999年	美国海关官员在从加拿大维多利亚港开往美国华盛顿的船上截获一批定时炸弹装置和130磅炸药。主犯艾哈迈德·莱萨姆被控炸药运输及藏有未注册的枪支罪名，莱萨姆承认在蒙特利尔的集团成员策划炸毁洛杉矶国际机场。2005年7月，莱萨姆在美国被判处22年监禁。
1991年	美国边境官员逮捕三名激进的穆斯林团体贫苦大众会（南亚恐怖组织）成员。他们在策划一起恐怖袭击计划，并携带了一个炸弹组件的列表以及当地一个剧院和一个在多伦多地区的印度教寺的监视记录。三人被判处有期徒刑12年，2006年4月，他们被释放并被驱逐出境。
1985年	一箱炸弹在温哥华被运送上飞机，该飞机后来转移到多伦多的隶属印度航空公司的182号航班并飞往印度。这架飞机在途中坠毁，造成329名乘客，其中包括279名加拿大人丧生。另一箱炸弹则被运送上加拿大太平洋航空公司的从温哥华飞往孟买的航班，在东京成田机场造成2人死亡、4人受伤。
1985年	土耳其驻渥太华大使馆被三个亚美尼亚革命军（AMA）的成员入侵控制，13名人质被挟持，其中包括大使的妻子和两个孩子。大使在从使馆的第二层窗口逃跑时受伤。一名保安员受重伤，随后因伤势过重死亡。
1982年	一名恐怖组织的成员在立顿工厂的多伦多分厂外引爆了一个装载炸药的车厢，导致10人受伤，损失3.87亿美元。国际恐怖组织“直接行动”（Direct Action）发表声明对该事件负责，并强调他们的反核立场。之后，该组织的三名成员被定罪。
1982年	一名土耳其官员在渥太华停车等候红灯时，被一名暗杀者向其连开13枪导致身亡。这名枪手徒步逃脱，且无法确定嫌疑犯。恐怖组织亚美尼亚种族灭绝（JCAG）司法突击队声称对此负责。

二、应急管理在加拿大的发展

严重的自然灾害和各种各样的人为灾害为加拿大积累了很多应对灾害的经验，从最初建立应急管理组织到逐步完善应急管理体制，加拿大摸索出了很多有效措施。例如，通过立法规范重大自然灾害和突发事件管理，建立全社会的防灾减灾责任机制和服务体系，充分做好灾害前准备工作，重视气候变化和防灾减灾研究，加强防灾减灾科研投入、政府的正确引导和全民教育、先进的气候预报预警、全方位的信息服务、有组织的统一行动等。经过多年的摸索和发展，加拿大已有一套行之有效的应急管理体制。

1. 应急管理组织的发展

加拿大联邦民防组织自1948年成立至1966年，其工作范围已延伸到平时的应急救灾。1974年，加拿大将民防和应急行动的优先程序颠倒过来。1988年，加拿大成立应急准备局，并使之成为一个独立的公共服务部门，执行和实施应急管理法。

加拿大的应急管理体制分为联邦、省和市镇三级，实行分级管理。任何紧急事件首先应由当地政府进行处置；如果需要协助，可再向省或地区紧急事件管理组织提出请求；如果事件不断升级以致超出了省或地区的资源能力，可再向联邦政府寻求帮助。

2. 立法体系的发展

(1) 联邦政府的有关立法。

加拿大联邦政府于1988年出台了《突发事件准备法》；1990年制定了《突发事件管理法》；1999年制定了《加拿大环境保护法》；2003年制定了《环境应急事件条例》。其中一些法律在实施若干年后，又经过了修改完善和再发布的过程。上述法律从不同角度就应对自然灾害和突发事件的规范管理作出明确规定，使防灾、减灾和救灾工作有法可依。基于上述相关法律，加拿大还制定了《国家防灾减灾战略》，对全国防灾减灾的领导、协调、指挥和相关部署作出明确规定。2009年12月，联邦政府出台了《联邦紧急响应计划体系》，全面指导加拿大应急工作的开展。

(2) 地方政府的有关立法。

为了有效配合联邦政府在应对重大自然灾害等突发事件方面的统一行动，加拿大各省政府都分别制定了相应的配套法规。曼尼托巴省在1987年出台了《紧急措施法》；安大略省在2004年制定了《安省突发事件管理法》，2006年经修改重新颁布了《突发事件管理和公民保护法》。这些法律法规对省、市地方政府在应对重大自然灾害等突发事件的工作作出了明确规定。例如，对政府职责、队伍建设、资源配备、信息发布、应急计划、应急服务等一系列工作都作出了详细规定。又如，在《安省突发事件管理法》中明确规定各级政府行政一把手是当地防灾减灾指挥协调系统的第一负责人和指挥者，还明确规定省市各级政府必须建立永久性的预防重大自然灾害和突发事件的指挥协调系统、应急响应系统和应急服务体系。这些法规为规范地方政府在应对重大自然灾害中的管理发挥着至关重要的作用。

加拿大市级政府在应对重大自然灾害方面也有明确的立法规定。例如，多伦多市政府对及时铲除冰雪有明确的立法规定。根据这些规定，在市政府铲雪服务不能覆盖的市中心地区的住户和商户对及时铲除房屋附近的冰雪承担相应的法律责任，如果这些住户和商户在降雪后 12 小时内未能自行把房屋前方及相连的行人路上的冰雪清理掉，将被视为违法，可能会收到 105 加元的罚款单，并需另交纳 50 加元的铲雪服务费。如果有人把私人范围内的积雪铲到公共场地，如把私人停车场的雪堆到了人行路或马路上，将被罚款 260 加元。

总之，加拿大政府通过立法在很大程度上规范了政府、企业和个人在应对自然灾害和突发事件中的责任。

3. 防灾服务体系的发展

加拿大在 2004 年 5 月建成了国家气候灾害网（Atmospheric Hazards Ontario Canada），专门向社会提供各种详细的气候灾害数据和灾害分布情况。加拿大电视台气象预报频道每天 24 小时连续播报当地和全国的气象预报信息及主要道路的路面情况，遇到特殊气象情况，该频道会及时发布气象警告。北美气象预报网（www. weather. network. com）实时发布详细的气象预报信息，包括当地气象预报、每小时气象变化预报、14 天气候变化趋势、政府发布的气象警报、雷电警报、气象统计信息、主要高速路的路面信息（包括气候状况和交通状况）、机场气象预报、公园和滑雪场等各种出游景点的气象信息预报、流感分布信息和紫外线强度等多种气象信息。

此外，加拿大于 1998 年成立了以保险业为主要服务对象的独立、非营利防灾减灾研究所（Institute for Catastrophic Loss Reduction）。该研究机构除了从政府得到经费资助以外，更多地通过会员制形式从数十个会员单位收取会员费，并在社会上承担委托研究等以获得经费支持，形成了资金来源多元化、社会化的发展模式。

在民间组织方面，1965 年成立的加拿大红十字协会，在灾后与各国政府和其他人道主义组织一起合作，为公众提供基本需要（包括住房、家庭团聚、协助寻找支持、急救、信息、食品和衣物等）。1917 年在安大略省成立的加拿大工业事故预防协会，是一个非营利性的会员制机构，拥有约 47 000 家会员公司，代表工人150万人，是加拿大最大的安全与健康组织。它致力于改善会员公司的安全与健康状况，对在工作场所的伤害和疾病预防中起主导作用。该协会还致力于建设一个风险受控的社会，通过提供有效的伤害与疾病预防计划、产品和服务，提高工作场所和社区的生活质量。

第二节 加拿大政府的应急管理机构

一、统一的中央控制——政府行动中心

1. 中心职能

加拿大政府行动中心（GOC）是加拿大战略层次的行动中心，它全面负责加拿大的公共安全和应急管理。政府行动中心是一个整体的网络枢纽中心，由联邦政府的各个部门与机构联合运行，这些部门和机构包括加拿大皇家骑警、加拿大卫生部、加拿大外交和国际贸易部、加拿大安全情报局和国防部。同时，该执行中心还密切地与各省和地区，以及诸如美国和北约保持国际合作伙伴关系，一周7天、每天24小时不间歇地运作，收集来自其他执行中心的信息，并广泛收集来自世界各地公开的和机密的信息资源，为各种灾害的应急做好充分的准备。

政府行动中心负责处理所有即将发生的或已经发生的、自然的或人为的灾害，以确保这些灾害不会威胁到加拿大安全或加拿大关键基础设施的复原力。政府行动中心具有两大主要职责：一是协调国家响应；二是保持灵活应变的能力。

（1）协调国家响应。

作为加拿大的一级战略执行中心，政府行动中心的主要职能是代表加拿大政府提供协作和指引，对某件新产生或正在发生的影响到国家利益的事件作出响应。市政府负责战略上的问题，如确定应该有多少辆消防车响应该紧急事件；各省和地区实施决策行动上的决定，如组织省紧急医疗队伍。

政府行动中心在应急管理中处于国家一级的地位，它是整个国家的行动中心，在发生全国重大紧急事件时负责联合所有联邦部门和机构的力量。虽然政府行动中心处于最高的领导位置，但在危急情况下，其资源也会被提供给任何联邦部门或机构。

应急管理需要通过政府行动中心来形成一个整合的政府体系以对事件作出响应，区域办事处是省和地区当局与各联邦部门之间的主要联系渠道，对于提高公众的危急意识，制定、分享形势报告和风险评估起着关键作用。

（2）保持灵活应变的能力。

在政府执行中心长期工作的人员包括观测人员、专门从事国家信息通报的工作人员以及基础地理信息小组里的测绘人员等。在紧急情况下，员工人数会迅速增加，应急能力也会随之迅速提升。这使得政府行动中心可以在紧急情况下成为整个政府应急管理的指挥中心，用以支持其他部门和机构的分析与响应等应急运作。

2. 中心构成

（1）加拿大皇家骑警队。

加拿大皇家骑警队（RCMP）是加拿大的国家警察服务部门和公共安全机构。这样的警察队伍在世界上独一无二，因为它是一个面向全国的、联邦的和省市的警务机构。皇家骑警队为加拿大提供全方位的安全保障服务，同时面向3个地区、8个省（安大略省和魁北克省除外），包括190多个城市、184个原住民地区和3个国际机场。作为一个现代化警察组织，它肩负着维护法制、预防犯罪、保护加拿大人的责任，对国家安全和应急管理起着举足轻重的作用。

加拿大皇家骑警队起源于1873年5月，当时加拿大议会成立了一个中央警察部队，这是加拿大皇家骑警队的前身。经过多年的发展和壮大，其发展成今天的皇家骑警队。如今，加拿大皇家骑警的安全职责范围包括：应对有组织犯罪、恐怖主义、非法毒品、经济犯罪和犯罪威胁等一切会威胁到加拿大国土安全和领土完整的危机。同时，加拿大皇家骑警也保护一些重要人物，在8个省和3个地区都有管辖权，并通过其国家警务服务向加拿大其他执法机构提供有用资源。

加拿大皇家骑警队的成员都经过严格的选拔和培训，且日益多样化，已发展

图7-1 加拿大皇家骑警队

成为一个2.2万人的大队伍，由正式成员、文职人员和公共服务雇员组成，还有大约75 000名志愿者加入协助。加拿大皇家骑警队有超过750个分队，整个骑警队被分成4大区域、15个部门和一个全国总部（如图7－2所示）。作为联邦体系里的一部分，皇家骑警队运用创新的思路和先进的手段来应对有组织犯罪、恐怖主义以及非法毒品贸易的具体犯罪、经济犯罪（如伪造的信用卡欺诈）和犯罪威胁等。例如，科技罪案组就曾成功跟踪了窃取、篡改和破坏计算机系统和数据网络的犯罪分子。除了保护加拿大及其社区，皇家骑警队也会保护政界要人，包括加拿大总理和总督、外国国家元首以及一些来访贵宾等。

图7－2　加拿大皇家骑警的地区和部门分布

作为国家警察服务的重要机构，加拿大皇家骑警在管理和执行中还向其他执法机构提供宝贵的资源。这些资源包括一些数据资源，如指纹数据库、犯罪记录、失踪儿童记录、枪支火药数据等，还包括及时与国内和国际合作伙伴共享的可靠的刑事情报。

加拿大皇家骑警队的战略重点侧重于以下五大方面：

第一，针对有组织犯罪。有组织的犯罪影响范围极其广泛，可能渗透到社会的每一个细节之中。细微的危机积少成多就会酝酿成巨大的危机，因此，这是骑警队注意的第一个战略重点。据估计，有组织犯罪给加拿大造成每年至少50亿美元的损失。在过去8年，加拿大政府已采取了若干措施以尽量减少有组织犯罪对加拿大人的影响。例如，通过新的法律修订和资源分配，政府已能加强执法能力来阻止犯罪组织的肆虐行为，并加强边境安全。对于有组织犯罪日趋跨国化的问题，国内的法律政策等也跟随着国际合作伙伴国家的相关法律的发展而逐步改进。加拿大皇家骑警队利用情报为主导的综合方法减少有组织犯罪的威胁和影响。

针对有组织犯罪，皇家骑警队致力于以下十个方面来预防和应对危机：

①减少有组织犯罪所造成的破坏非法市场的总伤害。

②提高情报的质量，加强信息沟通。

③确保及时和可靠的业务数据完整性。

④与合作伙伴共享情报，并配合所在城市、国家和国际各级执法单位开展工作。

⑤制定最新的有组织犯罪的威胁评估情况报告和危险等级调查。

⑥提供新技术来加强侦查能力。

⑦提高调查有组织犯罪集团的人数，并将罪犯绳之以法。

⑧通过培训提高调查的技能和能力。

⑨加强对危险和有组织犯罪的影响，提高公众意识。

⑩减少对非法产品的需求。

第二，针对恐怖主义。恐怖主义对国家安全的威胁不断增加，也对世界各地的政府提出了一项新的“智力挑战”。潜在的恐怖分子可能尚未参与犯罪活动，因此，很难被辨认和阻止。无论是国外还是国内的恐怖组织，其发展都日益复杂。恐怖组织的成员通过先进技术联系其他成员，还将整个大的组织拆解为各种分散的小组织，增加了被发现的难度。对于应对全球性的恐怖组织的行动，更强调综合警务方法的重要性和智力性。加拿大皇家骑警队对恐怖主义的战略重点放在“减轻刑事和国外的恐怖活动的威胁”之上。此外，加拿大还与美国成立跨部门的国家安全委员会，加强边境安全防护以及智力分享。

针对恐怖主义，皇家骑警队致力于以下几个方面来预防和应对危机：

①确保边界的完整性和与伙伴合作建立“智能边境”，以防止这些制造恐怖威胁项。

②侦查、防止破坏和恐怖活动的调查。

③扩大信息收集，分享刑事情报。

④及时提供相关的刑事情报。

⑤建立新的并加强现有的伙伴关系。

⑥贡献值公众政策咨询。

⑦分配资源战略。

⑧确保健全和严格管理资源的加拿大皇家骑警队。

⑨加强中央协调国家安全计划管理。

⑩保证有效沟通。

⑪招聘、培养和保留合适的人员。

⑫优化科学技术。

第三，针对青少年犯罪。在每个省和地区，都有一支皇家骑警队被指定来支持国家青年发展计划和政策，并监督地方与青少年的接触和沟通。加拿大皇家骑警队与地方密切合作，组织社会服务，使青年人随时与警方接触，不管是青年罪犯还是受害者，都能得到各自所需的帮助。

针对青少年问题，皇家骑警队致力于以下三个方面来预防和应对危机：

①减少青少年参与犯罪以及青少年作为受害者的机会。

②支持与采取青少年司法。

③把重点放在风险因素的预防和早期干预工作上。

第四，针对原住民社区。在加拿大，皇家骑警对原住民、因纽特人和梅蒂斯社区提供长期服务，并致力于建立与600多个土著社区的服务关系。加拿大皇家骑警队的土著战略重点是促进土著社区的安全。

针对原住民社区，加拿大皇家骑警队致力于以下十个方面来预防和应对危机：

①促进其警务服务的文化感染的方法。

②投资优化政策的发展研究。

③审查现有的机制（内部和外部）用以获取有关数据，服务土著社区，实现数据的质量和完整性。

④为原住民改善服务联系方式。

⑤证明服务价值，满足合作伙伴，并通过健全的管理和严格的问责制管理利益相关者。

⑥促进或通过系统的通信和市场服务为原住民提供警务服务。

⑦促进恢复性程序的使用，确保替代土著人的刑事司法举措被认为是关键的治安服务。

⑧在加拿大警察学院给原住民警务人员和警官增设课程和其他学习机会。

⑨有效地沟通，包括对内部和外部的受众。

⑩继续积极聘请土著社区的雇员和警察。

第五，针对经济信用危机。由利润动机驱动的犯罪类型是最广泛的。非法经济活动、剥夺或挪用资金等行为危害着加拿大人，也会动摇在加拿大的消费者和投资者的经济信心，使国家经济安全遭到破坏，让国家机构处于信任危机之中。

加拿大的经济信用危机例子有很多，如保险诈骗、营销骗局、假币危机等。

经济信用危机严重影响国家的经济安全，甚至可能引发金融危机。为此，加拿大皇家骑警队致力于以下八个方面来应对经济信用危机：

①有效地与市民、合作伙伴和利益相关者沟通。

②提高公众危机意识，以减少和预防经济犯罪。

③制定最新的风险情况报告和危险等级优先调查。

④提高情报的质量和加强信息沟通。

⑤通过教育、预防来减少经济犯罪。

⑥建立有助于货币、金融和市场体系的信心。

⑦与合作伙伴共享情报，并配合所在城市、国家和国际各级执法单位。

⑧加强与伙伴的合作关系，减少金融犯罪。

（2）加拿大卫生部。

加拿大卫生部是负责保持和改善加拿大人民健康的中心部门。加拿大卫生部以核心行动为价值观，致力于防止和减少风险，向居民提倡健康的生活方式，确保高质量、高效和方便的医疗服务，促进健康长远计划、医疗系统的重建，在加拿大社会中减少卫生不平等及向居民提供健康信息。

同时，该部门规定和监管数千种产品，包括生物制剂、消费品、食品、医疗器械、天然保健品、农药、医药、有毒物质等。

加拿大卫生部还对疾病进行监测和跟踪，必要时会采取行动。通过研究和监测所得到的信息，加拿大人可以用来改善他们的健康状况，大大降低公共卫生危机事件的发生几率。

（3）加拿大外交与国际贸易部。

加拿大外交与国际贸易部的任务包括：确保加拿大的外交政策，反映真正的加拿大人的价值观和发展加拿大的国家利益；加强以规则为基础的贸易安排、扩大自由和公平的市场准入的双边机制；加强与合作伙伴的合作，实现更多的经济机会；同时增强加拿大人在国内和国外的安全性。

（4）加拿大安全情报局。

加拿大安全情报局（CSIS）的职责是调查威胁、分析信息和生产情报，然后向加拿大联邦政府报告和提出建议，以保护国家和公民。其关注的主要威胁包括恐怖主义、大规模杀伤性间谍活动、外国干涉和武器扩散以及影响关键基础设施的网络干扰。

通过安全检查计划，加拿大安全情报局负责限制或防止非加拿大人进入加拿大或接受永久居民身份或公民身份的相关安全问题，同时防止在加拿大的外国政府和其他实体可能造成政府机密资料泄漏的危险。

但是，加拿大安全情报局的首要任务是打击恐怖主义暴力行为。加拿大安全情报局在预防安全和防止恐怖主义灾害发生方面的活动和服务，主要包括以下五点：情报收集和分析；共享情报；安全检查；对公众的信息共享；专家的深入调查。

（5）加拿大国防部与加拿大军队。

像联邦政府的其他组织一样，加拿大国防部与加拿大军队的活动是按照已有的由议会批准和监督的立法框架进行的。在大多数方面，国防部的操作和管理与其他政府组织部门无甚大差异。《国防法》列明了国防部部长的职责，包括对国防部和加拿大军队方面的责任。

不同于加拿大国防部，加拿大军队是一个独立的实体。《国防法》明确规定，国防部是由国防部副部长统领，而加拿大军队是由首席国防参谋长统领，两者都对国防部部长负责。

加拿大军队和国防部起着互补的作用，二者都向国防大臣提供咨询和建议，执行政府对于加拿大安全和利益的各项决定。当局的独立副部长和国防参谋长担负不同的责任，概括而言，副部长负责政策、资源、部门间的协调和国际防务关系的责任；国防参谋长负责指挥、控制加拿大军队和军事战略、计划和需求管理。两者分工明确，共同保护加拿大的安全。

二、加拿大应急管理的相关合作机构

1. 加拿大边境服务署

自2003年12月开始，加拿大边境服务署（CBSA）成为了保护加拿大人和维护加拿大和平与安全的社会组成部分。加拿大边境服务署的署长直接向国家安全部部长负责，并控制和管理所有有关机构的事项。

该机构的任务是负责提供综合边界服务，以支持国家安全和公共安全的优先事项以及促进人员和货物，包括动物和植物的自由流动，符合法律规定的程序的所有要求。其使命是通过管理人员和货物进出加拿大边境以确保加拿大的安全。

加拿大边境服务署由大约13 000名员工负责运作，其中包括超过7 200名的武装人员，这些武装人员向加拿大国内1 200个服务点和39个国际驻点提供服务。同时，加拿大边境服务署管理119个陆地边境口岸和13个国际机场以及主要城市的海上作业和主要港口的运作。以上管理有助于防止和消除恐怖主义活动、有组织犯罪以及一切对人类有危害的罪行，阻截非法商品进入或离开加拿大。

2. 综合威胁评估中心

为了应对国内和国外的恐怖主义，2004年加拿大建立了综合威胁评估中心

(ITAC)。该部门汇集了来自加拿大安全情报机构的各界精英，从加拿大安全情报局到警察部。他们提供有关的政府信息，并采取行动以防止或减少恐怖主义威胁对加拿大的影响。

3. 网络事件反应中心

加拿大的网络事件反应中心（CCIRC）24 小时监测网络环境，并负责协调国家回应任何网络安全事件，其重点是国家对网络事件的关键基础设施的保护。该中心是政府执行中心的一部分，也是国家安全和应急准备的重要组成部分。

CCIRC 与国内和国际的合作伙伴合作，收集、分析并传播有关网络威胁的数据。该中心为 IT 专业人士和重要基础设施或其他相关产业的管理人员提供分析发布、信息产品和各种专门的服务，以减少网络威胁带来的危机。

第三节 加拿大政府的整体应急管理框架

为应对危机与突发事件，加拿大联邦政府以及省和地区（Federal，Provincial and Territorial，FPT）政府建立了共同的《应急管理框架》（以下简称《框架》）。这一框架的目的是使 FPT 政府在应急管理方面巩固合作和加强行动的一致性。《框架》明确指出，联邦政府以及每个省和地区政府都有责任实施应急管理和保卫加拿大的公共安全。

一、加拿大应急管理框架概述

在加拿大，大部分紧急情况都是发生在自然的局部地区，并由各市政府或省和地区直接管理。此外，很多因素都加大了各类灾害的潜在风险，如城市化、关键基础设施之间的相互依赖性、恐怖主义、气候变异和变化、危害动物和人类健康的疾病，以及人员和世界各地货物的流动等。这些事件可以超越地域，挑战着加拿大政府的应急管理和应急反应能力。

《框架》里所提出的基本概念和原则是从加拿大的应急管理活动和所采取的措施里总结出来的。它支持法律和政策框架、计划、活动、标准和其他措施，以促使和激励所有在加拿大的应急管理合作伙伴更好地合作，确保加拿大的公共安全。这个框架会根据现实状况的变化而进行不断的修订。每隔 5 年，FPT 政府都会对框架的内容进行共同的复查，以确保它们是准确的，是符合当前应急管理状况的变化的。

二、应急管理组件

应急管理的最终目的是拯救生命，保护环境、财产和经济。其中，对生命的保护是最重要的。从最广泛的意义上来说，应急管理提升了管理者对风险的了解，并有助于建立一个更安全、繁荣、可持续发展，具备抗灾快速响应能力的社会。加拿大应急管理是由四个相互依存的基于风险的功能组成，分别是预防和缓解措施、准备、响应以及灾后恢复。

1. 预防和缓解措施

加拿大政府会在危机或灾害发生之前采取积极的措施以消除或减少灾害的影响和风险，如土地使用管理、公共教育和防护设备的巩固。预防和缓解措施可独立采取，也可连同其他因素一起考虑。

2. 准备

通过灾前采取措施来应对灾害以及控制灾害影响的后果，如紧急应对计划、互助协定、物资和应急设备的储备、培训和应急演习计划等。

3. 响应

在灾害发生后立即采取行动控制其后果，例如，通过紧急公共通信搜索和救援、紧急医疗援助和紧急疏散，以尽量减少人民的痛苦和灾害带来的损失。

4. 灾后恢复

灾难发生后，通过采取措施进行修复或恢复使损失减至最小，这些措施包括撤离人员返回、创伤心理辅导、重建、经济影响的评估研究以及财政援助等。灾后的长期恢复工作与今后的预防和缓解措施有着密切的关系。

这四个相互依存的功能可连续有序地执行或同时执行，它们不是独立存在的。应急管理在加拿大各省、地区乃至联邦政府采取了一种全面的、协调的应对危机的做法，将防灾和减灾、备灾、救灾和恢复功能结合起来，并确保这些功能之间有着牢固而密切的联系，以最大限度保障加拿大人的安全。另外，《框架》还指出，确定适当的应急管理合作伙伴是至关重要的应急管理措施之一。

在过去，加拿大应急管理的重点主要放在应急准备和应急响应上。但不断变化的风险环境使现代的应急管理不得不面对一些特定的风险与危害，这就要求政府注重和加强预防和缓解措施，对紧急情况和灾害有一个提前处理的准备。加强预防和对保护措施的投资可以有效防止灾害发生或在灾害发生时大大减少对社会、经济和环境的损害。

三、应急管理的原则

《框架》中所介绍的原则体现了整个加拿大应急管理框架的核心。它们反映了加拿大的应急管理情况的本质，也构建了加拿大应急管理的基本理念和目标。这些原则的设定是为了给组成加拿大应急管理系统的各项内容的不断改进提供准则。加拿大的《应急管理框架》提出了以下几大原则：

1. 责任性

应急管理的职能和活动遍布加拿大社会的每一阶层，各级政府和各阶层的相关负责人均需以负责的态度各司其职。相关法律、政策及其他协议均有着明确的指导方针和执行标准。在加拿大，应急管理责任由FPT两级政府及其合作伙伴来承担。此外，公民个人亦有责任对灾害做好准备。省和地区政府负责各自管辖范围内的应急管理；联邦政府在国家一级的应急管理中行使其统领的职责，联邦所管辖领域内有关土地和财产方面的应急管理，也由联邦政府负责。

在紧急情况下，市政府、省或地区须首先作出第一反应，因为灾害的发生往往是区域性的。如果一个省或地区政府需要获得超越他们权力和能力的资源来进行应急，联邦政府将迅速响应他们的任何请求并予以援助。

2. 全面性

在加拿大，FPT两级政府采取全面综合的应急管理方法。该方法是积极主动的，综合考虑了基于风险的措施、所有可能的危险，以及来自社会各阶层的合作伙伴，并协调和平衡全国的防灾减灾、备灾、救灾和恢复这四大功能。

3. 合作性

这一原则要求所有的加拿大人都参与应急管理，包括公民个人、社区、直辖市和联邦、省和地区政府、原住民、紧急时间第一责任人、私营部门（包括商业和工业）、志愿者和非政府组织、学界，以及可能参与应急管理的国际盟友。基于有效协作、协调和沟通的良好合作关系是FPT应急管理系统的关键组成部分。

4. 行动一致性

应急管理需要合作化、协调化和一体化，以促进所有合作伙伴的互补和统一的行动，以确保应急管理行动的最有效执行和应急资源的最有效利用。应急管理体系在各个层面上互为补充，以便提供协调一致的努力，及时有效地采取预防和缓解、应急准备、应急响应和灾后恢复等措施来应对灾害。行动的一致性依赖于明确且恰当的职能、责任、权力和应急管理的合作伙伴的能力。基于对这些因素的共同愿望、理解和支持，是保持应急管理行动一致性的关键。

5. 基于风险

基于风险的应急管理方法表明了加拿大应急管理职能的相互依赖性。这种做法强调首先评估从一开始就可能容易引起的各种危害，从而确定一套解决脆弱性和降低风险的最佳的平衡和功能集成的方案。风险管理的做法有助于全面理清构成风险的各种因素，包括其原因、发生的可能性和可能引发的严重性后果，从而改善应急管理决策。将更多的重点放在降低风险措施上是一种可持续的应急管理方法，可以有效改变以往过分偏重于应急准备和应急响应的状况，以遏制灾害所带来的社会危害和经济损失成本不断上升的这一趋势。

加强事前的预防和缓解措施可有效降低危险的敏感性并增强灾害的恢复力。这一点是关键，因为尽管许多灾害是无法避免的，但是可以阻止它们成为公共危机。在开展相关的应急管理活动之前，可对某个特定区域或某个特定组织的危险、威胁、风险和与人相关的脆弱性进行系统的评估。风险管理的不完善有可能会对社会、社区、组织或个人产生极端不利的后果。已被验证的、灵活有效的、以风险管理为基础的方法，可以使应急管理活动、程序和制度根据特定的环境进行调整。

6. 面向所有危险的原则

在加拿大每一个区域内，应急管理都采用应对各种灾害的解决办法，包括自然和人为的各类灾害。自然灾害包括洪水、飓风、风暴潮、海啸、雪崩、泥石流、龙卷风、野外森林火灾和地震等。除了自然灾害，还有人为灾害，包括一些体现人类冲突的蓄意事件，如恐怖主义和网络攻击。另外，也存在由个人或技术事故或事件的处理失当所导致的关键基础设施（如金融系统、供水系统和电力通信系统）中断。此外，生物灾害如动物或人类的传染病在加拿大所引发的大面积流感，也对应急管理提出了更多的要求。有关当局要对每一个潜在的灾害进行查明和评估，并对其危害性进行排序，以弱化潜在漏洞的危害。通过综合评估与灾害相关的所有风险，还可有效地降低人员、财产、环境和经济各方面的脆弱性。

7. 复原力原则

复原力是一个系统、社区或社会通过不断地巩固、修复或改变来达到并维持一个可接受水平的运作，以适应灾害所带来的混乱状态的能力。应急管理的目的是加强公民、应急响应者、组织、社区、政府、制度和社会整体的复原力，以防止灾害演变成巨大的灾难。复原力通过建立或强化人力和社会建设这两方面的社会能力，减少其脆弱性或加强社会和物质能力的人力和建设环境，以降低灾害发生的可能性，并从灾害中恢复和吸取经验教训。

8. 明晰的沟通

加拿大 FPT 政府的应急管理目标之一是最大限度地把应急管理工作中的每一项工作都实现公开透明化。有关当局的清晰沟通是一个贯穿灾前、灾时、灾后的关键和持续的过程。在紧急事件发生之前，沟通重点放在三个方面：一是应急管理的公共宣传教育，加强人们对危险、风险和脆弱性的认识；二是增强防灾、减灾和备灾措施；三是向公众提供有关应急管理的各个方面的信息。公共警报的沟通用于向公众发布警告消息，提醒可能有灾难即将来临。在灾时和灾后的沟通则强调用于解释和指导迅速的应急响应行动，以尽量减少灾害影响和保障公共安全。无论是在短期、中期还是长期的灾害复原行动中，这些沟通都起着至关重要的作用。

9. 持续改进

由已发生的灾害事件及其资料信息中所总结出来的经验教训和由此所产生的新知识，可以被用来广泛分享，并改进将来的应急管理实践。在紧急情况或灾难发生后，会有一个系统的方法来帮助学习经验，提高效率和改善应急管理的做法和过程。灾害记录和内部经验教训有助于灾后恢复的完成。持续的改进包括增量式和转型式的变革，是应急管理职能和实践系统的重要组成部分，能有针对性地减少同类问题再度发生。

四、加拿大应急管理框架的作用

《加拿大应急管理框架》建立了联邦、省和地区政府的应急管理系统。该框架旨在加强加拿大的应急管理能力，提高公众对加拿大安全框架有效运作的认识，同时强调并鼓励了联邦、省和地区政府的应急管理合作伙伴的重要贡献。

第四节　加拿大政府的紧急响应计划体系

为改进加拿大的应急体系建设，增强加拿大应急管理能力，加拿大政府于2009 年 12 月出台了《联邦紧急响应计划》（Federal Emergency Response Plan，FERP)，以指导加拿大的应急响应行动。

一、FERP 概述

1. 简介

加拿大的紧急状况处理由当地市或省、地区政府负责。但是，某些风险因素增加了灾难的潜在风险，超越了地域，挑战着加拿大联邦和省、地区政府的应急管理能力。这些风险因素包括城市化的加强、关键基础设施的依赖和相互依存关系、恐怖主义的多变性、气候、危害动物和人类健康的疾病，以及人员和世界各地贸易流动的增加。

加拿大《应急管理法》将应急管理定义为对紧急事件的预防、缓解、准备、响应和恢复。根据《应急管理法》，国家安全部长负责组织政府对紧急状况实施应对。为了应对紧急状况，加拿大国家安全部和其他政府部门共同制定了《联邦紧急响应计划》。FERP 是加拿大所有紧急状况和灾害发生时的政府响应计划。

FERP 描述了促进与协调政府各部门对紧急状况的响应过程和机制，以协调加拿大更广泛的政府力量进行危机状况的响应。FERP 包含着具体事件和部门的计划，主要包括如何解决具体的威胁、对国际紧急情况的反应以及国家应急反应系统，并概述了统一的联邦和省、地区政府应对紧急情况。联邦部门和机构负责他们责任范围内的相关应急管理计划的改进和强化。这样一来，直接或间接地支持应急管理战略目标的独立部门活动和计划，有助于完善加拿大政府的应急响应体系。

2. 目的

FERP 的制定是为了统一联邦和各省、地区政府以及非政府组织和私营部门的紧急应对工作。FERP 包括 13 项应急保障职能，使联邦政府能够落实应对紧急情况。

3. 责任权限以及适用范围

公共安全部长负责改进和协调应急管理计划，并负责协调加拿大政府应对紧急情况。公共安全部长授权根据《应急准备法》和《应急管理法》来改进 FERP。根据《应急管理法》，各联邦部长的责任就是负责与其所在地区有关的风险应急管理计划的改进与发展。各独立部门的活动和计划要根据加拿大政府的综合响应，直接或间接地为支持 FERP 的战略目标作出贡献。

FERP 适用于加拿大国内紧急事件以及对国内有影响和冲击的国际紧急事件。FERP 不取代或违反任何特别事件或部门的计划，也不会与各个区域的责任相冲突。

4. 战略目标

FERP 包括以下五个战略目标：①拯救生命，减少人身伤害，防止疾病；②保护财产和环境；③维护法律、秩序和国家安全；④维持公众信心；⑤减少经济和社会损失。

5. 加拿大政府综合应急响应

在加拿大政府的综合应急响应中，包括部门协助决定所有的综合事务、促使应急计划的融合、最大限度地利用可用的资源。在以下的情况下，加拿大政府需要作出应急的综合响应：某个省或地区需要联邦政府的支持来处理紧急事件；该紧急情况涉及和影响多个司法管辖区或部门，并且需要一个综合的协调才能进行响应；该紧急情况直接涉及国家的资产、服务、员工、法定权力或责任，或该事件会影响政府的信心；该紧急事件影响到国家利益的其他方面。

6. 特别事件和部门计划之间的关系

FERP 是一个综合危机应对计划，负责协调联邦政府的紧急响应。在大多数情况下，各部门依照自己的权限来处置特别情况下的应急管理以及部门的应急计划。虽然部门可在紧急情况下实施这些计划，但他们还必须遵从 FERP 的宗旨以符合联邦政府的紧急反应的协议。

7. 主要的支持和协调部门

加拿大公共安全部门提供态势感知、风险评估、规划、后勤、金融经济和公共管理的专业知识，其他政府部门则提供相关的专业知识。各个支持部门和协调部门都有明确的分工。

（1）主要部门：指负责与应急管理的关键因素相关联的联邦部门。几个联邦部门可被指定为主要部门，视紧急情况的性质而定。

（2）支持部门：向主要部门提供一般或特别的应急响应援助的联邦部门。

（3）协调部门：加拿大公共安全部是根据《应急管理法》并基于公共安全部长的法定责任的联邦总指挥部门。因此，加拿大公共安全部整体负责相关的联邦应急部门。

（4）部门任务：联邦部门具备多重任务。在政府治理结构上、在区域一级、在联邦协调小组里、在一个应急支持行动的响应任务里，以及在协助政府行动中心的活动里，联邦部门都发挥着重要的作用。

下面对相关部门作具体介绍。

（1）加拿大公共安全部行动局。加拿大公共安全部行动局是协调部门的一部分。它管理并支持联邦应急管理系统（FERMS）的运作，协助联邦部门的代表与其他代表开展工作，并负责整合加拿大政府的应急响应行动。在国家出现紧急状态时，行动指挥部和政府行动中心通过联邦协调官员以及在助理代理部长负责的应急管理委员会的引导和指挥下，接收信息。

（2）加拿大公共安全部通信局。加拿大公共安全部通信局为加拿大政府紧急活动提供公共通信，负责联络联邦各部门之间，以及联邦与省或地区的合作伙伴、国际合作伙伴和非政府组织之间的沟通与信息传递。作为支持联邦应急管理系统的一个重要功能部分，通信局同样负责向公众以及社会媒体提供支持和战略性的公共沟通策略和意见。

（3）联邦部门代表。公共安全部行动局及其局长在与联邦协调指挥官共同协商下决定应急响应行动中的政府行动中心所需要采取的行动类型。行动局局长确定哪些部门提供联邦部门的代表，并决定他们所需要的行动的时间期限。行动局局长作出的决定必须基于紧急状况的危害范围和程度以及应急响应的实际情况，而助理代理部长负责的应急管理委员会必须批准这些决定。

在紧急情况下，联邦部门的代表可能需要全天候随时待命，也可能只需要在特定情况下才待命，这取决于紧急事件本身的性质。

部门的代表可能需要支持部分或全部的主要应急功能，这取决于该应急响应行动的要求。这些代表必须对政府行动中心负责并且有能力根据其需要迅速作出反应。

在允许的权限下，行动局局长通过部门的应急响应行动中心或预先确定的部门责任人员来指导政府行动中心，并指挥联邦部门代表的行动。

在政府行动中心内部，联邦部门的代表可联络官方人员、主题专家和主要部门的代表。主题专家提供应急响应的具体科学方面或技术领域方面的专业知识指导；主要部门代表则属于管理团队的一部分，他们在本部门的应急管理行动中提供所需的支持与帮助。

(4) 其他代表。来自非政府组织和私营部门的代表可能会被要求支持联邦紧急响应，并在紧急情况下提供专业的知识帮助。

8. 应急支持功能

应急支持功能是为了响应应急行动而设计的，是以满足事前或事中的应急情况反应行动。政府行动中心根据不同部门的专长来分配其负责的功能部分。政府行动中心可要求其他部门，如非政府组织和私营部门的代表提供资源和支持主管部门。政府行动中心可以实现一个或多个应急保障功能，这主要根据其性质或紧急情况的影响范围而定。每个功能的详细信息见表7－2。

表7－2 应急支持功能

	紧急支援功能	担负主要责任的部门部长
1	运输	运输部
2	电信	工业部
3	农业及农业食品	农业部（食品监测局）
4	能源生产和分配	自然资源部
5	公众卫生及公民基本服务	卫生部
6	环境	环境部
7	人与社会服务	人力资源和社会发展部（加拿大服务部）
8	执法	公共安全部（加拿大皇家骑警队）
9	国际协调	外交与国际贸易部

（续上表）

	紧急支援功能	担负主要责任的部门部长
10	政府服务	公共工程与政府服务部
11	后勤业务管理	待定
12	通信	公共安全部（公共信息沟通部门）
13	边境服务	公共安全部（加拿大边境服务署）

二、联邦紧急响应管理系统

1. 简介

联邦紧急响应管理系统（FERMS）是一个综合管理系统，综合指挥加拿大政府对突发事件的应急反应，并基于紧急事件的指挥系统和国库委员会秘书处的综合风险管理框架的原则。

FERMS 提供治理结构和行动设备（政府行动中心）以应付紧急情况。它可以通过部门的应急支持和其他政府部门的应急响应专门技术，按照紧急情况的范围要求来分配指导应急行动。它还通过连接与协调联邦区域及各省和地区的应急响应行动，来整合联邦区域的构成。

FERMS 提供机制和程序以整合政府体系、非政府组织和私营部门的结构、功能和资源到所有灾害的综合应急响应系统中。虽然个别的威胁可能归入特别事件或部门计划的处理中，但 FERMS 是指导加拿大政府综合反应的一个总框架。

FERMS 同样包含了公共沟通协调制度。训练有素、经验丰富的加拿大公共安全通信局管理人员和工作人员为该系统提供支持。协调和沟通的级别水平，根据紧急事件的范围和程度来调整。另外，其他国家和地区的政府部门也对此提供支持。

2. 目标管理

FERMS 管理团队根据联邦协调官员的指导来设置目标。该目标是一个预期成果或一个特定行动时期的结果。

3. 治理结构

治理结构是指在发生非紧急情况和紧急情况下的管理结构和程序。根据 FERP，加拿大政府将有效利用现有的治理结构，以最大程度响应紧急情况。紧急事件的性质和范围将决定政府的响应策略。

以下为加拿大政府的联邦综合应急响应体系的治理结构：

（1）内阁委员会。

内阁委员会提供每天的政府议程的协调，包括应急管理议题、立法、房屋规划和沟通。在紧急情况下，委员会成员会收到决议的摘要和代理部长委员会成员的其他意见摘要的汇总。

（2）代理部长委员会。

在非紧急情况的行动中，代理部长委员每天都会提供一个论坛，以解决有关市民安全、国家安全和情报等问题。在紧急情况下，该委员会负责协调对加拿大政府的应急响应行动和向部长提出建议。紧急事件的性质决定委员会的成员组成。

（3）联邦协调官。

公共安全代理部长（或代表）作为联邦协调官（FCO），代表公共安全部长执行服务。联邦协调官负责联邦紧急响应的全局协调，可以向助理代理部长的应急管理委员会（ADM－EMC）提供政策方向，也可以通过助理代理部长在代理部长委员会的考虑下提出决策选择和建议。联邦协调官在代理部长委员会的范围内行使领导职能，作为官方的高级官员来负责保证联邦应急响应行动的协调运作。

（4）助理代理部长应急管理委员会。

助理代理部长、应急管理及国家安全部（EMNS）和对枢密院内阁负责的助理秘书长共同组成了助理代理部长的应急管理委员会。在非紧急情况（每天）下，该委员会提供一个论坛，讨论加拿大的应急管理程序和政府的准备。在紧急情况下，该委员会的职责是：支持联邦协调官的要求；通过行动局及其局长向政府行动中心的官员提供指导；核准代理部长所设方针的内容和资产；负责协调和向代理部长委员会或内阁委员会建议应急响应方案；负责满足代理部长委员会或助理代理部长、应急管理委员会的其他成员的应急投入要求。另外，政府还可创建一个成员有限的小组委员会，负责处理紧急事件中的某些特别部分。

4. 管理

行动局及其局长负责领导管理团队。管理团队负责 FERMS 的行动和职能，同时监督各行动时期所确定的各项目标是否完成。

管理团队包括：

（1）行动局及其局长。行动局及其局长负责管理职能和政府行动中心的整体运作。

（2）司法部代表。来自司法部、加拿大公共安全部、法律事务部的法律顾问，通过提供法律建议向应急行动提供支援。在应对潜在或已发生的紧急事件时，提供额外的支持或建议。

（3）助理局长。助理局长承担公共沟通官员的责任。作为管理团队的一员，这位高级公共信息发布官员提供公共信息发布和沟通的建议，在其每一个主要的职责范围内发挥协调沟通的作用，并领导加拿大公共信息传播团队。

（4）主要部门代表。主要部门的代表负责向管理团队报告在应急响应行动中，他们所在的部门的应急支持需求。基于紧急事件的性质，行动局局长在与联邦协调官员协商下，将决定由哪些部门来提供部门代表去支持政府行动中心的应急响应。

（5）基层主管。行动局局长负责总的管理职能，而 4 名来自行动局的基层主管则负责此外的其他基本职能。每个主管都是一名 FERMS 的专家，在应急过程中领导部门代表的行动。

5. 联邦公共安全应急响应级别

建立应急响应级别是为了针对潜在或已发生的事故，警示与提醒联邦部门和机构以及公共或私人部门等应急响应合作伙伴，整体或例行的应急行动所需要达到的程度。

隶属于加拿大公共安全部的政府行动中心（GOC）负责日常监控加拿大内部和国际整体的人为和自然突发事件，并提供各种资源的每日情况报告。然而，一个潜在的或正在发生的事件可能会超出正常监测范围和报告情况。级别的设定，取决于事件的范围和潜在的危害冲击以及所需响应的紧急程度。

行动局局长与助理代理部长磋商后，授权政府行动中心将参与的计划和应急响应级别通告政府的应急响应合作伙伴。

以下定义了 3 个响应级别，其目的是提供一个活动的逻辑进程，加强监测和报告，以整合联邦应急反应。各级响应的描述是以一个线性进程提供的，往往是为了应对潜在或已发生的事件的、需要 2 到 3 级的即时响应级别。同样的，根据情况，一旦风险估计和应急计划出现在预期的事件中，2 级响应有可能会返回到 1 级响应。

（1）1 级——增强报告。

1 级响应服务关注那些有可能需要整合联邦政府的应急响应力量来处理的特定事件或事故。来源于与紧急事件有关的重要信息资源的权威性详细报告，是由联邦政府应急响应伙伴发布和传播的，以此来支持他们的应急响应计划和保证实施效果。在该级别下，部门联络官和主题专家被召集在一起，向政府行动中心提供专门的电子信息或亲临政府行动中心服务。

（2）2 级——风险评估与计划。

2 级响应要求对紧急事件有一个充分的理解，当这一级别的应急管理启动并且具备联邦应急响应的要求时，风险评估也同时执行。这种评估在主题专家的指导下进行，确定其脆弱性、外部加剧因素和潜在风险，同时此项评估也可正式用于事故风险分析报告。该分析报告其后可用于战略级别的应急计划的发展。此外，应急准备是由主要部门和支持部门以及其他与联络官和主题专家有关的组织负责的，这些组织有可能在应急行动中被政府行动中心所需要。风险评估和应急计划的发展通常需要主题专家的协助。

作为应急计划的一部分，相关的应急支持功能文件均用来确定部门责任和问题。来自联邦政府和机构以及其他公共部门的联络官与主题专家通过电话或亲临政府行动中心现场的方式来提供咨询，并分析与紧急情况有关的进一步信息。

2 级响应同时包括增强报告以及 1 级响应的活动。

（3）3 级——联邦响应协调。

如果需要一个综合的应急响应，所有为联邦政府应急响应而准备的计划和安排都要被激活。在这个级别的应急响应行动过程中，联络官通常被要求加入政府行动中心，来自主要部门和支持部门的主题专家则负责按照规定协助风险评估和行动计划的编制。部门启动紧急应变计划，并准备好物资和资源以提供地区或其他地方政府援助需要，政府行动中心与部门的行动中心保持不间断的联系。

3 级响应要求包含增强报告以及风险评估和应急计划。政府行动中心充当联邦政府响应的协调中心，向安全部长和高级官员提供定期的情况报告、行动指示和决策支持材料。当信息请求与援助得到批准后，这些支援就会依照授权被分配到各部门、机构或其他组织，用以支持应急行动和整个应急响应计划。

6. 联邦紧急响应管理系统的基本功能

加拿大公共安全部通过以下功能来整合联邦应急响应行动：行动；情境认识；风险评估；规划；后勤；财务和行政管理。紧急事件的范围决定每一个功能所占的比例和到达的程度。行动局局长与副助理代理部长磋商后，将协调决策有关的应急规模和参与程度。

加拿大公共安全部的通信支持以上每一项功能，并将公共沟通响应整合到整个加拿大政府应急响应中。加拿大公共安全部可向联邦政府部门代表要求支持应急响应过程中所需要的这些功能。

（1）行动。

在非紧急情况下，日常的运作和行动职能是负责监测、确认、报告，并全天候准备响应与国家利益有关的事件。对于某些特别的短期事件，则是根据标准操作程序或合适的应急计划来执行所有的应急行动功能。在紧急情况下，当应急行动功能接收到更紧急的行动任务时，也有专门的应急功能部分延续常规的全天候服务应急功能。行动功能包括：

①作为联邦政府与机构、各省或地区、非政府组织和国际合作伙伴的主要接

触点，代表政府行动中心行动。

②接收、排列、分配和记录所有机密和非机密文件。

③根据紧急行动计划或战略优先计划的目的来管理每一个行动周期的行动。

④根据紧急程度的要求来管理与控制即时的应急行动。

⑤根据后勤计划来管理后勤运作。

（2）情境认识。

情境认识的功能是提供足够的和合适的紧急情况相关资料，以协助加拿大政府和其合作伙伴应对威胁和紧急情况，并帮助利益相关方作出正确的政策决定。情境认识功能包括：

①回顾、分析和综合评估已从各种渠道发布的敏感信息的可信性。

②通过与决策者进行信息沟通，保护敏感或机密资料。

③与各政府部门保持联络（如安全和情报部门、美国国土安全部），与国际贸易部、省或地区的相关人员和私人部门组织进行磋商，以获得不间断的紧急信息。

④开发和供应测绘器材或其他的特别产品以辅助对危机情景的认识。

在紧急情况下，情境认识功能可以帮助应急行动达到以下目标：第一，通告。通告是指提供紧急情况的初始信息、报告的来源、目前的响应行动，初步评估报告，指导公众沟通的进行。联邦政府、省或地区政府和私营部门将会根据紧急情况的性质收到通告。第二，情况报告。情况报告提供紧急情况的最新信息、即时的和即将的响应行动、紧急情况的危害状况分析报告以及应急议题的确认。情境认识功能提供每个应急行动时期的情况报告（或根据行动局局长的指导来进行）。联邦政府、省或地区政府和私营部门将会根据紧急情况的性质收到紧急情况的报告。第三，决策参考资料。决策参考资料来自于高级官员和部长，用于寻找和决定行动方向。它会包含一个情况报告以及决定的选择和行动建议。

（3）风险评估。

风险评估功能决定紧急状况和风险水平的危害程度。风险评估功能包括：

①分析正在发生的危害（包括威胁和脆弱性分析）以及概率。

②评估。

③关键基础设施部门的危害影响分析。

④风险分析。

⑤评估风险承受能力。

⑥为决策者提供建议。

所有这些信息都包含在一个风险评估报告内，而该报告会被发送给行动局局长。风险评估报告所包含的信息也会包含在情况报告中。根据风险评估结果，该报告可能会用于建议进一步采取行动。加拿大政府会根据风险评估报告来安排应急响应。

（4）规划。

规划功能负责根据风险评估所提供的信息，为加拿大政府创建行动宗旨、步骤和优先战略计划。管理团队在批准提议的行动宗旨和步骤前会先与联邦协调官进行磋商。规划功能包括：

①应急计划。规划功能为那些可预测的特别事故和危机以及一些循环发生的事故提前数周甚至数月来开发应急计划，如洪灾和飓风。加拿大政府会根据紧急事件的性质来执行应急计划，并会根据情况的变化修改应急响应行动。

②事件行动计划。规划者和专家小组会制订应急响应方案并对其进行评价。事故行动计划的开发是根据情境的认识以及风险评估功能和规划功能的指导来进行的。规划功能为每一个行动时期确定战略目标和开发事件行动计划。该规划确定的目标和功能开发经营期为每一个事件的行动计划。它利用事故行动计划任务模型来跟踪整体的任务和目标。部门代表协助开发事故行动计划任务模型，由行动局局长来批准该模型。

③战略发展计划。战略发展计划为事故行动计划提供补充，协助确定在应急响应开始后 5 至 7 天内的议题和行动。战略发展计划确定预防政策和紧急事件对社会和经济的影响。与事件行动计划一样，战略发展计划的开发也是根据情境的认识和风险评估功能与规划功能的指导来进行的。

（5）后勤。

后勤功能的设定是为了向一个或多个部门在紧急事件中提供必要的人力、物力或运输系统资源。后勤功能同时负责防止政府和非政府机构应急管理工作的重复。后勤功能包括：

①协调资源的调动和部署（如设备、材料、人员），与其他联邦部门或其他各级政府合作，并建立临时设施，以协助这些资源在全国紧急情况下的供应。

②在援助需求十分紧急并且常规供应运输资源的部门资源出现不足或紧缺的情况下，协助主要部门和支持部门整合运输系统资源。

③追踪和监测政府部署的主要资源的位置和有用性。

④执行互助协议或其他后勤安排。

（6）财务和行政管理。

此项功能的设定是为了向政府行动中心提供财务和行政支持。财务和行政管理职能包括：

①提供适当的访问控制、安全人员和设备（如游客通行证、签到表格）。

②提供办公设备和用品、信息、文书制度、复印服务。

③提供邮件收发和信件传送服务。

④采购本地物品。

⑤负责维护厨房和餐饮区域。

⑥保持财务记录以及直接由政府行动中心操作的账户。

7. 联邦区域组成

当一个基层部门作出应急响应时，省或地区的代表必须马上和相应的区域联邦部门代表直接联系；而省或地区的代表还必须与政府行动中心分享有关信息，以保持对事态的感知能力。

当一个紧急情况需要加拿大政府作出综合反应时，加拿大公共安全部的区域负责人就会代表这一区域的政府来协调响应行动，这也被称为“单一窗口”。这是为了促进部门间和政府间的协作，防止行动受到过分限制，而并不排除或阻止支持联邦部门之间和支持省或地区部门之间的相互交流。但是，支持部门和区域主管必须保持相互间活动信息的流通。

省或地区的代表必须通过加拿大公共安全部的地区负责人取得政府的援助。行动指挥部部长向区域负责人提供政策与行动指导。区域组织包括：

（1）加拿大公共安全部区域办事处。

加拿大公共安全部区域办事处由地区负责人领导，与各省或地区合作，提供每天的日常应急管理区域活动的协调。地区负责人同时领导当地联邦协调小组和联邦协调指导委员会。

（2）联邦协调指导委员会。

联邦协调指导委员会是一个由地区的高级部门代表组成的指导委员会，加拿大的公共安全部地区负责人共同领导这个委员会。该委员会提供有关应急管理的规划和准备的活动方向，并负责监督联邦各地区应急响应的协作。

（3）联邦协调小组。

联邦协调小组是一个常设的协调委员会，由来自地区政府部门的应急管理人员组成。该小组向联邦协调指导委员会报告，并由加拿大公共安全部地区负责人共同领导。在紧急情况下，联邦协调小组需提供应急管理的规划和建议，还负责提供信息流动，以及管理该地区的政府援助请求。

（4）联邦联络官。

联邦联络官代表加拿大公共安全部的地区负责人，任职于省或地区的应急响应中心，并且与政府行动中心和各地区的政府协调中心联系。联邦联络官负责管理信息流动和从省或地区应急行动中心的援助请求，并协调各行动中心之间的活动。

（5）联邦公共信息协调组。

联邦公共信息协调组根据加拿大公共安全信息部、部长办公室和枢密院办公室的指示，在应急响应中协调政府部门与公众及事件相关者之间的信息沟通。联邦公共信息协调组同时也与各省或地区合作。该小组由来自受影响的政府部门的公共信息交流者组成，向公众传播危机信息，在公共环境下向高级官员提供信息沟通建议，实时支持公共信息沟通行动，并为其代表部门提供信息沟通建议和开发信息沟通产品。

8. 联邦紧急应变管理体系的治理结构

联邦紧急应变管理体系的治理结构如图 7－3 所示。

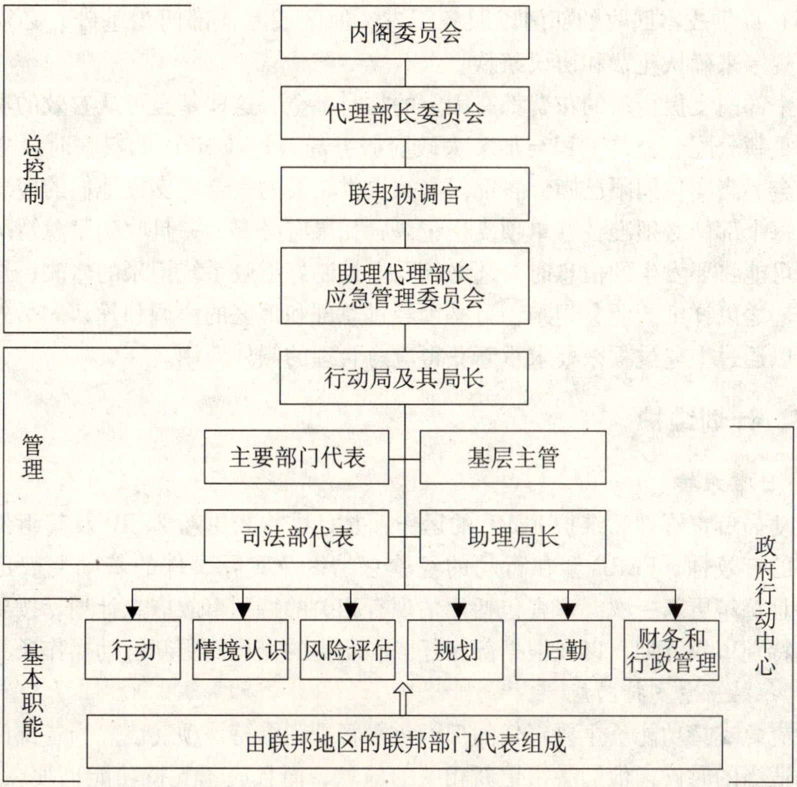

图 7－3　联邦紧急应变管理体系的治理结构

三、财政管理

适用于 FERP 的财政管理体制，在紧急情况下的支出需遵循国库委员会的指导方针。根据这些指导方针，财政部长向中央金融机构和国会负责，负责各级部门、国有企业或其他政府机构的相关应急管理支出。有关部门的职责包括但不限于以下内容：

（1）各部门必须跟踪、记录和整理有关紧急响应和恢复行动的费用。

（2）各部门必须根据加拿大政府采购制度来获得额外的资源。

（3）提供资金援助需与部门政策一致，符合服务条款。

（4）各部门对每一项超过原有的准备标准所增加的成本负责，同时对向省或地区提供援助资源所花费的成本负责。

（5）当援助资金超过部门的正常量时，每个提供资源的部门必须与国库委员会复核每一项额外的花费，或寻找可供替代的资源。

（6）提供成本回收的部门以服务于省、地区或其他部门为基础，必须预先按服务规定来确认花费和协议条款。

每个部门支援行动的花费都有固定的临时基金，这些基金可从有效的项目资源中被重新分配。公共工程与加拿大政府服务局（PWGSC）无权临时设立这种应急基金。当支付期限已满，各部门必须提供必要的资金来支援他们的应急支持行动。每个部门必须准备好单项支出记录，如果有必要，一旦收到紧急情况已经发生或可能将要发生的信息时，还必须马上控制好财政系统记录的修改。这些记录必须辅之以详细的业务记录，且必须经过总部和地区的协调和确认。另外，各部门可以通过上述过程来要求重新获得应急管理的额外费用。

四、计划维护

1. 日常维护

行动局负责管理和维护 FERP 的运作，并且维持和更新 FERP 及其组件以保持计划的有效性。FERP 会在行动的经验总结以及实际事件的基础上被正式审查，并且每年更新一次。审查包括评估现有相关的特别事故应急计划、按要求开发新的特别事故计划，以及根据部门任务和职责的变化而更新行动操作条款。

2. 维持应急支持功能

对应急支持功能负主要责任的部门负责管理和维持该项功能。当各部门认为必要和适当的时候，他们必须更新相关的信息，而且应急支持功能也须在 FERP 的评审下每年更新一次。

第五节 加拿大政府应急管理的典型案例

一、不列颠哥伦比亚省火灾风暴事件回顾

2003 年 8 月 3 日，加拿大不列颠哥伦比亚省发生了严重的森林火灾。有些大火甚至持续了几天和几周的燃烧，并大规模地扩散和引发新的山火，对救援人员和附近居民造成了巨大的挑战。这一火灾事件在当时引起了国内甚至国际社会的强烈关注。

虽然该地区也有较多的森林火灾先例，但这是首次在森林与居民区的交界处发生如此大量和严重的火灾。从消防技术层面上讲，这些火灾大多是发生在森林与居住区之间的交界火，因此加大了营救的难度，并且由于同时涉及人类发展的居住环境和野外环境，所以扑灭工作显得尤为重要。这些火灾造成了 334 户家园被毁，包括众多的企业；超过 45 000 人被迫从他们所住的社区疏散；在全省范围内，有超过 26 万公顷的森林被毁。火灾风暴的袭击，使不列颠哥伦比亚省大约耗费了 7 亿美元，包括财产损失和火灾的扑灭费用，并导致三名飞行员在执行任务中牺牲。

当灾难袭来时，不列颠哥伦比亚省政府反应迅速，在救灾过程中有计划地提供了范围广泛的紧急服务，以保护人民生命和财产安全，灾后及时对受影响的灾民提供支持和补偿。

二、事件中政府的应急管理

1. 预防和准备

森林火灾的预防一直是加拿大政府考虑的重点方面。早在这一火灾发生之前，不列颠哥伦比亚省就已建立了一套可靠的根据事故指挥系统模型，并已启动了不列颠哥伦比亚省应急管理系统，这使得政府有效地提高了火灾事故的应急能力。但是在地方一级的应急管理方面尚有空白、遗漏之处，应急系统未能普遍覆盖到所有的地方政府，使得灭火工作产生了一定的难度。

2. 应急响应

为紧急应对 2003 年大范围的森林火灾，应急和消防资源的建设采取限制征税的制度。不列颠哥伦比亚省的大部分资源由省外紧急输入，以缓解省内的资源压力。

在指挥控制和通信交流方面，在火灾季事故开始之际，政府便有所行动。政

府着重组织指挥，并克服与媒体打交道的困难，将信息及时发布给居民，使居民及时收到准确的最新灾害情况资料。

在人员疏散方面，此次火灾之前，不列颠哥伦比亚省从来没有进行过如此大规模的撤离。志愿者自发帮助居民和企业撤离以及市民积极配合政府的疏散命令使火灾没有造成严重的伤害和生命损失。

3. 灾后恢复

民众普遍反映政府对灾后恢复的工作较为积极以及对火灾所造成的损害进行及时的修补。联邦政府亦履行其责任，对各省和公民提供自然灾害时的财政援助。

三、事件中政府的审查行动

由于这些火灾事件所造成的破坏规模巨大、后果严重，针对公众所关注的问题，不列颠哥伦比亚省政府在2004年对这些火灾进行独立审查。该审查小组由省政府成立，目的是对灾害紧急响应进行总体评价，并对未来火灾应急改进提供建议。研究的结果和建议用于各级政府，同时也适用于个人。在公众咨询阶段，审查小组收到了惊人的响应，包括超过400份报告、意见书和信件在内。公众和利益相关者的反应涉及一系列问题，如森林管理、应急准备和规划、消防、紧急中心、撤离、安置工作和灾后恢复等。

审查的重点是对灾害应急的各项要素进行评估，主要包括以下九项内容：

（1）各级政府在规划和应对野外火灾时的角色和责任，以评估他们是否明了各级政府在事件中的角色地位和责任分工。

（2）森林火灾潜力风险评估过程，用以确定本地政府对可能引发森林火灾因素评估所用的方法是否有效。

（3）为减少潜在火灾所采取的减灾战略，包括预防战略和危害、风险和脆弱性评估。

（4）各级政府对于减轻火灾影响的活动（即疏散计划）的规划能力，以此评估各地区对灾害应变计划的规划能力和执行水平。

（5）省和地区对于灾害响应的指令结构，用于评估当地政府的支持和反应，包括设备和人员部署使用的响应方法以及评估森林城市火灾的战略战术。

（6）通信设备结构和公共信息沟通与交流的评估，以确定信息发布的及时性和交流的效果。

（7）社区和省级的各项应急培训的评估。

（8）志愿者在火灾响应中的作用评估，这项评估涉及志愿者的支持和能力加强问题。

（9）省政府的补偿和支援评估，以评估联邦政府对灾害的紧急支出费用框架。

加拿大政府通过对以上项目进行评估和分析，同时听取来自社会各界的广泛意见，来汲取经验并加强应急管理。在评估完成后，将评估报告向公众公开。审查与公众咨询在加拿大全国进行，广泛地收集资料和意见。在应急管理方面，审查小组达成了很多与以往研究相一致的结论，并增加了很多新的经验。此次的火灾风暴灾害，给了加拿大人一个严重的警示。经过这次事件，加拿大对森林防火方面的应急管理有了重大进步。

四、加拿大政府对事件的经验和建议总结

2003 年的火灾风暴是对不列颠哥伦比亚全省应急管理系统的重大考验。总的来说，在分析公众意见的基础上，不列颠哥伦比亚省的应急系统运作良好。

应急管理是对威胁公民的生命和财产的突发事件或灾害的预防、减灾、救灾和恢复的体系过程。在不列颠哥伦比亚省有 8 个公认的应急管理目标，分别是安全和健康的响应、挽救生命、减少痛苦、保护公众健康、政府基础设施保护、财产保护、环境保护、减少经济和社会损失。在不列颠哥伦比亚省，设立了省应急计划（PEP）的指定机构，以协助制订有效的紧急市政和区域管辖计划以实现上述目标。基于以上基础，该事件之后，审查小组提出火警应急管理的若干建议，从以下几大方面制订了相应的计划：

1. 森林管理的预防工作方面

（1）省领导发展战略计划。此次事件让政府意识到利用森林资源作为燃料建设意味着将会有严重的森林火灾，若不采取行动，将会发生更多、更严重的火灾。因此，审查小组提出，省政府领导应与地方政府合作一项战略计划，通过防火改善燃料管理，该计划主要包括以下内容：

①对省确定的地区，森林管理应该把重点放在最有可能受大规模火灾影响的社区、基础设施和区域。

②以对生命、财产和资源价值的威胁考量为基础确定和分配燃料管理。

③制订高效可行的社区社会保障计划。

④与当地政府分担成本。

⑤对肯确定的地区采取优先拨款、消防管理规划、燃料缓解等措施，并保护这些地区。

（2）开展燃料处理试点项目。省政府应该在高风险地区连同市和地区政府进行燃料试点项目，来展示并证明燃料处理对社会、经济和生态的好处。省级政府应承担燃料管理计划份额所产生的新花费。

（3）保险费用的利率制定。政府应该有针对性地制定利率制度，加强房屋和社区建造来鼓励和奖励保险企业。

（4）评估土地利用计划 。全省应检验和修订土地利用计划，并将土地利用计划纳入火灾管理方面的相关考虑中。消防专家必须参与到土地管理规划中，并发挥其有效的影响。

（5）加强公园的消防责任制管理。应允许在省级公园选择性采伐树木，以减少野外森林燃料资源的耗费。林业部门应该对公园和园林的消防负责。发生火灾事故时，林业部应根据新的《野外火灾法》迅速地组织扑灭火灾。

（6）合理有效地使用燃料。全省应建立燃料使用的管理体系，严格限制火烧的条件。

（7）考虑修订年度允许采伐量。林业部应考虑对地区制定林木年度允许采伐量的决定作出补偿，以鼓励土地使用权持有人积极配合减灾工作，使城市野外的边界地区减少火灾发生的几率。

（8）寻求可代替的林木资源，进行更多的研究和开发。全省应鼓励积极找寻可替代林木，以替代这种高风险低价值的森林燃料。工业部门应开展其他能源和生物燃料来代替传统森林燃料的研究。省和林业部门必须特别注意保留减少燃料损耗的现有知识和做法，并继续发展和巩固这方面的知识基础。不列颠哥伦比亚省应加强在北美和其他地区的交流合作，加强这方面的研究工作。

2. 应急响应工作方面

（1）制订地方强制性应急计划。各地区政府通过立法来制订当地的应急计划，达到省级标准，并应不断调整，保持其适应当前状态。

①计划应根据不列颠哥伦比亚省应急管理系统来制订。

②计划应采用与全省一致的标准格式和模板，并与全省规划相一致。

③计划制订应全面考虑，从“所有危险”的观念出发，使覆盖面尽可能广泛。

④计划必须切实、全面，并且做到每年更新。

⑤计划必须包括市和地区之间强制性的互助协定。

⑥计划必须包括明确的义务和边界火灾危险地区居民的个人责任。

⑦计划必须有一个救灾工作的沟通元素，包括当地媒体。

（2）加强消防专业知识。全省应建立森林火灾工作组，广泛包括从火灾应急机构到消防培训机构，包含防火机构、专业消防人员和其他适当的具备专业知识的委员等在内，研究有关森林火灾应急的最佳做法和对政府的建议。

（3）采用自动援助。全省应采用自动援助的原则，制订紧急情况下紧急服务可在省内所有地区运送的强制性计划。

3. 指挥与控制方面

为了使不列颠哥伦比亚省的应急系统和事故指挥系统发挥最大效用，必须实现省级和地方政府机构的全面验证通过，ISC 的培训课程资料及考试应在各组织中进行规范，同时应考虑一种单一的、覆盖全省范围的培训。消防专员、森林部和省应急计划办公室要采取一致的标准和政策的执行目标，使全省范围内的紧急应变结构体系一体化。此外，ISC 的应急培训课程还应不断升级，并定期或不定期地进行综合模拟训练。

4. 通信方面

（1）开发危机沟通策略。政府应制定一套重大紧急情况下的省级通信战略和协议，规定事件有关人员的责任与角色。这一战略应该包括媒体在内的所有主要利益相关者的参与，建立明确的原则和有关的信息发布协议，并且要确定在紧急情况下如何利用媒体和互联网作为技术资源把信息传播给公众。

（2）建立应急通信特警队。为了协调紧急情况下的通信，全省应建立一个媒体通信特警队。市、地区、省和联邦政府成员，包括适当的其他主要利益相关者都应该参与进去。该特警队的成员将接受危机沟通训练，并有助于促进而不是干扰信息的流动。

（3）合作训练。所有的司法管辖区应当考虑加强机构间的培训，包括大规模使用模拟接口野火，以改善通信。

（4）实现紧急广播互助计划。政府应制定并实施全省紧急通信技术战略，重点加强省与地方部门的交流，缩短信息传递的时间。初步计划应包括制定一个包含所有消防、警察、救护车、林业通信设备的清单，以确保通信畅通有效。现在的通信和无线移动设备需要彻底更新以保证其能被全面使用，包括业余无线电操作应急响应。通信系统应定期使用，以确保设备能正常运作。

（5）向市民宣传山火的预防和应对。政府应开展公众教育计划。教育活动要使居民认识到边界山火的风险和自身的责任，做好预防和应对的准备。市和地区政府应当定期向处于山林与居住区交界地带的居民散发宣传材料。安全机构应负责向每个市民派发更新后的宣传教育材料。

5. 疏散方面

在疏散方面，应授权本地政府制订紧急疏散计划。命令的发布、上传和审批制度需要重新制定，以确保离灾害地点最近的和有能力的指挥人员有权及时作出最合适的疏散决策，而不是总依赖于总消防局局长的决定。

（1）加强居民对疏散计划的理解。全省的目标应是确保公众更好地理解撤离行动各个阶段的状况，包括撤离期间及撤离之后，特别是在高风险的地区。警察部门的执行步骤和执行权力应该重新界定，使之标准化和规范化，使所有受影响的人士、撤离人员、媒体和其他人理解疏散和撤离的过程，使其接受和配合撤离工作。

（2）简化撤离后的援助手续。适当精简机构，简化注册手续和程序，使火灾中的撤离人员在紧张的时间内能更快地获得生活上的基本必需品。

6. 资源方面

（1）落实消防设备数据库。消防专员办事处应建立一个可搜索的数据库，以保证全省私营和公共部门的防火设备响应速度的库存。

（2）存储和利用当地消防专业知识。林业部门应实施现代档案管理制度，以维持在地方一级全省森林消防队员经过认证的消防工作现有的库存。保存该地当前的、准确的、可用的应急消防资源库存资料。森林保护科应考虑一些机制以验证过去的灭火经验，并作为灾害发生时的有用参考资源。

（3）在全省范围内建立一致的工资水平。森林保护处和消防专员办事处应确保支付率并支付给消防工作人员预先设定的标准工资，使各方达成一致理解。

（4）消除拖延。作为优先事项，森林保护处应注意审查危险树木以及其他阻碍材料的评估和移除过程，防止其清理的延误引发灾害，使防火人员可以安全高效地进行灭火工作。

（5）消防志愿者。志愿消防队员的培训费用应该由市和区政府承担，并将志愿者视为有价值的团队成员，在发生紧急事件时使其充分发挥效用。

（6）涉及原住民的活动。森林部应探讨如何加强原住民参与森林灭火和减少其载油量活动。

（7）提供更好的地图指引。可持续资源管理部门要加快完成主要地形图的测绘工作，以确保它们在未来的火灾季节可供使用。

（8）灭火器的利用。鼓励社区和业主尽快加强防火设备的保护，如灭火器。

7. 财政问责方面

要保持火灾响应体系的财政问责制度。省政府应根据每次重大火灾季节进行审计项目的检查，包括财政使用价值研究、省应急计划财政执行的有效性与效益性，同时要审查消防专员办事处、林业部及其部长。

8. 灾后紧急恢复方面

（1）紧急恢复计划准备。紧急情况管理计划应包括恢复委员会代表组成的地方政府、志愿者和供资机构、省应急计划、当地的宗教界人士和受影响的居民。对于每次的自然灾害，指定的领导机构应专门设立一个特别的省级保护机构，负责募捐活动和分配所得款项。

（2）处理流域恢复。省政府应与当地政府合作，审查并尽快恢复分水岭，确定流域严重破坏的地区，并制订保护和恢复这些地区的计划。

（3）联邦政府资助防火。在短期内，联邦政府应考虑联合省与地方政府制订一个费用分担计划，用于投入防火灭火建设。在预防灾害方面进行投资，将有助于未来灾害的减少，从总体上有利于减少损失与伤害。

第六节　加拿大政府应急管理体制的评述与启示

一、加拿大政府应急管理体制的特点

1. 紧急事件处理原则

加拿大对紧急事件的处置一般遵循如下原则：一是基层化解，即力争在最基层解决问题，基层可以处理的事件不上报；二是同类推断，即对类似事件采用相同的处理原则和相似的处理方法；三是资源整合，主要利用现有机构处理紧急事件，而不是在事件发生后临时组建一个机构；四是统分结合，处置紧急事件时，集中做决定，分散处理问题，分地区处理自己职责范围内的事情。

2. 应对紧急事件的法制保障

加拿大有完善的紧急事件管理应急救援法律体系。在联邦范围内，《联邦政府紧急事件法案》和《联邦政府紧急救援手册》对应急管理事务作出了明确规定。各级政府还根据实际情况制定了各自的减灾管理法规。通过立法的形式，建立专门机构、健全各类法规、培训救援队伍、划拨必要经费，以此来保证应急减灾工作的正常开展。如规定紧急事件管理机构是政府机关，只有选举产生的各级政府首脑才有权宣布本地区进入紧急状态。在紧急事件管理部门工作的官员，每年还要进行不预先通知的紧急事件处置演练。各级紧急事件管理部门每年都要拟制经费计划，用于拟制或修改本级应急计划预案、训练人员和部分基础设施建设。

3. 应急事务管理的组织架构

加拿大的应急事务管理体制分为联邦、省和市镇社区三级，实行分级管理。在联邦一级专门设置了紧急事务办公室，隶属于国防部。省和市镇两级管理机构的设置因地制宜，单独或合并视情况而定。如安大略省专门设立了省紧急情况管理署，与警察、消防一起隶属于省公共安全与保卫部。各级应急事务机构负责紧急事件的处理、减灾管理和救灾指挥协调工作，监督并检查各部门的应急方案，组织训练并实施救援。各级应急事务管理部门下设紧急事件管理中心，作为协调机构，而不是权力机构。根据紧急事件的不同种类，中心可隶属于任何一个部门，在该部门的组织下负责协调应急救援工作，如发生火灾由消防部门负责，发

生交通事故由交管部门负责。对于法律上没有明确界定的特殊重大事件，各部门之间通过协调机制处理。例如，安大略省有个核电站，就核事故问题，联邦政府与安省政府签订了《应急救援计划谅解备忘录》，作为发生核事故后的协调准则。

4. 应对紧急事件的队伍建设

加拿大组建了专门的应急救援队伍，队伍成员属于国家公务员编制。救援人员专业划分很细，涉及消防救援、水冰上救援、建筑物倒塌救援、狭窄空间救援、高空救援及生化救援等。各级政府投入巨资购置了先进的救灾设备和救援人员防护装备，保证在危机发生时能及时进行援助。各类专业救援人员除实际救援训练外，还必须学习相关的理论课程并通过考试。每类救援人员的资格都有严格规定，如生化救援人员要同时获取水冰上救援、狭窄空间救援、高空救援及生化救援四种资格证书，并且有相关训练时间的规定。此外，加拿大还建立了一支庞大的志愿者队伍，在应急事件的处理中发挥着重要的基础性作用。

5. 应对紧急事件的工作机制

（1）统一接警。"911"电话是政府设立的紧急事件接警中心，其网络覆盖全国各地，平时由警察负责管理。各地的紧急事件管理中心都与"911"电话接警中心相通。当接到报警电话后，距报警位置最近的警车、消防车、救护车从各自的值班位置同时出动去现场，由最先到达现场的人员负责指挥处理。当现场指挥认为事件严重到超出了他们的处理能力时，便会报告紧急事件管理中心，请求上级协助处置或支援。

（2）分级管理。加拿大目前形成了以家庭和企业单位自救为核心，市镇、省和联邦政府为后援的应急管理体制。《联邦政府紧急事件法案》把紧急事件分为四类：一为公共安全事件，指危及公众安全的严重自然灾害或大型意外事故；二为公共秩序事件，指严重威胁国家或地区正常秩序的人为事件；三为国际事件；四为战争事件。由于加拿大的资源主要掌握在各省手里，所以前两类事件一般由各省、市负责处理，必要时联邦政府予以协助；后两类事件由联邦政府负责处理，各省配合支持。省、市紧急事件管理部门有一个由政府官员和专家组成的事件评估小组，负责对紧急事件的危害程度作出评估，提出是按预定计划处置还是报上一级政府或是宣布本地区进入紧急状态的实施建议。进入紧急状态后，对于短期事件要制订小时处置计划；对于延续时间较长的紧急事件，要拟制更长时间的计划。各个家庭也有义务在一小时内做好自救工作，并强调受灾人员之间互援的重要性。

（3）协同配合。在处理紧急事件过程中，进入紧急事件管理中心部门工作的官员数量由中心主管根据事件危害的严重程度来确定。对于一般事件，由几个与所发生事件主要相关政府部门的官员一起协调解决；如果事件严重，危害较大，所有相关政府部门负责紧急事件的官员都将集中到紧急事件管理中心，集中讨论事件如何处置。

（4）各司其职。紧急事件管理中心的计划部门根据对现场情况的分析研究，指导救援现场的行动，并把分析研究结果向管理中心通报。物质保障部门协调解决人力、食品、衣物和救援设备。财务部门负责提供资金，对救援行动中各项开支和社会各界的捐助进行统计、记录，对事后的支付、赔偿提出处理意见。

（5）及时发布。加拿大政府认为，在发生紧急情况时政府有责任向公众提供真实灾情信息。如安大略省紧急情况管理署专门设立了联合信息中心，负责向媒体、公众发布相关灾害信息，保证公众及时、不间断地获得灾害的各种信息。这样做既可以消除公众中产生的某些不必要的恐慌，又能制止谣言在社会上扩散，减少媒体对灾情的不实报道，为把各类灾害造成的损失降至最低而争取到宝贵时间。

6. *应急管理的预防措施*

加拿大十分强调应急减灾的全过程管理，把整个减灾工作分为预防及减少灾害发生、灾前准备、灾时救灾反应和灾后恢复四大部分，而且更加重视预防及减少灾害发生这种基础性工作，基本形成了预防为主、防救并重的减灾工作格局。

预防工作主要表现在三个方面：一是未雨绸缪。各级政府从实际出发，针对本地区可能发生的各种灾害，都制订了本地区紧急事件应急方案和实施计划，为处置紧急事件做了较充分的准备。政府部门、企事业单位及居民都能按照法律、法规所规定的权利和义务规范自己的行为。二是广泛宣传。政府通过多种渠道进行广泛、充分的宣传，强化民众的应急救灾意识。加拿大政府在每年3月的第一周举行紧急预案周活动，这些活动包括散发自助手册、建立信息亭和进行信息交流，以增强公众对紧急预案的关注。政府减灾管理部门或非政府社会团体也经常组织减灾公众教育宣传活动，从内容到形式都比较贴近生活、贴近实际。家庭、学校以及社会公共组织经常对儿童和青少年开展形式多样的逃生救护教育。三是社会动员。动员和吸收非政府组织参与应急管理，是加拿大危机管理的一个重要特点。如加拿大灾害损失减轻协会是一个不以盈利为目的的社会公共组织，其使命是开展各类预防灾害发生、减轻灾害损失的学术研究和工程建设，并向广大公众和组织提供咨询和教育，使大家懂得灾害发生后的自救互援是法律赋予每个公民的职责。这些非政府组织协助政府做了大量减灾管理工作，发挥着不可替代的作用。

二、加拿大政府应急管理体制对中国应急管理的经验启示

第一，应尽快总结国内各地开展应急工作的情况和经验，借鉴国外灾害管理经验和教训，对不同省、市、自治区灾害类别及应对、监测和减灾预防等问题开展调研，确定各级政府部门的职责，初步建立我国应对紧急情况的全国性框架，为今后战略性地在各地设立国家级自然灾害管理中心、服务中心和研究中心等形成初步草案，也为今后建立高效的灾害管理和协调机制打下基础。

第二，完善应急管理的法制体系。可考虑通过发放调查表和组织所有利益相关者参与的研讨会，在全国范围内就制定灾害管理法进行广泛咨询。鉴于立法周期较长，可考虑出台自然灾害应对条例及灾害管理战略，逐步实现科学减灾、依法防灾治灾。

第三，依法建立全社会的防灾减灾责任机制。这有利于充分发挥全社会的力量投入防灾减灾工作，也可以在很大程度上避免一些部门、行业和个人在自然灾害面前过度依赖国家层面的情况。依法规范政府在防灾减灾中的职责有助于各级政府在防灾减灾中履行职责，发挥关键作用，同时有利于社会有效监督政府的工作。

第四，对现有信息通信、交通、市政设施、能源供应等领域的关键基础设施的抗灾能力进行评估，必要时采取预防措施。制定和开展系统的防灾抗灾等方面的基础性研究，为城市建设规划和基础设施建设等重大决策提供咨询和信息。

第五，充分的物质准备非常重要，但必要的精神准备，如正确的引导、广泛的公众教育和发动民众同样不可缺少。应高度重视公众防灾、抗灾、救灾的意识培养，加速培养一批专业人员和志愿技术人员，形成全国预防网络。

第六，只有在防灾减灾战略中舍得投入，才能有效地减少自然灾害带来的损失。应建立国家级防灾减灾研究机构，发展社会多元化的防灾减灾研究力量，增加防灾减灾科研投入，扩充所研究的灾害种类。

第七，鼓励非政府组织、私人企业和个人在防灾减灾中发挥作用和力量。发展防灾减灾咨询服务业和有关灾害服务的保险业。

第八，加强国际合作。从我国国情出发，吸取国外先进的管理经验和技术，开展人才交流，鼓励研发合作，进一步提高我国抗灾减灾能力。可适时组织国际减灾研讨会，邀请国外政府官员和专家介绍相关经验。

参考文献

[1] Federal Emergency Response Program. http://www.publicsafety.gc.ca/prg/em/ferp-eng.aspx.

[2] 赵燕，李季梅. 一些国家应急管理的做法 [J]. 当代世界，2008 (6).

[3] 飓风“胡安”袭击加拿大东海岸，至少 2 人死亡. http://news.sina.com.cn/w/2003-09-30/1012844982s.shtml.

[4] Terrorism in Canada. http://www.itac-ciem.gc.ca/thrt/cnd-eng.asp.

[5] 杨少军，陶元兴. 加拿大应对重大气候灾害的经验和措施 [J]. 全球科技经济瞭望，2009 (3).

[6] 加拿大工业事故预防协会

[7] Government Operations Centre Public Safety Canada. http://www.publicsafety.gc.ca/prg/em/goc/index-eng.aspx.

[8] About the RCMP. http://www.rcmp-grc.gc.ca/about-ausujet/index-eng.htm.

[9] Health Canada. http://www.hc-sc.gc.ca/ahc-asc/index-eng.php.

[10] Foreign Affairs and International Trade Canada. http://www.international.gc.ca/about-a_propos/index.aspx.

[11] Canadian Security Intelligence Service. http://www.csis-scrs.gc.ca/bts/index-eng.asp.

[12] National Defence and the Canadian Forces. http://www.forces.gc.ca/site/about-notresujet/index-eng.asp.

[13] Canada Border Services Agency (CBSA). http://www.cbsa-asfc.gc.ca/menu-eng.html.

[14] Integrated Threat Assessment Centre (ITAC). http://www.itac-ciem.gc.ca/index-eng.asp.

[15] Canadian Cyber Incident Response Centre. http://www.publicsafety.gc.ca/prg/em/ccirc/index-eng.aspx.

[16] An Emergency Management Framework for Canada. Public Safety Canada. http://www.publicsafety.gc.ca/prg/em/emfrmwrk-eng.aspx.

[17] 美国、加拿大、俄罗斯应急机制的简要情况 [J]. 决策咨询通信，2003 (5).

[18] 杨少军，陶元兴. 加拿大应对重大气候灾害的经验和措施 [J]. 全球科技经济瞭望，2009 (3).

[19] 王蓉芳. 加拿大自然灾害管理机制与启示 [J]. 全球科技经济瞭望，2008 (4).

第八章　新加坡政府应急管理体制

第一节　新加坡政府应急管理发展简史

新加坡是位于马来半岛南端的一个岛国，土地总面积只有675平方公里，但岛上居住人口却超过420万，是世界上人口最密集的城市之一。由于土地缺乏，超过80%的人口居住在高层建筑中。

新加坡常见的自然灾害主要表现在暴雨造成的城市积水、雷电造成的伤害等。新加坡虽然没有地震、台风和火山喷发等重大自然灾害的侵扰，但它的高人口密度、高城市化水平和高工业化程度却导致了其独特的人为威胁。新加坡民防局极其注重高层建筑火灾事件，因为在高层建筑中，如果管理不当，即使很小的火灾也可能迅速蔓延从而造成巨大的人员伤亡和经济损失。新加坡的防御重点主要是在“防恐”、疾病、国防等方面。

新加坡危机管理的另一个重要领域，是超过2 000家涉及危险材料的公司。为了尽可能降低这些工厂内可能发生紧急事件的影响，政府把许多这种类型的公司集中建在指定的岛上。

一、早期的新加坡紧急事务管理系统

1. 灾害管理策略

新加坡的国家减灾和紧急事务管理系统及行动主要基于以下五大原则：

（1）防灾。通过综合的政府规章制度和有效实施消防与建筑安全制度，最大限度地降低人为灾害的严重后果。

（2）备灾。针对不同形式紧急事件的可能响应提前进行规划，做到有备无患，应急规划必须定期进行演习。

（3）教育。社区公众必须知晓并接受灾害特征、范围和紧急备灾特征、范围等方面的教育，必须参与相关的演练、训练和物资准备。

（4）协调。参与同一紧急事件管理的所有机构必须在统一的框架下工作，多个机构相互协调，共同进行灾害应急响应和管理。

(5) 恢复。灾后恢复重建，对于促进受灾人群恢复到正常生活状态非常重要。

2. 立法

支持新加坡紧急事务准备和灾害管理行为的主要法律有：

(1)《民防法》(1986)。这部法律提供了宣布国家紧急事务、动员和部署国家军队救援人员的法律体制。

(2)《消防法》(1993)。该法律对强化商业和工业建筑物的消防安全要求，以及应急消防时所涉及的建筑物的管理和业主的消防安全要求提供法律依据。

(3)《民防避难场所法》(1997)。这部法律是为在紧急状态过程中为人们提供民防安全避难场所而定的法律制度。

3. 国家灾害管理规划

在政策层面，当国家遇到危机情况时，如流行病或劫持人质事件，由政府委员会负责管理，由关键的政府部门和董事会的常任秘书、首席执行官分别组成国内危机执行小组辅助政府委员会的工作。在新加坡，内务部是民防危机准备和灾害管理的主要政策制定部门。

在策略层面，紧急事件管理者负责多个机构的联合响应，发布统一的命令进行紧急事件管理。在每一次重大的国内灾害中，新加坡民防局作为紧急事件管理者制定综合的国内紧急事务行动规划，规划中将详细列出所有机构的作用、协作响应、协作命令和控制框架。相关机构的代表组织形成联合规划组，通过提供专家建议等措施来支持紧急事件管理者。联合规划组成员来自主要相关机构，如新加坡警察部队、社区发展和体育部、信息和艺术部以及卫生部；其他的支持机构视紧急事件的类型而定，包括政府部门和处理环境、水、气、电等公用事业的董事会及建筑当局、交通当局、信息通信当局等。

国内紧急事务行动规划中所规划和演练的可能事件、预期威胁包括炼油厂火灾、工业事故和爆炸、重大运输事故（包括地铁、火车和电缆）、港口区的海上事故、火灾和建筑物倒塌事故等。

紧急事务管理响应的目标有三个：一是拯救生命和防止进一步的伤害；二是尽量减少财产损失；三是消除或控制威胁。

4. 社区备灾

社区的参与和加入对于公众处理、应对紧急事件的准备是非常必要的。新加坡民防局与民防基层委员会一起工作，获取公众教育信息，并组织社区群众从事自我救助活动，以提高工作场所的安全性。

此外，新加坡民防局还定期组织训练和演习，以保证其救援力量具有足够的救援能力和对标准行动规程、响应规划和所管辖区域的熟悉程度。许多这种类型的训练和演习都包含公众成员，以便于使他们熟悉应急响应规程，掌握基本的民防技术。

二、近年来加强风险评估与监测，建立风险预警“雷达”

美国的“9·11”事件引发了恐怖主义的新倾向，如东京地铁中的沙林毒气事件、美国的炭疽病毒事件以及近年来在欧洲和亚洲发生的爆炸事件等。SARS危机告诉新加坡政府，在紧张局势下具有共同的信息基础相当重要。面对今天的紧急事件形势，新加坡紧急救援部队不但需要转变思想，而且还需要在紧急救援事务中采用多种方法。新加坡民防局不再将他们的紧急事务范围限定在特定的紧急事件中，而是不断地适应和调整，以迎接新威胁的挑战。

新加坡政府从2005年7月开始建立“风险评估与侦测机制”（Risk Assessment and Horizon Scanning System）。其作用就犹如一台远程雷达，能帮助政府辨识及评估所出现的潜在威胁，以此拟定应对策略。这项计划的系统设计阶段已经完成，目前已经进入第二阶段的系统测试与试用。英国科技研发公司 Fast Future Ventures 的总裁塔尔瓦说：“新加坡可能是全球第一个启动建立‘风险评估与侦测机制’工作的国家，而这也是这个领域最具雄心的一个开发计划。”这一科技成果将使新加坡民防部队和其他国家安全机构在新加坡国家安全协调中心的网络系统中，更加集中和精确地分享情报信息。

2005年10月，新加坡政府已经着手建立了一套风险评估与侦测机制，以全面收集、分析及解读各种情报及灾难预测，特别是捕捉那些表面看起来微不足道的信号，力求充分掌握各种可能构成威胁的状况。风险评估内容包括自然灾害、疾病灾害、人为灾害以及战争和国际恐怖主义威胁灾害等。

主持这一计划的政府领导人是时任新加坡副总理兼国家安全统筹部长及律政部长（前外交部长）贾古玛教授。他认为：“由于新加坡所面对的环境已经日趋复杂，政府必须以更广的角度去看待威胁国家安全的问题，精细地推演各种可能出现的严重状况，才能长期确保国家安全。”新加坡政府认为，在和平时期除了恐怖主义威胁外，还有严重的自然灾害和疾病灾害，虽然它们的发生概率很低，但是破坏力十分惊人。因此，必须模拟任何可能出现的后果并及早拟定应对策略。

新加坡对国家安全采取了两大应对策略：一是全力防范恐怖分子的攻击；二是为遭到攻击做好应变准备。新加坡领导人一再强调，政府的跨部门“防恐”工作需要各阶层民众的积极配合，才能保障国家的安全。风险评估与侦测机制不仅适用于安全与健康领域，而且将帮助新加坡政府各部门解决国家共同关心的问题。

第二节 新加坡政府应急管理机构设置和职能

一、新加坡民防局简介

1. 新加坡民防局简史

新加坡民防局又名新加坡民防部队（The Singapore Civil Defence Force, SCDF），其历史可追溯到1888年。当时，新加坡成立了第一个消防队。在新加坡消防史一些重大事件的处理上，包括1961年布吉豪斯威大火（the Buklt Ho Swee's Fire）和1972年罗宾森大火（the Robinson's Fire），都有新加坡消防队的身影。1980年，新加坡消防队更名为新加坡消防服务局。

1982年，新加坡启动民防计划。作为新加坡警察部队的重要部分，新加坡民防部队成为执行国家紧急预案的先头部队。1986年，新加坡民防部队作为国内事务部下属的一个独立组织而存在，由于其与新加坡消防局功能相似，1989年4月15日，两部门合并。

新加坡民防部队通过挑选和招募及强化培训，已建立了一个可靠、专业、受过良好训练的官员队伍，现有2 100名正式官员，3 100名专职国家公务员，10 000名民防公务员。

在新加坡民防部队的徽章中，国际民防组织的三角形位于徽章中心，蓝色等腰三角形象征着民防三大任务：消防、援助、救援；在三角形中心是盾形的国徽，象征着民防组织的合法地位；三角形被绿色桂叶和红色丝带组成的花环环绕，代表着服务于民防的荣誉；在整个图案的下侧是一条蓝底白字的飘带，文字为英文的“新加坡民防”，蓝色代表着民防部队对国家和民众的忠诚与奉献。

2. 新加坡民防局的职能

新加坡民防部队的职责是在平时和紧急状态下为居民提供应急救援服务。其应急系统根据作用的不同分布成四个体系，即预警、防护、救援和C3（指挥、控制、通信）。

（1）新加坡民防部队的预警体系。新加坡民防部队已经建立了覆盖全国的警报网络，它既可以在居民受到军事威胁时发挥作用，也可以在发生工业或自然灾害时发挥作用。警报系统可以使居民在以上紧急时刻及时寻求保护。

（2）新加坡民防部队的防护体系。与预警体系相辅，新加坡已经制定了全面的防护工程体系。新加坡所有的高层公共建筑地下室，均和地铁站一样具有足够的抗击力，可以服务于民防。新建公共建筑和私人住宅都能够提供防护。

（3）新加坡民防部队的救援体系。在和平时期，新加坡民防部队有能力承担多种应急救援任务和各种火灾事故。通过承担各种专业工作，可以使民防部队更好地满足战时的需求。民防部队和其他部门联合行动，以便在最短的时间内消除灾害后果。

（4）新加坡民防部队的C3体系。新加坡民防部队拥有完备的计算机自动化系统，在紧急时期能够确保提供高效的管理，把有限的财力和部队用于国家最需要的地方。

新加坡民防部队的历史使命是保护民众生命财产安全，保证新加坡的安全稳定。新加坡民防部队的核心价值是专业服务、藐视困难、创新应变、训练有素、运作高效、充满爱心、勇于负责、反映民意、举止文明。新加坡民防部队的誓言是：当召唤我们去保护和拯救居民的生命时，我们，新加坡民防部队的成员，发誓会勇敢而可靠地履行自己的职责。新加坡民防部队的最终目标是成为优秀、高效和专业化的世界级消防和应急救援组织。

3. 新加坡民防局的组织结构

新加坡民防局根据职能不同分为三个部分，即民防部队总部、四个民防分区和地面部队。

民防部队的最高长官为总监，下设13个处，分为负责民防部队内部事务的行动处、医务处、服役人事处、策划处、培训处、后勤处、人事处和科技处，负责对社会事务的消防安全与防空处、公共事务处、优质服务处、财务处和SCDF总部服务辅助单位。民防部队有四个民防分区、一个学院（民防学院，即第五分区）和一个基本训练中心（即第六分区）。四个民防分区下辖14个消防局。新加坡民防局总部作为计划和决策单位，奠定了民防部队的抱负、使命、价值观、政策和战略方向、组织有关的业务和管理要求。同时，它也运行内部审计服务，以确保在民防部队各单位，保持部队的标准与规定的维持业务和行政能力。它还设有一个客户服务中心，负责处理楼宇的服务费用，并对消防安全提供咨询。

民防部队将新加坡按东西南北划分为四个区域，设置四个民防分区，称为第一、二、三、四民防分区，分区最高指挥官称作“分区司令”，是民防分区指挥灭火救援和医疗救护的最高长官。每个分区分别管辖2～5个消防局。每个分区总部，也有类似的支持民防部队的管理与行动部门，如消防局及消防职位的前线部队。

4. 新加坡民防局的培训机构

新加坡民防部队主要有两个培训机构，即民防学院（CDA）和基本救援训练中心（BRTC）。

1999年，新加坡民防部队设立民防学院，致力于高素质理念、系统理论研究、正规化教育、高科技装备和“逼真”演练。

2006年6月20日，耗资4 700万新元建设的民防部队基本救援训练中心正式落成使用，为民防国民服役人员提供更完善和更现代化的训练与设施。新的基本救援训练中心占地4.4公顷，共有6座大楼，包括训练楼、宿舍楼、行政楼、拘留所和训练塔。训练中心内也具备检阅场、健身室及全天24小时运作的医疗中心等。它将同民防学院相辅相成，促进和加强彼此在训练和运作方面的需求。民防部队的士兵是国民义务服役，一般服役期为两年。新加坡年满18岁的男性公民和永久居民是法定兵役人。新建立的基本救援训练中心每天可训练约800名民防服役人员，他们将在这里接受7个星期的灭火、拯救和急救基本训练。

除此以外，新加坡民防部队到现在为止共训练了60 000多名民防志愿者，其中，骨干志愿者7 000名，一旦国家发生灾难或战争，民防志愿者就可转为一名全职民防职员和国家公务员。在接受基本的民防技术培训后，民防志愿者根据他们所在的地区变成若干小组。在新加坡，每个区域都有对口的民防志愿者小组，所有活动由一名民防执行委员协调。民防执行委员协助招募当地居民成为志愿者，并根据紧急预案培训有关志愿者。通过公共安全与保障计划，民防执行委员还帮助建立了一个民防志愿者网络，以处理有关紧急事务、自救等问题，并在有火灾隐患的地区，让大家了解和支持消防条例。

二、新加坡国防部简介

1. 新加坡国防部的组织结构

新加坡国防部长由副总理兼任，下属国防副部长与国防事务部长。新加坡国防部的组织结构如图8－1所示。

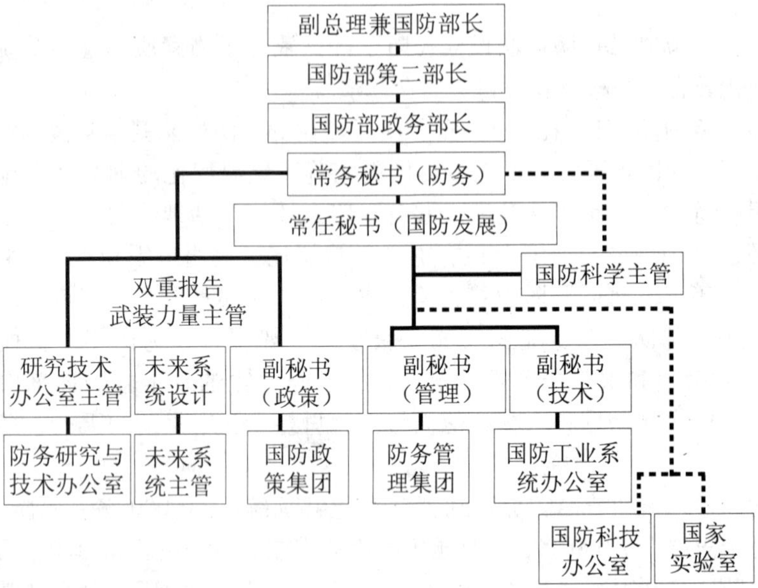

图 8－1　新加坡国防部组织结构

2. 新加坡国防部的职能与国防政策

与其他国家一样，新加坡国防部的任务是通过外交与武装威慑保障新加坡的和平与安全。其国防政策是确保新加坡享有和平与稳定，确保新加坡的主权和领土完整得到保障。在 21 世纪，外交和武装政策是国防政策的两大支柱。新加坡努力维持与其他国家通过外交建立的良好关系。这些外交努力是广泛的，跨越许多领域，在更广泛的范围界定新加坡的安全。在全球化时代，不仅有传统安全的挑战，而且会出现新的可能存在的威胁。

鉴于新加坡的特殊地理位置和社会环境，政府把自然灾害、人为灾害、疾病灾害、战争及国际恐怖主义威胁的灾害作为一个整体的防御战略，但是在不同时期有不同的防御重点。例如，“9・11”事件发生后，新加坡把国际恐怖主义袭击作为首要的防御重点；当 SARS 疫情爆发后，又严密监视 SARS、大流感等全球性疾病灾害的疫情，疾病灾害的防御也被提升到高度戒备状态。

1982 年，新加坡国会以立法的形式通过了《新加坡全民防卫计划》，首次提出了“全民防卫思想”。由于新加坡是延续了英法系的国家，一项重要国家防卫计划以法律形式的出现，可以使其成为国家长远的、具有法律意义的强制规划。在这一法律地位下，全民防卫计划可以获得长期的国家财政预算保障、与其他国家发展计划同样的社会动员和资源利用的法定权力以及执行计划过程中的法律权威性。

全民防卫思想的核心内涵是：社会防卫、心理防卫、经济防卫、军事防卫、民事防卫。国家在社会稳定与风险防范方面向全国人民灌输“居安思危”的思想意识；在社会机制与组织建设方面凸显出明确的权力、任务、使命与责任；在资源配置与规划落实方面充分体现科学的决策力、管理力和行动力。

（1）社会防卫。在社会防卫方面，社区基层领袖、社会团体、社区民众联络所、内政部等成为主要力量。

（2）心理防卫。在心理防卫方面，新闻媒体、卫生机构、教育机构、社会团体承担着具体的社会责任。

（3）经济防卫。在经济防卫方面，政府经济主管部门与金融管理机构负责组织、引导、监督、控制各类金融机构的健康运作，建立起一系列行之有效的监管措施与风险防范措施。

（4）军事防卫。在军事防卫方面，以国防部、军队、科研机构、军工企业、国际军事战略合作伙伴为主体形成防卫力量与保障体系。

（5）民事防卫。在民事防卫方面，1989 年在原新加坡消防部队的基础上重组建立了新加坡民防部队，由总统赋予“国家拯救灾害总指挥机构”的新使命和责任。民防部队与警察部队、社区民众联络所、社区基层领袖一道筑起了社会治安和灾害拯救的防卫体系。

以上全民防卫体系结构所涉及的各个机构、行业与部门形成了一个完整的“内政群英”集体，并各自制定出积极应变程序，从而达到国家在风险防范和灾害应对时系统可靠的控制目标。

在未来几年内，新加坡国防政策的关键主旨是：

（1）加强对话，在该区域内外建立信任和合作。越来越多的国家和地区认识到彼此间信任和合作的重要性，他们就共同关切的安全问题进行对话。新加坡武装部队可以帮助加强双边和多边防务合作和对话，进一步理解和建立各区域和区域外军队的信任。

（2）加强全民防卫。在新的安全环境下，新加坡将面临多元化的、新的和非常规的威胁。为了应对这些挑战，必须加强全面防卫的五个组成部分。新加坡武装部队将保持其传统的职能，以确保全面防御的军事部分仍然强劲。同时，它将与其他政府机构更密切地合作。发展是对新的，特别是对可能出现的非传统安全威胁的有效防御。

三、新加坡国家安全协调秘书处简介

1. 新加坡国家安全协调秘书处的职能

新加坡国家安全协调秘书处（National Security Coordination Secretariat,

NSCS）于1999年成立，原隶属于国防部，后成为总理公署下属常设机构，负责协调政府所有与国家安全有关的行动，并拟定整体情报与国家安全行动策略。

2. 新加坡国家安全协调秘书处的组织结构

新加坡国家安全协调秘书处最高首长是秘书长，下设国家安全协调中心（National Security Coordination Centre）与联合反恐中心（Joint Counter Terrorism Centre）。

（1）国家安全协调中心。国家安全协调中心负责国家安全政策与计划，并预测战略威胁。作为一个协调机构，需确保政府部门之间相互补充，而不是进行重复和竞争性的任务。目前中心设有一名主任与一名副主任，下设三个小组，即国家安全课程与情报中心、能力发展小组和风险评估小组（如图8－2所示）。

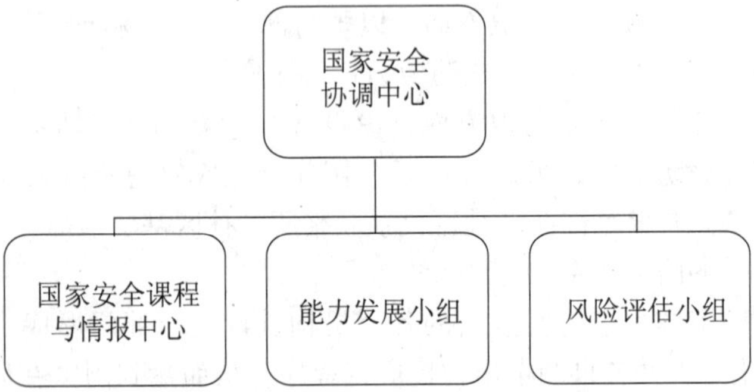

图8－2 新加坡国家安全协调中心组织结构

国家安全课程与情报中心负责制订与其他国家合作的宣传方案和国家安全的教育方案。能力发展小组负责协助本地及国际的能力建设国家安全社区，监测战略能力的发展与合作，统筹实施和资源分配的跨部委机构的项目。风险评估小组旨在使政府机构检测和预测国际新趋势，从而有助于避免战略威胁。它还有助于在一个在线互动的环境机构间合作，从而鼓励用整体的思维方法处理问题，并提供风险评估方案，也就是本章第一节提出的预警“雷达”计划，该计划被确定为新加坡国家安全的战略框架。

（2）联合反恐中心。联合反恐中心是一个多机构中心，提供战略分析恐怖主义的相关问题，以支持决策和发展的反恐怖主义能力，负责统筹规划、联系各相关部门进行情报交流，同时与驻地友好国家进行反恐情报合作，是目前新加坡日常反恐情报的实际运作单位。

（3）国家安全协调秘书处的相关反恐法律。新加坡并未如美国针对防制恐怖活动设有专法，而是将相关恐怖活动的预防及追诉规范于下列主要法律中：

①内部安全法（Internal Security Act）。本法是新加坡反恐工作主要的法源依据，新加坡内安局即援引本法，逮捕起诉“回教祈祷团”恐怖分子，其要旨为：

a. 拘禁权。国安部门首长必须视情势需要下令拘捕嫌疑犯。

b. 审查机制。逮捕拘禁须提交特设的专门委员会审查。

c. 搜查及没收权。执法人员必须在无搜索票情形下进入可疑地点进行搜查，并没收相关物件。

②恐怖主义资助法（Terrorism Supression of Financing Act）。本法是依据“国际取缔资助恐怖主义条约”制定的，其重点为：

a. 任何人资助恐怖活动将面临10年以上刑罚（包括罚金）；知情不报者亦将遭受刑罚。

b. 恐怖分子资产可予充公。

c. 内政部长必须要求任何人或团体定期接受资产审核，以确定未拥有恐怖分子资金。

d. 金融机构有义务冻结涉及恐怖活动之资产或交易并向当局举报可疑交易。

四、新加坡“卓越国家安全中心”简介

2006年3月，新加坡国家安全统筹部下属的职能机构“国家安全协调秘书处”与新加坡国防与战略研究院联合设立了“卓越国家安全中心”（Centre of Excellence for National Secure），以此作为政府的国家安全决策智囊机构。“卓越国家安全中心”隶属新加坡国防与战略研究院，它将为选定的国家安全课题累积知识，为决策者和其他国家安全机构提供有用的观点。目前，中心部主任是古玛·拉马克里土那（Kumar Rama shna）副教授，他原是国防与战略研究院的研究员，由他率领的一支由国际研究员组成的队伍主要研究3个领域的国家安全问题，即交通安全、社会恢复、风险评估与预测。交通安全研究小组探讨的层面很广，包括航空、陆路交通、海事和供应链的安全；社会恢复研究小组则探讨社会各阶层在发生恐怖攻击后的恢复能力；风险评估与侦测（Risk Assessment/Horizon scanning）研究小组则探讨其概念、方法以及跨政府部门的应用。这一研究小组与2005年建立的新加坡“风险评估与侦测机制”（预警“雷达”计划）不完全相同的是，前者侧重于信息采集与分析，后者偏向情报分析与决策研究；前者由国家安全统筹部直接领导，后者主要由国防部领导。承担政府对国土危机管理需求而提出的任务是两个计划的共同目的。

除了展开深入研究，“卓越国家安全中心”也经常主办工作坊和研讨会，讨论和制定最佳的国土安全措施以及同国际专家建立国土安全研究协作。中心工作人员定期撰写文章及相关刊物、专栏，以教育广大群众提高反恐意识。工作人员

经常参加广播和电视采访，展开关于打击恐怖主义、多元文化与社会适应力，以及如何认识、管理和减少风险的辩论。

五、新加坡警察部队简介

新加坡警察部队的职能是维护法律，维持秩序，保持新加坡共和国的和平与稳定。

在今天的安全环境下，恐怖分子的首选目标不再是戒备森严的政府或重要装置等所谓的“硬目标”。相反，恐怖分子已经开始针对“软目标”，如公共场所、私人机构和人流量大的地方进行袭击。例如，2003 年发生在雅加达的万豪酒店爆炸案，2001 年和 2005 年的巴厘岛爆炸，以及 2005 年的伦敦爆炸案。

自 2001 年以来，除了加强在重要设施方面的安全，新加坡政府已采取多项措施，提高新加坡整体的安全水平。但是，资源是有限的，安全部队不能无处不在。社区和私营部门必须发挥自己的作用，预防恐怖主义是社会各界共同的责任。

2003 年 11 月，新加坡警察部队通过了一项名为 SWG 的计划。这个计划的主要目的是警察为商业部门协作的目标而强化其处所。然而，尽管警察部队在打击犯罪和恐怖主义方面与商业界有良好的默契，但这是在安全环境的威胁比较明显的情况下。2006 年 11 月开始，SWG 计划纳入安全和保安以及警察和民防部队，并成为正式的安全观察组。通过这种转换，企业和社会将拥有更有力的措施打击犯罪和恐怖主义的威胁，更有效、更自信地应对未来的危机事件。

第三节　新加坡政府应急管理中的府际关系

一、政策协调部门之间的关系

政府执政的职能分散在各部门和机构中，每个部门负责不同方面的职能。例如，国防部负责指导和发展计划与政策以及分配资源，为新加坡抵御外来侵犯；而民政事务部则负责新加坡边界的安全。

跨国恐怖主义的威胁告诉新加坡政府，任何政府机构都不可能孤立地工作。严格划分内部机构与外部机构的责任，将使新加坡在打击跨国恐怖分子上的差距进一步加大。应急决策必须涵盖所有部委和机构，以应对这一挑战。因此，新加坡反恐政策制定部门之间形成了政策协调的体系。这个体系包括安全政策检查委员会、国家安全协调委员会、情报协调委员会以及国家安全协调秘书处。

1. 安全政策检查委员会（The Security Policy Review Committee）

安全政策检查委员会属于领导部门，它定期举行会议，由国家安全部长主持，主要负责研究制定新加坡国家安全目标，并不断分析可能存在的威胁，以及如何处理这些危险的方法。

2. 国家安全协调委员会（The National Security Coordination Committee）

国家安全协调委员会支持和执行安全政策检查委员会的决策，负责指导安保项目以提高安保能力，并监督其他多边机构工作组与委员会的具体工作。

3. 情报协调委员会（The Intelligence Coordinating Committee）

情报协调委员会是国家安全协调秘书处的主要情报收集机构，并分析恐怖主义发展的主要趋势以及存在的问题，向其下属的联合反恐中心提供国家安全战略方向。

4. 国家安全协调秘书处（National Security Coordination Secretariat）

国家安全协调秘书处是总理公署的下属机构，具有三个作用，即国家安全规划、政策协调和战略威胁预测，并为新加坡国安部门构建了恐怖主义威胁在全世界的景象。国家安全协调秘书处在政策协调系统中支持和执行安全政策检查委员会、国家安全协调委员会以及情报协调委员会所作的决策。

二、应急管理部门之间的关系

作为一个国家，在面对危机时必须果断迅速地作出反应，否则将会被危机长时间地削弱国力，甚至一蹶不振。在处理严重危机方面，新加坡应急管理部门做到了这一点。例如，在2003年SARS期间，新加坡就提出了尽快设立程序与调配资源、防止问题恶化的建议。

危机管理系统（The Homefront Crisis Management System，HCMS）的建立就是为了解决这个问题。它分为危机部长级委员会（the Homefront Crisis Ministerial Committee）和危机执行小组（the Homefront Crisis Executive Group）两个部分。危机部长级委员会是由内政部长主持的，它在战略上和政治上提供危机处理的指导，该委员会成员主要为政府机构的高级代表，这样就保证了其决策和指示的执行。危机执行小组前身为执行小组，它主要负责具体的民防安全和民防管理，如SQ117劫机事件与石油钻塔的电缆车事故等。危机执行小组现在有一个更大的作用，即负责处理新加坡的所有危机状况，如果发生最坏的情况，危机执行小组要迅速保证各部门之间能够进行沟通和协调。

三、创造一种各部门间协调的文化

在新加坡，早期的警察、消防和救护车服务都是作为单独的团体。而今天，把新加坡变成一个安全和有保障的家庭的共同想法，使新加坡各部门联系在一起，在一种强调合作的框架下开展工作。新加坡海上安全工作的成功，就是一个各部门、机构共同努力的最好例子，这表明了近几年在应急工作方面，新加坡政府一直致力于创造一种各部门协调的文化。

1. 国家安全课题

国家安全课题汇聚了新加坡几乎所有从事安全工作的工作人员，它使人们在安全面临威胁的情况下，更深入了解新加坡高级公务员，以及关于安全的政策甚至那些正在制定和执行中的政策和措施。除此以外，它还包括新加坡国防部高级军事人员的课程。2006 年以来，国家安全课题逐渐吸纳了不少非安全部门的人员，一个强大有效的安全网络正在被逐渐建立起来。

2. 国家安全研讨会

一年一度的国家安全研讨会的与会者不仅包括高级安全工作人员，而且包括整个公务员队伍，这样就提供了更多人员交流的机会，也可以借此融洽各部门间的关系。尤其重要的是，研讨会关于国家安全的关键问题的讨论影响着新加坡的发展。

3. 国土安全工程中心

恐怖分子制造恐怖活动的方法变得越来越先进，发现和制止恐怖主义需要更先进的装备。此外，由于新加坡资源有限，先进的技术设备可以节省人力和时间。国土安全工程中心（HSEC）内部已成立国防科学技术厅（国防科技局），它提供工程解决方案，是所有机构的一个共同资源中心。其工程合作是按照国家安全的技术路线图，在未来几年与本地及海外的伙伴进行合作。

第四节　新加坡政府应急决策体系和过程

过去几年，新加坡政府推出了全面的“防恐”措施，主要包括：构建国家安全战略框架；设立国家安全协调秘书处以统筹不同政府部门的工作、资源和专业人才；加强国家安全保障，提高国家应付常规军事威胁以及恐怖威胁的防卫能力。政府也非常注重培养公众的防恐意识，加强社区凝聚力以及唤起人民的责任感与认同感。

在一般民事灾难救援活动中，民防部队总监是灾害拯救行动的总指挥和行动决策者，而 13 位部长则扮演保障者的重要角色。民防部队总指挥是一位专家型的高级指挥员；在灾害拯救行动中所需要动员社会力量的援助与配合，则由各部部长根据民防部队总监的请求在各自管辖和责任内组织快速反应的援助活动。其中包括医疗、药品、外交、新闻、司法、戒严、管制、物资、财力、人力、运输、军队、警察、海关、边防以及征用民间设施等。其特色是授权明确、分工细致、各司其职、互相配合、快速反应、注重效果。而在灾难发生时国家和政府领导人避免到现场直接干预拯救行动，不直接发出行动指令，而是时时关注局势变化，宏观调控各方力量，慰问罹难者亲属，安抚伤员，稳定局势，为灾难拯救行动营造安定局面，在人民心中建立精神寄托与信心。

第五节　新加坡政府应急管理的资源保障体系

一、灾害应急的财力保障模式

在应对灾害风险的政府财力准备方面，新加坡各政府机构在灾害发生时会立即调动所属的现有资源进行援救活动。与此同时，国会在总理的要求下召开紧急会议，对各行动部门的资金不足或垫付给予紧急追加或补充。这笔国家计划外的资金将可能动用到国家储备金而非国家年度预算。正如前新加坡国会财政预算及审计委员会主席周亨增先生所说：“面对灾害所造成的损失和应对准备金是无从预算和计划的，因为不可确定的影响因素太多了。”

突发事件的灾害准备金确实难以预算，但是防御灾害的投资却是可以准确预算的。在防御准备方面，新加坡政府各部门都在其职能范围内明确自己的工作内容和计划，从而很容易在物资准备、科技研发、改进装备、人员培训、演习训练、全民教育等方面作出政府预算。其中，民防部队在灾害拯救计划方面承担了对公共场所、生产和商业机构、社区家庭等灾害预测、损失评估、应对预案的预算编制工作。

在新加坡《2006 年政府财政预算案》中，有 306.2 亿新元是各政府部门本财政年度的开支预算。该预算案中除常规的国防和治安建设与管理预算外，并没有针对某一灾害发生的专项准备金预算。2005 年，在应对突发灾害和国际人道援助等方面，政府的额外开支在本年度预算中被补充拨款。

新加坡国会每年都会在讨论下一年度的财政预算中对 17 个政府主管部门编制的防灾预算计划进行咨询、审查、讨论和审批，并对上一年度的预算外透支予以审计和追加。这些经费包括抢险救灾和灾后恢复与重建等不可预算开支，对于可预算的防灾经费则必须要提前提交所需经费的项目计划和概算。新加坡的国防、国土安全预算属于特别预算，其内容一般不对外公布。

二、灾害应急的商业保险模式

风险是不以人们的主观意志为转移而客观存在的，并可能会对人们造成不利后果或伤害威胁的潜在的环境因素。新加坡政府在公共风险的分析、预测与防御方面注重将不可预计的风险转为可以计划的投资，将部分风险最大限度地转移到商业保险市场之中。新加坡的保险市场非常繁荣，目前有各类保险公司100多家，各类保险中介服务公司200多家。

新加坡金融管理局于2000年就对保险市场由直接管理转为直接监督，并实行全面开放的政策，撤销了过去外国投资者在本地保险公司不能持有超过49%股权的限制，并鼓励该国保险公司相互合并或与其他金融机构结盟。此外，金融管理局还推出一系列措施，提升保险公司的企业监管和服务行为水准，以保障保户的利益。金融管理局指出，开放保险业的目的在于促进市场的现代化和效率，为新加坡人提供更多种类、更有价值的保险产品与服务，并且加强新加坡作为国际金融中心的地位。

鉴于新加坡自由化的市场经济模式，政府对保险业的市场服务导向主要侧重于国民的医疗及养老保险。从2004年开始，新加坡将其保障计划从政府的国民公积金计划转向多家商业保险公司，采取多元化保障模式。对于其他灾害风险的商业保险则由市场自行运作，政府不予干预，更谈不上保险费用的分摊。一般情况下，政府、企业和民众所需要的保险由各自在市场中选取和采购，很少有政府的强制。但是，新加坡的政府公务员、企业员工涉及职业风险的保障计划，都是纳入雇主的行政预算并可以在税前支付，摊入经营成本。在新加坡，政府及信贷险、金融险、法律责任险、战争及其他灾害险的保险品种几乎囊括所有国际保险业的产品。政府和商业机构可以方便地选择各自所需要的产品。一般大型或重要的高风险机构在内部都设立有风险管理部门，由专家对本机构存在的风险进行分析，并制定防范策略。购买商业保险是这些机构进行风险转移的有效手段之一。

新加坡的保险产品种类繁多，有些适合本土风险保障，有些适合海外高风险地区的安全保障。许多保险经纪公司从客户需求角度向保险公司寻求适合的保险产品，而有些则为客户量身设计产品，并寻找保险公司承保。这些保险经纪公司为许多政府机构和企业提供特定对象的保险策略咨询和研究、选择或设计保险产品、担任常年保险顾问。保险经纪服务业在新加坡保险市场上发挥了重要的促进作用。

三、制度建设与法律体系

1. 法律的完备性

新加坡已经建成了一个在全世界都堪称先进的法律网络，严密的法网覆盖了社会经济生活的各个方面。其商业法律法规采用国际原则，具体分为基本搬用和重新制定两种：前者在新加坡民事法令第五条五款中规定，英国的商业法令如《公司法》、《合同法》、《合伙法》、《银行法》、《代理人法》、《售货法》、《海陆空运输法》、《保险法》等，在新加坡继续有效并试用；后者是根据英国有关法令的规定，重新制定新加坡法律，如《票据法》、《受挫合约法》、《公平交易法》等。目前，新加坡现行法律有400多种，法律调整的范围非常广泛，从政府权力、商业往来、旅店管理、交通规则，一直到公民生活的各个方面，几乎无所不包（包括对烟、酒、口香糖的生产和销售管制）。一旦发现无法可循或需要修正，将立即由国会立法。另外，作为新加坡法院可以援引作判案根据的法律准则的渊源也十分广泛，包括作为最高法律的宪法、国会法规与条例、制定法、补充性立法、司法判例、法律承认的惯例等。

2. 法律的公众性

新加坡有一套严格的执法机制和执法程序，强调法律的公众性及法律面前人人平等，任何人在新加坡违反法律，都要受到法律的制裁，没有其他办法可以变通。独立的司法体系严谨地将此原则付诸实施，不论是内阁部长、普通民众、富贵名人、贫穷市民，不论种族、宗教、肤色、语言，也不论是外国人或新加坡公民，都一律受到法院依法庭程序的平等审理，也都同样享有诉讼及辩护的权利。新加坡法院的判例中，有判处内阁部长及商业事务局局长因贪污与欺骗而坐牢的，也有判处美国青年涂鸦私人财产而被施以鞭刑的，还有判菲律宾女佣谋杀罪名成立被处绞刑的。被证明涉及贪污事件的外国公司，则被列入黑名单，不得参加建设工程的投标活动。

2000年，设在香港的政治及经济风险咨询机构（PERC）把新加坡法律制度的效率与可靠性列为亚洲第一。新加坡公正透明的法律体系，使市场活动的参与者能够获得充分的信息，减少了投资的不确定性因素和风险，提高了社会的经济效益，增强了广大投资者，特别是海外投资者的信心。

3. 国际法律保护

新加坡同包括中国在内的许多贸易伙伴签署了国际投资担保协定。在协定保障下，签署国或组织的个人或公司在对方境内投资时，最初都享有五年的保障，以免受到战争以及征用财产等非商业风险的影响。

海外投资者的业务如果受到非商业风险的影响，新加坡政府将给予他们赔偿。一般的赔偿额等于投资被征用之前的价值。但实际上，新加坡的这类风险非常低，而且政府允许和支持外国人在新加坡自由投资和发展，也没有规定外国公司必须有本地董事，资金也可以自由出入。签署投资担保协定的目的是：向海外投资者保证新加坡政府会平等对待所有投资者；准许投资者把在当地赚取的收入和资金汇回自己的国家；在征用投资者的资产时，会给予合理（接近市场价值）的赔偿，并提供一个解决纠纷的机制。

4. 生产安全法律保护

新加坡在涉及公共安全领域的制度建设和法律体系方面，也是比较健全和有效的。为了改进工业安全条件，新加坡国会于2006年1月17日通过了《工作场所安全及卫生法案》，取代了原有的《工厂法令》。在新法案下，公司触犯安全条例最高罚款从原来的20万新元提高到50万新元；责任人最高罚款仍为20万新元，但监禁期从过去的12个月延长到24个月。实施这一法令的政府机构是新加坡人力部。新法案的三个原则是：从源头减少工作危险；业者视安全为己任以改善安全文化；提高惩罚力度。

第六节　新加坡政府应急管理中的社会参与机制

一、新加坡的全民应急动员计划

新加坡政府正在制订一套促使全民全面参与的应急动员计划，以确保国家一旦遭到恐怖袭击或遇到重大灾害时全体国民都能保持团结，一致行动。新加坡政府推行这一计划的目的是把社会各个阶层、各个团体和学校都纳入社区参与计划（Community Engagement Programme），是要促使在国家发生灾害时，全民能够作出集体反应，懂得如何面对及应付。新加坡政府在全国推广《社区安全与保安计划》，政府将通过社区参与计划，同各阶层民众及社会团体进行交流，研究如何在危机发生之前，加强国人应付灾害和恐怖主义威胁的思想准备，同时避免新加坡这个多元种族及多元宗教社会一旦遭受灾害之后，出现族群关系紧张的局面。《社区安全与保安计划》包括了和平时期的公众教育与训练的社区参与计划和紧急时期的全民应急动员计划。整个计划的推广与执行主要由新加坡内政部所属的“内政群英”分工负责实施。“内政群英”特指新加坡内政部所领导的六个职能机构，即移民与关卡局、中央肃毒局、刑事调查局、监狱管理局、民防部队和警察部队。

二、相关的社会民防组织

1. 国家消防委员会

国家消防委员会（National Fire Prevention Council，NFPC）成立于1986年3月3日，是一个致力于在新加坡全国范围内教育民众和提高广大民众消防安全意识的非政府组织。协会与各政府机构开展合作，提高和改善公众在消防安全和治安方面的受教育水平，并与新加坡民防部队合作组织或承办国内或国际消防安全会议。其主要任务是通过进一步提高公众的消防安全和防火意识，来保证新加坡的住宅、工业和商业部分的消防安全。其成员来自各行各业，通过募捐或组织如高尔夫球赛、举行电影首映式等慈善活动来筹集资金。

当该协会得到各界人士，包括住宅、工业与商业建筑业主和使用者以及在校学生认可后，即成立了四个委员会，以满足民众更多的需求。这四个委员会分别是商业建筑委员会、工业建筑委员会、住宅建筑委员会和学校消防安全委员会，每个委员会具体负责新加坡特定的公众群体。

另外，该协会还设有公共关系委员会和集资与会员委员会。公共关系委员会主要面向媒体、法人成员、协会成员和公众，目的是通过在全国范围内开展活动、展览、广告和公共关系活动，在公众间培养更强的消防安全和防火意识，同时通过推广活动来树立协会形象。公共关系委员会负责一系列活动，如发行出版物《NFPC协会手册》等，使公众深入理解协会的基本原则和目标；发行季刊、简报、新闻，让读者了解协会的最新工作动态，并从火灾中吸取教训；组织多种面向公众的宣传，有效地将防火安全知识传递到每个家庭，以期提高NFPC的知名度，如在公共汽车车身上张贴广告、分发书签和标签以及通过邮件的方式传递防火知识；普及消防科普知识，吸引孩子的兴趣；通过收音机和电视来播放消防安全知识、歌曲、知识竞赛，并放映电影短片；设计特制的移动防火演示盒，向住宅街区的居民提供生动的防火演示；组织全国范围的消防安全竞赛和国际消防安全会议等活动，如亚洲消防、安全和救援（Fire Safety and Rescue Asia）。集资与会员委员会则主要面向公司或个人，其目的是筹集资金来举办协会的各种教育、宣传和公共关系活动，为协会招募新成员。

新加坡国家消防委员会与新加坡民防部队、新加坡酒店协会、新加坡消防安全经理人协会、新加坡安全官员研究所和新加坡工业联盟等组织都有着密切的合作关系。

2. 消防安全经理人协会

新加坡消防安全经理人协会（Fire Safety Managers' Association Singapore，FSMAS）成立于1989年3月17日，其服务宗旨是作为会员代表配合会员的活动，提高其作为消防安全经理人的合法利益。协会组织成员与管理机构代表联合举办正式的对话会议、出版简讯、组织晚宴和舞会、组织与著名机构的研讨会以及制订与国外团体的交流计划。FSMAS 一直支持和积极参与新加坡消防协会以及新加坡民防部队组织的活动。

按照《消防安全法》的要求，建筑物的业主或管理部门必须任命一名消防安全经理人（FSM）并配置必要的设备，提供相关信息，由其统筹分配任务。协会内部的管理委员会给予已通过考试的人员会员资格，使其成为 FSMAS 的普通会员，同时鼓励相关消防安全团体成为其会员。

FSMAS 同时还在新加坡民防部队和义安理工学院的支持下开设防火和保护建筑物的认证课程。其开设的课程包括消防安全基础课程、防火和建筑消防课程以及消防安全经理人继续教育课程。

消防安全基础课程包括基础化学消防、基础消防安全预防、消防和火灾自动探测系统概述、火灾发生过程、消防管理员职责、消防装备的使用理论和实践。

防火和建筑消防课程内容有火灾科学（火灾动力学、热、燃烧、电、泵和水供应）、消防安全工程（火灾报警和探测系统、竖管、自动水喷淋系统、手提式灭火器、加压和排烟系统）以及消防安全管理（消防安全法令和条例、建筑防火检查和检验、消防安全管理的任务和责任、消防应急计划、消防疏散演习）。

消防安全经理人继续教育课程主要有博览会、商品交易会、展览许可证的申请，包括问与答、商业和工业建筑的 FC 检查手续、消防安全法令和条例、消防安全经理人的任务和职责、FSB 计划提交要求；临时消防许可和消防安全证书申请与弃权以及咨询会议，包括问与答、个案研究和火灾事故、年度报告的 FSB 反馈、模拟演习的基本原则、进行模拟演习的方针、建筑火灾执行的个案研究、防止纵火计划以及石油和易燃材料的控制要求等。

3. 新加坡民防服役人员协会

新加坡民防服役人员协会（Singapore Civil Defence Association for National Servicemen，CDANS）于 1991 年成立，其前身为民防后备军人协会（CDRA），1995 年更为现名。协会为会员组织各种活动，活动时间和地点会在网上通知，同时成立了多个俱乐部，设有各种室内和室外娱乐、体育设施以及餐厅和商店。

CDANS 会员包括普通会员、准会员、配偶会员、青少年会员、法人会员和社会会员。所有新加坡民防部队或正在为其服务的战备军人都有资格申请成为普通会员。准会员包括 A 和 B 类会员，准会员 A 为所有在民防部队服役的人员和在民防执行委员会工作的人员；准会员 B 为所有民防部队的服务人员。普通会员和准会员的配偶都有资格申请成为配偶会员。配偶会员资格应在普通会员或准会员的会员资格中止时自动撤销。普通会员和准会员的子女有资格申请成为青少年会员，青少年会员资格应在普通会员或准会员的会员资格中止或到他们年满18岁时自动撤销。法人会员可以被授予个体雇主或合股公司。普通、准会员及配偶会员的朋友可以申请成为社会会员。

4. 新加坡标准、生产力与创新局

新加坡标准、生产力与创新局（Standards, Productivity and Innovation Board）原名为新加坡生产力与标准局，是新加坡国家标准和检测的权威机构。新加坡采用公制计量体系，其工程和建筑领域里适用的工业标准基本上在其他的发展中国家也适用。SPRING深化了有关电子、卫生和建筑产品的标准。

第七节　新加坡政府应急管理中的国际合作

一、加强国土安全与技术的国际合作

2006年3月29日，新加坡副总理兼内政部长黄根成同美国国土安全部长迈克切尔托夫签署了《国土安全科学与技术合作意向书》，以进一步加强新美两国在安全领域的合作。据新加坡内政部发表的文告说明，这份意向书象征着新美两国应付恐怖主义威胁及确保区域和两国人民安全的坚定意愿和伙伴关系。意向书中所定下的目标是由两国签署的《科学与技术合作协定》（Science and Technology Agreement）。

新加坡是美国继2005年底与澳大利亚签署类似合作意向书之后进行合作的第二个国家。随后的《科学与技术合作协定》将使两国能够通过广泛合作，共同展开旨在加强安全的科学与技术研究和开发计划，从而研究制订并共享应付国土安全威胁的方案，其中包括应付恐怖事件、边境安全以及灾难搜救等内容。新美两国的这一合作计划无疑是对新加坡的预警“雷达”视野的延伸，使得新加坡与美国之间能够更加及时地分享情报信息或者得到必要的相互支持。这一合作使新加坡政府的效率与实力得到了很大的提高，其在亚洲的优势地位也得到了加强。

二、参加东南亚联盟地区论坛

新加坡一直致力于打击恐怖主义，并积极参与区域与多边合作。新加坡作为东南亚联盟以及亚洲国家团体的一员，经常主动与其他区域组织开展合作。

印度尼西亚、泰国和菲律宾都曾遭受恐怖袭击。2001年，一次即将发生在

新加坡的恐怖袭击被当地政府有效挫败。东南亚联盟针对此次恐怖袭击，作出了回应，并发表了声明，表示要进行打击恐怖袭击的联合行动。2001 年 11 月，这个声明概述了东南亚联盟关于打击国家恐怖主义的承诺，该承诺通过加强执法机构与安全机构的合作来实现。从那时起，东南亚联盟国家在反恐合作方面采取了多项具体措施。东南亚联盟与中国、美国以及其他国家签署联合声明，表示要联合打击恐怖主义。

自 2001 年后，东南亚联盟地区论坛就加大了在反恐方面的投入。东南亚联盟地区论坛是一个关于反恐和跨国犯罪短期会议性的组织，成立于 2002 年，用以协调这方面的活动。新加坡曾经举办了东南亚联盟地区论坛关于反恐的数个会议，其中包括 2006 年 3 月的关于大规模杀伤性武器扩散的会议（包括中国与美国）。

三、参加亚太经济合作组织

亚太经合组织的反恐特遣部队和安全贸易在亚太区域会议期间，推动了经济合作以及在反恐议题上的合作。2005 年，在釜山亚太经合组织领导人峰会上，新加坡建议把建立全面的安全供应链作为一件优先考虑的事情。为保护民用客机，亚太经合组织正努力制止单体携带性防空系统用于防空导弹的发射，组织成员都同意于 2006 年底进行机场肩体导弹易损性评价。

四、同意联合国反恐怖主义公约

“9·11”事件后，新加坡通过了联合国安理会第 1373 号决议（2001 年）。1373 号决议概述了联合国成员国打击恐怖主义所必须采取的一系列法律和财务措施。这一反恐公约赋予了联合国部长作出规定的权力，执行联合国安理会的决议；也赋予了部长制定必要条例的权力，用以免于征税。

这里包括由 13 个联合国成员国强烈鼓励并通过的 13 个国际反恐公约。新加坡同意了其中 7 个公约，并且参与联合国起草全球反恐战略的工作。

第八节　新加坡政府应急管理的典型案例

一、“北斗星 5 号”演习

2006 年 1 月 8 日，新加坡在公共场所举行了代号“北斗星 5 号”的地下铁路遭遇恐怖袭击的灾害拯救演习。演习基本上是要测试 22 个参与机构（包括新捷运和SMRT这两家公共交通业者）的协作和紧急反应机制。演习结果表明，参与紧急演习的单位、公共交通业者、医院和内政部下属单位，都能够有效配合。例如，民防及警察部队人员快速对“伤者”作出反应、封锁受影响的地铁站和公共汽车转换站、设急救站和疏导人潮。

图8-3 “北斗星5号”演习

这项演习达到了检验各部门及公共交通业者应付恐怖袭击能力的目的，同时也教育公众，“反恐”不单是政府部门的事，而是关系到全国人民的切身问题。事后，政府配合这项演习，制作了一部电视宣传片来提醒公众对恐怖主义威胁保持高度警惕。如今，在新加坡的公共场所和交通工具上随处可以索取有关安全的宣传手册，地铁车厢内也不时听到英语、泰米尔语、马来语和华语播出的提示信息：“各位旅客，为了您的安全请保管好随身携带的物品。如发现可疑物品请及时联络我们的执勤人员或拨打电话‘999’。”

新加坡政府投巨资组织大规模社会“逼真”演习的目的在于检验模拟真实情景下各部门的应对能力和计划的疏漏及不足，以求不断改进和完善其应急拯救预案。只有在接近真实的模拟状态下才能够观察和发现拯救行动在物质、组织、心理、行动以及协调等方面的应对能力和效果。

新加坡政府注意分析国际恐怖主义活动对社会造成的严重后果。2004 年 7 月，伦敦遭到恐怖主义袭击后，虽然当地民众的生活迅速恢复正常，市民们仍然乘坐地铁交通工具，让国际社会感受到英国人不受恐怖主义威胁的坚定决心；但是，英国国内的非回教徒与回教徒之间的关系却立即紧张起来，随后还发生了回教徒被殴打和受攻击的骚乱事件。这些案例进一步提醒人们，除了要对恐怖主义威胁多加防范外，也必须极力维护多元种族社会的和谐。新加坡政府已经开始加强与社会及宗教团体探讨推动社区参与计划，而主管回教事务的环境及水源部长雅国博士也同马来族回教徒议员、社群领袖和宗教领袖进行对话，针对相同的课题，研究更完善的应对方案。“应付恐怖主义及加强族群关系”成为新加坡公共管理的重要研究课题，以期得到一个全面而一致的应对方案，确保这类恐怖攻击事件不会分化社会。

二、面对全球“大流感”爆发的准备

2005 年 10 月，全球各地突然密集传来禽流感导致禽鸟甚至人类死亡的报告。致命的 H5N1 禽流感病毒从亚洲蔓延至全球，世界各国有多达 200 起人类感染禽流感的病例，已经夺走了超过 100 人的生命。虽然当时仍然没有证据显示禽流感有人传人的可能性，不过一旦病毒变种演变成人传人的传播方式，全世界将面对灾难性的大瘟疫。一条传播高致病性 H5N1 型禽流感病毒的全球链条已经逐渐显现，这是“大流感”可能在全球爆发前的不祥征兆。

2006 年 4 月 5 日，新加坡新闻、通信及艺术部长李文献召开记者会，动员全国人民积极参与准备和防范，与政府联手共同对抗禽流感。为此，新加坡政府采取了如下紧急应对行动：

（1）新加坡政府建立了“跨部门部长级危机委员会”，并且已经拟订了一个全面的防御计划。

（2）政府拨款 100 万新元印制 110 万册《流感疫情指南手册》，手册以英文、中文、马来文、泰米尔文编写，概括性介绍禽流感和流感的不同、流感症状、国人和商业机构如何采取预防措施等；并将该手册陆续邮寄给每一个新加坡家庭。新加坡政府在这一行动中采取跨部门合作，迅速、有效地协调了卫生部、国家发展部、农粮与兽医局、保健促进局、贸工部、环境部、教育部、社会发展及青年体育部、人力部、新闻通信及艺术部等诸多相关政府部门。

（3）新加坡媒体发展局也资助新加坡传媒集团制作了一部有关流感的纪录片，通过亚洲新闻台分 3 集播出。

（4）新加坡卫生部在 2006 年 7 月 22 日和 23 日展开为期两天的流感紧急演习，测试各医疗单位的应对机制与能力。第一阶段参与演习的包括一家公共医院、社区综合诊疗所、私人诊所、疗养院和医务人员等。演习模拟流感爆发的情形，测试医疗机构与医务人员在处理有流感症状的病人时，如何采取正确步骤和程序来应对。第二阶段扩展到民航局、移民与关卡局所属机构，同时也要求公众参与演习活动。

（5）新加坡卫生部也计划设立社区流感诊所作为检测中心，让公众也参与演习。演习包括量体温、控制探病的人数、隔离病人、转移病人时各医院如何协调等。流感诊所将负责监控疑似病例，并观察分派流感药物的程序。当爆发流感疫情时，这类诊所可为那些出现流感症状的人作初步检查，若有需要才转到公共医院作进一步的诊治。

（6）新加坡农粮局除了禁止从爆发禽流感的国家和地区进口家禽外，也加强在关卡、屠宰场及农场的检测工作。当局也鼓励农场采取生物隔离措施，并囤积流感疫苗以在面临严重威胁时使用。若爆发流感疫情，当局将以聚群（Cluster）方式宰杀受感染农场的全部家禽。

（7）新加坡卫生部与新加坡陆路交通管理局展开模拟演习，测试各部门的紧急应对能力。

（8）在发生大规模疫情导致学校被关闭的情况下，新加坡教育部与学校将通过其他方式，如互联网、邮寄、电话服务及免付费传播服务等让学生能够在家中学习。

（9）飞禽公园、动物园及植物园里的禽鸟也被注射流感疫苗，避免受病毒感染。

（10）新加坡标准、生产力与创新局在 2006 年 2 月制定了《流感企业危机处理指南》，协助公司策划应付流感疫情的业务延续计划（Business Continuity Plan）。新加坡卫生部也与其他政府机构合作，确保一旦流感爆发，主要服务不会中断。同时，新加坡卫生部也为跨国企业、中小型企业和基层领袖开办讲座，帮助他们了解流感疫情及可采取的应对措施。

（11）在防范流感的措施上，新加坡卫生部也在医药设施、监察、检测及药物等环节做好了充分准备。自 2003 年爆发 SARS 疫情后，新加坡公共医院的隔离病房已增至 320 个，并制定了严格的工作流程，处理可能受感染的病人。

（12）据了解，新加坡卫生部已库存 70 万颗抗流感药物达菲（Tamillu）、50 万剂瑞乐砂（Relenza）和足够的流感疫苗，预计 2006 年底能达到库存 100 万颗达菲的目标，为随时可能爆发的流感做好准备。

（13）新加坡卫生部也与世界卫生组织和其他国际组织合作，参与对抗流感的行动。2006 年 1 月，新加坡承诺拨出 100 万新元对抗禽流感，这笔钱将用来进行实验室研究项目，以及协助印度尼西亚提高其对抗禽流感的能力。此外，新加坡、美国与印度尼西亚也在合作开展一些研究实验项目。

第九节 新加坡政府应急管理体制的评述与启示

一、新加坡政府应急管理体制的经验与特点

1. 新加坡政府应急管理工作的经验

经过多年的探索实践，新加坡政府在危机的预防和化解方面有一套成熟的经验做法，形成了应急管理工作的长效机制。概括起来，主要有以下五个方面：

（1）全社会对危机有一个正确的认识。

新加坡政府在危机处理方面的工作之所以比较有效，关键在于他们对危机有一个正确的认识。在当今复杂的国际环境下，不可避免地会遇到这样那样的危机。危机固然具有突发性，但也是可以预防的；危机固然有不确定性，但是它的不确定性是可以降低的；有些危机是无法避免的，但是人们可以减缓其强度，缩小和控制其范围；危机固然会造成危害和损失，但是加强应急管理可以把其造成的损失尽可能减少到最低限度；危机固然会产生风险，但是同时也是机会，是改善和发展的机遇。

（2）做好预防，减少危机发生。

面对任何危机，首要的目标是使其尽快结束，而比这更重要的是要做到防患于未然。在危机预防上，新加坡政府坚持居安思危、未雨绸缪的原则，采取超前的行动，及早发现引发危机的线索和原因，预测将要遇到的问题以及事情发生后的基本发展方向和程度，从而制订多种应变计划，不断修订完善预案，将危机扼制在萌芽状态。一方面，抓教育。新加坡注重危机的心理预防，把危机教育列为中小学生的必修课，在公众中培养和建立危机意识，为危机的预防、控制和解决打下了坚实的思想基础和公众基础。另一方面，把危机预防列入经济和社会发展规划之中。处理危机最有效、最经济的方法就是尽量避免危机的发生。基于这种认识，新加坡政府每年都对应急管理工作情况进行全面评估，及时、全面、准确地统计各类突发公共事件发生次数、伤亡人数、造成的经济损失等相关情况，并纳入经济和社会发展统计指标体系，估算预防费用，列入政府财政预算开支，并积极开展危机预防工作。

（3）提前准备，降低危机损失。

在危机爆发初期，如果政府应对妥当，反应迅速，可以把危机造成的损失减少到最低。在 2006 年禽流感爆发期间，新加坡政府采取了以下紧急措施：一是印制 110 万本禽流感防治手册免费发给所有家庭；二是定期进行禽流感预防紧急

演习；三是在公共医院大量扩充隔离间；四是库存70万颗达菲、50万剂瑞乐沙等抗炎药品；五是投资100万新元拍摄电视教育片；六是政府制定危机处理指南。上述措施取得了明显成效，禽流感在新加坡得到有效控制，没有造成大面积的蔓延。

（4）引导媒体，保持政府正面形象。

当面临突如其来的危机、人们的安全受到威胁时，社会便会陷入极度恐慌之中。为了减轻或消除心理上的紧张与压力，人们必然要获知与危机有关的信息。当人们从正式渠道获得的信息无法解释目前正在发生的危机或不能解除其心理上的紧张和压力时，各种流言就会迅速出现，从而引发更大的社会恐慌。新加坡政府在信息披露方面值得我们借鉴。危机发生时，他们坚持信息透明三原则：一是告诉公众真相；二是及早告诉公众真相；三是尽可能详细地告诉公众真相。在处理危机的过程中及时与媒体和社会公众沟通，尤其是与在公众心目中具有公正性和权威性的传媒联系，发布权威的信息，让公众了解政府在治理社会危机时已经采取了哪些措施、现在危机的处理状况以及最新的危机演变情况，将事实真相公之于众。“非典”初期，新加坡总理发表了致全体国民公开信，三天后又与记者见面，宣布成立部长级抗“非典”委员会，使全体国民及时了解针对“非典”疫情政府的决策部署，增强了公众抗击“非典”的信心，取得了良好的社会效果。

（5）迅速处置，恢复重建公众信心。

每当危机发生后，新加坡政府都高度重视，立即派出一名较高级别的负责人到达现场，专职处理危机的人员立即进入角色，必要时安排专家介入，按照危机处理预案和程序操作，以最快速度调查事故起因，并及时安抚受害者，尽力缩小事态范围，通过各种措施解决危机，将危机造成的损失降至最低。同时，指定一人为组织的发言人，所有面向公众的发言“只有一个声音”。随着政府开展卓有成效的工作，事实真相通过多种渠道不断向社会发布，公众心态慢慢恢复平静，对政府的信心也逐渐恢复。

2. 新加坡政府应急管理体制的特点

（1）民防进一步向“应急管理”拓展。

最早的民防在一些国家中是以“居民防空中打击”的概念提出来的，后来发展为“居民防护”的概念，扩展到包括在防空以外的各种作战样式中保护居民免受各种破坏的行动。近年来，随着大规模战争的威胁减少，工业事故、生态破坏和恐怖主义活动的加剧，再加上与自然做斗争的需要，世界各国出现了一种新概念，即“应急管理行动”，将防止工业事故、抢险救灾、消防急救、反对恐怖主义和紧急环保活动等都归属于应急管理行动。这种民防与各种应急管理行动的综合集成趋势正在进一步发展。通过实施平时的应急管理行动，既可以解决平时抢险救灾和反恐的实际需要，同时也可作为战时民防行动的技术储备和必要训练。

众所周知，2005 年是天灾和人祸纷繁的多事之秋，既有印度洋海啸的巨大冲击，又有美国“卡特里娜”飓风以及南亚克什米尔地震，还有伦敦、巴厘岛及其他地方发生的恐怖袭击，这些天灾和人祸都在考验着各国民防和应急机制的救灾能力，也呼唤着各国的民防加快向“应急管理”转变。正是在这样的背景下，新加坡总理李显龙在民防演习前指出，恐怖主义仍然是国家维持稳定和取得经济增长的主要威胁，他提醒新加坡人要继续保持警惕，并重视反恐措施。李显龙表示，代号“北斗星 5 号”的大规模公共交通紧急疏散演习，就是要检测新加坡对“应急状态”的应对措施，以及警察、民防部队及医疗服务的应变能力。

（2）民防建设将向社会办民防发展。

新加坡“北斗星 5 号”民防演习分布于 4 个地铁站和 1 个巴士转换站，5 个现场实际动员参加演习的人数超过 2 000 名，仅卫生部就动员了 1 280 名医护人员。另外，警察部队总共动员 2 500 人。参与演习者来自 22 个政府部门、法定机构、非政府组织和私人企业。新加坡总理李显龙在演习中强调，对付恐怖主义等应急性突发事件的最佳武器并不是政府，也不是警力或民防部队，而是团结一致的民众。他说：“最终可以击败恐怖主义的，是整个新加坡社会的反应，是新加坡人的凝聚力、坚持及信念。”他表示，希望通过像“北斗星 5 号”这样的民事紧急演习，逐步让民众了解，恐怖袭击是有可能在新加坡发生的；而如果真的发生，他们应该如何应对。

由此可见，新加坡这次民防演习显示出的明确信息就是为减轻政府的压力，今后将呈现社会办民防的趋势。

学术界越来越多的专家也认为，民防是为抵御战争灾害、自然灾害和人为事故所采取的民众防护行为，需要全民联动，因而必须坚持社会办民防，走社会化与专业化相结合之路：一是多源筹资。除国家拨发民防事业专项资金外，民防建设还要不断拓宽筹资渠道，如引进外资、私营资本，发放彩票建立社会民防基金，接受社会捐赠等，以减轻国家的负担。二是义务均担。一方面通过立法规定社会各界民防义务行为，另一方面建立社会志愿者档案，实行临时招募制度。三是信息共享。民防指挥中心与各相关部门实行联网，无偿调集相关数据和信息，合理利用现有社会各方面的信息资源。四是专群结合。除保持相对稳定的抢险救灾“常备军”（如新加坡组建的民防部队）外，还要组织训练相关专业技术力量和支援者队伍，并与政府其他相关部门密切配合。

二、新加坡政府应急管理体制对我国政府应急管理体制建设的启示

如何科学应对和有效处置各类危机，是当今各国政府必须面对的一个重大课题。我国是世界上遭受自然灾害最严重的国家之一，灾害种类多、频度高、区域性和季节性强。当前，我国除重大自然灾害外，重大事故灾难、重大公共卫生事件和社会安全事件时有发生。人是整个社会中最基本的因素，危机事件与人类活动息息相关。公众既是危机的承受者，也是预防和处置危机的主体。由于受传统历史文化和经济社会发展的综合影响，我国公众的危机意识普遍淡薄，全社会应对危机的能力整体不强。

发展是第一要务，稳定是第一责任。加强应急管理，是关系社会发展全局和人民群众生命财产安全的大事，是全面落实科学发展观、构建社会主义和谐社会的重要内容，是各级政府坚持以人为本、全面履行政府职能的重要体现。要深化行政管理体制改革，加快政府职能的转变，需要更加注重履行社会管理和公共服务职能，把人力、物力、财力等公共资源更多地向社会管理和公共服务倾斜，把工作着力点更多地放在解决社会矛盾和社会问题上，最大限度地避免和减少危机的发生。

应急管理工作是考验政府行政能力的一个标尺。要学习和借鉴国外政府的先进经验，加快我国政府应急管理建设的步伐，提高政府的应急管理能力。要围绕“一个目标任务”、强化“两个意识”、实行“四个坚持”、提高“四个能力”，即把保障公众健康和生命财产安全作为首要任务，把建设与我国经济社会发展相适应的现代化应急管理体系作为工作目标；强化责任意识和忧患意识；坚持以人为本、坚持预防为主、坚持预防与应急相结合、坚持常态与非常态相结合，居安思危、全民参与、常抓不懈；努力提高领导应急管理工作的能力、预警防范能力、应急处置能力和灾害救助恢复重建能力。最大限度地减少突发公共事件及其所造成的人员伤亡和危害，维护国家安全和社会稳定，促进经济社会全面、协调、可持续发展，需具体做好五个方面的工作：

(1) 加强领导，完善应急管理体制和机制。

一是建立统一的组织管理机构。国务院是我国危机应急管理工作的最高行政领导机构，负责全国应急管理工作。现已在国务院办公厅设立了国务院应急管理办公室，履行值守应急、信息汇总和综合协调职责。地方各级人民政府应尽快设立本地应急管理的领导机构、办事机构，建立健全分类管理、分级负责、条块结合、属地管理为主的应急管理体制。将应急管理纳入经济社会发展规划之中，统一使用政府各部门资源，确保预防和控制危机的规划实施到位。

二是健全联动协调机制。危机处置需要多个部门和地区的密切协作配合，建

立统一高效的应急联动协调机制是应急管理工作的关键环节。要完善部门联席会议制度，逐步形成信息共享、分工协作的横向联动体系，协调有序地应对各类跨行业、跨领域、跨地域的危机。

三是建立健全工作责任制。应急管理应实行行政领导责任制，把应急能力评价纳入政府和部门工作绩效考核体系，强化各级领导干部的应急管理职责。建立并落实责任追究制度，对失职、渎职、玩忽职守等行为，严肃追究责任。

（2）防患于未然，完善应急预案体系等制度建设。

一是抓紧编制应急管理工作预案。根据已经编制完成的国家和省级总体应急预案，地市和县级人民政府应抓紧编制完善本级应急管理工作的总预案、专项预案和部门预案，重点抓好基层和重点部位的预案建设，明确各类危机的防范措施和处置程序，设定危机事件的分级标准。各级政府部门和重点单位要认真修改现有预案，根据工作需要，制定专项预案和部门预案，形成纵向到底、横向到边的地方应急预案体系。

二是搞好预案之间的衔接。各预案之间的衔接和协调是当务之急。企事业单位和政府各部门应急预案之间、政府部门应急预案和专项预案之间需要协调，特别是要加强主管部门与配合部门之间的协调和衔接，防止各自为战、协作不力。

三是加强预案的动态管理。要建立动态的预案修订机制，确保应急预案在实践中落实，在实践中检验，并在实践中不断完善，增强预案的完备性、可操作性和合理性。

四是尽快修改、出台相关法律。目前，我国在处理危机方面已经颁布了一系列法律法规，如《戒严法》、《防震减灾法》等，但还没有出台一部基本法律。一方面，各专门法律存在冲突，不利于形成工作合力；另一方面，一些工作预案暂时为法律“代言”，不具有权威性。因此，必须加快我国应急管理基本法的立法进程，形成以基本法为龙头，其他部门法和专门条例、规章为补充，推动应急管理工作的规范化、制度化和法制化进程。

（3）把握关键，完善应急运行机制。

一是事前预测预警。预测预警是应急管理的“千里眼”，建立危机风险评估和预警机制，是掌握工作主动权的关键。各地区、各部门要做好风险隐患的普查、分析，制定科学的评估方法，作出科学的预测和判断，做到早发现、早报告、早预防、早处置。对可能发生和可以预警的危机，依据可能造成的危害程度、紧急程度和发展势态，借助传媒分级预警，提前制定处置战略战术，有备应对。加强监测预报预警系统建设，提高危机预警信息发布的覆盖率和预报的准确率、及时性，将矛盾化解在萌芽状态，将危机控制于起始阶段。

二是事发后要及时引导社会舆论。危机发生后，避免社会恐慌的最好办法是建立公开、顺畅、权威的沟通渠道。要克服报喜不报忧、片面封锁信息的做法，把握正确的舆论导向，完善政府信息发布和新闻发言人制度，坚持信息发布“三原则”：迅速及时发布；准确客观发布，保持工作透明；连续全面发布。把采取的措施和未来安排告知群众，充分体现政府高度负责的态度，也充分体现对群众知情权的尊重，营造政府与群众风雨同舟、患难与共的互动氛围，引导群众自觉维护改革发展稳定的大局。

三是事中妥善做好危机处置工作。危机发生后，事发单位及直接受影响的单位要迅速开展先期处置。接到报告后，地方各级政府和各有关部门应立即启动应急响应措施，协调组织有关救援队伍开展救援，并防止次生、衍生灾害事件的发生。在应急处置中，充分发挥应急联动协调机制的作用，整合政府资源。健全社会捐助和对口支援等社会动员机制，整合社会资源，形成上下贯通、部门联动、地企衔接、共同作战的应急救援工作格局。

四是事后尽快组织实施调查评估和恢复重建工作。应急处置结束后，及时组织受影响地区恢复正常的生产、生活和社会秩序，稳妥细致地做好善后处置工作。对重大危机事件的起因、性质、影响、责任、经验教训和恢复重建等问题进行调查评估，科学制订重建计划并尽快组织实施。对人为原因造成的危机开展调查，依法依纪处理责任人员，督促落实整改措施。对在危机中伤亡的群众，按照规定给予抚恤，做好受灾群众的基本生活保障工作，并提供心理及司法援助。组织有关部门做好疫病防治和环境污染消除工作，督促有关保险机构进行损失理赔，把危机带来的危害降至最低。

（4）整合资源，完善应急保障制度。

一是加大对应急管理的资金投入力度。按照《国家总体应急预案》“保证所需突发公共事件应急准备和救援工作资金”的要求，健全“三项制度”，实行多元化的资金筹措方式。“三项制度”包括：应急资金拨付制度，将应急管理工作所需资金纳入财政预算，由各级财政分级负担；国家、地方、企业、社会相结合的应急保障资金投入机制，适应应急队伍、装备和物资储备等方面建设与更新的要求；企业安全生产长效投入机制，增强高危行业企业安全保障和自我应急救援能力。

二是加强对各类应急资源的管理，建立国家、地方和基层单位应急资源储备制度。在对现有各类应急资源普查和有效整合的基础上，合理规划建设国家和地方重要应急物资储备库和紧急避难场所，建立国家和地方重要物资监测网络及应急物资生产流通体系，坚持专业储备与社会储备的有机结合，加强应急管理基础数据库建设，保障应急处置和恢复重建工作的需要。

三是加强应急救援队伍建设。建立应急救援专家队伍，充分发挥其专业特长和技术优势，为应急管理提供决策辅助，必要时参加危机处置工作。加强公安消防、特警以及武警、解放军、预备役民兵等各类专业应急抢险救援队伍建设，改善装备、加强训练，提高应急救援能力。逐步建立社会化的应急救援机制，以高危行业企业为重点建立专（兼）职应急救援队伍，做好社会志愿者的动员激励和招募、培训工作，壮大社会应急救援队伍。

四是建立公共安全科技支撑体系。充分利用科技手段提高应对危机的能力，结合产业结构调整，大力发展公共安全技术和产品，对公共安全、应急处置类重大项目予以政策和资金支持，推动公共安全应急成套设备及防护用品的研发和生产，增强安全技术保障能力。通过国家科技计划和科学基金等，对应急管理基础理论和关键技术研究给予支持，并加强院校应急管理学科和专业建设，大力培养公共安全科技人才。坚持自主创新和引进消化吸收相结合，形成公共安全科技创新机制和应急管理技术支撑体系。

（5）着眼长远，提高基层应急管理能力。

一是创新机制。找出影响稳定工作的薄弱环节，完善社会管理，形成科学有效的利益协调机制、诉求表达机制、矛盾调处机制、权益保障机制，统筹协调各方面利益关系，坚持依法办事、按政策办事，坚持控制在先，将矛盾化解在萌芽状态，将危机控制于起始阶段。从矛盾纠纷多发、判决难以定纷息争的实际出发，把人民调解、行政调解和司法调解有机结合，综合运用法律、政策、经济、行政等手段，加强对群众的心理疏导和法制教育，缓解社会对抗，有效化解矛盾纠纷。完善政法保障机制，加强派出所、司法所和人民法庭等基层组织建设，改革和加强社区及农村警务工作，筑牢维护稳定、防范危机的基础平台。

二是明确责任，落实基础措施。充分发挥基层组织在应急管理中的作用，进一步明确行政负责人、社区或村级组织负责人的职责，确定专（兼）职工作人员或机构，加强基层应急投入，制订应急预案，增强第一时间预防和处置能力。社区要针对群众生活中可能遇到的危机，制定操作性强的应急预案，经常性地开展应急知识宣传，做到家喻户晓。乡村要结合社会主义新农村建设，因地制宜加强应急基础设施建设，努力提高群众自救、互救能力。企业特别是高危行业企业，要切实落实法定代表人负责制和安全生产主体责任制，做到有预案、有救援队伍、有联动机制、有善后措施。地方各级人民政府和有关部门要加强对基层应急管理工作的指导和检查，及时协调解决存在的问题，促进基层应急管理能力的全面提高。

三是突出教育，提高公众认识。面对危机，公众的心态对政府危机处置工作起着非常重要的作用。如果公众的危机意识普遍淡薄，一旦危机来临，公众容易陷入恐慌，给政府处理危机带来极大困难。因此，必须把宣传教育置于突出位置，作为一项重要的应急管理基础工作来抓，从学校教育抓起，建立健全应急宣传教育机制，尽快提高公众的危机意识，形成“危机客观存在，危机可以预防，应对危机人人有责”的社会共识。加强学校教育，把公共安全和应急防护知识纳入教学内容，让危机意识在学生的思想深处扎根。加强社会教育，支持新闻媒体开展危机预防与处置的公益宣传，采取公众喜闻乐见的方式，全面普及预防、避险、自救、互救等知识和技能。健全社会心理咨询系统，提高公众的心理承受力，做到危机来临时，公众不慌，社会不乱，从容应对。

为适应我国改革开放新形势，近年来我国人防系统开展了一系列人防向民防转变的探索，其中“两防（防空和防灾）一体化”和“应急管理”正逐步走向制度化和规范化的道路。2006 年 1 月 8 日，我国国务院发布了《国家突发公共事件总体应急预案》（以下简称总体预案）。这是我国应急管理走向制度化和法制化的一大标志。总体预案将突发公共事件分为自然灾害等四类，并按照突发公共事件的严重程度、影响范围等因素，将其分为特别重大至一般四个等级。其中恐怖袭击也纳入了预案视野。总体预案明确指出，突发公共事件分为自然灾害、事故灾难、公共卫生事件、社会安全事件四类。具体来看，自然灾害主要包括水旱灾害、气象灾害、地震灾害、地质灾害、海洋灾害、生物灾害和森林草原火灾等；事故灾难主要包括工矿商贸等企业的各类安全事故、交通运输事故、公共设施和设备事故、环境污染和生态破坏事件等；公共卫生事件主要包括传染病疫情、群体性不明原因疾病、食品安全和职业危害、动物疫情以及其他严重影响公众健康和生命安全的事件；社会安全事件主要包括恐怖袭击事件、经济安全事件、涉外突发事件等。按照各类突发公共事件的性质、严重程度、可控性和影响范围等因素，总体预案将其分为四级，即一级（特别重大）、二级（重大）、三级（较大）和四级（一般）。总体预案对信息报告提出的第一要求就是：快。总体预案强调，特别重大或者重大突发公共事件发生后，省级人民政府、国务院有关部门必须在 4 小时内向国务院报告，同时通报有关地区和部门。应急处置过程中，要及时续报有关情况。对于迟报、谎报、瞒报和漏报突发公共事件重要情况，或者应急管理工作中有其他失职、渎职行为的，总体预案明确规定：要依法对有关责任人给予行政处分；构成犯罪的，依法追究刑事责任。

总体预案规定，对可能发生和可以预警的突发公共事件要进行预警。预警级别依据突发公共事件可能造成的危害程度、紧急程度和发展势态，一般划分为四级：一级（特别严重）、二级（严重）、三级（较重）和四级（一般），依次用红色、橙色、黄色和蓝色表示。总体预案指出，为了使更多的人“接收”到预警信息，从而能够及早做好相关的应对、准备工作，预警信息的发布、调整和解除要通过广播、电视、报刊、通信、信息网络、警报器、宣传车或组织人员逐步通知等方式进行。对老、幼、病、残、孕等特殊人群以及学校等特殊场所和警报盲区，要视具体情形采取有针对性的公告方式。总体预案要求，突发公共事件的信息发布应当及时、准确、客观、全面。政策规定可以公布的，要在事件发生的第一时间向社会发布简要信息，随后发布初步核实情况、政府应对措施和公众防范措施等，并根据事件处置情况做好后续发布工作。

总体预案适用于涉及跨省级行政区划的或超出事发地省级人民政府处置能力的特别重大突发公共事件应对工作。总体预案规定，国务院是突发公共事件应急管理工作的最高行政领导机构，国务院办公厅设国务院应急管理办公室。

国务院各有关部门已编制了国家专项预案和部门预案；全国各省、自治区、直辖市的省级突发公共事件总体应急预案均已编制完成；许多市（地）、县（市）以及企事业单位也制定了应急预案。至此，全国应急预案框架体系已初步形成。

资料来源

[1] 新加坡政府网. http：//www. gov. sg/.

[2] 新加坡民防局（新加坡民防部队）. http：//www. scdf. gov. sg.

[3] 新加坡警察局（新加坡警察部队）. http：//www. spf. gov. sg/.

[4] 新加坡国防部. http：//www. mindef. gov. sg.

[5] 新加坡外交部. http：//www. mfa. gov. sg.

[6] 新加坡卫生部. http：//www. moh. gov. sg.

[7] 新加坡内政部. http：//www. mha. gov. sg.

[8] 新加坡总理公署. http：//www. pmo. gov. sg.

参考文献

[1] 简·森谭禅僧. 新加坡的紧急事务管理系统 [J]. 李素菊译. 中国减灾，2004（7）：46～47.

[2] 崔和平. 新加坡的风险管理与危机防范 [J]. 城市管理与科技，2007（1）：57～59.

[3] 崔和平. 新加坡的应急动员与财力保障机制 [J]. 中国科技产业，2006（10）：64～66.

[4] 任金礼. 新加坡政府应急管理机制研究 [J]. 公安研究，2007（5）：83～89.

[5] National Security Coordination Secretariat. *SNP International Publishing*：*1826 days*，2006.

第九章　欧盟应急管理体制[①]

"9·11"恐怖袭击事件的发生，给美国造成了巨大的人员伤亡和财产损失，同时也向世界各国敲响了警钟。而在不到十年的时间里，欧洲也遭受了一系列大型自然灾难和两次大规模的恐怖袭击。这些事件产生的跨国界影响迫使欧盟各成员国越来越多地关注应急管理领域的合作。

从各自为政发展到统一运作的应急体制，欧盟应急管理体制的发展方式十分特别。各种新的应急措施以一种不规则的形式产生并逐渐成为体制，不可不说其过程是缺乏条理性的。各国之间不同类型的合作倡议随处可见，这些倡议立足于不同的法律文书或条约，也在突发事件的不同阶段发挥着不同的作用。

第一节　欧盟应急管理法制

1987 年 6 月 25 日，欧共体理事会第一次通过了《建立灾难时期欧共体各国民防合作的决议》。这项决议通过的背景是当时欧共体各成员国已通过国内立法对各种民防作出规定。各成员国和理事会认为，在这种情况下，还没有必要建立一个统一的欧共体应急机制，但各成员国在民防上的合作将可增强每个成员国抗击灾难措施的有效性。为此，理事会与各成员国代表经过协商通过了此项决议。

1994 年 10 月 31 日，欧盟理事会通过了《关于加强突发事件情况下民防能力的决议》。该决议的主要内容有：决定建立各成员国民防负责人定期会面交流经验的制度（原则上每年一次）；在欧盟委员会体制下建立一支专家队伍，他们可以向所有成员国提供 24 小时不间断的帮助；要求欧盟委员会组织有关民防的论坛以便于各国交流经验；要求欧盟委员会加强与有关国际组织之间的联系、合作和协调，而各成员国则承诺加强与委员会之间的合作。从这项决议可以看出，欧盟紧急状态下的民防机制已经初露端倪，各成员国从相互合作逐步走向一致行动。

---

① 本章部分已发表于《中国安全生产科学技术》2012 年第 1 期，原题为《欧盟民防机制经验及其借鉴》。

1997年，欧盟通过了《关于民防的行动纲领》，并为此拨款300万欧元。该行动纲领的实施期限为两年（1998—1999），目的是在民防方面“辅助和补充各成员国的力量并加强其措施的有效性”，并在必要时统一各国行动。

1999年12月9日，根据欧盟委员会的建议，考虑到应该继续并加强自20世纪80年代以来欧盟的民防行动，同时也考虑到欧盟有关保护环境和可持续发展的政策，欧盟理事会作出一项决定，建立并实施《欧盟在发生自然灾难和技术公害时的民防行动纲领》。这是继1997年通过第一个行动纲领后第二个用于同一目的的行动纲领。该行动纲领的内容和目的是加强欧盟各国应对各种灾难，尤其是技术灾难的能力，并在发生自然灾难或技术灾难时更好地保护公民、环境及财产。在该行动纲领中，还特别提到应该利用科学研究和科技的发展来预防技术灾难的发生，这是欧盟今后的工作重点之一。欧盟将支持各成员国所制定的预防政策，并使之更为有效。为此，欧盟委员会还专门提出一系列方案，其中有两个优先实行的方案：一个是为应用技术手段评估灾难、预防水灾和火灾制定指导性规则；另一个是建立起一个面向3.7亿欧洲公民长期实行的灾难预警机制，将各种警报信号予以集中，让人们了解即将发生的危险并知道如何采取行动。

2000年9月28日，欧盟委员会向欧盟理事会提出一项建议，希望协调欧盟各国发生突发事件时的民防措施，“建立一种机制，以便为欧盟范围内外发生自然灾难、技术及环境灾难时更好地保护公民”。可以说，2000年欧盟委员会的建议是对已有的突发事件民防计划的进一步补充和完善。

在此建议的基础上，欧盟理事会于2001年10月23日作出了一项决定，即《建立加强欧盟各国合作的民防机制的决定》，其主要规定有：建立统一的、可靠的突发事件通信体系和通报制度；任何一个成员国发生重大灾难或有遭受重大灾难的威胁，并有可能波及其他国家时，该成员国应立即通知可能受害的其他国家以采取相应措施；建立各成员国以及欧盟的救援人员与物资的快速启动机制；挑选能够参与救援工作的专家，必要时派遣他们前往灾难发生地，对灾难进行评估并协调救灾工作；各成员国应指定本国负责执行此项决定的机构、联络点并通知欧盟委员会；欧盟委员会将建立一个全天候（24小时不间断开放）的信息中心，面向所有成员国开放，并建立突发事件联络系统。

欧盟理事会的这项决定采纳了委员会的建议并将其转化为法律规定。不论是委员会的建议，还是理事会的决定，它们都是近30年来欧盟抗击各种自然灾难、技术灾难或人为灾难的经验与教训的总结。从各成员国各自立法到协调各国立法，最后到制定统一实施的法律，欧盟的实践说明，在灾难应急管理领域实现紧密合作完全可行。

欧盟在1982年颁布的《重大工业事故危险法令》（通常称为《塞韦索法

令》）中，列出了180种危险物质及临界量标准，并规定工厂或企业内某一设备或相互关联的一些设备（相距在500米以内）中聚集了超过临界量的上述物质，则将这一设备或这些设备定义为一个重大危险源。该法令要求各成员国颁布有关控制重大危险源的规程，辨识、评价具有潜在重大事故后果的危险设备，并提出事故预防和相应的应急计划。法令制定了两级应急模式，即低级模式与高级模式，对不同的紧急情况，要求采取相应的应急模式，同时对应急计划的制订、演练和实施，以及应急救援的基本原则和应急管理的方式、方法作出明确规定。

通过对欧盟应急管理执法体系以及应急管理法规标准体系的考察，可以得出以下两点启示：

（1）重视协调。欧盟要求成员国加强相互间的合作与协调，并且规定了与其他国家在应急处理方面的协作、互助事项，这有利于保证全方位应对各种危机带来的挑战，实现各国的有效合作和互助。

（2）重视科技。《欧盟在发生自然灾难和技术公害时的民防行动纲领》规定了应该利用科学研究和科技的发展预防技术灾难的发生，这也是今后应急管理工作的重点。

第二节　理解欧盟应急管理体制

一、欧盟应急管理体制的出现

自1951年欧洲煤钢共同体奠定现行欧盟的基础以来，欧盟作为一个政治联盟涉及大量的政策领域并有不断增加的趋势。虽然现今欧盟中的合作并没有涵盖所有的民族国家产业政策，但仍然覆盖了不少于30个主要政策领域，包括诸如外交安全政策和食品安全政策等不同领域。

许多政策领域易遭受跨国灾难的影响，因此，欧盟在各政策领域之间实行了不同的应急管理措施。然而，自欧洲煤钢共同体条约签订以来，涉及应急管理的合作进展非常缓慢。仅仅在过去的十几年，应急管理合作才逐渐被欧盟提上政策议程。这种进展的主要驱动力来自于发生在欧洲和其他大陆的大型灾难。如1976年发生于意大利塞韦索的化学工业厂房灾难，1986年的切尔诺贝利核灾难，1996年疯牛病的爆发，2002年欧洲中部的洪水，2003年SARS的横行，2004年马德里恐怖袭击和2005年伦敦恐怖袭击事件等。这些灾难迫使各成员国和欧盟不得不注重欧盟内部应急管理能力的发展。

在疯牛病和SARS灾难后，欧盟加紧努力以解决人类健康风险和食品安全风险的跨境影响。欧盟各国的卫生官员建立联系，形成了一个快速警报系统，制定共同协议来面对各成员国的疫情，同时成立了欧洲疾病预防中心（ECDC）。2001年，欧盟参与应对“9·11”恐怖袭击，从而制订了反对恐怖主义的行动计划，该计划包括加强航空运输安全、司法和内政领域合作等若干措施。

在2001年美国炭疽病事件后，欧盟还在生物和化学武器领域采取了新举措。为了协调各国应对危险病原体的扩散，欧盟委员会和理事会内新增了若干行政单位。2004年的马德里恐怖袭击和2005年的海啸灾难暴露出欧盟缺乏最高政治水平上的应急协调，这触发了2006年应急协调措施（CCA）的实施。此时可以看出，欧盟趋向于在灾后找到应急管理合作的特征，制定应急管理措施，从而高效应对下次灾难——这也是国家应急管理的通常做法。

另一个促进应急管理合作的重要推动力是欧盟成员国越发地了解到各国之间的依存关系，如能源、交通和金融基础设施等。与此同时，各成员国也逐渐认识到，越来越多的社会威胁具有跨国界性质，只有通过欧盟层面的行动才能阻止。值得一提的是，“9·11”事件后美国向欧盟施加了巨大政治压力，促使欧盟提高打击恐怖主义和处理恐怖袭击后果的水平。

然而，整个欧盟进行应急管理合作有许多阻力。一方面，各成员国和欧盟之间的责任分配与此阻力息息相关。另一方面，各成员国在很多情况下不愿为了欧盟层面的协调合作而放弃自主制定政策的权力。安全问题和应急管理问题通常被各成员国公民认为是国家和民族的核心责任。因此，各成员国的政治领袖们对于放弃国家主权的控诉十分敏感，即便从应急管理视角来看放弃国家主权是最为理性的做法。而在联邦制国家，情况更为复杂。联邦制国家的应急管理事宜主要由联邦政府而非中央政府承担，这种情况意味着，国家内部有关应急合作的协商过程十分冗长复杂，而这个过程不可避免地影响到整个欧盟的决策过程。

幸运的是，在过去的数年里各成员国意识到整个欧盟团结合作日益重要。大型灾难的影响增强了欧盟各成员国在危机情况下互相支持的意愿。这一发展为2003年欧盟宪法条约中的团结条款开辟了道路。团结条款指出，如若某成员国遭受恐怖袭击、发生自然灾难或人为灾难，欧盟各成员国必须具有团结精神，采取统一行动。其后，团结的概念在《共同打击恐怖主义声明》——2004年7月马德里爆炸事件后由各国政府元首正式发布的声明中得到重申。该声明仅适用于恐怖袭击，但2007年里斯本条约又重新引入了团结条款。团结条款的引入为欧盟应急管理合作的加强奠定了基础。但由于条约没有明确团结条款的具体执行措施，因此该条款对欧盟应急管理合作的影响依旧模糊不清。

如前所述，欧盟尽管在不同的政策部门引入了一系列不同层次上的应急管理措施，但是并不存在一个与各成员国真正接轨的应急管理体制。可以确认的是，欧盟正在努力建设一个应急体制，建设之初并没有一个关于不同政策领域的应急管理如何协调的明确战略，只是在近几年，协调问题才成为焦点。

二、欧盟应急管理合作的附加值

对各成员国及其公民来说，欧盟层面上的合作可在若干方面为其国家应急管理提供附加值。以下列举的一系列附加值，是各成员国决定进行应急管理合作的部分理由。值得注意的是，其中一些合作附加值也适用于其他多边机构的合作，如联合国和各个国家的双边合作。

第一个附加值：欧盟框架内的成员国可以共同召开会议和演习进行正式或非正式的应急知识、经验的交流。欧盟为各成员国的国家机构、私人机构和专家提供机会，以便各国进行应急管理问题的交流。

第二个附加值：与第一个附加值密切相关，即各成员国有机会受益于欧盟的应急研究成果，得到欧盟基金的应急财政支持。欧盟的联合研究中心进行应急管理的相关研究，并通过广泛的研究计划支持跨部门研究，如2007年的主题即为安全问题。

第三个附加值：当某成员国需要对灾难进行监测和管理时，欧盟内部的合作可以提高其警觉性和灾难认知能力。欧盟在不同政策领域建立的快速警报系统，将各成员国的国家应急机构作为通信点囊括进来，从而提高各国对灾难的监测和认知能力。简而言之，27个成员国的监测与认知能力集合起来处理跨国灾难远比单个成员国的力量强大。

第四个附加值：成员国某些特殊的应急管理措施通过与其他国家的协调可以得到改善。第一，经过欧盟层面的协调，单个成员国的应急措施效果得到加强。例如，所有成员国共同改善机场和港口安全标准，优于每个成员国单独修改标准的效果。第二，如若各成员国相互协调，各国应对跨国灾难的能力将得到加强，如应对欧盟边境沿线流行病的共同隔离政策即是如此。

第五个附加值：处于灾难中的单个成员国可以向其他成员国请求应急资源支援。目前欧盟已有不同措施协调支援，如民防机制、与第三世界国家在应急方面的领事合作等。

第六个附加值：合作可以促成某些应急资源的集中。如许多成员国都无法负担森林灭火飞机，通过欧盟层面的资源集中可以在提高应急效果的同时节约成本。

三、欧盟应急管理合作的潜在问题

欧盟层面的应急合作可以为各国的应急管理体系提供附加值，同时也有一些潜在的问题和风险。这些问题与欧盟以外的其他多边组织的国际应急管理合作有关，如联合国和北大西洋公约组织以及某些国家的双边或区域合作等。不同国家和欧盟行动者对这些问题、风险的看法不尽相同，并可能随时间而改变。以下的列举虽不详尽，但也说明了各成员国需要考虑的一些问题。

第一，欧盟层面的应急合作可能会与联合国框架内已有的国际协议和措施重复。联合国在某些领域的应急管理措施相当先进，其覆盖范围除了欧盟成员国外，还有其他国家。在许多情况下，这些更为广泛的国际措施可以提高欧洲的应急管理水平，譬如核安全和传染病的预防；但也可能导致欧盟照搬联合国的措施，如果这样，欧盟层面的合作附加值可能会受到质疑。

第二，各成员国会面临不同的安全威胁。假使各国作出不同的风险评估和危机分析，发展公共应急措施或者采购公共应急资源的附加值将会减少。比如，地中海国家易受森林火灾的威胁，而中欧国家更容易发生洪水灾害。这种地区差异使得欧盟各国对区域合作或双边合作的需求大于对整个欧盟的合作需求。

第三，欧盟将各成员国的应急资源集中，但各成员国在应急体制中的受益大小与本国所作的贡献大小可能不匹配。因此，发展欧盟应急体制、集中各成员国应急资源并不能从实质上减轻各国应为本国公民所担负的安全责任。

第四，欧盟应急体制的决策过程需要广泛考虑各成员国的应急需求。为了有效参与决策过程、影响政策制定，各成员国在欧盟的代表官员需要时常更新，这样才能采集到大量的政治和技术信息，确定国家立场，并将这些反馈给决策过程。另外，欧盟的政策和准则需要在各成员国得到有力实施，如有必要，各成员国的国家法规应适应整个欧盟的需求。假如各成员国的应急体系都立足于不同的组织原则，要发展欧盟应急体制是十分困难的。

综上所述，各成员国和欧盟行动者在发展欧盟应急体制的同时应考虑合作的潜在附加值和问题。要想建立一个有效的应急体制，欧盟需处理好这两者之间的平衡关系。

四、欧盟应急管理体制概况

欧盟应急管理体制由大量的委员会、理事会、机构、单位或办事处组成，数量十分惊人，故很难了解欧盟组织机构的实际作为。因此，有必要将欧盟的应急体制整理成一个组织结构图（如图 9 - 1 所示）。应急管理是一项涉及许多政策领域、囊括许多参与者的活动，结构图只是简单地展示了欧盟的应急体制，有一定的局限性；另外，结构图并没有把体制中所有与应急管理有关的部分包括进来，只呈现了那些在某种程度上来说直接参与应急事务的部分。

在呈现结构图前，有必要简单介绍一下欧盟的主要机构。欧盟的核心是欧洲共同体（简称欧共体），即欧洲煤钢共同体、欧洲经济共同体和欧洲原子能共同体的统称。欧盟各个共同体在国际上具有法律资格，而欧洲联盟本身却并不具有法律资格。

欧盟的主要机构包括由政府部长级代表组成的欧盟理事会、代表超国家利益的欧盟委员会、欧盟司法机构欧盟法院、民主选举的欧洲议会以及审计院等其他机构。

1. 欧盟理事会（Council of the European Union）

欧盟理事会是欧共体的主要立法机关，其权限主要是“保证成员国在一般经济政策上的合作”和“作出决定”（《欧洲共同体条约》第一百四十五条第一款和第二款）。根据《欧洲共同体条约》第一百四十六条规定，理事会由成员国部长级代表组成。因每次会议所要讨论和决定的事项不同，故成员国政府一般根据会议要讨论的事项委派相应的人员参加。

2. 欧盟委员会（European Commission）

欧盟委员会由欧盟成员国委派的 20 名委员组成。欧盟委员会的职能首先是保证欧洲共同体条约的规定和其机构制定的措施得到遵守和执行。委员会的另一项重要职能，就是向理事会提出法律草案，参与制定法律。在欧洲各项规则、指令通过的过程中，欧盟委员会都发挥着重要作用。欧盟各项在紧急状态下保护平民的有关决议和决定都是欧盟理事会和欧盟委员会以及有关委员会合力作出的。

3. 欧洲议会（European Parliament）

欧洲议会每五年换届一次，与欧盟理事会共同行使立法权力（如欧洲法律中的指令、条例和决议），同时也与理事会共同行使预算权。批准预算方案和提名委员会的权力划归欧洲议会。议会会议通常在布鲁塞尔和斯特拉斯堡召开，卢森堡设有议会的秘书处。

由于欧盟理事会和委员会是欧盟应急管理体制的主要机构，欧洲议会和欧盟理事会（各国政府元首组成）在欧盟决策中的作用很有限，因此架构图也基本集中在欧盟理事会和欧盟委员会两个机构。

当灾难发生时，整个欧盟体制的组织机构会在一定程度上改变，相比常规组织来说，弹性组织能更好地应对灾难。

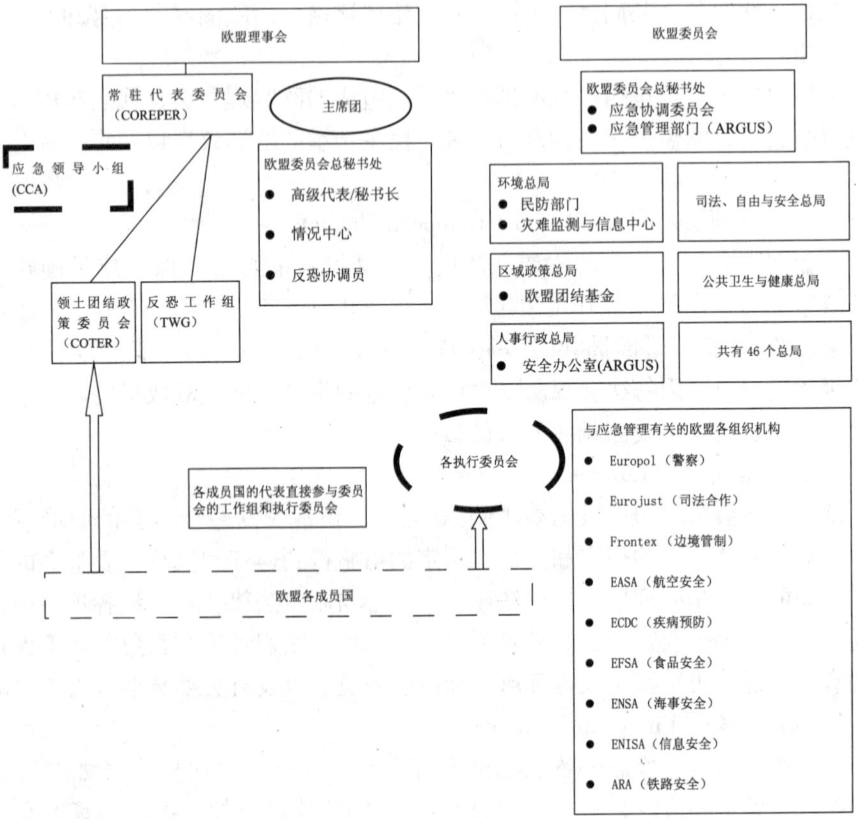

图9－1 欧盟应急管理体制的结构

第三节 欧盟民防机制和团结基金

欧盟应急管理体制作为一个整体涵盖了许多不同的政策领域，如核工业、公共卫生、消费者安全、动物保健等。将各个特定领域整合为一体的合作措施，通常被称为全面灾难合作。全面灾难合作意味着需要处理各种各样的突发事件，最典型的例子就是民防机制。民防机制将各成员国的民防机构联合起来并协调多边协作，可以说，民防机制是整个欧盟应急管理体制的关键。

民防机制是协调欧盟各国间以及欧盟向第三方国家提供民防援助的一个架构，而团结基金（EUSF）则为灾后重建恢复行动提供财政支持。民防机制是欧盟应急管理体制最有效的组成部分，也是欧盟应急领域的第一个举措。尽管民防机制和团结基金并非同时成立（大约间隔十年），且在欧盟应急体制中扮演的角色不同，但他们所成立的背景相似——都是为了欧盟应急管理的发展而存在的。

在过去的数十年里，欧洲和世界上的其他国家都发生了各种大型灾难，在这种情况下，欧盟各成员国的团结显得尤为重要。再者，各成员国也意识到为了应对大型灾难，进行欧盟层面的合作十分必要。因此，欧盟在防灾、备灾、减灾和恢复四个阶段作出了许多努力来加强欧盟层面的合作，其中就包括民防机制和欧盟团结基金的成立。民防是一个涉及国家主权的敏感政治区域，有时需要在主权和团结之间（或在民族和超民族之间）作出抉择。这是形成民防领域合作的重要背景之一。

民防机制主要在减灾阶段发挥作用，而团结基金的作用主要体现在恢复阶段，但两者在其他阶段也有相关之处。比如，民防机制在备灾阶段会实施民防培训，而团结基金可能为减灾阶段的活动提供资助。

欧盟委员会、欧洲议会和一些成员国共同提出了若干建议，这些建议显示了他们寻求一体化民防途径的野心，其中包括民防机制和团结基金整合为一体的可能性。在这种背景下，欧盟委员会经常被称为进一步整合欧盟的“引擎”。

2005 年，欧盟委员会强调了改进团结基金的需要，议会也支持这一倡议，理事会却始终不能达成一致决议，因此该问题一直悬而未决。委员会并未放弃其建议，区域政策总局在其 2008 年的年度管理计划中声明，该局将连同议会和理事会重启对团结基金未来的讨论。

一、欧盟民防机制

1. 欧盟民防领域合作的演变

此处的民防定义为：对紧急事件中的公民、财产和环境实施的筹备和救援行动。欧盟成员国的民防机构或应急管理机构拥有快速应对紧急事件的人力和物资，承担了上述的民防任务。各成员国对民防人力和物资的组织形式不尽相同，可以由当地政府和区域政府调配，也可以由中央政府调配。民防资源多种多样，如搜救队、应对大型水灾和森林火灾的专家和仪器等。另外，食物、医疗援助、避难所和飞机、直升机等战略性交通工具都属于民防领域。

欧盟层面的民防合作可以追溯到 1970 年代对海洋污染的管理。1985 年在罗马召开的部长会议（其时仍是欧共体），将民防合作正式提上议程。成员国政府在此次会议上同意共同协调各自的民防战略。起初的民防合作主要集中于对大型自然灾难的管理，欧盟委员会的环境总局一直承担着有关民防的主要责任。

1991 年的一项理事会决议开启了民防领域的实际合作序幕。该决议明确规定，如若某个处于紧急事件中的成员国请求援助，其他成员国应该施以援手。

1999 年，欧盟进一步巩固了这项合作。同年，理事会在民防领域执行了一项名为共同行动纲领的计划。该行动纲领的目的是通过不同的项目、交流会和培训课程为成员国的民防事业提供支持，以更好地保护公民的人身、财产和环境安全。纲领所涉及的事项多种多样：如通过一些应急技术方法最佳实践的课程，增强各成员国的民防合作协调性；每年确立专题重点，并根据重点举行一些项目；公众应急信心和意识的培养；应急技术的研究等。各成员国承担某些与本国密切相关项目的执行，由委员会出资。2006 年，该行动纲领被其他相类似的计划替代，如民防财政计划。行动纲领产生了一项重要的影响，即将各成员国的民防官员集中起来，为欧盟应急技术的发展和民防合作的增强作出了重大贡献。

经历了一系列大型灾难后，欧盟的民防合作逐渐发展并增强。1999 年的土耳其地震和 2001 年的美国“9·11”恐怖袭击都直接触发了 2001 年欧盟民防机制的建立。这一机制从多方面整合了欧盟已有的应急救援，是欧盟第一次将民防合作作为义务分配给各成员国，如及时通知其他成员国本国灾难的跨国界影响。

此外，马德里和伦敦恐怖袭击以及东南亚海啸的发生也呼吁欧盟各国、欧盟理事会、欧洲议会和欧盟委员会之间合作的进一步加强。随后，为了达到这一目的，欧盟采取了一系列的措施。

最后，里斯本条约也认为民防属于欧盟的一项具体政策领域，这为民防事业的发展和欧盟的民防合作提供了适当的法律基础。

总而言之，1985 年的欧洲民防协调战略已经发展成为民防领域的广泛合作并不断得到深化。因此，民防一直是欧盟应急管理长期关注的主题。

2. 欧盟民防机制的法律基础

欧盟民防机制的法律基础是 2001 年 10 月 23 日的理事会决议。民防是一个多中心系统，通常由内政部长领导，但没有采取行动的权力（须受到成员国的一致授权）。负责民防的理事会包括司法部、内务部、政务部和民防事务部。

民防机制将各成员国的民防能力汇聚成流，可为公民提供更好的保护。其主要保护对象为公民，同时也包括自然环境、人文环境和公民财产。依照辅助性原则，民防机制在为寻求援助的受灾国提供帮助的同时也可提高欧洲的民防援助能力，特别是在受灾国的备灾状况不足以自行提供应急资源时。通常由受灾国家对灾难的直接后果承担主要责任，但在紧急事件超出本国应急能力时，民防机制中的其他成员国将为其提供民事保护或直接派遣救援人员。当然，任何一个非欧盟成员国也可以向民防机制寻求援助。

欧盟的民防可分为防灾、备灾、减灾和恢复四个阶段。民防机制主要的作用和任务是：在减灾阶段，通过监测和信息中心（MIC），促进各成员国在突发事件中的共同协作；在防灾阶段，为各成员国提供减灾培训、灾难演习和专家交流活动。其目标指向不仅是已经发生的、需要采取快速反应行动的突发事件，同时也针对那些有重大紧急灾难潜在威胁的事件。民防机制的目标细化如下：为国家、地区及地方政府民防事业的防灾、备灾和减灾提供支持和补充；促进民防信息公布，以提高欧洲公民的自我保护意识水平；增强民防国际合作的协调性，特别是增强与中欧、东欧等欧盟候选成员国和地中海区域的合作。因此，可以说民防机制是一件工具，此工具在增强民防事务中的共同协作能力上发挥着重要作用。

2001 年 10 月 19 日，在欧盟理事会的根特决议中，除重申加强欧盟各成员国的协调、整合欧盟的力量和资源、对突发性事件及时作出应急反应这一根本目的外，决议还强调了民防机制的任务，即制定措施以提高欧盟成员国之间对于灾难的评估、预警和干预的水平，加强这方面的研究工作，并为上述工作做好物质方面的准备。这些措施包括对传染性和有毒物质的监测和识别，以及对生物和化学武器攻击的预防和治理。此后，欧盟理事会又将应对核武器与生物和化学武器并列作为共同预防和治理的目标。

欧盟委员会还根据欧盟理事会决议迅速提出了题为“民防——预防警戒状态以应对可能的突发事件”的报告，重点对民防机制的组织形式作出了规定：动员整个欧盟所有成员国的资源和力量，将各类有关政府服务部门、网络和系统、专业人员统一于欧盟机构的协调和指挥之下。欧盟各个成员国组成最优组合，利用其独特的结构、多国工作人员以及全方位的网络联系、资源和政治意愿，协调运作，共享合作的成果；明确要求各欧盟成员国必须要有官员负责本国民防工作和协调工作，欧盟委员会还任命一位负责有关民防保护措施的协调工作官员。在欧盟系列决议文件指导下，欧盟民防机制迅速发展，并在国际上一系列重大突发性事件中发挥了重要的作用。

3. 欧盟民防机制及其组成部分

民防机制为欧盟民防合作奠定了基础。首先，它是一个收集信息和传播信息的工具；其次，它有利于提高认识，并为欧盟各国民防机构的决策提供便利；最重要的是民防机制对救援请求的收集和评估。另外，参与国可以通过民防机制，自愿汇集其民防资源以帮助欧盟内外的受灾国，此时的民防机制即是一个避免资源重复浪费的协调工具。然而，如有必要，请求救援的国家应负责指挥救援的安排。

民防机制的参加主体包括欧盟所有的成员国和挪威、冰岛与列支敦士登。每个参与国都有代表本国民防的国家通信点，内政部或民防机构通常是通信点的主体，这些国家通信点是欧盟与各国协调沟通的交汇点。2008 年，理事会要求委员会加强欧盟与欧盟候选国以及潜在候选国之间的合作。除了其他事项，理事会提议在这些候选国中也建立国家通信点。

根据民防机制的实施细则，请求援助的国家应自行承担各成员国所提供援助的费用。如若突发事件情况特殊且危害范围过大，提供援助的会员国可能会考虑提供完全或部分免费的援助。事实上，大多数成员国会以团结的姿态提供免费救援。自 2007 年始，高达 50% 的援助输送费用由欧盟委员会的民防财政署支付。

民防机制主要包括以下五个部分：

（1）在欧盟委员会内成立一个监测和信息中心，全天候 24 小时常备，以跟踪事件发展情况并及时提供信息。

（2）在欧盟所有成员国中进行初查，从民防机制及其他应急体系中确定紧急救援队人员的组成。

（3）对救援人员开展培训，以增强其应对突发事件的能力，改善各急救队间的合作关系并使之相互交流经验。

（4）组建评估和协调人员队伍以便能够在第一时间内派往所需地点。

（5）建立欧盟各成员国与欧盟委员会相关部门之间的共用突发事件通信系统。

为了有效提供援助，对参与应急工作的团队的调动必须迅速。另外，团队间需要互相协调才能保证灵活性。为了确保实现这一目标，民防机制采用了许多有效的应急手段。有了这些手段，成员国不仅能在灾前做好充足的备灾工作，也能有效地应对灾难。监测和信息中心、公共应急通信系统、志愿民防组织、机制引导下的应急培训和灾难模拟演习等是其现有的主要应急手段。其中，监测和信息中心是整个民防机制的核心。

（1）监测和信息中心（MIC）。

监测和信息中心可以说是整个机制的运作中心。该中心设在布鲁塞尔，由欧盟委员会的环境总局实行 24 小时式全天候管理，是各参与国的通信交汇点。MIC 是救援请求的入口，可为受灾国家提供汇集各成员国资源的“一站式”援助，任何欧洲联盟内外的受灾国家都可以通过此中心寻求帮助。该中心可被视为各成员国、受灾国家和应急专家的通信枢纽，它所提供的关于紧急事件发生状况的信息十分有益于应急行动的展开，信息会被不断地更新。同时，MIC 可以协调成员国对受灾国家提供的援助，从而使援助能够充分满足受灾国的需要。任何遭受重大灾难的成员国都可以通过 MIC 寻求国际援助，从而启动民防机制。向机制寻求帮助的国家通常都是因为仅凭本国的民防资源已然无法消除灾难的危害。MIC 在各成员国的民防部门设置了联络点，并将各联络点联结成一个 24 小时全天通畅的网络。一旦 MIC 接收到援助请求，中心可及时通过其网络向其他成员国转发请求。在收到援助请求后，各成员国会对本国可提供的应急资源进行评估，并根据评估结果告知 MIC 其援助能力。掌握了所有的需求和援助信息后，MIC 会对援助的供需进行对接匹配，并向受灾国反馈可供援助的类型和数量信息。

监测和信息中心的主要作用归纳如下：

第一，信息作用。MIC 向会员国和有兴趣的广泛受众公布关于民防的备灾减灾信息（通过 MIC 日报发布）。另外，MIC 也会发布自然灾害警报并随时播报现时紧急事件的最新进展和民防机制的干预措施。

第二，协调作用。作为紧急救援的行动中心，MIC 将受灾国的援助请求和会员国的援助汇集起来，这有助于减轻 30 个会员国与受灾国联络的行政负担。同时，MIC 也是各成员国及时获取应急资源和救援信息的中心论坛。在民防机制的引领下，MIC 使欧盟援助的供给更为便利。这需要分两个层次进行：在民防总部，欧盟通过 MIC 会匹配援助的需和求，找出援助的差距，寻求解决方案以及汇集救援资源；在灾难现场，欧盟会委派所需相应专业领域的专家。

第三，技术支持作用。MIC 以地理信息系统（GIS）为基础，拥有许多先进的技术，如卫星图像和欧盟其他的技术资源。

民防机制并不仅限于在欧盟内部运行，任何欧盟以外的受灾国都可通过 MIC 向机制求援，但欧盟外部的受灾国启动民防机制的程序有所不同，欧委会必须先征询欧盟理事会的意见，从而确定所需行动的内容。举例来说，如若紧急事件由冲突或内乱引起，理事会轮值主席依据相关的条例规定将该紧急事件划归于危机管理部门管理；假若突发事件不属于危机管理的情况，MIC 会遵循其一般运行准则实施救援。民防机制在欧盟外部的施援对象主要是发展中国家，因此救援常需要与其他行动者密切合作。譬如，民防机制在灾区通常会和联合国人道主义事务协调办公室、欧委会人道主义救援部、红十字会等行动者协作。

MIC 的减灾活动包括救援人员和物资的输送。而在防灾阶段，为了提高个体应对自然或人为灾难的能力并确保各成员国间的援助能够兼容互补，民防机制实施了三个计划，即应急能力培训、灾难模拟演习和专家交流计划。通过加强人际联系，这些计划能为救援的有效性作出积极的贡献。

MIC 为灾难演习提供财政支持，从而提高机制的应急速度，为应急规划提供科学指导。

应急培训项目的设立也可提高民防援助工作的协调性。该项目对各成员国派遣的救援队进行培训以确保各救援队的救助工作协调互补，并通过共享最佳应急案例的方法提高相关民防援助专家的应急技能。应急培训项目的主要内容包括应急培训课程、联合援助行动的组织和会员国专家交流制度。

培训课程与民防机制框架内的项目相关。这些课程以自我训练和反馈为基准，且并非学术性质。欧委会的目的是邀请每一位参会的高级官员向其他成员国的同行介绍本国的民防方法、技术、成功与失败之处。迄今为止，相关的研讨会已经产生了巨大的协同作用，与会者也从其他成员国中学到了许多民防经验。自1991 年 12 月以来，欧盟已经展开了有关森林火灾、化学事故、危机管理、危机情景中的沟通、地震、公众信息意识教育和灾难防止等方面的培训。通过这些成就，欧盟的民防机制正式纳入自我培训体系。除了培训，研讨会也让与会者为民防机制提出改进建议，如试点项目或某些特定民防领域的新行动。因此，研讨会直接为委员会提供了专业的民防指导。

培训的主要内容包括欧洲民防机制概览（CMI）、应急运作管理（OPM）、高水平协调合作（HLC）、评估代表团（AMC）、成员管理（SMC）、媒体及战略安全（MSC）、国际合作（ICC）、信息管理（IMC）、技术专家（TEC）、志愿机构基础（MBC）等课程。

迄今为止，大约有来自各成员国的 1 000 多位专家参加了应急培训的课程。若想获得更多关于培训计划的资料或者想参加这些培训课程，个人可通过“欧盟的国家应急培训合作者通信簿”联系欧盟。

由于某些需求具有高度的专业性和技术性，仅靠应急培训和灾难模拟演习是无法满足的，所以机制为此建立了民防专家交流制度。该制度的内容是由举办专家交流活动的东道主国向其他会员国借调参与各种紧急事件救援行动的民防专家。借调的目的是使专家获得关于不同国家体制下处理类似紧急事件的经验和直接知识，精通各种最新的应急技术，学习其他应急机构的应急方法。如有必要，专家也可能会在东道国接受本国无法提供的特定专业课程，或者在东道国向其他专家教授本国独有的专业知识。每次交流活动的持续时间可能短至几天，也可能长至两周。该交流制度不仅向欧盟成员国开放，其他国家如欧盟候选成员国克罗地亚和欧洲经济区（挪威、列支敦士登和冰岛）也可以加入其中。2003 年，比利时的高级应急研究所（ISPU）举办了第一届欧盟应急专家交流会。2006 年，欧委会任命德国的联邦技术救援部（THW）专门负责专家交流活动的举办。自此，THW 便一直着力于专家交流活动的推广，并承担了此活动的行政和财务管理等任务。

如有需要，主要是在协助欧盟以外的国家时，MIC 会调动由各成员国派遣的民防专家团提供援助。每当有新的紧急事件发生时，这些已经接受过本国当局和欧盟专项训练的专家们会收到一本相应的应急任务纲要。总的来说，专家在成员国提供的民防援助、监测和信息中心与受援国之间扮演着联系人的角色。事实上，他们是 MIC 在民防领域的“耳目”。在某些情况下，MIC 也会针对特别领域派遣特别专家人员。如2006年，在印度尼西亚的默拉皮火山爆发和菲律宾石油泄漏事件中，MIC分别向两国调度了相应的火山学家和生物治理专家。

（2）公共应急通信系统（CECIS）。

CECIS旨在加强各成员国间的应急交流，是一个运用网络技术建成的警报系统。此系统扮演着一个集成平台的角色：发布和接收应急警报，通报受灾国所需援助明细，及时跟踪紧急事件的发展状况。CECIS为不同国家负责民防和海洋污染的当局提供了信息和经验交流的论坛，从而提高了这些组织部门在紧急事件不同阶段的应对能力。

CECIS的存在使MIC与各成员国当局的沟通更为便利，保证了应对灾难的迅速性和有效性。它的目的是在公民受到自然灾难和技术灾难的侵害时，为公民提供更好的保护。其主要任务是收集救援信息并建立数据库，依据数据库的数据处理援助请求，交换不同主体间的信息，记录所有行动和信息流通。

CECIS的终端使用者是MIC和各成员国当局的联络点：MIC由欧委会环境总局的民防部门管理；各成员国当局的联络点依据2001年10月23日欧盟理事会决议第三条《建立民防机制》而设置。这些联络点也是24小时全天运作，各成员国可自行任命不同的民防和海洋污染联络点。

CECIS交换信息的方式十分安全可靠，以此满足机制有效运行的需要。

（3）欧洲统一紧急呼叫号码“112”。

为了加强各成员国处理紧急事件的协同性、有效性和快速性，欧盟在1991年启动欧洲紧急事件呼叫号码“112”的服务。1998年起，欧盟制定相关法规，要求境内各成员国必须提供所有固定式与行动电话免费拨打此号的服务。2003年，欧盟要求电信接线台必须提供紧急事件呼叫地的资料给紧急服务中心。

欧盟成员国境内随处可提供紧急事件免费拨号的通报服务，也就是拿起电话拨打“112”便可通报紧急事件，请求援助。“112”成了所谓的欧盟生命线（Lifeline）。

（4）民防模块。

民防模块是相应专业领域所需资源和人员的预先集中安排，资源由一个或多个成员国自愿提供，能独立工作和能同其他模块协作（互操作性），为欧盟成员国和国际机构（主要是联合国）提供援助。这些民防模块按照公认的国际准则配备、训练和运行，可在极短时间内被派遣（一般在收到援助请求的12小时以内）。MIC所派遣的救援干预队也包括各民防模块的人力和物力资源。欧盟委员会和各成员国在2007年修改决议中确定了民防模块的技术框架，定义了13个民防模块，包括抽水和水净化、空中灭火（飞机和直升机）、城市搜救（大规模和中等规模）、医疗疏散的医疗援助（先进的医疗站、现场医院、空中疏散）、紧急避难所、核生化检测和取样、核生化情况下的搜救等。决议还包含了民防模块的实施细则，对民防模块的任务、能力、组成部分、部署时间等都作出了详细说明。

（5）整体化协作流程。

表9-1描述了民防机制动作过程中欧盟、求助国与援助国的相互关系，以及为应对突发事件，受灾国向其他国家请求和接受援助的基本流程（简称PRADR模型），包括准备（Preparation）、请求（Request）、启动（Activation）、调配（Deployment）和补偿（Reimbursement）。自PRADR模型建立以来，民防机制参与应对过许多自然和人为的灾难，因此下文将运用PRADR模型，结合2007年希腊森林火灾来演示民防机制的运行。

表9-1 民防机制运作流程：PRADR模型

求助国（the requesting country）	援助国（the assisting country）
准备： ①各国参与民防机制专业培训、仿真学习和专家交换制度，欧盟从成员国借调人员组成评估和协调队 ②欧盟委员会评估上次减灾援助，根据经验和教训制定相关政策	
请求： ③宣布进入紧急状态 ④通过CECIS向MIC发送援助请求	
启动： ⑤MIC接收援助请求并向其他成员国发布	⑥接收来自MIC的援助请求，评估本国可用的援助资源并告知MIC
调配	⑦MIC匹配援助需求 ⑧援助国与求助国直接联系，商定援助具体细节 ⑨MIC向灾区派遣评估和协调队
补偿： ⑪求助国补偿援助国	⑩完成援助任务，并向求助国提出正式补偿要求

准备：所谓“准备”是指制订行动计划以提高各种应对突发事件的能力。准备阶段的工作主要包括：各成员国在本国指定参与民防机制的机构和人员；各国民防机构承担着将民防机制整合进国家民防体系的职责，制定与执行民防机制内部程序；参与民防机制的专业培训、仿真演习，并积极参与专家交换制度，改善各成员国救援队间的合作关系并促进相互间的经验交流；在欧盟所有成员国中进行初查，在民防机制及其他应急体系中确定紧急救援队和评估协调队的人员组成；在上次灾难后或下次灾难来临前，欧委会、各成员国代表一起召开会议评估

应对上次灾难的经验与教训，并提出改进意见，制定应对灾难的政策与计划。如欧盟委员会在2007年希腊森林火灾后提出了希腊倡议，建议通过专家借调和购置欧洲共同民防资源（如飞机、直升机和水泵）来提高MIC的效率，简化欧盟救灾资源的运输程序等。同时MIC持续监测各地形势，向各成员国发布灾难预警。在希腊火灾中，MIC共发布了120次火灾预警。

请求：当受灾国确定本国力量不足以应对灾难时，受灾国可以通过民防机制向其他国家请求援助。请求援助的程序十分简单，成员国只需通过CECIS向MIC发送援助请求，告知本国所需援助的类型和数量即可。2007年6月至8月，希腊向MIC发送了四次援助请求。

启动：一旦MIC接受援助请求，民防机制立即启动，但启动程序因受灾主体的不同而变化。倘若是发生于欧盟成员国的突发事件，MIC在接受援助请求后立即将请求转发到各成员国，各国则向MIC（有时候直接向求援国）反馈信息，告知本国是否提供援助以及可提供的援助类型和数量。在希腊火灾中，法国、意大利、西班牙、挪威、德国、奥地利、瑞典、荷兰、罗马尼亚等国家在接收到求援信息后表示愿意提供援助。在接受欧盟外部国家的援助请求时，欧委会需要咨询欧盟理事会以确定需采取的步骤。例如，如若求援国是因为内乱而发生紧急情况，欧盟理事会将按照《里斯本条约》第五章中规定的欧洲安全与防务政策（ESDP）提供援助。在这种情况下，欧盟理事会将扮演主要角色负责协调欧盟的援助。

调配：民防机制启动后，援助国将与求助国直接联系，商议接受援助的程序（如援助的交付、输送、签证规定和海关要求等）。一旦求助国与援助国达成民防援助协议，援助国的应急资源就开始向灾区调配。需要指出的是，任何援助国派出的救援队都应受当地法律的制约，遵从受灾国的规定和程序展开工作。求助国有权在任何时候要求救援队停止工作。由于援助的主体多样化，MIC会向受灾国派遣一个专家小组进行现场协调。该小组将确保求助国和其他援助国进行有效沟通，以整合欧盟提供的民防援助并促进欧盟救援队工作的展开。他们还会持续监测灾难的发展并作出评估，以此促进MIC总部的信息更新。除此之外，MIC连同援助国共向希腊提供了33架灭火飞机、12架直升机和400多名民防专家（其中包括火灾专家和消防员）参与灭火救援。

补偿：民防机制有关财政问题的指导原则是请求援助的国家应自行承担他国所提供援助的费用，至于如何补偿则由援助双方在调配阶段直接商定。实际上，大多数成员国出于团结精神会提供免费的援助，各国对希腊火灾的免费援助即是例证。如若救援对象是欧盟以外的国家，根据官方发展援助（ODA）的求援原则，受援国不应承担任何援助费用。

（6）民防机制引导下的合作。

为了有效应对灾难，欧盟各种应急机构和欧盟成员国在民防领域将越来越多地依赖彼此间的合作。共同合作显然比单独行动更有效：合作可以实现各国的资源共享，从而使联合一体的欧洲在应急救灾上获得最大的回报。

对自然和人为灾难的管理可以明显体现出欧盟级别的民防机制存在的价值。受灾国家当局承担了应对灾难的直接责任，这点毋庸置疑。在此基础上，民防机制可为其协调，使其他成员国共同提供资源和人力方面的援助。如由 MEDA 项目（地中海国家社会经济结构改革的一系列措施）资助的欧洲—地中海试点项目，其目标是促进地中海地区政治信心和安全信心的构建。该试点项目源自意大利和埃及之间的民防合作，包含了专家交流制度和民防学校的建设。之后，欧洲—地中海一体的防灾、减灾和灾害管理体系便应运而生。

在重大自然或人为灾难发生时，合作能使欧盟内外的民防更好地保护人民的人身安全、生存环境、财产和文化遗产。通过合作，欧盟各成员国为许多紧急事件提供了救援，在国际民防救援领域中发挥着越来越重要的作用。

欧盟在民防机制引导下的防灾、备灾和减灾阶段的合作，主要包括以下五个方面：

①欧盟委员会负责支持不同国家、区域和地方的防灾事项，而备灾事项则由民防部门和救灾部门承担。

②当不同国家的民防部门需要彼此合作时，欧委会可依据欧洲民防的法律规定为他们的有效、快速合作构建一个行动框架。

③欧委会为了保证民防领域合作的有效性，会定期召开民防研讨会、举办专家交流活动、开办应急培训班。不仅如此，欧委会还会邀请其他发育成熟的民防组织或相关机构提供民防培训。交流民防信息和共享最佳民防案例的做法使得不同民防救援团队间的合作更具协调性和互补性。

④在国际层面，欧盟委员会致力于加强成员国之间的凝聚力，尤其是在扩大与候选国及地中海区域成员国的合作上。

⑤在某些时候，为了制定好应对气候变化的环境政策，欧委会也会亲自参与防灾事宜。

信息是民防领域合作成功的关键。参与合作的行动主体不仅有各民防当局，还有那些随时可能成为灾难牺牲品的广大公众。因此，广泛发布信息以提高欧洲公民的自我保护意识是整个欧盟民防合作战略的重要环节。如果没有信息或无法共享信息，整个合作架构都会陷入崩溃状态。有鉴于此，欧委会十分注重有效应急信息的收集和传播，各成员国也加大了信息集中的投入（如关于国家民防能力、军事资源和医疗资源等方面的信息）。

在应对重大灾难时，共同合作需要救援团队、专家组和其他应急物资得到迅速动员，欧委会则承担了动员这一角色。同时，欧委会也会在必要时为合作提供包括卫星定位在内的技术支持。

灾难救援工作结束后，下一步便是深入交流救援信息，特别是在大型救援行动之后。欧委会通常会召开会议总结救援工作的经验教训，以便更好地应对其他紧急事件。在灾后恢复阶段，欧委会将通过“团结基金”向受灾国提供财政援助。

（7）其他特别活动。

除了那些大的项目，欧盟也会支持一些小项目的进行，如灾难医疗、水污染事故应急、洪水预警、城区民防、客轮事故应急、应急心理辅导等。而这些小项目的成果将反馈给那些大项目。比如，洪水预警项目和城区民防项目的成果将有助于“灾难防备”等重大项目的进行。

表 9－2　灾害防备重大项目

	内容
信息安全	大型信息项目或召开研讨会，以找到最佳方法用以提高市民自保意识和发布重大风险情况下的安全行为信息。
应急经验交流	在充分尊重保密条例的基础上，欧盟召开的由各成员国出席的民防应急经验交流研讨会，讨论在相关的机密信息不被泄露（如涉及恐怖袭击时）的同时保证交流的有效和畅通。
社会心理辅导	涉及灾后心理辅导的大型项目或研讨会致力于以下一个或多个方面：①关于重大灾难后期社会心理辅导的知识共享、经验交流和最佳案例示范；②对救援人员的灾后心理辅导；③如何对待跨国受难人员。
风险评估/风险管理	涉及风险评估/风险管理方法的大型项目或研讨会，其研究领域是至少三个不同国家共同关心的风险领域。该项目或研讨会应考虑当时的科学技术发展状况。
弱势群体的安全	涉及弱势群体安全的项目或研讨会，其研究领域为保护弱势群体在大型灾难中免于侵害。例如，由水文气象所引起的严重气候变化事件。
评估体系	该项目涉及发展用于各种重大灾难过程的评估方法，应考虑现行草案的指导方针和目标。
项目或研讨会的后续行动	项目或研讨会的后续行动主体包括所有或大部分成员国，而后续行动内容最好包括至少一项以下领域：信息公开、灾后社会心理辅导、灾难医疗、一般的应急计划。
安全防火措施	该项目或研讨会涉及不同成员国之间最佳防火安全措施的交流。

欧盟各成员国在自愿基础上建立了一个数据库，该数据库可显示各成员国的民防能力，包括设备和人力资源。但是，因为有些资源可能正被其他国家调用中，所以数据库不能保证所有显示的资源都可用。另外，各成员国常存有数据库中没有列举的额外资源。因此，该数据库的实际作用非常有限。然而，该数据库仍可以作为一个建设民防能力的工具，并且使得各成员国的贡献更为透明化。

2009 年 2 月，委员会发布了一则关于欧盟防灾合作途径的通信稿。这样做的目的是要找出民防合作的不同措施，这些措施包括：为各级政府创造防灾政策知识的发展平台；在灾难管理周期中将行动者和政策联系起来；使现有的民防具有更好的预防灾难和加强防灾的国际合作作用。防灾主要是本国的责任，但合作途径可为各国的防灾努力进行补充。今后，防灾将成为欧盟民防合作进一步发展的重要方面。

民防机制中有关财政问题的指导原则是请求援助的国家也必须承担其费用。但是，这个原则在不同成员国中有不同的应用——有些国家选择与此原则保持一致，而另外一些国家则提供无偿援助。不明确的规则可能导致紧急事件中不必要的误解，也可能会影响民防领域的团结。为此，欧盟要求对民防财政问题进行明晰的记录。至于欧盟以外的国家，根据官方发展援助的救援原则，受援国不应承担任何援助费用。

2007 年欧盟成立了一个民防财政机构。该机构旨在为防灾、备灾和减灾活动提供财政支持。这些活动可能包括最佳民防实践交流、培训、研讨会、公共信息和教育、派遣专家组等。

4. 民防机制与其他行动者

民防机制并不是欧盟提供救援的唯一来源，欧洲委员会人道主义救援办公室（ECHO）即提供重大灾难中的人道主义援助。ECHO 的主要任务是：通过与联合国、红十字会和其他非政府组织的合作，提供人道主义援助和资金。ECHO 虽然有相当大的预算，但是能力亦有限，只能专注于某些主要领域。

尽管民防机制和人道主义救援办公室所涉及的大部分活动不同，但是求助国对两者的需求相类似。欧洲审计法庭在海啸发生后定义了责任区域，使其内部分工更为明确。但令人不安的是，欧盟委员会和欧洲委员会各自委派的评估专家之间没有联系。因此，有提案认为应整合 ECHO 和民防机制，以协调两者的行动。然而，民防和人道主义救援之间的差异使整合变得十分复杂。从 ECHO 的角度来看，与民防机制整合后，人道主义救援的公正性、中立性和独立性难以保证。一种可能的解决方案是，在组织上整合 ECHO 和民防机制，但同时保持各自的职责分工。有进一步的建议认为，民防机制可将重点放于欧盟内部，而 ECHO 则专注于欧盟外部的救援。而从监测和信息中心的角度来看，这并不是最好的解决办法，因为这将限制民防机制的适用范围。

2007 年 12 月，欧盟理事会、欧洲议会和委员会通过了一项被称为“欧洲人道主义援助共识”的联合声明，该声明为 ECHO 和民防机制的进一步整合迈出了重要的一步。联合声明提出，欧盟和欧盟成员国对别国提供的人道主义救援应包括民防援助任务。

对非欧盟国家的民防援助任务意味着与其他国际组织如联合国的协调是可取且必要的。欧盟已经认识到，联合国有责任协调非欧盟国家的灾难援助。实际上，联合国只对官方发展援助的受援国负有责任。联合国人道主义机构本身十分复杂，而且联合国的其他机构之间也会相互竞争。联合国人道主义事务协调办公室（UNOCHA）一直负责协调联合国的人道主义行动，也是欧盟环境总局的主要联络处。有关欧盟与联合国的讨论一直围绕应急管理合作而展开。

北约国家与其伙伴国的民防合作一直在欧洲和大西洋救灾协调中心（EADRCC）的指挥下展开。EADRCC 是北约的民防中心，但 EADRCC 与 MIC 的正式协调和沟通平台并没有建立。

5. 民防机制的实践

不管是欧盟内部还是欧盟以外的受灾国家，都可通过 MIC 请求援助。一旦接受请求，民防机制立即启动。

如果是欧盟内部的紧急事件，MIC 将立即运用 CECIS 和电子邮件将救援请求转发到各成员国的国家通信点。各通信点则向 MIC（有时候直接向求援国）反馈信息，告知本国是否可以提供援助。接着，MIC 通知求援国可得的救援，若求援国表示接受援助，施援国与受援国可以直接沟通安排援助。

如果是欧盟以外的救援请求，委员会需咨询理事会主席，确定该请求是用“正常”的灾害管理来应对，还是应用《里斯本条约》的第五章规定来对待。如果是后一种情况，则由理事会按照欧洲安全与防务政策（ESDP）负责协调欧盟的援助；其他情况则由 MIC 运作处理。

自成立以来，民防机制应对过许多欧盟内外的自然和人为灾难。欧盟内部的灾难，如 2002 年的“威望号”石油泄漏，2003、2004、2005 年葡萄牙的森林火灾，2005、2006 年中东欧的洪水，2005 年北欧的风暴和 2007 年希腊的森林火灾等。欧盟外部的灾难，如 2003 年阿尔及利亚和伊朗地震，2005 年巴基斯坦地震和美国的卡特里娜飓风，2008 年阿尔巴尼亚的武器仓库爆炸、缅甸台风和印度恐怖袭击等。值得一提的是，在印度的恐怖袭击事件中，欧盟理事会主席（当时是法国）启动民防机制实际上是对身处印度的欧洲受伤公民进行医疗疏散。此后，民防机制的启动都参照此做法。这是民防机制第一次启动向欧洲公民提供领事保护。

接下来，我们将用两个案例说明民防机制如何应用于欧盟内外的实践。第一个案例是2004至2005年的印度洋海啸，它触发了民防领域合作的进一步发展。有关问题如民防机制能力的发展、民防机制与ECHO的进一步协调、民防机制在海啸之后的突出表现等，都得到了一定解决。事实上，印度洋海啸成为增强欧盟应对大型灾难能力的重要驱动力。第二个案例是2007年南欧的森林火灾，其中，希腊的灾情最为严重。由于欧洲频繁发生森林火灾（尤其是欧洲南部），因此应对森林火灾的能力是民防机制的发展重点。森林火灾引发了关于欧盟是否有必要获得额外和集体所有的能力的讨论。另外，这两个案例也凸显了民防机制可能的附加值和弱点。

（1）印度洋海啸。

印度洋海啸造成约20万人死亡，成千上万的人无家可归，饮用水、住所和医疗设备极度缺乏。在这种情况下，民防机制立刻启动。在海啸发生之前，MIC的地震自动预警系统监测到地震即将发生，并及时联系了UNOCHA。2004年12月26日，斯里兰卡向欧盟请求援助，MIC当即将请求转发给各参与国的国家通信点。继斯里兰卡之后，泰国、印度尼西亚和马尔代夫也向欧盟发出了请求。

在斯里兰卡请求援助的当日，欧盟在委员会的示意下当即派出评估小组前往亚洲。第一个评估小组于次日（12月27日）到达现场，组员大约10～12人，其中来自瑞典的专家被派往斯里兰卡，法国专家被派往斯里兰卡和印度尼西亚，意大利专家被派往泰国，德国专家则前往马尔代夫。他们的主要任务是评估求援国的需求，以便与受灾当局、受灾地区的其他行动者如ECHO和UNOCHA进行有效协调。根据欧盟环境总局的要求，还应提供如下额外援助：一支60人的救援队、卫生设备和医疗援助（由法国提供），高耐久性帐篷（由瑞典提供），物资和医疗援助（由希腊提供），救济装运（由匈牙利和马耳他提供），两架Hercules飞机（由意大利提供），帐篷和医疗援助（由斯洛文尼亚提供），救济装运（由马耳他提供），8吨瓶装水（由捷克共和国提供）和额外的重建物资（由保加利亚提供）。荷兰、比利时和德国等国还通过红十字会对求援国提供了援助。

在海啸灾难中，根据民防总局的表示，欧盟民防机制是一个沟通和协调的促进者。然而，民防机制的一些弱点也显现出来。其中包括交通工具的缺乏、军事手段运用信息的不足以及欧盟各国对欧盟的协调角色认知不一致等。有些成员国认为欧盟对成员国的协调应在联合国的整体协调前；而其他国家则认为欧盟的协调不必要，他们倾向于同联合国直接合作或通过双边协议合作。

（2）2007年希腊森林火灾。

2007年，炎热和干燥的天气造成了欧洲南部的特大森林火灾，希腊受到的影响尤为严重。2007年6月到8月间，希腊一共接受了民防机制的四次援助。6月27日，希腊发出第一次援助请求。根据MIC提供的数据，其时希腊已发生了大约120次火灾。第一次请求后，法国、意大利、葡萄牙和西班牙立即提供了7架灭火飞机。7月5日，第二次援助请求发出后，意大利提供了2架灭火飞机。7月18日，希腊第三次请求援助。法国、意大利、葡萄牙和西班牙一共提供了11架灭火飞机。8月24日第四次请求发出时，森林火灾已经造成了十分严重的经济损失和数人的伤亡。欧盟委员会说，这是欧盟自2001年建立共同应对紧急事件的民防机制以来，为单个成员国提供的最大规模的协助。在第四次请求发出后，民防机制向希腊提供的援助包括13架灭火飞机、12架直升机和400多名专家（其中包括火灾专家和消防员）。法国、意大利、西班牙、葡萄牙、挪威、德国、奥地利、瑞典、荷兰、罗马尼亚、塞浦路斯和斯洛文尼亚等国家都向希腊提供了援助。

从希腊的角度看，2007年的森林火灾显示出民防机制的一些缺陷。为了使民防机制更有效率，委员会在该次火灾后提出了希腊倡议。该倡议呼吁将欧洲的民防力量以整合一体的方式汇聚起来，以便更大地发挥MIC的作用，并增强各国民防系统的协同性。该倡议还建议通过专家借调和欧洲共同体民防资源（如飞机、直升机和水泵）的购置来提高MIC的效率，并提议简化欧盟共同出资的运输程序。

（3）民防机制可能的附加值和弱点。

上述两个案例给出了民防机制在紧急事件中可能出现的附加值。首先，在国家没有足够的能力应对一个紧急事件时，民防机制可促进其他参与国提供额外的资源。其次，通过协调和匹配成员国与受灾国的救援，应对灾难的能力大幅增强。最后，MIC简化了求援国、机制参与国和欧盟之间的信息交流。

这两个案例同时也显示出民防机制存在的某些弱点。首先，全世界缺乏应对大型灾难的战略空运。其次，欧盟和许多成员国都存在预算问题。多数情况下，由成员国提供的援助主要取自现有的剩余人力和物资，如民防预算。但是，援助的主要成本常常是飞机租赁费用，各成员国的预算很少能预见这项支出，从而限制了各国民防资源的远距离调派。大多数时候，由于交通工具的缺乏，民防救援难以送至受灾国。这个问题常常引发成员国之间的争论。例如，有人建议为解决交通工具短缺的问题，应当集资购买共享的额外交通工具。

根据MIC的自我评价，MIC对采取军事手段的认知还十分浅薄，这是民防机制的另外一个弱点。许多成员国认为，对任何军事资源的运用只能通过具体事件的救援请求。一些成员国（通常是那些经常发生自然灾难的国家）质疑各成员国实践团结精神的程度和向其他成员国提供救援的程度。希腊倡议中也涉及关于这个问题的讨论。其他成员国认为民防首先是本国的责任，民防机制不应以团结的名义成为一个再分配工具，这将使得一些国家为其他国家防灾和备灾能力的不足疲于奔命。

显然，民防机制的附加值和弱点说到底是一个解释的问题，至少也是成员国与其他行动者如何设想机制具体运行的问题。欧盟各成员国同北约和联合国的关系也会影响对民防机制向欧盟以外国家施援的理解。

二、欧盟团结基金

1. 团结基金的背景

2002 年，由于长时间暴雨所引起的一场毁灭性洪水袭击中欧。这场特大洪水使一些人丧失了生命，同时也造成该地区数十亿欧元的经济损失。欧盟相对快速地应对了这场危机，并表示应建立一个为灾后恢复出资的财政工具。此前，并没有一个欧盟层级的民防基金或财政计划，该项事宜一直由各成员国各自主持。因此，委员会依据欧洲团结基础，提议设立欧盟团结基金，以迅速应对自然灾难。同年 8 月，欧盟理事会和议会共同表示支持委员会的提议，随后于 2002 年 11 月 15 日成立了欧盟团结基金（EUSF）。该项由委员会提出、理事会和议会修改的提议指出，EUSF 仅限于重大自然灾难的援助。此外，欧盟委员会还提出获得 EUSF 援助的资格：灾难造成的经济损失至少是 10 亿欧元。其后，这一门槛提高到 30 亿欧元。

2. 团结基金概况

欧盟委员会通过区域政策总局管理 EUSF。其目标是，在重大自然灾难对人们的生活条件、自然环境或经济产生重大影响的情况下，为受灾国家或受灾区域的快速恢复提供资助。鉴于防灾阶段或长期恢复工作方面已有运作机制，因此，EUSF 的工作重点是：以一种快速、高效、灵活的方式为灾后的快速恢复活动提供资金。

通常，由受援国负责财政援助的执行。一个国家或地区应用 EUSF 资金的范围相当广泛，但主要集中于核心基础设施的恢复、满足短暂需求的临时住所和救援服务、防灾基础设施的巩固和文化遗产的保护以及受灾区域的短期恢复。

EUSF 不仅限于欧盟成员国，欧盟候选国也可从中受益。此外，EUSF 可适用不同的类别，而这些类别可能拥有不同的标准。值得注意的是，这些分类并不明确，也不可能由标准来定义。此处的分类和定义依据欧洲审计法庭 2008 年对

EUSF 的评估：第一类，重大灾难，即造成损失达到30亿欧元（以2002年物价为准）或超过国民总收入（GNI）的0.6%；第二类，适用于受到同一灾难影响但损失程度并未达到第一类的邻近国家或候选国；第三类，受到灾难严重影响的区域。EUSF 每年的预算总额为10亿欧元，受灾区域每年最多可接收到EUSF总预算7.5%的援助。EUSF 的援助取自欧盟总预算，欧盟并没有特别划拨EUSF 的资金。

EUSF 的援助措施并不确定，其资助依据受灾国的总损失而分配。对于符合重大灾难类别的，即损失总量高于30亿欧元，EUSF 财政资助的比率为总损失的6%；总损失低于30亿欧元时，比率为2.5%；对于“邻近国家”或“区域灾难”类别，比率通常为直接损失的2.5%。来自EUSF 的拨款必须在即日起的一年内使用。在这一年后的六个月内，受援国家或地区必须向EUSF 提交一份报告，报告中需指明资金用于何种活动。超出EUSF 支出能力的资金由欧盟支付。

EUSF 是唯一为灾后快速恢复阶段提供资金支持的基金。如需在长期恢复、重建和防灾阶段获得支持，各成员国或候选国可向其他欧盟基金请求灾后援助。这些基金和项目的重点在于政策领域而非应急管理，如增强偏远地区或欠发达区域的经济能力，但这同时也可作为灾后支援的一种方法。例如，欧洲区域发展基金可以同时为防灾行动、生产性投资和基础设施的重建提供资金援助，农村发展基金可为防灾措施提供支持。

3. 团结基金的实践

2002年的洪水灾害引发了EUSF 的设立。德国、奥地利、捷克共和国和法国立即得到了EUSF 的灾后资助。德国、奥地利和捷克共和国（当时作为候选国）被归于第一类“重大灾难”；法国接受的援助则被归于第三类，即未达到EUSF的重大灾难标准但受到严重影响。

从2002年到2008年，欧盟委员会收到来自19个国家共50份对EUSF 的支援申请。在这50份申请中，有一半申请得到通过，EUSF 共拨款10亿多欧元。大多数申请都被归为“区域灾难”类别，只有两份申请归于“邻近国家”类别。洪灾递交的申请最多，其次是森林火灾。其中，南欧国家向EUSF 申请资金最为频繁。

欧盟各成员国鲜少质疑委员会对EUSF 申请的决定。可见，各成员国认为委员会处理申请的方式是有效而正确的。

2008年，欧洲审计法庭对EUSF 进行的评估着重于其快速、高效、灵活的施援方式。审计庭研究了2002年至2006年的所有申请，并评估委员会处理申请的方式。对高效标准的评估根据受援国所申请援助的繁重程度和委员会处理申请的行政成本而作出，对灵活标准的评估则主要是根据其适应不同重大灾难的学习能力而作出。

评估发现，EUSF 并没有达到快速施援的要求。其中，EUSF 提供给合格申请者的资助通常超过一年。最耗时的阶段莫过于委员会对申请的评估（平均需要 148 天）。该阶段要经过委员会的行政规则、工作程序，并与申请者资料的质量息息相关。审计庭总结说，EUSF 在 2002 年的拨款速度（从申请到支付平均只要 131 天）比随后年份都要快，结论是 EUSF 并没符合“快速”的标准；但审计庭认为 EUSF 达到了高效和灵活的标准。然而，审计庭对快速性的测量也值得怀疑。

第四节　人道主义救援办公室

一、概况

欧委会人道主义救援办公室（ECHO）成立于 1992 年，总部位于布鲁塞尔。ECHO 的成立，是为了使欧盟对陷入自然灾难或武装冲突国家的援助更有效和更具人道主义精神。人道主义的首要原则为非歧视原则和公正原则，ECHO 提供的援助以此为基准，该基准将人道主义援助和欧委会提供的其他类型援助区分开来。ECHO 是目前国际人道救援领域的主要组织之一，其人道主义行动在欧盟的对外行动中占有重要地位。ECHO 与许多国际组织进行合作，包括各种非政府组织、国际红十字委员会、联合国组织如难民署和粮食计划署等。每年约有 18 万人通过 ECHO 的合作伙伴接受 ECHO 的资助。

二、任务

ECHO 为欧盟内外发生的自然灾害或武装冲突受害者提供人道主义援助和救济。救济直接面向受灾者，不分种族、宗教或政治信仰。ECHO 的主要任务是确保救援物资和服务快速抵达灾区。救援物资包括生活必需品、食品、医疗设备、药品和燃料；救援服务包括医疗队、净水队和后勤支持队。救援物资和服务通过 ECHO 的合作伙伴送达灾区。

自 1992 年成立以来，ECHO 通过其合作伙伴资助了多达 85 个国家受灾区域。每年 ECHO 都会花费超过 7 亿欧元救济受灾区域的难民和流离失所者。除了出资，ECHO 还支持以下行动的进行：开展人道主义行动的可行性研究；管理和协调人道主义救援项目；促进和协调防灾措施；为合作伙伴提供技术援助；通过人道主义救援行动提高公众的人道主义意识；支持人道主义领域的网络建设和培训活动。目前 ECHO 的人道主义救援水平堪比美国。

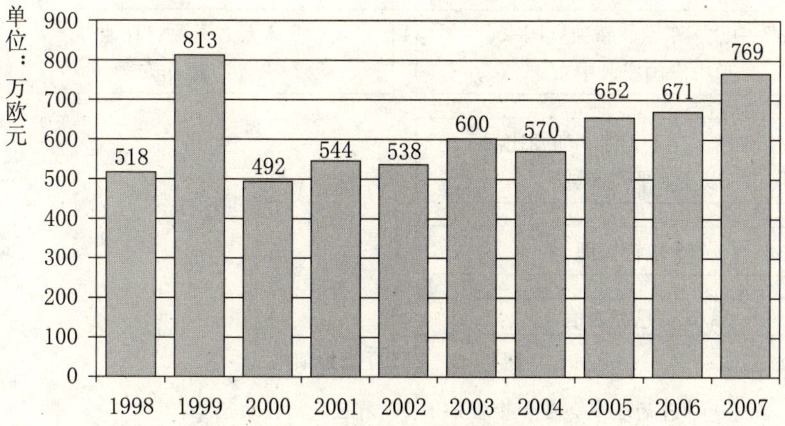

图 9－2　1998—2007 年 ECHO 人道救援支出

三、组织架构

ECHO 主要由两个理事会组成：第一理事会以业务为导向，依据地理位置和专题领域分布；第二理事会专门处理 ECHO 组织的业务支持问题。另外有两个单独部门直接对总干事负责。

总干事	
内部审计与咨询部门	总干事助理
第一分部：一般政策性事务	第二分部：业务支持政策、备灾
第三分部：民防—减灾	第四分部：民防—防灾和备灾
理事会 A（＊）	理事会 B（＊）
专家顾问团	
A/1 中非、苏丹、乍得	B/1 预算、审计、信息管理、文件管理
A/2 东非、西非、南非、印度洋	B/2 财务管理、法律及程序性事务

（接上图）

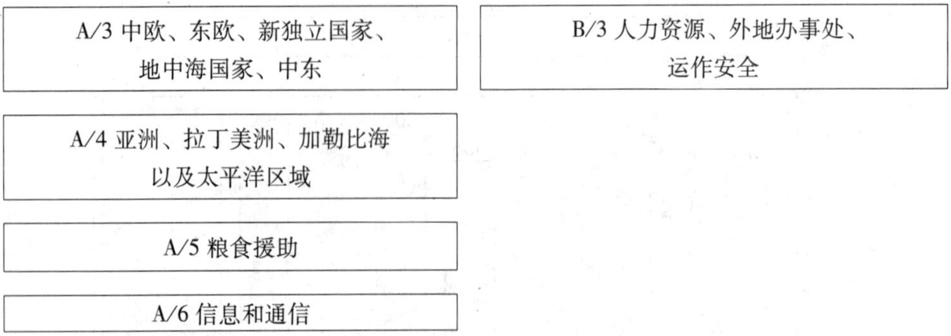

图 9－3　ECHO 组织架构

注：带（＊）号的理事会负责管理 ECHO 所有区域的援助预算。

ECHO 通过其总部、其在世界各地的办事处和各合作伙伴展开工作。其合作伙伴包括 200 多个非政府组织、联合国机构和众多国际组织（如国际红十字委员会、红十字会与红新月会国际联合会）。

第五节　志愿民防组织

2004 年 12 月，东南亚发生了海啸灾难。其后，民防机制的会员国便萌生了构建志愿民防组织以便增强欧洲应对各种自然、人为灾难能力的想法。2005 年 6 月，欧盟理事会发布了《民防机制（修正案）》的决议，决议强调了发展欧洲应对灾难的快速反应能力的重要性，并认为此重任应由各会员国的民防志愿机构承担。决议还对志愿民防组织进行了定义，并责成各会员国在六个月内将本国的志愿民防组织登记在案。

东南亚海啸灾难的发生直接催生了 2005 年欧洲议会 1 月决议和欧盟理事会 6 月条约。决议和条约都积极呼吁要增强民防的快速反应能力，而志愿民防组织则可对此作出卓越的贡献。为了使欧盟更有效地应对危机，欧盟理事会也鼓励成立志愿民防组织。委员会在其中一份决议中确定了 13 个民防组织和 1 个技术支援团队。该决议规定了每个组织的主要组件和各组织应采取的行动。这些组织由各成员国自愿建立，将已有的民防物资和人力捆绑，旨在处理某些具体的紧急事件。因此，这些组织拥有一个或多个成员国的民防资源，在某些时候能够自给自足，同时也能够与其他组织、欧盟机构和国际机构共事。而志愿组织的领导和指挥由各成员国承担。技术支援团队则应在现场执行任务，并支持其他民防组织的工作。这些民防组织也可以理解为各成员国规范民防资源的一种尝试。

近年来，欧委会和民防机制的会员国进行了密切合作，制定了志愿民防组织的运作实施细则。细则规定了13个志愿民防组织的技术行动框架，该行动框架覆盖了水资源的抽取和净化、空中消防（主要靠飞机和直升机）、城区搜救（大中型灾难发生时）、囊括医疗后送的医疗救援（包括高级医疗救助站、野战医院和空中撤离等）、构建应急避难所等多项救援行动。细则还规定了志愿民防组织的任务、能力范围、主要组织构架和行动调度时间等，同时也对志愿民防机构如何自负盈亏、如何与其他志愿民防机构协同合作作出了详细的解释。此外，细则还指出在特殊情况下，欧盟总部会向志愿民防组织派遣技术救援团队，以支持志愿组织的救援工作。

志愿民防组织对资源的运作安排包括：

（1）组织的资源任由各会员国调用，如有需要，资源也可被调往国外。

（2）组织可以独立为欧盟内外的国家、国际组织提供援助，也可以和其他志愿民防组织合作。其援助的主要对象应为机制内的会员国。

（3）会员国可以向组织自愿提供救援物资。

（4）组织原则上应自给自足，并能在极短的时间内提供救援行动（通常在收到救援请求的12小时内）。

（5）组织按照国际公认的准则进行资源补给、人员培训和运行操作。

第六节 欧盟在紧急情境中的领事合作

欧盟27个成员国在欧盟各国首都都设有代表处。这意味着如果某欧盟公民前往其他欧盟成员国，他至少能在该国首都找到本国的领事馆。然而在欧盟之外，拥有欧盟成员国领事馆的首都仅有3个：北京、莫斯科、华盛顿。2004年底，印度洋海啸袭击东南亚时，大部分成员国仍未在那些受灾国家设立领事馆。例如，热门旅游胜地泰国有17个欧盟成员国的领事馆，但斯里兰卡却只有6个，文莱只有3个。受到一些重大灾难的影响后，欧盟开始与第三国的领事合作，以便更好地保护欧盟公民。现今，欧盟公民可在第三国申请任何欧盟成员国的领事协助（当本国未在第三国设立领事馆时），尽管许多欧盟公民对此不甚了解。

欧盟领事合作包括协助解决个人问题，如个人护照丢失、个人发生严重事故等，但同时它也有义务协助解决欧盟公民群体性事故，如2004年12月席卷东南亚的海啸、2006年6月发生的黎巴嫩危机、2008年1月乍得的撤离事件及同年12月的孟买恐怖袭击事件等，这类紧急事件的发生直接推动了欧盟成员国的领事合作。尽管就其本质而言，政府间的合作应以严格的法律框架为基础，然而实际情况并非如此，欧盟成员国的广泛合作是建立在自愿指导原则基础之上的。今天，欧盟成员国的合作交流主要体现在旅游信息咨询、领事馆应急救援方案的信息共享和涉及欧盟公民撤离事件的协作等方面。领事服务范围广泛，小到对个人身体不适时的照料、对失踪人员及客死他乡国人的援助及公民去往国外的护照签发，大到对自然灾害、政治动乱、恐怖袭击等群体性事件提供国际援助。

本节侧重的是，当欧盟公民生命遭受严重威胁需要紧急援助时的欧盟领事合作。这意味着领事危机管理合作与正常仅限于有效人员的日常领事合作是有很大区别的。

各种紧急情况下的挑战或多或少有些类似，欧盟也与联合国、非政府组织和第三国（如美国）进行领事合作。以欧盟与美国的合作为例，双方的合作地点为欧盟和美国本地以及相关成员国的首都。除了联合演习的合作，欧盟也可根据领事紧急事件的性质邀请美国参与欧盟的电话会议。迄今为止，欧盟与美国的合作已经取得了相当大的成果。例如，在沙姆沙伊赫和巴厘岛恐怖袭击中的合作；卡特里娜飓风中，欧盟为一些美国公民的疏散撤离提供帮助；以色列空袭黎巴嫩时，美国也对欧盟公民提供了相应的协助。为了确保双方合作的共同利益，进一步加大合作力度，欧盟与美国需要定期举行会谈讨论危机情境中的领事合作。

第七节　前景与展望：进一步增加民防机制的附加值

欧盟成员国已明确认识到民防机制的附加值：任何成员国都会面对超出本国应对能力的灾难，需要向邻国请求救援；已有证据显示，通过应急体制将各国联结在一起，集中各国资源，欧盟可以提供的救援远远超出各成员国能力所及；机制的初步经验也已证明，作为欧盟的单一平台，其巨大的潜力尚未被发掘。对此，欧盟理事会和欧洲议会一直在呼吁完善欧盟的应急管理体制，以便使欧盟拥有更强的应急能力。

欧盟委员会为此提出了一系列建议，建议的五个关键要素是：

（1）提高体制下的运输能力，创造一个欧盟级别的安全网络。

（2）更好地发挥物流的作用。

（3）为受灾国调动额外物资设备。

（4）精炼协调措施，以提高第三方国家的救援有效性。

（5）提高 MIC 的监测和分析能力（在提高 MIC 监测和分析能力的建议上，委员会将之细化为评估风险、监测发展情况、提供早期预警、评估潜在损失、支持运营的规划和管理等能力）。

第八节 结语

欧盟理事会和欧洲议会多次向委员会和各成员国呼吁提高欧盟的快速反应能力。地理信息系统（GIS）工具在提高这一能力的过程中发挥着重要的支持作用，如提高应急规划和评估能力。欧盟理事会因此对GIS寄予厚望，并将完善GIS作为提高欧洲民防能力战略的一部分。可见，要提高应急管理能力，发展先进的应急技术是必不可少的。此外，欧盟应急管理体制对我国的启示主要还有以下几个方面：

（1）要有全民的防灾、抗灾意识。

（2）要有全国“一盘棋”式的、统一的、24小时常备的防灾、抗灾指挥和协调系统。

（3）建立覆盖全国的防灾、救灾体系（包括各个地区、部门和行业）。

（4）组建常备的防灾、抗灾专业队伍，以应对各类重大突发事件（包括各种人为灾害、自然灾害和恐怖主义事件等）。

（5）针对各种突发事件要备有完整的预案。

（6）备有专家、技术人员数据库（包括各类、各行业和各专业）。

（7）对组建的救灾队伍进行培训，培训应是多方面的，除专业方面的培训外，还应针对救灾时可能发生的情况进行模拟。

（8）建立畅通的、全国统一的应急网络通信体系。

（9）与各国际组织、救援机构、主要救援国家（包括NGO）保持联系，互通防灾、救灾信息。

一个国家如果有这些条件作保障，那么无论它面对什么样的突发事件，都能反应迅速、从容应对，在救灾、抗灾的国际舞台上便能发挥更大的作用，产生更为重要的国际影响。

参考文献

[1] 欧盟政府网站. http：//europa. eu/index_ en. htm.

[2] At Risk Ben Wisner, Piers Blaikie , Terry Cannon, and Ian Davis.

[3] Extreme Emergencies, Anthea Sanyasi.

[4] Handbook of Disasters & Emergenciey Politics & Institutions, John Handmer & Stephen Dovers.

[5] 周弘. 欧盟治理模式［M］. 北京：社会科学文献出版社，2008.

第十章　联合国应急管理体制[①]

第一节　联合国应急管理发展背景

一、联合国和联合国系统

联合国是1945年第二次世界大战后成立的国际组织。当时共有51个国家承诺通过国际合作和集体安全来维护和平、发展国家间友好关系、促进社会进步、提高生活水平和保护人权。由于其独特的国际性质和《联合国宪章》赋予的权力，该组织可就广泛的问题采取行动，并通过大会、安全理事会、经济及社会理事会和其他机构与委员会，为192个会员国提供一个论坛以表达他们的观点。

联合国的宗旨为：维持国际和平及安全；发展国际间之友好关系；合作解决国际间属于经济、社会、文化及人类福利性质之国际问题，增进对于全体人类之人权及基本自由之尊重；并构成一协调各国行动之中心，以达成上述共同目的。

联合国由六大主要机构组成，即大会、安全理事会、经济及社会理事会、托管理事会、国际法院和秘书处。然而，联合国大家庭却比此要大得多。联合国机构大家庭由联合国主要机构、联合国各方案和基金（如联合国开发计划署和联合国儿童基金会）、联合国专门机构（如联合国粮农组织和世界卫生组织）以及一些相关组织（如国际原子能机构和禁止化学武器组织）与实体（如联合国人权事务高级专员办事处和联合国大学）共同组成。各方案、基金、专门机构、相关组织和实体有其各自的理事会和预算，自行制定标准和指导方针。联合国系统的许多机构都曾在各种危机事件中发挥过积极作用。

联合国系统的工作范围通达地球的每个角落。虽然联合国成立之初的目的是维持和平、建设和平、预防冲突和人道主义援助。随着社会的发展，“传统安全威胁”仍然存在，世界的和平和安全仍然遭受着战争和内乱的巨大威胁，有近百个国家内乱需要联合国的干预。例如苏丹、伊拉克、阿富汗地区有一亿多人受

---

① 本章主体部分已分别发表在《东北亚论坛》2011年第3期和《中国应急管理》2011年第5期。

到战争的影响，战争对他们的生命和财产造成了重大损失，需要联合国提供救助。除了由单一事件，如爆发冲突、地震或海啸引起的人道主义紧急情况外，越来越多的紧急情况是由彼此交错的全球挑战带来的各种各样的“非传统安全威胁”所引起的。虽然联合国目前面临着“传统安全威胁”和“非传统安全威胁”的双重挑战，但因在当今国际社会中具有一定历史和权威地位，其危机应对模式已经形成并日趋完善。

二、联合国系统的作用

“二战”之后的欧洲满目疮痍，大量的平民流离失所。联合国首次在欧洲协调人道主义救济行动。此后，国际社会开始依赖联合国对各国当局无力应对的自然灾害和人为灾害作出反应。联合国大会第46/182号决议赋予联合国一种核心的、独特的作用，由它领导并协调国际社会支持受灾国的努力。联合国的比较优势在于因其成员广泛而具有的领导地位，以及全球在政治上接受决议附件所列的关于人道主义援助的指导原则。因此，联合国应确保各种援助资源都能够没有歧视地向所有受害者提供迅速和顺利的援助。

联合国系统相对于其他援助渠道而言所具有的比较优势，解释了人们为什么期待联合国在解决日益增多的由灾害引起的各种生命和财产损失方面发挥越来越重要的作用。

三、联合国系统面临的巨大挑战

现今，联合国是紧急救济和长期援助的主要提供者，推动各国政府和救济机构采取行动，担当遭遇突发灾害时人们的代言人。但是，联合国的紧急救援行动如今面临着众多挑战：

1. 全球对人道主义援助的要求，包括国家政府的援助请求持续增多

引起并维持这种趋势的因素有：自然灾害更加严重，冲突升级，由于全球金融危机、粮价持续高企、缺乏能源和水、人口增长和城市化而使社会脆弱度急剧提高。2009年，人道主义联合呼吁程序请求86亿美元为3 000万人提供救生援助，比2008年（70亿美元以援助2 500万人）增加了将近23%。

2. 极端天气事件发生率的增长和严重程度的加深是灾害的最大驱动因素

现今世界，每十起灾害中就有九起与气候相关，科学界也日益达成共识，认为除地震和火山以外，其他灾害事件的严重性和频率的增加90%以上的可能性是气候变化的结果。

3. 国家间和国家内部的冲突造成的人道主义后果仍然很严重

人民流离失所仍然是值得关注的主要问题。联合国难民事务高级专员办事处

（难民署）报告称，截至2007年底，世界难民人口达1 140万人，据估计有2 600万人由于暴力和迫害成为境内流离失所者，另外有2 600万人由于危险灾害而流离失所。该数字包括了哥伦比亚和斯里兰卡境内的长期流离失所人口，以及中非共和国、乍得、伊拉克、肯尼亚、苏丹和索马里新增的流离失所人口。为回应这方面的部分需求，2008年人道主义综合呼吁报告称，世界上有2 500万人需要人道主义援助，费用总额达70亿美元。

4. 联合国系统应对灾害的资源面临紧缺的威胁

根据联合国联合检查组2006年的调查报告显示，联合国系统在过去五年里每年都支出21亿~48亿美元，用于人道主义灾害援助。

面对人类灾害的迅速增多，从1999年到2003年，联合国系统在人道主义部门的援助数量的增长速度要超过其他部门，在2003年总额达到30亿美元，占联合国系统用于发展的业务活动支出的30%，这是比重最大的一项活动。联合国系统在这一部门所投入的财政资源的数量是巨大的（见图10－1）。

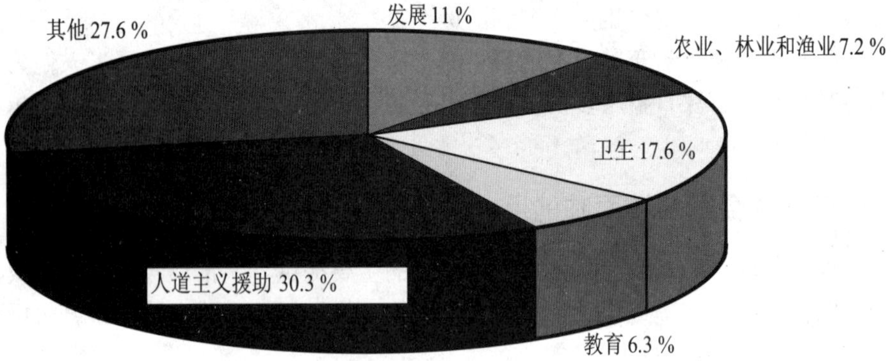

资料来源：2003年发展业务活动全面统计数字：秘书长的报告(A/60/74 E/2005/57源自表13)，2005年5月6日。

图10－1 按部门列出的联合国系统业务活动各项支出比重（2003年）

然而，联合国系统所调动的资源是否足以使其履行核心的协调作用，这一问题仍有待审查。联合国系统所收到的不指定用途的一般性资源约为10亿美元，约占国际社会所提供的总额为70亿美元的人道主义援助的15%。这样低的数额无法使联合国系统具有充足的资源，以承担起在国际人道主义援助方面的核心协调作用。

在发生某些被媒体高度曝光的灾害事件时，双边捐助者会提供大量的资金，但往往指定为其他用途，而不是联合国系统在紧急呼吁中提议的用途，对这些由呼吁提供的捐款在数额和方向上的承诺有明显差异。媒体高度曝光的灾害事件通常得到更为有利的反应，远远超过那些所谓的“被忘记和被忽略的紧急情况”。

此外，联合国人道主义事务协调厅虽然仍拥有一些数额不大的信托基金，并且这些基金尚未指定用途，但联合国系统用于人道主义行动的绝大部分资源掌握在各专门机构手中，例如联合国粮食及农业组织，国际劳工组织，国际电信联盟，联合国教育、科学与文化组织，世界卫生组织以及世界气象组织，联合国各种基金和方案（如联合国儿童基金会、联合国难民事务高级专员办事处以及世界粮食计划署），它们支配着四分之三的资金总额。由于整个系统没有强有力的政府间机制来监测并管理全部资源，所以整个系统的人道主义援助往往面临着各自为政的风险。

第二节　联合国应急管理机构设置和职能

一、联合国应急管理的体制框架

近年来，面对人类灾害的迅速增多，人道主义援助部门成为联合国系统内最重要的一个部门，其占全部资源分配额的30%。这一部门所用的资源数量以及所涉及的利益相关者和行为者在2003 年远远超过其他部门，包括维和部门（见表10－1 和表10－2）。

表10－1　2000—2003 年联合国系统各组织预算

（单位：百万美元）

	2000 年	2001 年	2002 年	2003 年
1. 联合国系统各组织				
经常预算	3 046.6	3 051.5	3 318.5	3 334.4
自愿捐款	6 098.8	7 871.1	7 041.0	9 828.7
2. 维和行动	1 765.1	2 383.2	2 751.6	2 499.8
3. 国际刑事法庭				
卢旺达	86.2	94.0	96.8	111.7
前南斯拉夫	106.1	108.5	125.9	162.4
4. 资金总额	11 102.8	13 508.3	13 333.8	15 937.0

（续上表）

	2000 年	2001 年	2002 年	2003 年
石油换粮食方案	22 285.9	24 687.3	19 539.5	22 091.3
备忘录项目				
促进发展的业务活动 *				
(a) 各个部门	6 777.5	7 429.9	7 610.6	9 966.6
(b) 人道主义援助	1 755.4	2 102.7	1 545.0	3 019.9
石油换粮食方案 * *	11 179.0	11 179.0	6 203.0	6 203.0

资料来源：联合国大会报告 A/57/265 和 A/59/515，其他另作说明。

* 关于 2003 年促进发展的业务活动的综合统计数据，见秘书长的报告（A/60/74），表 13 和表 B.1。

* * 审计委员会的报告。

表 10－2　2000—2005 年减灾救灾财政资源

两年期预算	2000—2001 年		2002—2003 年		2004—2005 年	
组 织	经常预算/经常资源（美元）	预算外（美元）	经常预算/经常资源（美元）	预算外（美元）	经常预算/经常资源（美元）	预算外（美元）
人道主义事务协调厅	18 394 000	149 881 700	20 931 400	145 210 800	23 915 500	217 701 300
国际减灾战略		3 235 500		6 182 000		9 598 700
亚太经社会 *	7 600	—	7 600	300 000	7 600	640 000
西亚经社会（不详）						
儿童基金会[a]		436 000 000		684 000 000		1 528 000 000
环境规划署		1 339 914		1 653 250		1 185 500
难民署（不详）						
人口基金	3 000 000	10 000 000	5 000 000	25 000 000	5 000 000	40 000 000

（续上表）

两年期预算	2000—2001 年		2002—2003 年		2004—2005 年	
开发署[c] 方案[d]	4 222 907	20 499 576	9 349 180	5 071 656	14 961 917	99 453 172
开发署[c] 员工、业务开支和原始方案[e]	1 451 000	2 200 000	702 000	3 376 000	1 426 000	2 926 067
联合国大学	50 000	—	63 000	—	2 600 000	300 000
教科文组织	535 700	6 650 000	260 800	2 500 000	255 500	1 330 000
教科文组织（文化）			556 224	565 000	200 000	700 000
粮农组织＊＊		不详		不详		301 500 000
劳工组织[b]	1 070 000		1 000 000		720 000	70 000 000
卫生组织	2 983 000	54 500 000	7 978 000	88 000 000	8 332 000	150 000 000
泛美卫生组织	1 152 994		896 921		1 047 859	
小计	32 867 201	684 306 690	46 745 125	961 858 706	58 466 376	2 423 334 739
年度预算	2000 年	2001 年	2002 年	2003 年	2004 年	2005 年
上述实体的年均经常预算和预算外资源	358 586 946	358 586 946	504 301 916	504 301 916	1 240 900 558	1 240 900 558
粮食署（预算外）	1 158 283 000	1 777 042 000	1 592 160 000	3 254 748 000	2 899 628 000	2 892 401 000
联合国训练研究所			460 000	910 000	1 470 000	不详
年度预算总额	1 516 869 946	2 135 628 946	2 096 921 916	3 759 959 916	4 141 998 558	4 133 301 558

注：数据代表最终拨款和开支情况。

资料来源：联合检查组2006年发表的《争取建立一个负责救灾和减灾工作的联合国人道主义援助方案》报告。

缩写：亚太经社会，联合国亚太经济社会委员会；西亚经社会，联合国西亚经济社会委员会；环境规划署，联合国环境规划署。

＊ 亚太经社会的经常预算涉及差旅费。

＊＊ 粮农组织的预算外资源涉及2005年4月之前的应急救援工作。

a. 儿童基金会：用于紧急情况的其他资源/补充资金。

b. 劳工组织：2004至2005年应急资金为7 000万美元。

c. 开发署的财政数据显示，截至2005年11月14日，开发署已拨款4 700万美元用于减灾工作，其中包括：750万美元用于预防；500万美元用于紧急救灾；3 200万美元用于恢复；250万美元用于政策和咨询服务；另有800万美元为捐助者捐款，提供给自然灾害信托基金。开发署2004年开支包括：危机预防和恢复，4 550万美元（经常预算）和3.34亿美元（预算外资源）；减少自然灾害，600万美元（经常预算）和2 130万美元（预算外资源）。(2004年数据，见开发署第二个多年筹资框架方案开支2004年实务及服务项；其他年份数据，见文件DP/2003/CRP.14）

d. 经常预算：分配给自然灾害应急救援、恢复和减灾活动的核心预算资源调拨目标（核心）资源。

预算外资源：在危机预防和复原专题信托基金下调动的资金，用于自然灾害的应急救援、恢复和减灾活动。

e. 员工、业务开支和原始方案基金由减灾股直接管理。

由于联合国大家庭规模庞大，工作范围广泛，涉及世界上所有的国家和人类生活的方方面面，因此联合国的灾害应急组织机构也十分复杂。从横向来看，联合国应急管理系统涉及联合国系统内的绝大多数机构和部门。

在灾害管理的各个阶段，联合国系统内的各个机构所负责的职能也是各不相同的，有的机构会有50%以上的职责来进行灾害的管理和协调，有的机构大概会有10%的职责来进行灾害的管理和协调。如果按灾害管理的三个阶段划分职能的话，联合国各机构所负责的职能范围如图10－2所示。

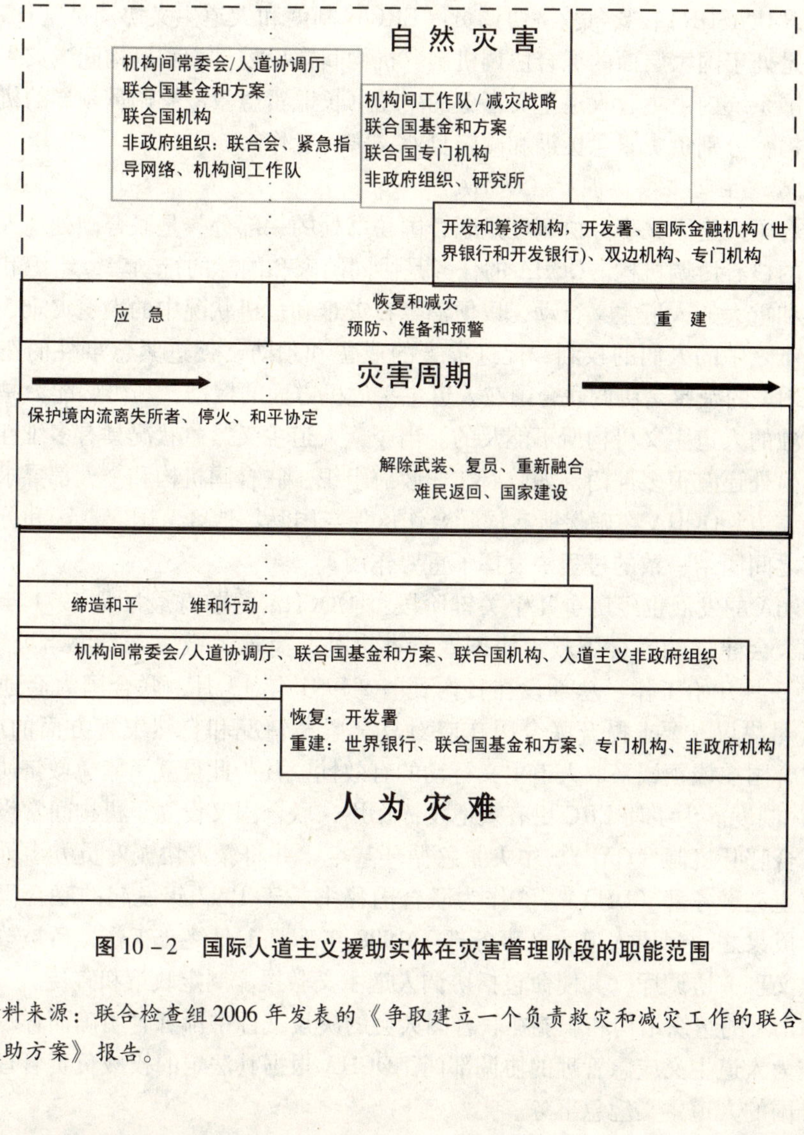

图 10－2　国际人道主义援助实体在灾害管理阶段的职能范围

资料来源：联合检查组2006年发表的《争取建立一个负责救灾和减灾工作的联合国人道主义援助方案》报告。

二、联合国应急管理的协调机构

当人道主义危机事件发生时，为了帮助协调救灾和恢复工作，通过联合国系统驻地协调代表，联合国人道主义应急机构与各国官员、国际人道主义机构、当地非政府组织、中央统计局和私营部门进行密切合作。

在联合国应急管理机制的运作中，发挥着重要协调作用的核心机构和制度主要有人道主义事务协调厅（OCHA）、机构间常设委员会（IASC）、国际减灾战略系统（UNISDR）、紧急救济协调员（ERC）制度和人道主义协调员（HC）制度。这是处于国家层面的综合协调机制。机构间常设委员会和机构间减灾工作队是联合国系统内由主管人道主义事务的副秘书长兼紧急救济协调员领导的机构间协调机构，分别负责紧急援助和减轻自然灾害的工作。

1. 人道主义事务协调厅（OCHA）

联合国人道主义事务协调厅是联合国秘书处的一部分，是联合国处理人道主义危机的核心协调机构。OCHA 的任务是协同国家和国际的行动者，组织和协调有效的和重大的人道主义行动，以便消除在灾难和危机状况中的人道灾难，维护处在患难之中的人们的权利，促进灾害的戒备和预防，促进紧急事件的正当解决。OCHA 的宗旨是协调联合国在人道主义危机方面的援助，其协调能力是任何一个单独的人道主义机构所不能及的。当今，人道主义紧急状况具有多维性和复杂性，另外还有很多部门，如政府、非政府组织、联合国机构和个人都寻求迅速的回应渠道。OCHA 在确保所有国际合作伙伴与国际、地区、国家、区和分区各级政府之间团结一致的过程中发挥了重要作用。

OCHA 的发展也经历了几个关键阶段：①OCHA 的前身最早是 1971 年通过联合国大会建立的联合国救灾协调专员办事处，简称“救灾专员办事处”，于 1972 年 3 月开始工作，总部设在日内瓦。②1991 年 12 月，联合国大会通过了 46/182 号决议，要求提升联合国在应对复杂紧急情况和自然灾害方面的能力，加强联合国在该领域采取人道主义行动的有效性，并为此设立了紧急救济协调员（ERC）制度。为了使 ERC 更有效地发挥作用，联合国又设立了机构间常设委员会、联合呼吁机制（CAP）、中央紧急循环基金，并将救灾协调专员办事处改组为人道主义事务部（DHA）。③作为联合国秘书长于 1997 年发起的联合国机构改革的成果之一，原人道主义事务部于 1998 年 1 月 1 日终止工作，后被改组为人道主义事务协调厅，其使命包括协调人道主义救援、制定政策和宣传。

OCHA 的组织结构和职能在联合国大会的决议文件中都有着明确而详尽的规定。作为人道主义应急管理的协调部门，OCHA 根据其法定的权威负责管理和协调联合国的人道主义应急事务。

OCHA 主要是在紧急救济协调员的领导下通过其在纽约和日内瓦的两个办事处、机构间常设委员会和应急服务署来行使职能。

（1）纽约和日内瓦办事处。纽约办事处主要负责宣传、外部关系、政策发展和研究、紧急情况的分析及向副秘书长提出建议；日内瓦办事处主要负责动员和协调国际救助行动，包括指导驻地办事处工作并向其提供支持、动员和协调国际快速反应行动等。

（2）机构间常设委员会。机构间常设委员会是联合国机构和非联合国人道主义合作伙伴间的协调机构，向若干少数国际秘书处和非政府组织开放，但不向会员国开放。联合国通过机构间常设委员会来协调其针对人道主义危机采取的措施。该委员会由所有主要的人道主义机构组成，由联合国紧急救济协调员担任主席。委员会成员包括联合国儿童基金会、联合国开发计划署、世界粮食计划署和联合国难民事务高级专员办事处。委员会成员还包括联合国其他机构以及主要的非政府和政府间人道主义组织，如红十字会与红新月会国际联合会。

（3）应急服务署。应急服务署下设军事及民防部队（MCDU）、应急准备部（EPS）、应急减灾协调中心（ERCC）、现场协调支持处（FCSS）及后勤支持队（LSU）等部门。

2. 国际减灾战略系统（UNISDR）

国际减灾战略系统是联合国负责减灾的核心组织，是实施兵库行动框架的协调中心，其工作重点除自然灾害的减灾管理外，还包括人为灾害、战略减灾、人道主义救援、社会经济因素等。

UNISDR 是联合国国际减灾运动中的核心协调机构，其合作伙伴包括各国政府、政府间和非政府组织、国际金融机构、科学和技术机构专门网络以及民间社会组织和私营部门。UNISDR 主要通过机构间减灾工作队（IATF）和国际减灾战略秘书处（UNISDRS）来开展工作。

（1）机构间减灾工作队。IATF 是为联合国系统内外参与减灾工作的各个部门实体为实现国际减灾战略提供的一个平台。它向联合国系统各有关组织和机构、非政府组织专家以及各会员国政府内部负责减灾工作的部门开放。在通过《兵库行动框架》之后，联合国秘书长宣布，对机构间减灾工作队进行改组和重新命名，从 2007 年起，改称为减少灾害风险全球平台。

IATF 由联合国负责人道主义事务的副秘书长和 25 个联合国机构、国际区域性组织和民间社会组织组成，包括粮农组织、红十字会与红新月会国际联合会、劳工组织、人道主义协调厅、开发计划署、环境规划署、教科文组织、儿童基金会、粮食计划署、世界卫生组织、世界气象组织和世界银行等。机构间工作队每年在瑞士日内瓦举行两次会议。会议共同讨论诸如气候异常、灾害预警、灾害脆弱性和风险分析等全球性灾害议题。

（2）国际减灾战略秘书处。该秘书处承担减灾政策的制定、全球减灾信息的沟通和交流、减灾出版物以及减灾宣传资料的出版和发行等职责，其总部设在瑞士日内瓦万国宫。秘书处的活动包含区域和国家两方面的内容，目的是创造国家行动平台，为区域网络和平台提供服务，促进早期预警和预防，并通过国际恢复平台加强有利于恢复的抗灾能力。

除了 IATF 和 UNISDRS 外，国际减灾战略系统的机制还包括：

（1）两年一度的减灾全球性论坛。该论坛对所有国家和国际减灾战略利益相关者开放，其主要目的是评估《兵库行动框架》的执行情况，分享各国在灾害和风险管理领域的经验和方法，以便减少灾害的发生并采取必要行动，加速国家和地方对《兵库行动框架》的执行。

（2）减少灾害风险的活动，包括部长级会议、区域政府间组织牵头的区域合作平台。

（3）几个主要团体和有关的国际减灾战略网络，包括各科学技术委员会、非政府组织的应对全球灾害风险网络、性别与灾害媒体集团和一个新兴的议员网络。

（4）《兵库行动纲领》的审查。

三、负责应急管理和协调的基金与方案

1. 联合国开发计划署（UNDP）

联合国开发计划署是联合国系统多边技术合作的主要机构，也是联合国促进发展活动的中心协调组织，其总部设在纽约。在灾害的应急管理方面，联合国开发计划署下设危机预防和重建与恢复办公室，其工作重点是危机预防、协助灾难频发的国家制定应急规划和灾害发生后的恢复工作。

1997 年，联合国大会在第 52/12B 号决议中决定将“负责自然灾害减轻、预防和应急准备等业务活动的紧急救济协调员的职责”转移给联合国开发计划署。按照这一决定，大会根据行政与预算问题咨询委员会的意见，自 1998 年以来每隔两年都向开发计划署提供 230 万美元的固定补助额，开发计划署将“代表秘书长，管理并协调有关业务活动”。这笔资金相当于原先人道主义事务部由联合国经常预算得到的负责能力建设的业务活动的 9 个职位的费用。由于拥有这笔经费，开发计划署在管理层次中设立了灾害管理方案，目前由危机预防和重建与恢复办公室内的减灾股予以支持。

自那时起，开发计划署开始支持并协调在实地领域开展减轻自然灾害的活动。但减灾股所担负的由大会所赋予的职责仍有待澄清和评价，因为尚不清楚大会究竟将哪些协调职能和业务活动转给了开发计划署。然而，大会确认了主管人道主义事务的副秘书长兼紧急救济协调员以及国际减灾战略秘书处，并且认为国际减灾战略秘书处自 1999 年成立以来一直是人道主义事务协调厅内一个单独的实体，尽管行政协调委员会强调国际减灾战略在自然灾害方面的活动的非业务性质。

2. 世界粮食计划署（WFP）

联合国世界粮食计划署是寻求解决全球饥饿方案的一线组织，在世界各地提供紧急粮食援助，是世界上最大的人道主义粮食援助机构，平均每年向 80 个国家的 1 亿人提供粮食援助。WFP 有 12 000 名职员，他们中的大多数在偏远地区为贫穷的人们提供服务。作为联合国的粮食援助部门，WFP 将其粮食用于满足紧急需求以及支持经济和社会发展。

WFP 原来作为一项三年期的实验方案，定于 1963 年开始运作。但是，它尚未建立便迅速发展起来——1962 年 9 月，伊朗发生地震，紧接着泰国在 10 月遭受了飓风袭击，刚刚独立的阿尔及利亚也面临着 500 万难民的重新安置问题。WFP 对急需粮食的地区提供了援助。从那时起，它将这一事业坚持至今。面对紧急状况，WFP 将食物送达给需要帮助的人们，拯救那些陷于战争、国内冲突和自然灾害中的生命。危机过后，它仍旧提供粮食援助，帮助人们重建家园。WFP 致力于让世界上的每个人都能得到足够的粮食以满足健康生活的需求。

WFP 在应对危机事件中拥有一套独特的四步运作方式：

（1）援救。WFP 永远都保持警戒状态，随时准备调集粮食，以向受灾地区提供援助。

（2）应急计划。WFP 的快速反应工作队制订了应急计划，目的是将粮食和人道主义援助迅速投放到受灾地区。WFP 与联合国大家庭的其他成员、各国政府和非政府组织密切合作，同时提供其后勤专业知识以保障实施各种各样的人道主义援助。

（3）重建。WFP 的粮食援助是帮助受灾地区人民灾后重建的一种手段。

（4）遏制。营养不良吞噬了各国发展的最宝贵财产——儿童和劳动力。粮食援助是遏制长期贫穷的最有效手段。WFP 向工人支付口粮以建造关键的基础设施，向儿童提供粮食援助作为上学的奖赏，从而推动了有关国家的发展。

自 1963 年成立以来，总部设在罗马的联合国世界粮食计划署已经投入了 300 多亿美元用于解决饥饿、推动经济和社会发展，并为全世界的突发事件提供紧急援助方案。WFP 的五项目标为：①拯救和保护处于危机中的生命；②为处理各种紧急情况做准备；③危机后的重建；④减少世界各地的饥饿和营养不良；⑤提高各国抗击饥饿的能力。

3. 联合国难民署（UNHCR）

联合国难民署是向躲避战乱、迫害或侵犯人权行为的难民和流离失所者提供援助的联合国附属机构。UNHCR 于 1950 年 12 月 14 日由联合国大会创建，并于次年的 1 月 1 日开始工作。今天，它遍布 120 个国家的 5 000 多名工作人员正在帮助着 2 180 万人。在诞生后的半个世纪中，联合国难民署共为 5 000 万人提供了援助，并在1954年和1981年两度荣获诺贝尔和平奖。

面对突如其来的紧急情况，UNHCR需要立即作出反应，如国家间和国家内部的冲突导致成千上万的人逃离家园；地震、洪水、海啸等自然灾害导致数十万人流离失所。这意味着当紧急情况发生时，UNHCR必须能够在第一时间向受灾区域提供援助和派遣专家，并为流离失所者提供帐篷、食品、水和药等生活必需品，并为之寻求长久解决问题的方案，包括自愿遣返回家或到新的国家开始新生活。

为了应对紧急情况，UNHCR首先建立了一个应急响应工作小组，该小组可以在灾害发生后的72小时内把超过300名训练有素的工作人员派遣到世界上任何地方；其次，UNHCR还在哥本哈根和迪拜建立了紧急援助物品库存基地，用以满足当地救援物资方面的需要，并与货运代理及物流公司、全球性网络供应商、专业性代理商建立了长期的合作伙伴关系。

为了保持高效的应急反应能力和营造紧急部署的氛围，UNHCR定期举办应急管理研讨会。持续一周的研讨会每年举办四次，主要议题包括应急团队建设、应急计划、应急行动和行政管理体系、金融业务合作关系、沟通和谈判技巧、安全、协调和共享信息、通信、人道主义保护等。

4. 联合国儿童基金会（UNICEF）

联合国儿童基金会于1946年12月11日创建，1950年起，它的工作扩展到满足全球所有发展中国家儿童和母亲的长期需求。1953年，UNICEF成为联合国系统的永久成员，隶属联合国系统，受联合国大会的委托，致力于实现全球各国儿童的生存、发展、受保护和参与的权利。

联合国儿童基金会一直都在紧急情况下开展工作，不管是自然还是人为原因造成的紧急情况。UNICEF原被称作“联合国儿童紧急救济基金会”，当时创立该组织的目的是为生活在遭受第二次世界大战严重破坏的国家中的儿童提供人道主义援助。从那以后，情况发生了很大变化，但联合国儿童基金会的基本使命并没有变。尽管紧急情况变得越来越复杂，其影响也比以往更具破坏性，但联合国儿童基金会始终致力于为受灾难影响的儿童提供挽救生命方面的援助，并在任何情况下保护他们的权利，不管有多么困难。在健康和营养、饮水和环境卫生、保护、教育以及艾滋病防治方面，联合国儿童基金会对处于紧急情况中的儿童的核心机构的承诺不是一句使命声明所能概括的——这是一种人道主义义务。

联合国儿童基金会与包括各国政府、联合国机构和民间社会组织在内的本地和国际合作伙伴协同工作。这些合作伙伴关系对于确保全面、有效提供人道主义援助至关重要。这种合作伙伴关系还便于实施多种多样的、解决有关儿童权利的各种问题所必需的方案。这方面在儿童权利受到极大威胁的紧急情况下显得尤为重要。

（1）在紧急情况下，儿童特别容易受到疾病、营养不良和暴力的侵害。在过去十年中，武装冲突直接导致超过200万儿童死亡以及超过600万儿童永久性残疾或受到严重伤害。估计有2 000万儿童被迫逃离家园，超过100万儿童成为孤儿或与家人失散。估计有30万儿童兵（未满18岁的男女）被卷入世界各地30多场冲突中。联合国儿童基金会把重点放在这些儿童和其家庭上，放在保护所有地方所有儿童、挽救他们的生命和确保他们的权利所需的不可或缺的干预上。战争带来的混乱和不安全状况威胁或破坏着人们对食物、居所、社会支持和健康服务的获取，并使社区特别是儿童更加脆弱。

（2）在人道主义危机中，麻疹、腹泻、急性呼吸系统感染、疟疾和营养不良是儿童的主要杀手。因此，应急免疫是联合国儿童基金会的优先干预事项之一，优先干预事项还包括补充维生素A以及建立食疗中心。联合国儿童基金会还努力确保饮用水的安全供应以及改善社区和流离失所者的卫生条件。

（3）武装冲突或自然灾害导致儿童流离失所时，他们远离了社会支持、家庭和学校。失去受教育的机会意味着对青少年的健康发展至关重要的稳定性和安全感被剥夺。在遭受暴力和战争威胁的社区内为儿童提供一个学习、玩耍甚至只是享受正常儿童生活的地方显得非常必要，重建学校有助于为儿童重新建立一个保护性的环境。学校为青少年提供了一个发展他们潜能的地方，如通过参与建设和平的活动能够在支持社区和谐的同时有助于建立青少年的自尊。因此，联合国儿童基金会赞助的返校方案在为青少年提供他们在以后的人生中取得成功所需要的至关重要的工具的同时，还有助于医治战争和灾害带来的创伤。

（4）性暴力和基于性别的暴力是紧急情况下的一个令人不安的常见特征。在武装冲突情况下，女童和妇女习惯性地成为强奸、残害、卖淫、强迫怀孕以及性奴役等性暴力活动的侵犯目标。联合国儿童基金会努力保护儿童和妇女免受基于性别的暴力，其工作侧重于三个领域，即预防、保护、恢复和重返社会。很多人道主义危机导致众多家庭被迫流离失所，儿童与照料他们的人失散，并面临暴力、虐待、拐卖和剥削的严重风险。

2005年，机构间常务委员会同意采取群集办法改善非难民环境中人道主义应急工作的可预测性和质量。联合国儿童基金会已同意在全球领导有关营养、饮水和卫生、普通数据服务和教育方面的群集行动，同时继续在健康和儿童保护方面开展强有力的实地工作。由于拥有强大的实地存在，联合国儿童基金会还可能会应邀领导国家层面的其他部门；联合国儿童基金会与其合作伙伴密切合作，制定有针对性的群集报告；该组织将联合制订一个工作计划，在2006年从新的紧急情况着手实施该办法。通过与“紧急情况下造福儿童的核心承诺”（CCCS）

相结合，群集领导安排意味着联合国儿童基金会能更有效地开展人道主义援助所需的协调，其实地能力获得显著加强。

在所有工作中，联合国儿童基金会认识到每个地方的所有儿童都拥有相同的权利。因此，它在人道主义危机中所做的工作的一个主要部分就是注重儿童保护，包括失散儿童追踪和团圆方案。联合国儿童基金会还努力防止儿童被招募到武装团体中，并确保那些已被招募的儿童从遣散方案中受益。

5. 联合国环境规划署（UNEP）

联合国环境规划署成立于1973年，总部设在肯尼亚首都内罗毕，隶属于联合国系统，是联合国的附属机构。

如今，极端天气事件发生率的增长和严重程度的加深是灾害的最大驱动因素，而极端天气事件的发生大多与气候变化相关。气候变化很大程度上是由于环境遭到严重破坏。因此，UNEP对此问题十分重视，并为此设立了冲突及灾难管理部门。自1999年以来，UNEP为科索沃、阿富汗、黎巴嫩、苏丹、中国等25个国家提供了环境危机救援帮助和高质量的环境危机评估项目。

四、负责应急管理和协调的专门机构与相关组织

联合国系统十分庞大，其众多的专门机构（政府间组织）也都在灾害应急管理中扮演着重要角色，如世界卫生组织是解决公共卫生问题和应对公共卫生突发事件的国际组织；联合国粮食及农业组织的主要任务是增强粮食和农业威胁及紧急情况方面的准备工作，并对其进行有效应对；国际原子能机构致力于促进原子能的安全与和平利用；国际货币基金组织负责促进国际货币合作和金融稳定，是关于金融问题协商、咨询和援助的常设论坛；国际海事组织致力于改进国际海运程序，提高海事安全标准，减少船舶造成的海洋污染；国际电信联盟促进应急通信领域的国际合作以改进各类电信通信，协调对无线电和电视频率的使用，推行提倡安全措施，并开展相关研究；世界气象组织在灾害应急方面的主要职责是促进对地球大气层和气候变化的科学研究，帮助灾害应急领域的专家在全球交流气象数据。

1. 联合国粮食及农业组织（FAO）

联合国粮食及农业组织是联合国的专门机构，在紧急情况出现时，粮农组织在农业、畜牧业、渔业和林业方面的专门技术知识对于应急反应和恢复工作至关重要。粮农组织每年都在世界各地投入大量资金用于紧急计划的实施。2008年，粮农组织在114个国家和地区实施了755个紧急项目（见图10－3）。

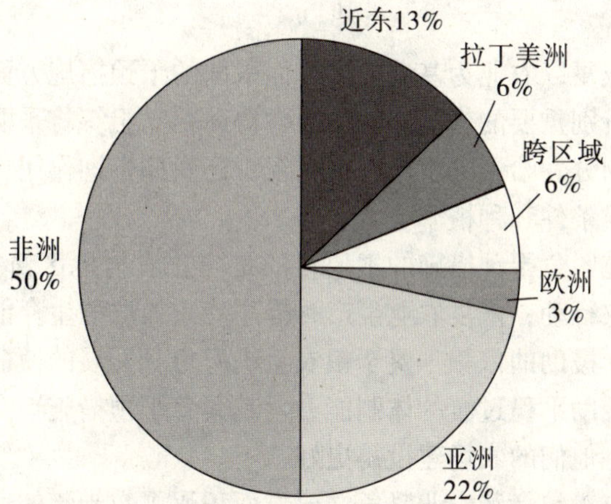

图 10－3 2008 年粮农组织批准的各区紧急项目

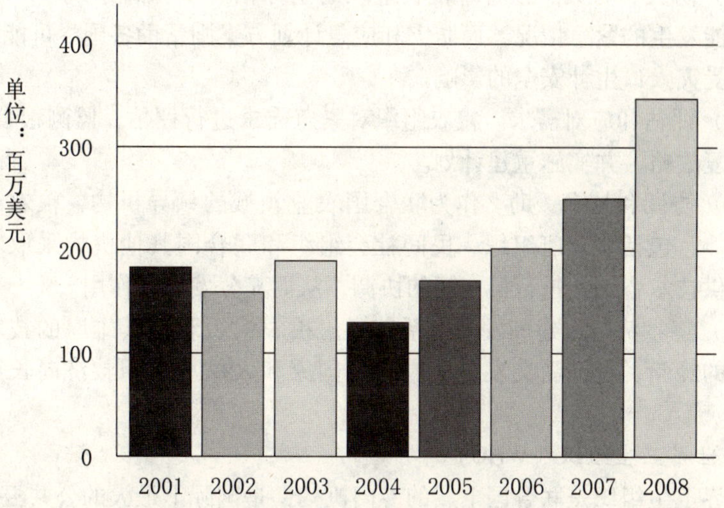

图 10－4 粮农组织紧急计划实施增长情况

在出现需要特殊外部援助的紧急情况时，粮农组织与包括各国政府、联合国其他组织和人道主义团体在内的多个伙伴携手应对。粮农组织与负责调动和协调联合国系统应急响应的联合国人道主义事务协调办公室密切合作，其首要工作是开展需求评估。例如，世界粮食计划署和粮农组织向实地派出联合工作组，对紧急粮食援助要求进行评估；同时，粮农组织还对恢复当地粮食生产和农村生计所需要开展的工作进行评估；随后，粮农组织将制订一项恢复重建计划并为计划的实施筹集资金。

在为保护和恢复以农业为基础的生计而采取的干预措施方面，非政府组织作为合作伙伴发挥特别重要的作用。他们通常协助粮农组织将采购的种子、工具和肥料等基本投入物分发给受灾农民。粮农组织还发挥咨询作用，如确保救灾物资适合该地区的气候条件和种植季节。

粮农组织实施紧急干预措施的主要目的是防止农村地区情况的进一步恶化。粮农组织迅速采取行动，恢复农业生产，提高受灾人群的生存能力，使人们有能力尽快减少对粮食援助的依赖。鉴于粮农组织肩负着发展的使命，并具有从灾后重建向长期发展援助平稳过渡的体制能力，其紧急干预措施旨在帮助所有社区提高他们的技能，将他们的农场建设得更好。

粮农组织在应对粮食和农业紧急情况方面积累了数十年的经验，拥有广泛的技术专长并在90多个国家设有办事处，它能够在以下领域发挥领导作用和提供及时援助：

（1）防灾、备灾、预警。粮农组织的全球信息及预警系统（GIEWS）突出强调可能发生的紧急情况，而防灾和应急计划方案则帮助各国尽可能减少灾害对粮食和受灾人口生计安全的影响。

（2）评估和应对需求。粮农组织对紧急需求进行评估，监测粮食安全状况，制定恢复战略，并实施重建计划。

（3）协调和技术援助。作为联合国农业领域的领导机构，粮农组织为所有发展伙伴，包括非政府组织、民间社会组织和联合国其他机构采取农业干预措施，提供技术咨询并进行机构间的协调，从而充分发挥其作用。

（4）将救济与重建和发展联系起来。粮农组织利用其雄厚的技术力量和发展工作的经验，帮助受突发灾害影响的国家和人民从短期救济向长期重建成功过渡。

2. 世界卫生组织（WHO）

世界卫生组织是联合国下属的专门机构，是国际上最大的公共卫生组织，总部设于瑞士日内瓦。在紧急情况、灾难和危机降临时，世界卫生组织与会员国、国际伙伴以及当地机构密切合作，帮助社区做好准备，及时应对灾难事件并挽回损失。世卫组织及其国际伙伴强调，投资于能够承受灾害并为有急迫需求的人提供服务的卫生基础设施具有至关重要的意义。例如，在海地地震发生后，世卫组织马上协调卫生部门动员了一支由大规模灾难管理、卫生应急措施协调和药品及医疗用品捐助管理等领域的专家组成的工作队，协助海地开展应对行动。

在紧急情况、灾难和危机发生时，世界卫生组织承担的义务有：

(1) 在危机中拯救生命并减少痛苦。
(2) 为危机管理建立有效的伙伴关系，并保证其协调一致。
(3) 为灾难的防范、应对和复原提供政治上的支持和资源上的协同。
(4) 为卫生领域紧急工作的各个阶段设计有事实依据的指导。
(5) 增强卫生体系与国家的减灾及处理灾难的能力和康复力。
(6) 确保国际上有能力为受灾国紧急应对提供援助。

第三节　联合国应急管理的资源保障体系

一、应急管理政策规划保障体系

1. 现有的国际灾害应对法律

联合国大会在《加强联合国人道主义紧急援助的协调》中明确指出："必须按照《联合国宪章》尊重各国的主权、领土完整和国家统一。关于这方面，必须在受灾国同意的原则上，应受灾国呼吁的情况下，提供人道主义援助。"但现在还没有明确和一致的规章性协定，来解决跨界灾害管理和人道主义援助各个方面的问题。2005 年 1 月 8 日生效的《关于向减灾和救灾行动提供电信资源的坦佩雷公约》是这方面的唯一一项国际公约。

红十字会与红新月会国际联合会指出，目前的国际灾害应对法律是由 130 多项各种文书组成的拼盘，这些文书大部分属于双边条约，其中大部分又是在欧洲各国之间缔结的，如 1985 年签订的《丹麦和德国关于灾害或严重事故时互助协定》，1991 年通过的《美洲便利灾害救助公约》。对灾害反应的各个重要方面，如入境要求、工作许可、行动自由、信息交换、货物的处理等，都没有明确的易于查找的原则。

2001 年，红十字会与红新月会国际联合会启动"国际灾害应对法"计划，以调查现有的国际灾害应对机制，审视现有国际灾害应对机制的有效性，促进国际社会对国际灾害应对机制的理解，减少灾害给人们带来的损失。此外，2007 年，在联合会建议的基础上，红十字会与红新月会国际联合会第 30 届会议通过了《国内便利和管理国际救灾和初期恢复援助工作导则》（以下简称《导则》）。在 2009 年，人道主义组织及其合作伙伴开始将《导则》纳入制定法律以及灾害管理和降低风险的举措中。《导则》旨在协助政府订立自身的国际救灾援助的法律和体制安排，已向柬埔寨、肯尼亚、老挝、马来西亚、尼日利亚、巴拿马、巴布亚新几内亚、秘鲁、塞拉利昂和越南提出了具体的咨询意见或提供了培训。此外，人道主义机构支持在中亚地区开展由成员国推动的进程，以加强在发生紧急情况时开展区域合作的法律准备工作。另外，联合国系统继续推动联合国与救灾援助的受援国或过境国缔结《海关便利示范协定》。因此，联合国要鼓励各成员国利用《导则》增强在法律方面的防备工作以促进有效的灾害管理，同时也要考虑签署《海关便利示范协定》，以便在发生灾害和其他紧急情况时方便救灾物资和救灾人员的物品入境和过境。

2. 应急管理政策和指导方针

关于人道主义援助和减灾行动，联合国存在着由机构间常设委员会和机构间减灾工作队所制定的机构间指南和政策。

机构间常设委员会就人道主义援助制定了大约 25 项政策、原则和指南（见表 10－3）。这些政策、原则和指南根据的是《关于国内流离失所问题的指导原则》和大会第 46/182 号决议附件所列的指导原则。机构间减灾工作队还制定了一些机构间文书，确保与参与实施国际减灾战略和《兵库框架》的各部门实体采取的行动具有互补性。这些文书提供的指南和行动要点的目的是突出说明一些优先领域，并找出通过专题、区域和国家平台与网络开展的活动所存在的差距。这些指南包括“关于将减灾战略纳入到共同国别评估和联合国发展援助框架的指南”和“指导原则：关于减少灾害风险的国家平台”。

表 10－3　机构间常设委员会制定的政策、原则和指导方针

机构间常设委员会（机构间常委会）为人道主义援助工作制定了多项政策、原则和指导方针，联合国人道主义协调员负责推动并监督执行情况。这其中包括以下现行政策以及机构间常委会今后将制定、通过并颁布的新政策。

- 联合呼吁程序指导方针（1994 年）
- 使用军事和民防资源救灾的指导方针（1994 年）
- 使用军事和民防资源支助人道主义行动的指导原则和业务原则（1995 年）
- 从救援到发展的退出战略（1995 年）
- 在冲突局势下尊重人道主义任务（1995 年）
- 在紧急情况下开展艾滋病毒/艾滋病干预措施的指导方针（1996 年）
- 在复杂紧急情况下人道主义人员的退出战略（1997 年）
- 境内流离失所问题指导方针（1998 年）
- 关于将性别观点纳入人道主义援助的政策说明（1999 年）
- 机构间常委会关于保护境内流离失所者的第 2 号政策文件（1999 年）
- 促进重新融合的外地工作人员指导方针（黄金法则）（2000 年）
- 关于人道主义援助的机构间紧急规划指导方针（2001 年）

（续上表）

- 关于联合国/非联合国外地安全协作的建议（2001 年）
- 在人道主义危机中预防性剥削的行动计划（2002 年）
- 扩大庇护伞：通过人道主义行动保护人权（2002 年）
- 机构间常委会关于加强联合呼吁程序的行动计划（2002 年）
- 机构间常委会呼吁和战略文件（2003 年）
- 修订后的紧急情况下艾滋病毒/艾滋病指导方针（2003 年）
- 冲突情况下人道主义人员的退出战略（2003 年）
- 在复杂紧急情况下使用军事和民防资源支助联合国人道主义活动的指导方针（2003 年）
- 关于武装冲突情况下的国际人道主义、人权和难民法常见问题（2004 年）
- 评估制裁的人道主义影响的外地指导方针（2004 年）
- 机构间常委会关于境内流离失所问题的一揽子政策（2004 年）
- 2006 年联合呼吁程序技术指导方针（2005 年）
- 紧急呼吁指导方针（2005 年）
- 使用自我评估工具的指导方针（2005 年）
- 在人道主义背景下针对基于性别的暴力开展干预措施的指导方针（2005 年）
- 自然灾害中的人权业务指导方针（2006 年）

资料来源：联合国机构间常设委员会. 修订后的人道主义协调员职权范围. 2003, http://www.humanitarianinfo.org/iasc/content/products/default.asp.

二、应急管理资金保障体系

1. 联合呼吁程序

紧急人道主义援助行动往往需要大量的资金支持，机构间联合呼吁机制（CAP）和紧急呼吁机制（CHAP）是联合国筹集资金的重要渠道。参与呼吁机制的联合国机构主要有开发计划署、粮食计划署、儿童基金、人口基金、世界卫生组织、教科文组织、粮农组织、难民署等。这一机制在向发生战争和自然灾害的地区提供人道主义援助方面发挥了重要作用。

2. 联合国中央应急基金（CERF）

（1）基金概况。

中央应急基金是联合国于 2006 年成立的一个独立基金。该基金是由联合国所有成员国支持建立的，用于支助供资不足的基本人道主义应急活动，是联合国人道主义应急机制的重要组成部分。它使那些受自然灾害和武装冲突影响的地区得到更及时和可靠的人道主义援助，并保证这些资金进入国际援助组织网络中最需要的地方。

中央应急基金有两种资金承付途径，即快速应急窗口承付和资金不足窗口承付。通过快速应急窗口拨款的目的是帮助启动人道主义应急工作，以尽可能切实有效地应对危机。

自中央应急基金运作以来，每年向与自然灾害有关的快速应急项目拨款数额巨大，表10－4分列了自2006年开始有赠款部分以来中央应急基金历年为应对自然灾害拨款的情况。

表10－4 中央应急基金为应对自然灾害提供的快速反应资金

单位：百万美元

时间 灾害类别	2006年3月15日至2006年6月30日	2006年7月1日至2007年6月30日	2007年7月1日至2008年6月30日	2008年7月1日至2009年6月30日	共计
洪水/干旱/飓风/龙卷风	14.3	90.1	93.7[a]	57.0[b]	255.1[c]
疾病	1.2	16.7	10.6	16.9	45.4
地震	—	0.7	15.3	2.0	18.0
虫害爆发	—	1.3	2.0	2.6	5.9
热浪/寒潮	—	—	2.4	5.7	8.1
共计	15.5	108.8	124.0	84.2	332.5

注：a财务数字反映紧急救济协调员核准的项目金额，不反映联合国核证的实际财务价值。

b不包括通过中央应急基金全球粮食危机储备金在2008年向受干旱影响国家拨付的资金。

c其中大约8 980万美元用于应对干旱。

（2）中央应急基金的主要成果。

按照确保对紧急情况作出更及时和更可预测的反应这一人道主义改革宗旨，中央应急基金确定了三个主要目标：①推动尽早行动并作出反应以减少生命损失；②加强满足时间紧迫的需求的能力；③加强在供资不足的危机中人道主义反应的核心要素（见联合国大会第60/124号决议，第15段）。

根据这些目标，中央应急基金每年向在11个分组/部门开展工作的14个人道主义机构提供应急行动资金（见图 10 – 5 和图 10 – 6）。

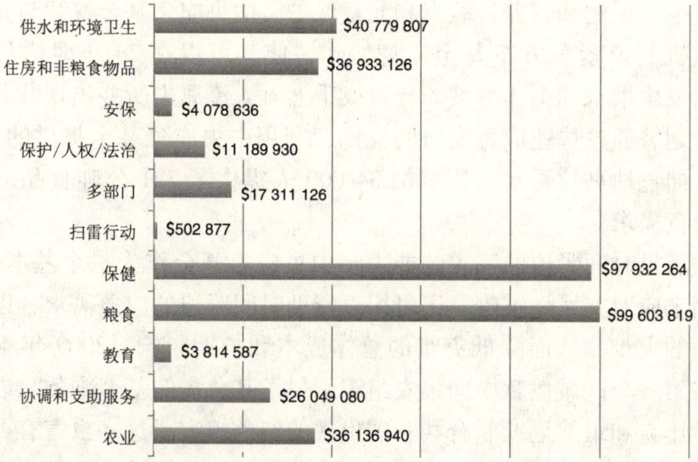

图 10 – 5　2008 年 7 月 1 日至 2009 年 6 月 30 日按部门分列的中央应急基金拨款情况

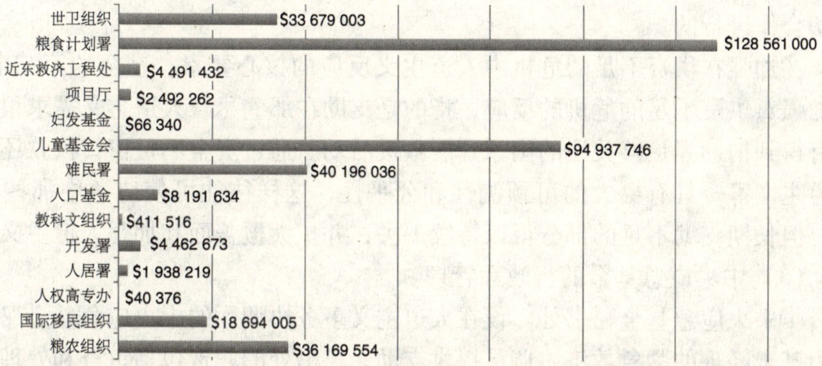

图 10 – 6　2008 年 7 月 1 日至 2009 年 6 月 30 日按机构分列的中央应急基金拨款情况

这些机构与许多人道主义伙伴，包括各国政府以及国家和国际非政府组织合作，开展旨在满足救生需求的关键项目。下面举例说明中央应急基金为实现三个主要目标所采取的行动。

①推动尽早行动并作出反应以减少生命损失。通过应急基金的供资，各机构得以启动或扩大业务，以促进尽早采取行动，并改善整体人道主义应急工作。作

为中央应急基金的最大资金接受机构之一，儿童基金会在2008年7月至2009年6月间共收到9 490万美元资金，在一些分组/部门开展基本应急活动，其中包括水和环境卫生、保健和营养、教育和儿童保护。中央应急基金继续与儿童基金会的内部贷款机制及紧急方案基金密切协作，使其可以在24小时内付款。2008年，中美洲发生洪水和山体滑坡，导致成千上万人流离失所并出现营养不良和疾病。粮食计划署通过快速应急窗口的支助，利用中央应急基金提供的大约60万美元经费，向危地马拉受水灾影响的34 000人提供了721公吨食品，以满足迫在眉睫的粮食需求。

②加强满足时间紧迫的需求的能力。中央应急基金作为一个基本筹资工具，不仅可以用来应对突发性灾难，还可用以资助时间紧迫的应急需求，以防止危机升级为全面的灾难，从而降低灾难的总体成本和长期影响。2009年4月，中央应急基金在第一个区域拨款中向粮农组织承付了其急需的基金赠款，以应对在马拉维、莫桑比克和坦桑尼亚联合共和国出现的红色蝗灾。这一虫害有可能影响到中部、东部和南部非洲1 500多万人的生计。在190万美元快速应急赠款的支助下，粮农组织得以迅速调集资源，并在一个月内处理了近14 000公顷土地（大多是用环保生物农药)，以确保遏制虫害。大规模的蝗群外逃和入侵作物种植地的情况得以避免。该项目也是与其他人道主义伙伴，包括在该地区的非政府组织密切合作进行的。

③加强在供资不足的危机中人道主义反应的核心要素。基金的第三个目标，即加强对供资不足的危机的反应，指的是支助在那些尽管人道主义需求很大，但没有得到捐助界足够关注的国家开展救援活动。通过资金不足窗口拨款还可以使人道主义筹资具有更大的可预测性和公平性，这样往往可使应急中那些十分关键，但长期支助不足的部分得以持续下去，并扩大覆盖面和加强人道主义协调。

（3）中央应急基金的行政和管理。

①中央应急基金秘书处。设在人道主义事务协调厅的中央应急基金秘书处向作为基金经理的紧急救济协调员提供支助。秘书处的职责包括审查和处理拨款提议、制定和提供政策指导、与各机构和合作伙伴密切协商、协调机构间进程、执行宣传和报告职能、支持驻地/人道主义协调员获得中央应急基金拨款、支助中央应急基金咨询小组及管理基金的数据库和网站。为了履行这些职能，并按照咨询小组的建议，秘书处扩大了规模并增强了能力，现设有23个员额，其中包括分别从难民署、粮食计划署和粮农组织借调的3个员额。这样，特别是在处理赠款申请、支助国家一级的进程和改善报告、信息共享和沟通方面，基金的反应速度和效益显著提高。

②中央应急基金咨询小组。按照联合国大会第60/124号决议的要求，中央

应急基金设立基金咨询小组，独立专家作为咨询小组成员，通过紧急救济协调员就基金的使用和影响向秘书长提供政策咨询和指导。

③机构间协商。通过机构间常设委员会，并在工作层面上通过中央应急基金机构间小组和中央应急基金伙伴关系工作队与各机构就基金问题进行定期协商，协商的内容包括讨论业务和政策建议。

（4）结论。

中央应急基金是多边人道主义资金筹供架构的重要组成部分，可以使各机构在突发灾害后启动救援行动，填补时间紧迫的应急资金缺口，并在面临资金短缺的危机中满足更多的需求。

国际人道主义界未来面临许多挑战，但无论这些挑战的影响如何，中央应急基金将继续发挥核心作用，确保作出迅速协调的反应，以满足世界各地最脆弱群体的需求。大会为基金设定了每年4.5 亿美元的筹资目标，同时需要继续支助多种人道主义筹资工作。必须加强政治和财政支持，以应对日益增加的挑战。中央应急基金需要这些支持，以便更好地促进可预测性的增强，开展更加及时、公平、负责、公正和有效的人道主义应急行动。

三、应急管理通信保障体系

有效地、及时地部署电信和信息资源，以保证信息迅速、有效、准确和真实地流通，对于减少灾害所造成的生命损失、人类苦难以及财产和环境损害是不可缺少的。联合国人道主义应急和援助机构通过可靠、灵活的电信和信息资源才能顺利开展救急扶危的工作。联合国应急管理的通信保障系统包括紧急通信集群系统、机构间常设委员会应急通信工作分组、国际电信联盟的应急通信业务和《关于向减灾和救灾行动提供电信资源的坦佩雷公约》。

1. 紧急通信集群系统（ETC）

联合国紧急通信集群系统是由人道主义事务协调厅、联合国儿童基金会和世界粮食计划署三个机构联合组成的应急通信保障体系。人道主义事务协调厅负责紧急通信的总体协调工作以及灾害发生时紧急通信的准备和响应工作；世界粮食计划署和儿童基金会负责保障紧急通信服务的具体业务工作，包括通信安全和数据通信服务，以确保紧急通信可以及时有效地用以支持人道主义应急行动的各项工作。

ETC 的职责包括：①提供人道主义机构间电信基础设施的架构和基本通信服务，包括数据共享和安全通信，这是应急机构高效率和有效运作必不可少的基本条件；②提供标准的信息和通信技术平台，以避免重复的通信服务；③确保灾后重建时的通信顺畅。

2008 年，联合国世界粮食计划署与沃达丰集团基金会开展合作，共同组建了“应急通信全球伙伴关系”，为全球救援机构开发标准通信系统，提高后勤保障效率，缩短应对各种灾难的时间，以促进紧急救援行动中信息和通信技术的有效利用。联合国基金会和沃达丰集团基金会承诺提供 430 万美元的资金，世界粮食计划署承诺提供 180 万美元的资金，来制订一项向所有人道主义救援机构开放的培训计划。

2. 机构间常设委员会应急通信工作分组（WGET）

应急通信工作分组隶属于机构间常设委员会，是一个为增加联合国人道主义应急管理参与者在通信技术管理、操作和技术方面有效性的机构，参与者包括联合国各机构、各国政府和非政府的人道主义组织。

WGET 的职责包括：①推广和实施《关于向减灾和救灾行动提供电信资源的坦佩雷公约》，以缓解救援行动中的通信障碍；②采取一系列鼓励措施，以促使联合国人道主义应急管理参与者采用国际电信联盟关于应急通信的决议；③促进联合国各机构交流、沟通和传播关于应急通信的信息；④促进联合国各机构和成员国参与应急通信领域的研究和合作。

在 2009 年，WGET 继续促进采用紧急电信标准，推动人道主义组织之间订立双边协定并与私营部门建立伙伴关系，以改善紧急电信方面的防备情况。

3. 国际电信联盟的应急通信业务（ITU）

国际电信联盟是联合国主管信息通信技术事务的专门机构，简称“国际电联”。国际电联在积极开展基本通信业务的同时，还针对防灾和减灾工作不断加强应急通信业务能力。

为减轻灾害影响，在灾害之前、灾害期间和灾害之后及时发布权威信息至关重要。国际电联在无线电通信领域开展的活动对于灾害管理工作十分宝贵。通过协调和有效使用无线电频谱、建立有关使用无线电通信系统的无线电标准和导则等，有助于预测、发现灾害并对灾害作出预警。

国际电联制定的电信技术标准对于确保电信网络的全球互联互通具有战略意义，连通一体的电信网络能够在紧急情况和灾害发生期间实行监测和管理。目前已制定了若干有关优先呼叫安排的建议书，旨在确保救灾人员在需要时得到通信线路（无论是使用传统的还是下一代通信网络）。紧急情况发生时，除有必要提供优先呼叫外，还需要能够对用户发出警告，因此，确保警告能够不受干扰并及时从源头发至最终用户（无论通过何种方式与这些最终用户进行联络）的标准至关重要。

国际电联发展部门将应急通信作为其发展日程的不可或缺的部分，为此，发展部门的诸多工作均涉及将灾害管理纳入电信/信息通信技术和灾害防备的主要活动中，其中包括基础设施建设及制定有利的政策、法律和监管框架。在灾害发生后，国际电联部署临时电信/ICT 解决方案，帮助受灾国家开展工作，包括通过卫星提供基本电信和远程医疗应用。灾害管理工作的一个重要组成部分是重建和恢复电信/ICT 网络，国际电联在为救灾和灾害响应提供协助后，即派遣相关人员到受灾国家开展评估工作，以通过使用地理信息系统对网络受损程度作出判断。在该调查结果基础上，国际电联与东道国一道着手重建和恢复基础设施，同时确保为其加入具有灾害弹性的功能特性，以减少网络脆弱性，抵御未来灾害的影响。

4.《关于向减灾和救灾行动提供电信资源的坦佩雷公约》

在国际电联的起草和推进下，《关于向减灾和救灾行动提供电信资源的坦佩雷公约》于2005 年1 月8 日生效并且得到35 个国家批准，该公约旨在为防灾和救灾工作及时有效地提供电信资源以及快速高效地提供信息流通，同时，该公约呼吁各国消除有碍电信使用的监管障碍，有助于救灾人员充分利用能够拯救生命的通信工具。

《关于向减灾和救灾行动提供电信资源的坦佩雷公约》涉及如下内容：减灾救灾行动期间提供电信资源和国家具体适用情况；标准程序；在电信设备的转让和使用问题上取消法规、许可证及海关障碍；保障外国电信人员的权利和豁免权；指导方针；行动计划和示范协议。

四、应急管理技术保障体系

应急管理技术保障体系是指将网络、卫星监测、全球定位系统和遥感等一系列高新技术应用在应急管理领域，以支持应急管理的整个周期。下面重点介绍人道主义事务协调厅的赈灾信息网站和联合国灾害管理与应急反应天基信息平台。

1. 赈灾信息网站

联合国人道主义事务协调厅不仅负责为当地的救灾提供支持和指导，而且需要就这一灾难向国际社会在全球范围发布信息。OCHA 设立了两个人道主义信息中心（Humanitarian Information Centre，HIC）办事处，一个在斯里兰卡，另一个在苏门答腊岛。每一个办事处都广泛使用 GIS 为人道主义工作者制作地图，如受灾人口图、损害评估图以及国内难民图。

在人道主义信息中心的 GIS 产品中，最有价值的是“谁在哪做什么”的地图和数据库。这些产品在赈灾工作人员的信息沟通上发挥了无以估量的作用。这些信息包括哪些组织已经在特定区域解决问题、哪里仍有可能需要帮助等。有关人道主义信息中心发布的世界范围内的最新信息可以在 humanitarianinfo. org 获取。

为了促进全球人道主义活动信息的传播，联合国人道主义事务协调办公室维护着一个赈灾网站（www. reliefweb. int），这个网站是世界上访问量最大的人道主义信息门户网站，每天的点击量超过百万次。赈灾网站的地图中心（Relief Web Map Centre）是一个全世界人道主义活动已发布地图的储藏库。除了 OCHA 制作的态势图，地图中心还包含一系列多样化的国际性来源的地图。

2. 联合国灾害管理与应急反应天基信息平台（SPIDER）

SPIDER 是联合国外层空间事务厅于 2006 年建立的一个以空间信息技术为基础的灾害信息平台。该平台以支持空间信息用于灾害管理的手段，充当灾害管理部门与空间科学界的桥梁，并作为能力建设和加强体制工作的促进者，向所有国家、相关国际和区域组织全面提供与灾害管理有关的所有类型的天基信息和服务，以资助灾害管理整个周期的工作。

SPIDER 项目的开展和实施将有助于最大限度地为空基服务，有效地为灾害管理和应急响应提供协调和方法。这将有助于成员国获取和使用空基服务以支持风险降低和灾害管理活动，有助于将用户群体与正在实施或计划中的国际性计划或倡议联系起来。SPIDER 项目的主要功能包括信息功能、协调功能和业务功能三个方面。

（1）信息功能。SPIDER 的信息功能包括：①涵盖与空间技术和灾害管理界相关的所有活动和计划的网络信息服务，包括目前正在进行中和计划中的相关国家、区域和国际性计划；②提供相关的利用空基技术方案进行灾害管理和应急响应的案例研究和最佳实践途径；③提供可以为灾害研究和应急响应所使用的存档数据；④提供可以参加的相关延伸活动和能力建设的信息；⑤为灾害管理和应急响应活动从各成员国或数据库中获取相关信息和数据；⑥提高公众对于利用空间技术进行减灾的意识。

（2）协调功能。SPIDER 的协调功能包括：①促进联合国系统各实体、国际和区域机构以及国家级机构之间的联合，以缩小最终用户和空间界之间的差距；②促进现有和计划中的与灾害管理和应急响应相关的区域性、国际性组织的发展和计划的实施（如“空间与重大灾害问题”国际宪章、RESPOND、拟议的全球监测促进环境和安全服务中心与地球观测小组之间的结合与统一）；③促进实践社区的建立，把天基技术方案的终端用户和服务提供者联系起来，并通过互联网论坛等形式与之开展合作；④协助优化用户利用空基信息进行灾害管理和应急响应的需求，进一步改进最佳做法的提炼和相关经验的积累；⑤代表用户进行数据政策谈判（采集、使用、定价和存档）；⑥促进能力建设，包括汇总与能力建设相关的信息、制定培训课程的大纲等；⑦应相关国家机构的要求，协助制定利用天基技术进行灾害管理的规划和政策。

（3）业务功能。SPIDER 的业务功能包括：①协助实施灾害管理和应急响应的活动，开展和实施与各国指定机构（NFPs）共同确定的项目和计划；②在国家层面上按照灾害管理主题编辑风险信息，逐步将天基技术方案用于区域/亚区域易受灾情况评估；③将风险评估与减贫的经济发展战略联系起来；④发展对易受害性区域/亚区域的评估；⑤促进国际性计划或方案的实施。

五、应急管理物资保障体系

物资保障是应急管理资源保障体系中的重要组成部分，是保障应急救援工作及时、有序进行的基本条件之一。因此，联合国十分重视应急物资保障体系的建立，其建立的联合国联合后勤中心和人道主义应急仓库为联合国各机构的紧急救援行动提供了强大的支持。

1. 联合国联合后勤中心（UNJLC）

UNJLC 是联合国的一个跨部门机构，其任务是协调和优化联合国人道主义应急组织在大规模紧急事件期间的物流能力。2004 年，UNJLC 被整合纳入世界粮食计划署的管辖，其在苏丹的项目是仅存的一个后勤项目。

UNJLC 是为了在紧急情况发生时优化和补充联合国各机构物流能力的协调机构，其职责和功能主要包括：

（1）收集、分析和传播与人道主义救援行动相关的物流信息。

（2）利用可利用的运输渠道，妥善安排人道主义应急物资和救援人员的行程。

（3）管理、接收、派发、跟踪非指定用途的物资和非食品类物资。

（4）针对具体要求，制定出详细的道路、桥梁、机场、港口等物流基础设施建设的评估方案并提出维修和改造建议。

（5）依据紧急情况的类型、规模以及合作伙伴的人道主义需求来应变。

（6）作为联合国人道主义物流运作的信息平台，UNJLC 可为联合国应急机构推荐最有效的物流方式并提供解决物流“瓶颈”的备选方案。

（7）作为联合国物流运作的统筹协调中心，UNJLC 和当地政府一起对救灾物资的进口、运输和分发进行统筹和协调。

（8）在复杂的环境和形势下，UNJLC 与维和行动部、当地应急管理部门、军队联合对应急物资的物流运输进行协调。

2. 联合国人道主义应急仓库（UNHRD）

早在 1983 年，联合国救灾专员协调办事处（现为 OCHA）就在意大利的比萨建立了一个应急物资储备仓库，用以提供灾害发生时所需的物资。2000 年，OCHA 的储备物资搬到了联合国人道主义应急仓库，所有物品均在 OCHA 的中央登记册注册登记。除此之外，中央登记册还登记联合国系统内以及联合国发出通知后很快就能够提供帮助的各国政府、政府间组织和非政府组织的所有专门人员、技术专家小组以及救济物品、设备和服务。

2009 年，人道主义事务协调厅按照联合国大会的要求对 UNHRD 的中央登记册进行了一次独立的外部审查，评估“灾害管理能力中央登记册的增加值和用户满意程度”。审查发现，登记册的目录目前对联合国以及更广泛的人道主义紧急援助界的附加值有限。该目录是在 1992 年设计的，在某些情况下已因后来的系统和网络而丧失优势，总的来说很少为人所知，使用量较低，大多数目录没有达到预定的潜在用户。根据审查，过去两年里，登记册目录没有在紧急情况反应进程中发挥重要作用，而那些曾使用目录的人对目录的满意程度大多较低。因此，人道主义事务协调厅在审查原有中央登记册紧急库存目录的基础上，重新设计了功能齐全的紧急库存目录（包含在中央注册的灾难管理能力），使它成为一个动态的管理工具。重新设计的紧急库存目录包括：位置；物资持有人；救灾物品的库存和规格；获取物资的条件和程序；报关和运输的条件。这个目录可以使联合国机构、各国政府、政府间和非政府组织快速识别和联系相关的部门，以申请到所需的救灾物品。

如今，UNHRD 作为联合后勤中心的一部分已被纳入世界粮食计划署后勤司的管辖范围，世界粮食计划署通过广泛的采购方案以及同私营部门建立合作伙伴关系，在加纳、阿联酋、马来西亚、巴拿马、意大利等地建立了联合后勤中心的支持中心。

UNHRD 提供两种服务类型：①标准服务，UNHRD 的仓储被视为标准的人道主义应急仓库，并提供人道主义免费物资；②具体服务，为其他机构在采购，以及物资运送、处理，海关进口和出口的过程中提供援助（重新包装和配套服务被认为是特定的服务），世界粮食计划署在全部回收成本的基础上另加 4.5% 的管理费用。

UNHRD 储存的物资并不是为了提供援助，而是为了在紧急情况下填补紧急援助物资的不足，其优势有两点：①当灾难发生时，不需要进行费时的市场调研和物资采购，其储备的物资经过适当的包装，随时可以运送；②UNHRD 的仓储地点均设立在机场、港口、国家/国际公路的附近，以便于物资运往受灾地区。正因为这种积极定位，在紧急情况下，救灾物品可以在 24 至 48 小时内运送到世界各地。

第四节 联合国应急管理中的社会参与机制

一、应急管理中非政府组织的参与

联合国系统中负责促进联合国与非政府组织合作关系的机构是非政府组织联络处，该联络处为双方提供信息、建议、顾问和资助服务，成为联合国与公众加强对话的平台，也赢得了广大非政府组织对联合国工作的支持。

在联合国应急管理体制框架中，非政府组织的参与是其有益而必要的补充。非政府组织在联合国灾害响应与恢复中扮演着重要角色，成为联合国应急管理在国家和社区层面不可或缺的工作伙伴。在参与联合国应对紧急事件的过程中，非政府组织和民间社团发挥着独特的作用：

（1）非政府组织和民间社团具有国际组织的特征，拥有遍及全球的网络，反应灵活而迅速，可以与联合国和地方政府结成应急伙伴关系，在紧急事件的应对中发挥重大作用。以红十字会与红新月会国际联合会（IFRC）为例，它在全球拥有众多的成员机构，是联合国应对灾难性事件、开展国际合作可依托的重要网络。IFRC 的全球重要合作行动包括：降低灾害易发地带社区及家庭的脆弱性，提高其承受灾害影响的能力；增强各国红十字会、红新月会的灾害准备与灾后响应能力。

（2）非政府组织具有很强的筹资能力，能够迅速地在国内外筹措到大笔应急资金。例如联合国应对印度洋海啸的筹款，在很大程度上是通过非联合国渠道提供的，包括 IFRC 等国际非政府组织和大型非政府组织的资助。据悉，IFRC 收到了 22 亿美元的捐款。值得指出的是，在筹款的使用上，非政府组织方面也十分注重向其捐助者负责，很多非政府组织及其联合体印发定期问责制报告向公众分发。尽管这些报告的内容详细程度不同，但大多数都列有筹资和资金支出数额、支出用途和使用剩余资金的长期计划。

（3）非政府组织和民间社团贴近社会公众，可以反映社会公众在紧急援助和复原阶段的利益诉求，防止次生、衍生灾害的发生。例如，联合国在应对对印度洋海啸受灾国的援助和复原阶段，非政府组织和民间社团对许多受影响国家的贡献是空前的。在泰国，民间社会团体与地方政府和国家当局合作组织复原行动以及提请注意被忽略的缅甸移徙工人和穆肯海游牧民族。在印度尼西亚，联合国亚齐和尼亚斯复苏工作协调员办事处吸收了许多非政府组织参与其中；亚齐复原论坛就政府的复原和重建总计划向政府、联合国和国际金融机构提供支助和咨询意见。联合国人道主义救援机构与民间组织还进行广泛协商，以进一步提高规划进程的公信力。

（4）非政府组织和民间社团汇集着大量掌握相关应急技术的人才，他们是联合国应急管理宝贵的人力资源。这些成员接受了正规的培训，实践经验丰富，敬业精神强，可以从事从灾害救助到灾后恢复重建的各种工作。

二、应急管理中营利组织的参与

联合国已越来越多地与私营部门建立合作伙伴关系，以协助实现本组织的目标，尤其是千年发展目标。这种与私营部门的合作始于十多年前，当时只是作为零星和实验的做法。多年来，联合国与私营部门的伙伴关系已成为整个联合国系统包括人道主义应急机构应对重要挑战的共同和日益成熟的一种机制。全球契约办公室是加强联合国和私营部门合作伙伴关系的协调机构。

全球契约是世界上最大的企业公民意识倡议，通过鼓励遵守十项原则和行动，以支持联合国的各项目标，特别是千年发展目标，从而将联合国的价值观带给全球的工商界。联合国全球契约拥有来自超过 135 个国家的 6 600 多个签字方，其中 5 100 个来自工商界，1 500 个来自民间社会团体及其他非工商业部门。全球契约在 80 多个国家建立了当地网络，为在当地推进这些原则提供了渠道。由于网络庞大，为了解工商业利益及公私合营结构，全球契约办公室在促进和加强全系统的联合国伙伴关系议程中发挥着核心作用。

在过去的两年里，全球契约办公室根据大会赋予的任务规定，与多个联合国实体一道，通过分享良好做法和吸取经验，开发改善伙伴关系的新资源和工具，加强与私营部门的关系。其举措包括设立联合国私营部门论坛、订正联合国与工商界合作准则、开发新的联合国与工商界网站，以及召集联合国系统私营部门协调中心年度会议。

新的联合国与工商界网站已于 2011 年启用，该网站更具透明性，并加强了在联合国开展广泛伙伴关系工作的一致性。该网站解决了各公司在确定潜在伙伴关系方面遇到的各种困难，以及与各机构、基金和方案协作的性质问题。该网站由 20 多个联合国实体协作创建，提供了一个接入点，将各公司与联合国实体进行匹配，建立伙伴关系。它既可以传递企业愿意给予的应急资金和物资支助，也列出了联合国对应急资金和物资的需求。

私营部门通过多种方式参与伙伴关系，在人道主义应急援助方面，提供了不同类型的支助，包括传统慈善、社会风险资金、混合或价值混合融资机制、员工充当志愿人员并提供其专长，产品捐献及其他实务捐献。下面列举三个实例：

（1）如在印度洋海啸的应对中，与联合国建立伙伴关系的私营和商业部门提供了大量资金和物资，以及许多公益服务。如普华永道拿出8 000 个小时来加强联合国问责机制；德洛伊特咨询公司也向联合国开发计划署提供了21 000 个公益小时，用于加强报告制度和采购进程的顺利进行。

（2）胖必团是一种以花生为原料制成的即食食疗食品，该产品已证明可以缓解埃塞俄比亚儿童营养不良的状况，严重营养不良儿童的康复率高达95%。为增加供应量，降低胖必团的费用，一个私人捐助者提供了130 万美元，与联合国儿童基金会及一家当地工厂建立伙伴关系，并设立了一家工厂，提高胖必团的产量，向整个埃塞俄比亚的食疗机构供应更多胖必团，用以缓解人道主义危机中儿童营养不良的状况。

（3）2008 年，全球电信供应商联合联合国基金会以及世界粮食计划署制定了一个“紧急情况通信”倡议，这一倡议实现了紧急情况信息和通信技术解决方案的标准化，扩大可随时部署的训练有素的专家和待命合作伙伴的人数，以及提供可以立即派遣的信息和通信技术应对人员，提高紧急情况通信的效率，加强紧急通信的协调。

三、应急管理中社区的参与

灾难在社区有着深远的影响，社区中的每位成员都应对其社区面临的问题以及可提供的资源有一定的了解。因此，在联合国实施应急恢复和重建的过程中，地方社区的参与是十分必要的。尽管人们公认社区在救灾中能够发挥关键作用，但政府与社区合作的能力一直有限，因此，政府规划阶段避开了社区。这反过来使得重新安置等特定的重建方案执行起来非常困难。从国际经验中吸取教训，建议做到以下几点：

（1）在恢复和重建的所有阶段，强制要求社区参与。

（2）通过社区参与的方式支持和培训地方政府与方案的工作者。

（3）社区一级的委员会提供沟通和决策的平台。为防止社会排斥弱势群体，委员会的构成有必要做到男女和其他社会群体的平等代表。

（4）社区应当广泛宣传政策、行政管理程序、规章制度和方案，以提高公众意识和认识。它们应当做到言简意赅，并辅之以能力建设方案。

（5）在许多灾后恢复和重建工作中，非政府方案是社区一级工作的重要伙伴。他们能够承担社区能力建设、技能培训以及活动监测工作。

（6）为确保实现社区参与和在资源与能力充足的情况下有效地开展社区参与活动，如果没有立法规定，恢复和重建计划中有必要反映社区的作用和资源。

四、应急管理中志愿者的参与

1. 联合国志愿者方案（UNV）

联合国志愿者方案是联合国系统内通过全球各地的志愿服务促进和平与发展的附属机构。联合国志愿者方案旨在提供及时、有效和增值的服务以招募能够完成多领域专业任务的专家和学者参与志愿活动。

联合国志愿者方案同样支持人道主义应急救援工作。他们在与联合国人道主义应急机构不同的灾难和紧急事件发生地开展工作，同时还协助民主选举以及效力于其他有关解决冲突和树立信心的项目。参与支持救援和促进和平工作的联合国志愿者至少具备3年的职业经验。他们能够在艰苦的环境下进行工作并且可以提供广泛的专业技术，其中包括管理、通信、选举程序、食物援助、人道主义法律、物流以及难民安置。

联合国志愿者是人道主义应急机构重要的合作伙伴，在应急管理的各个阶段均发挥着重要的作用。

（1）防止危机和恢复。联合国志愿者在自然和人为灾害之后的救援和恢复工作经验是联合国人道主义应急管理机构的重要资产。联合国志愿者承担的任务，约有43%是协助联合国人道主义和维持和平机构在约100个国家的工作。他们支助、提供最基本的服务，加强物质和体制基础设施的能力来应对危机。志愿者以协助社会志愿动员和致力于建设社会基础设施作为公民积极参与防灾、备灾和恢复工作的途径。

（2）获取和交付服务。在人道主义危机情势中，联合国志愿者方案可快速、灵活部署高度合格、经验丰富的专业志愿者。例如印度洋发生海啸后的24小时之内，联合国志愿者方案就委派印度应灾志愿专家赶赴受灾国家，协助救灾工作。同时，他们还立即加强了国家对应方案和联合国方案，包括联合国驻印度、印度尼西亚、马尔代夫和斯里兰卡等国办事处的能力。除此之外，志愿者还评估灾害损失和需要，更有效地将援助送达受伤者和流离失所者；帮助救灾者之间协调通信联络，提供重建基础设施的专门知识。

就紧急和长期作业而言，联合国志愿者提供实质性和业务方面的支助，确保灾民获得最基本的服务，包括从初期设置难民营、管理难民营日常后勤事务到社区服务、法律事务和传播信息等。

联合国志愿者方案支助联合国其他人道主义机构的工作，包括增加人道主义事务协调厅和开发署预防危机与复原局的服务。支助世界粮食计划署的联合国志愿者人数在2003—2004年两年内增加了25%，2005年有249名志愿者在粮食署服务。

(3) 通过志愿行动动员社区。联合国志愿者方案通过志愿行动加强社区的减灾备灾能力建设，可在遇到自然灾害时大量减小损失规模，保护原有的发展成果。志愿者资助以社区为中心的备灾活动，治理和整合政策框架，促进将志愿服务纳入减少风险管理体系的工作。一个重要的实例是开发署与志愿者方案伙伴合作资助的印度政府灾害风险管理方案，该方案是在古吉拉特地震和奥里萨旋风后建立的。400 多名联合国志愿者在印度受灾害威胁的偏远地区，协助社区和地方自治政府准备应对可能发生的灾难。志愿者集中社区的知识和资源，协助绘制各村地图、制订撤离计划和应急战略，帮助培训志愿者特别工作组并且进行演习。联合国志愿者征得民间艺人和数百名当地志愿者的帮助后，努力向印度成千上万的人们（主要是文盲）传输长期风险管理的关键信息。巴西的国家联合国志愿者采用类似的以人为本的方法，在贫困社区设立灾害监视和监测系统，提高公民对于泥石流和暴洪风险的认识，征募当地居民做志愿者，帮助民防和市政府绘制风险暴露图和建立预防性基础设施。

2. 联合国志愿者资源

为了保证联合国志愿者数量的稳步增长，需要继续改进征聘流程。联合国志愿者方案作出投资，进一步缩短接受申请和志愿者到达服务地点的时间间隔，并采用了一个容许候选人更新他们个人资料的系统，使得志愿者的供需相衔接，维持了一个活跃的潜在志愿者资源库。在该系统最初开放的两年间，使用联合国志愿者在线申请系统的候选人由 25% 上升到 48%。印度洋海啸之后，志愿者方案回应大量询问和申请，证明联合国志愿者在线申请机制的价值无法估量。仅仅三个月的时间，一个特别名册组就处理了 7 200 多份申请，其中约有 1 300 份简况收入了应急名册，并可派往受灾地区。

志愿者方案正在地方和国际上吸引更多的公民去发展志愿服务。应方案国家请求，志愿者方案实习生已经被安排到诸如治理、信息和通信技术、减贫、艾滋病毒/艾滋病、环保和灾难管理等领域。

第五节 联合国应急管理中的国际合作

一个国家的应急响应能力与几个因素相关，包括灾害的易发性，地方和地区的经济资源，政府的组织体制，技术、学术与人力资源的供给等。但是，在巨灾面前，国家自身缺少响应能力，这种情况日益增多，所以需要国际响应机制。国际合作是应急管理综合性特征在经济全球化时代的新表现，即要整合国内与国际力量来应对可能发生的巨灾。联合国是由主权国家组成的最大的国际组织，有

“世界议会”之称。它作为世界各国政府间进行集体合作的重要机构和场所，在推动防灾、减灾和救灾领域的国际合作方面，发挥着重要的作用，并作出了不可磨灭的贡献。

一、国际合作的原则

联合国机构以及各国政府在共同应对紧急事件的过程中，都需要遵循一定的国际合作原则。

1. 尊重人权，奉行人道主义原则

首先，应急管理的国际合作应该体现人道主义原则，避免某些国家借国际合作之机，或附加政治条件、干涉别国内政，或扩大势力范围、彰显战略意图。其次，所有参与灾害事件救援的行动者都应力求确保救灾工作在保护和促进人权的框架内进行，应考虑采用关于自然灾害情况下保护人权的新的业务准则。联合国应促使受灾国政府、国际组织和非政府组织制订计划将执行准则纳入各自的灾后复苏行动。

2. 体现公平与正义

首先，在经济全球化的进程中，发达国家是主导者和主要受益者。从某种意义上讲，它们的发展是以牺牲发展中国家的利益为代价的。在应对重大突发事件的国际合作中，发达国家应该比发展中国家承担更多的义务，这体现了国际公平与正义的原则。因为经济发展水平所限，许多发展中国家对重大突发事件减缓与准备的投入严重不足，这导致了贫困与灾害之间的循环：因为贫困而脆弱性强，因为脆弱性强而频发灾害，进而造成更加贫困。对此，联合国应给予发展中国家更多的经济援助，帮助其提高应对灾难事件的能力。其次，受灾国政府、捐助者和联合国执行机构应认真审议救灾援助方案对现存的脆弱性和歧视形式以及对人口各个阶层的公平性所产生的影响。援助方案应显示如何促进社区内和社区间的公平性。

3. 预防为主原则

联合国应急管理的国际合作不仅要注重灾后的救援援助，也要注重灾前的防范合作，如建立全球灾害联合预警及信息共享系统；建立印度洋海啸预警系统；进行防灾避灾知识的普及与宣传；国际减灾 10 年计划的实施；国际减少灾害战略的推进等。

二、国际合作中联合国的主导作用

在重大灾害事件的应对过程中，联合国在国际社会中充分发挥了其主导作用。当灾害发生时，联合国立即作出响应，并动态地提供食品、住宅、医疗救助和后勤支持等援助。联合国紧急救济协调员通过人道主义机构委员会对危机作出国际响应（包括联合国儿童基金会、联合国发展署、世界粮食署、联合国难民署以及其他与事件相关的必要机构），并且在确保所有国际合作伙伴与国际、地区、国家、区和分区各级政府之间团结一致的过程中发挥重要作用。

此外，联合国还将减灾纳入全球可持续发展战略的框架下，通过项目开发来推动灾害的预防与减缓，如鼓励建立预警系统，进行日常的检测与预报，提高地方和地区的应急准备水平等。联合国通过的《国际减灾战略》将减灾和风险减缓作为自身的核心任务，以提高全球恢复力，并通过一系列机制来减少人、经济与社会的损失，例如：增强公众意识；获得公共当局的承诺；促进多学科、部门间建立伙伴关系，构筑不同层次的风险减除网络；加强对自然灾害、自然危险要素以及有关技术、环境灾难对社会影响的研究。

联合国机制在改革的过程中，充分考虑了重大突发事件对人类生存影响日益加剧这一现实，目前联合国已经逐渐成为各国在应对重大突发事件时开展国际合作的平台与纽带。

三、联合国应急管理的国际合作模式

从层次和范围上看，联合国应急管理的国际合作有三种模式，即全球合作、区域合作和双边合作。从合作伙伴性质来说，也可以把国际合作分为以下三种：与非政府组织合作；与救援企业合作；与各国政府合作。

四、联合国应急管理的国际合作项目

1. 国际减轻自然灾害十年

1989 年 12 月 22 日，第 44 届联合国大会宣布 20 世纪 90 年代为“国际减轻自然灾害十年”，并确定每年 10 月的第 2 个星期三为“国际减轻自然灾害日”。

“国际减灾十年”活动期间，各国政府投入各种力量，提高了灾害意识，增强了科技减灾的实力，健全了组织机构和管理机制，达到了减灾目标和效果，为各国实施社会经济可持续发展奠定了可靠的基础。但是，这同时也带来了一些问题，主要出现在发展不平衡上，要求“联合国继续发挥作用，为今后持续减灾作出更大贡献”的呼声很高。

在这种需求下，第 55 届联合国大会作出了“国际减灾战略”行动的决议，其目标是将对灾害的简单防御转变为对灾害风险的综合管理。为此，联合国建立了联合国机构间减灾工作委员会，保留了减灾秘书处，并呼吁各成员国保留和加强已建立的国家级多部门减灾协调机构，充分利用科技手段实现可持续发展目标，加大对国家、地区和国际减灾行动的支持力度，并在救灾和预防活动中建立更加合理的预算平衡机制。

因此，国际减灾战略开展的活动是卓有成效的，各国家级减灾委员会、联合国各大组织、各种非政府组织、各类金融机构采取多渠道、多形式的行动，全球各类科技计划与措施直接为灾害预警、预报、评估风险、风险决策、准备、响应和减灾管理提供了服务。

据统计，10 年中，140 多个国家，800 多个机构，5 万多名专家、计划管理者参与了 600 多起自然灾害的救灾减灾行动，减少 2 万多亿美元的直接经济损失，减少死亡人数约 12 万人。其他的活动、项目、指标还有：

（1）各国政府共编制了 300 余个防灾减灾规划和计划。

（2）近 4 万多名减灾科技专家取得科技开发研究成果 13 000 多项，其中可应用的有 4 000 多项，并在 60 多个国家使用。

（3）成立了 400 多个应急救援队，分布在 70 余个国家。

（4）编印出版各类减灾图书、报告、论文、小册子、手册、指南等约 20 万件。

（5）组织培训 6 万余次，灾害演练 1 万余次；40 余国参与双边、多边科技合作研发，举办科技会议近千次、减灾展览会 900 多次。

（6）自然灾害保险公司 120 余家，吸收保险费 7 000 多亿美元，赔偿 300 余起，灾害损失费总计 3 000 亿美元，积累保险基金 2 500 亿美元。

（7）60 多个国家元首、总理发表讲话和指示百余条，20 多个国家元首、总理、部长到达灾害现场视察、慰问以及救济灾民。

2. 国际减少灾害战略

国际减少灾害战略是联合国制定的一项在全球行动框架下，使各国均能适应自然危害和相关的技术与环境灾害造成的影响，以便减少人类、经济和社会损失的战略。它涉及观念的转变——由注重应付灾害转变到通过将减少灾害纳入可持续发展来对危险进行管理。战略的执行取决于各政府民间组织、联合国机构、科学界、媒体以及与减少灾害方面有关的其他利益相关者之间建立的伙伴关系。

国际减少灾害战略的四项目标是：提高公众对减少灾害的认识；取得公共当局的承诺；促成学科间和部门间结成伙伴关系；增加公众的科学知识以了解自然灾害的根源和自然危害影响的后果。世界减灾会议在 2005 年 1 月举行，开展了一个长期商定的政府间减少灾难风险的优先行动议程，即《2005—2015 年兵库行动框架：建设各国和社区对应灾难的复原力》。

3. 区域合作

联合国各区域经济及社会理事会所具有的多种职能有助于对一体化的响应以及为恢复社区的生计作出贡献。例如，亚太经社会在印度洋海啸事件以及南亚地震灾害发生之后，在该地区建立了关于多重灾害的早期预警安排的区域信托基金（截至2005年12月，共有捐款1 250万美元，分别来自瑞典和泰国），因此，亚太经社会越来越被该地区各国认为是制定灾害管理和灾后投资战略以促进受灾国经济发展的符合逻辑的框架。

亚太经社会与教科文组织、人道事务协调厅以及国际减灾战略秘书处一道就早期预警系统和国际恢复平台共同举办研讨会，积极利用这些实体在该地区所具有的能力，消除了一些重复的倡议，并促进亚洲各国的合作。这可以被认为是联合国区域委员会中的良好做法，可以充分利用它们广泛的社会经济职责，帮助会员国发展灾害过渡战略。

亚太经社会促进了区域和次区域政府间组织的发展，例如，东南亚国家联盟在人道主义事务方面的合作与互动充分利用了它通过湄公河委员会（1957年成立）、亚太经社会/气象组织台风委员会（1968年成立）和亚太经社会/气象组织热带旋风专家小组（1972年成立）所积累的专业知识，因而亚太经社会这方面的能力得到了更好的利用。

亚太经社会在发生海啸事件以后所作的努力，应该被联合国各区域委员会广泛效仿，以促进各会员国在灾害应急管理领域的区域合作和交流，并针对受灾地区作出一体化响应和恢复努力，同时帮助各会员国制定从灾害救济到恢复和发展的人道主义过渡战略。

第六节 联合国应急管理的典型案例

一、印度洋海啸简介

2004年12月26日，一次里氏9级的大地震袭击了苏门答腊北部的西海岸，之后又发生了几次严重的余震。这次地震是自1900年以来世界上第四次最强烈的地震，也是过去40年里最严重的一次地震，造成高达10米的海底移位，引起印度洋整个地区发生灾难性的大海啸，在几分钟之内袭击了苏门答腊北部西海岸，然后袭击了泰国、缅甸和斯里兰卡的西海岸，印度东海岸以及地势较低的马尔代夫群岛，最后到达非洲沿岸，共有12个国家遭受影响。海啸造成约24万人在灾难中丧生，5万人失踪，超过50万人流离失所。印度尼西亚是受害最为严重的国家，因为亚齐省的海岸既遭受地震最初冲击力的损害，紧接着又被海啸淹没。在印度尼西亚、索马里和斯里兰卡，这场灾难是在各种持久复杂危机的情况下发生的，这对于联合国和人道主义援助尤其是包括向那些原本因冲突而流离失所者提供援助方面产生了巨大影响。

二、初步反应

受灾政府、非政府组织、红十字会与红新月会国际联合会以及当地社区在救灾中发挥了关键作用。各政府机构迅速带头组织和协调救援努力，当地的非政府组织红十字会与红新月会国际联合会志愿者立即提供紧急援助。

联合国在收到各国政府关于援助的要求之后，针对海啸受灾国家的国际援助立即开始。由来自18个国家和4个国际组织的44名救灾专家组成的5个联合国救灾援助协调小组被派遣到5个海啸受灾国家。联合国16个机构、红十字会与红新月会国际联合会18个救灾小组、160多个国际非政府组织和无数私营公司及民间社会团体也被部署到受灾地区，向需要援助的约500万人提供紧急粮食、供水和医疗服务。约有35个国家向救灾工作提供军事资源，联合国向受灾区域主要地点派遣了文职和军事协调干事。联合国联合后勤中心在印度尼西亚和斯里兰卡设立协调中心，充分利用后勤能力，并协助协调和利用军事资源。为了协助在各人道主义参与者之间收集和交流资料，联合国启动了虚拟现场作业协调中心，这是一个能提供实时协调的网上资料交流的服务。另外，联合国还在印度尼西亚和斯里兰卡设立了人道主义信息中心，以协助信息的交流；在印度尼西亚建立了一个机构间紧急电信网络，为协调和业务管理提供了通信基础设施。联合国环境规划署与人道主义事务协调厅的联合环境股以及联合国灾害评估和协调小组在印度尼西亚、马尔代夫和斯里兰卡迅速开展环境评估工作，确定严重的环境问题。

在灾难发生之后，秘书长立即任命紧急救灾副协调员玛加丽塔·瓦尔斯特伦作为向海啸受灾社区提供人道主义援助的特别协调员，以便向联合国国家小组提供领导和资助，尤其是要促进通过与有关国家政府进行高级别协商提供的国际援助。

这场灾难也使得公共部门和个人发出前所未有的声援。据联合国统计，这次海啸救灾工作所得到的认捐共计65亿美元。

三、早期复原情况

在这场危机发生后的两周之内，联合国迅速向灾区派遣复原小组，开始评估灾害的情况，并支持有关国家当局制订复原计划。此外，人道主义援助特别协调员在联合国发展集团的一名代表陪同下多次访问灾区后，立即将重点放在早期复原阶段的需求上，并确保救济方案包括早期复原的内容。

四、救灾成果、挑战和经验教训

印度洋海啸灾难对联合国救灾系统的协调和后勤支助提出了有史以来最为严峻的挑战。这次海啸发生的时间和规模，要求许多国家和部门迅速而灵活地进行协调。海啸影响到全球，各方纷纷采取救济行动，公私营部门和政府最高领导人都踊跃相助。全球的关注和援助固然喜人并极有助益，但是海啸发生后需要集中努力的环境，也更加要求注意成果和责任。下面将着重论述救灾工作五个关键领域的经验教训。

1. 国家领导和政府协调

这次的海啸受灾国拥有强大的国家政府，既有健全的国家机构，又有运转良好的法律框架，这都有助于救灾工作的开展。职能部委和军队的大力参与以及对现有政府结构的利用，为许多地区的救灾工作提供了便利。国际和国家救灾行动者以及各级政府之间开展合作，不仅加快了救灾物品的发放速度，还简化了向有关政府部门移交人道主义和早期恢复活动的程序。

（1）政府积极主动地开展协调和协作，大大推动了救灾工作。但在救灾工作开展两个月后，由于一些国家对进出物资限制程序过多，致使许多救济物品和救灾所需支助物品（计算机、电信设备、车辆和基本援助用品等）无法及时运达。一些国家还对使用卫星系统加以限制。这种行政“瓶颈”使救灾工作速度减缓，并阻碍了急需的援助物品的有效发放。

（2）国家和国际社会应重新明确各自对遵守《关于向减灾和救灾行动提供电信资源的坦佩雷公约》等协定的义务和承诺，积累就解决这些问题长期形成的整套做法的知识经验，以在救灾工作中进行有效的协作。

（3）及早与地方各级政府联系，加强了中短期协调。在救灾工作中，受灾国政府没有把权力集中于中央，而是欢迎地方各级进行参与和协调，以推动救灾工作。

（4）地方行动者是救灾协调工作取得成功的关键，但是地方政府部门在协调工作中往往没有充足的资源。因此，与地方机构建立建设性的协作关系，就要在灾前制定备灾规划，在易受灾害地区与地方机构建立协作关系，并在薄弱领域提高建设能力。

2. 救灾能力

总体而言，联合国救灾系统运作良好：紧急救灾网络和工具得到迅速部署，援助小组在六周内抵达所有灾区；没有爆发大规模的疾病或流行病疫情，约200万灾民得到了紧急医疗救护，同样数目的居民得到了食品救助；向70万以上儿童发放了学习用品，多数灾区儿童在灾后不久就返回了学校。但是由于住房、饮用水和环卫等部门能力不足，致使救灾工作受到了影响，其主要原因是海啸规模巨大，但也与救灾系统无法迅速派遣并维持一支有足够技能和经验的救灾队伍有关。

（1）部门能力严重不足，持续阻碍着救灾工作。在提供清洁用水、住房和适当环卫设施方面，系统能力经常出现不足，以至于无法迅速展开人道主义应急行动。因此，必须重新投资建立和维护系统的人道主义应急能力，增加并加强关键部门专业者的配置和管理，建立并支持挖掘非政府组织的能力，利用地方和区域组织现有专长的战略伙伴关系。

（2）迅速对共同事务进行战略部署是确保救灾取得实效的必要条件。联合国联合后勤中心人员参加联合国灾害评估和协调待命小组前往灾区，有利于紧急启动必要的后勤工作。但是，人道主义事务协调厅军民协调干事和人道主义信息中心没有作为快速应急机制的一部分开始工作，而是通过比较正式的渠道进行部署，因此造成了延误。电信系统难以调动，数据收集、分析和传播因缺乏标准和体系而无法顺利进行。要克服这种困难，联合国必须认识到这种服务在危机最初阶段的战略价值，尽早部署人道主义共同事务建立机制和标准。

（3）联合国主持建立由其直接承担初期救灾责任和行使权力的常设全球应急机构，也可以加强快速应急能力。应急系统还应该在易受灾害地区及其他地区提高区域应急能力，以加快救灾小组和救灾用品的部署，更好地了解当地的情况。

3. 协调的策略和工具

建立有效的救灾协调机制是救灾工作的一大挑战。总的说来，印度洋海啸中国际、国家和区域三级的协调工作进展顺利：就提供者、设备、运输和其他援助与捐助者和私营部门建立的待命安排，使救灾反应更加及时；国内外军队的援助，为及早提供救助物品创造了有利的条件；在印度洋区域及早部署联合国高级人员，也提高了协调的效力。但是，协调工作并非一帆风顺：在一些地区，救灾物品泛滥；在另一些地区，提供的援助并不符合需要；在很多情况下，难以与到达救灾现场的各种行动者迅速建立适当的协调机构，由此产生的“人道主义救济大塞车”，不时造成沟通不良、临时计划、援助延误等问题；联合国外地一级的领导有时得不到必要支助，无法协助各国开展战略协调工作。

（1）外地一级应该向领导和协调提供适当的支助。紧急救济协调员可以在总部进行有效的管理并提出战略构想，但外地一级这种重要职能并没有得到有效的支助。驻地/人道主义协调员常常因为缺乏人力资源，而无法领导和协调这种大型的救灾工作。海啸受灾国家人道主义援助特别协调员为驻地/人道主义协调员提供了流动支助，这突出说明必须在外地一级提供这种支助，必须迅速向驻地/人道主义协调员提供开展重要协调工作所需的人力和能力，提供从灾难发生之时进行恢复工作的能力，并在初步筹资呼吁中明确强调提供这种人力和能力的重要性。

(2) 只有改善军民关系，才能确保军队更好地满足人道主义需求。包括受灾国家在内的许多国家的军队迅速派出大量的救援者和装备，这既是进入偏远地区的关键，也填补了民政能力无法提供的许多技术空白。但在一些情况下，民政部门和军队的工作出现了重叠，在救灾物品种类、数量、灾区轻重缓急等方面出现了差错，并出现了平行的救灾渠道。此外，对军事指挥结构认识不够、人道主义团体和军队之间信息交流不足，也使得问题更为复杂。应该明确界定双方的作用和职责，明确通信渠道，尊重并适当注意人道主义原则，这样军队和民防部队才能发挥最大的效益。因此，必须改善军民救灾行动协调框架。

4. 调集资源

国际社会对这次海啸给予巨大声援，迅速提供了大量资源，私营和商业部门还提供了新的资金来源。因此，人道主义者不再以筹资为工作重点，而这种慷慨援助所产生的巨额资金，使人道主义组织不得不迅速使用资金，并以更高的标准向捐助者和受援者报告资金使用方式及其影响。有时还出现了更为复杂的情况，许多组织收到的捐款远远超出了其在救灾初期使用资金的能力。这要求各个组织迅速制订中期计划，并迅速制定资金使用报告和通报战略。

(1) 改善报告和问责的形式和风格，对于新的团体继续参与未来的紧急救济工作十分重要。虽然人道主义系统建立了良好的内外问责机制，但是私营部门及其他部门对海啸认捐和捐款盛况空前，加强了对资金使用方式的检查。

(2) 海啸后的自发捐助使许多人道主义机构和组织一改往日的困境，积存了大量救灾资金。一些机构正在考虑如何为同一部门开展活动的其他组织提供支助；另一些组织已经不再接受海啸捐款，而要求要捐助的人捐给其他危机事件；还有一些机构把海啸资金用于长期重建计划。为取信于民，人道主义组织不论以何种方式处理救灾资金，都应将其意图公布于众。

(3) 大量的资源要求加强地方一级的协调。由于资源数额巨大，捐助者又要求采取行动，许多组织面对危机同时推出了多个救济项目，并把大量的人力投入项目执行工作，致使许多地区的协调出现困难。人们认为，许多国际行动者急于采取行动，忽视了国家和地方的对口部门，也没有考虑到地方的情况。在这种情况下，协调工作极为重要，而且必须由捐助者、非政府组织和国家对口部门参与协调。

5. 流离失所和保护方面的挑战

海啸发生后，估计有100万人将无家可归。但在数周后，随着局势的稳定，灾民开始返回家园，大量的临时流离失所人数开始下降。流离失所人口的流动性（特别是在亚齐省）考验着国家当局和国际社会根据不同群体的需要提出解决办法的能力，也令人担心可能发生性暴力和基于性别的暴力，包括可能发生绑架儿童或招募儿童参加作战部队。斯里兰卡和印度尼西亚的政治局势，以及马尔代夫以前实行的重新安置措施，使重新安置灾民的措施变得更加复杂化。

（1）在救灾工作初期满足境内流离失所者的特殊需要极为重要。突发灾难的初期救援工作，都应以尽量紧急救人为重点。这包括满足保护和援助境内流离失所者的特殊需要，并从灾难之初就让他们参加救济规划，以确保救援物品的平等分配，使灾前的不平等现象不再恶化。因此，必须确保对境内流离失所者和家庭采取特殊的援助和保护措施，并把这些措施列入项目的规划和执行之中。

（2）应及早重视灾民中的特殊弱势群体。境内流离失所者对援助和保护有着特殊的需要。海啸发生后，对妇女和儿童的保护以及性暴力和贩卖人口风险都特别令人担心。在灾后初期，人们还担心在一些国家灾前就很严重的性暴力、基于性别的暴力和家庭暴力问题，可能随着灾民的亲人死亡、生计丧失以及精神负担增加而加剧。在儿童保护方面，政府及早进行宣传，使人们有所警惕，有助于防止儿童贩卖和儿童剥削，这一问题在灾难发生初期引起了极大的关注。对良好领养措施的宣传也十分重要。随着救灾工作进入恢复阶段，土地权利、证件和赔偿难题的处理也将日趋重要。

（3）应该使关于境内流离失所问题的指导方针适用于自然灾害方面。在过去几年中，国际社会做了大量的工作，根据在战争和冲突局势中人口大规模流离失所的经验，制定能够被普遍接受的流离失所者保护和援助国际标准。

第七节　中国与联合国的应急管理合作

一、中国与联合国的合作

在新中国成立以后相当长的一个历史时期内，中国向发展中国家提供灾害救助，却拒绝包括联合国在内的一切国际援助。改革开放后，我国对国际救灾援助问题逐步解放思想。特别是1987年大兴安岭发生特大森林火灾后，我国调整了接受国际救灾援助的方针。我国基本上是从1980年开始接受国际救灾援助的。当时所确定的方针为：“对联合国救灾署的援助可适当争取，可及时提供灾情，情况严重的亦可提出援助的要求。”到1987年调整为：“要有组织有计划地向国际社会通报和提供有关灾情、救灾工作资料，没有选择地争取国际救灾援助。”

近年来，随着国内外重大灾难性事件的不断发生，我国加强了与联合国在应急管理领域的合作，主要表现在：积极参与国际重大灾难性事件的救援；积极响应联合国发出的联合呼吁；捐助了大量资金并向受灾国提供了大量的援助。例如，2004 年 12 月，印度洋海啸发生后，中国政府反应积极，提供了有史以来最大规模的人道主义援助，其中包括 1 950 万美元（其中 1 350 万美元为以货代款，600 万美元为现金）划拨给了联合国的 10 个机构。这也标志着中国首次通过与多边机构接触来调拨紧急救灾援助物资和资金。在联合国人道主义救灾的框架内，中国积极响应联合国发出的紧急呼吁，委托联合国各应急机构向受灾国提供了大量资金和物资援助，派出了多支医疗救援队和技术救援队等参加灾害救助、卫生防疫等工作（见表 10－5）。

表 10－5　中国对受海啸影响国家多边援助概况

联合国机构	以美元计算的中国捐助价值		对象国	目标	主要交付信息	到 2006 年 10 月底为止的主要影响
	以货代款	现金				
联合国儿童基金会	550 万	100 万	印尼（以货代款）所有受灾国家（现金）	从救灾到恢复的整个过渡期向海啸幸存儿童和妇女提供紧急救助	863 511 件学校用具（印尼），饮用水和卫生用品，培训和知识普及活动，对卫生中心和学校的支持	支持印尼的“重返校园”计划，支持大多数受灾国家内的重要饮用水和卫生设施、学校及卫生中心的重建工作
世界卫生组织	450 万	100 万	印尼、马尔代夫、缅甸和斯里兰卡	支持国家卫生当局保护受灾害和恢复过程中影响的易感人群的健康	医疗设备，安装服务，培训	支持受灾社区的紧急救助和卫生设施及服务的恢复
联合国粮农组织	160 万	40 万	印尼、马尔代夫和塞舌尔	使最脆弱的渔业团体能够恢复渔业活动	726 台新的船用发动机，附件设备，培训	支持恢复和提高以渔业为基础的生计

（续上表）

联合国机构	以美元计算的中国捐助价值		对象国	目标	主要交付信息	到2006年10月底为止的主要影响
	以货代款	现金				
联合国人口基金	50万	100万	印尼、马尔代夫和斯里兰卡	为重建生殖卫生服务和对易感人群特别是妇女的保护而提供捐助	医疗设备和供应品，37.5万件个人卫生用具，培训，信息宣传活动，评估	支持恢复和提高生殖卫生服务，预防基于性别差异的暴力行为并提供心理支持
联合国开发计划署		100万	印尼、马尔代夫、斯里兰卡和泰国	通过南南信托基金的国家和机构，倡议对地区灾害恢复重建计划进行补充支援	小额拨款，培训讲习班，技术支援	支援当地社团的建设能力和他们的生计复苏
世界粮食计划署	40万	60万	斯里兰卡	防止弱势人群营养状况进一步恶化，并在他们的恢复方面予以支持	489吨鱼罐头	为降低营养不良和在幸存社团中潜在的暴发疾病的风险而进行捐助
联合国环境规划署		50万	印尼、马尔代夫和斯里兰卡	提高建设能力和支援活动的技能	技术支援	捐助给应对海啸灾害的能力建设和技术支持（设计示范性生态住宅和生态友好型渔村，审查环境影响评估指南）
联合国人道主义事务协调办公室	50万					
联合国人居署		50万	马尔代夫	对两个岛上的住宅进行修葺和重建	为岛屿社区拨款和提出技术建议	167栋住宅的修葺和2栋的重建工作或是已经完成或是正在进行中
联合国难民事务高级专员署	50万		由于联合国难民事务高级专员署已从其他来源得到充足资金，中国承诺的资金最终未支付			

中国作为一个崭露头角的自然灾害捐赠国，与联合国的合作在今后几年可以大大加强。驻中国的联合国灾害管理工作队作为联合国灾害协调机构，可以被更好地用来促进中国与联合国之间在未来灾害反应和人道主义援助方面的合作。

不仅如此，近年来，中国还积极参加联合国大会制定的共同应对重大灾难性事件的国际公约。例如，2005 年 4 月，第 59 届联合国大会通过了《制止核恐怖行为国际公约》，此项公约是联合国制定的第 13 项反恐公约，也是首项打击核恐怖犯罪的专项公约。同年 9 月 14 日，外交部长李肇星代表中国政府签署了该公约。再如，中国政府坚决遵守《联合国气候变化框架公约》及《京都议定书》等。

二、联合国国别小组在中国

近年来，联合国系统与中国政府之间的联系变得越来越紧密。在应急管理领域，联合国协助中国政府加强在各阶段灾害管理方面的能力建设，其中包括做好防灾的准备工作、紧急救灾的应急措施、灾后重建和灾害预防。尤其是联合国国别小组，在中国开展了一系列应急项目和计划。

1. 联合国国别小组驻中国概况

在中国，联合国国别小组作为联合国驻华协调系统进行协同工作。各个代表处都有与它们各自的授权相一致的计划与项目，联合国国别小组由联合国所有驻华机构（17 个联合国机构）的代表组成，它致力于确保这些计划能够彼此配合，以一种协调的方式为中国提供最佳援助。在联合国国别小组下面有六个联合国专题组和三个特别工作组。

联合国驻华六个专题组包括：贫困和不平等专题组；卫生专题组；气候变化和环境专题组；性别平等专题组；艾滋病专题组；教育和人力资源开发专题组。这六个专题组属于机构间团体，规划和监测联合国在特定政策领域的合作。每一个专题组与政府及政府相应部门密切合作，其工作职责包括：成立项目或与其他联合国机构和政府合作以满足中国发展的需求；协助宣传工作，包括出版刊物；监测和报告《联合国对华发展援助框架（2006—2010）》的工作进展。此外，专题组会定期开展扩展会议，确保联合国、政府、国际社会和其他相关机构之间的信息分享。

三个特别工作组包括：灾害管理工作队；中国与世界特别工作组；禽流感和大规模流行性感冒机构间工作组。

2. 灾害管理工作队

灾害管理工作队致力于有效协调、调配联合国和国际资源用于中国灾害管理的所有阶段，包括准备工作、应急措施、灾后重建，并确保人民生命财产损失最小化、实现可持续的发展。

在联合国常驻协调员系统框架下，联合国驻中国灾害管理工作队由联合国驻华系统各机构代表组成，由联合国开发计划署提供行政和后勤保障。联合国驻中国灾害管理工作队负责协调联合国所有灾害相关活动，提供技术建议、物质支持等，并且积极与中国政府展开合作，通过多边合作应对灾害，协调和促进国际人道主义救援工作。同时，联合国驻中国灾害管理工作队与中国政府灾害管理工作组、中国国家减灾委员会积极展开应急救灾领域的相关合作。

联合国驻中国灾害管理工作队在灾害预防和减灾领域开展了以下活动：

（1）介绍在灾害预防和减灾领域的国际规范和优秀实践经验。

（2）实施灾后需求评估，提供灾害预防所需的专业技术援助。

（3）通过参与中国国家减灾委员会主办的工作组和会议，设计定向能力建设项目，并且通过联合国各机构常规地区项目，将灾害预防纳入政府决策和实践主流。

（4）把灾害预防和减灾工作纳入联合国各机构常规项目中，从而将灾害对中国的威胁降到最低。

（5）联合国各机构将积极沟通协调与灾害相关的项目和活动，并协调联合国驻华代表处各机构项目的工作，实现最大化利用资源，避免重复。

联合国驻中国灾害管理工作队在灾害管理和协调领域开展了以下活动：

（1）与中国政府紧急救援管理工作组、民事部国家减灾委员会展开积极、有效的沟通和协调工作。

（2）基于政府的需要，有效协调联合国各机构和国际援助共同在以下领域应对灾害：灾害评估；资源和专家的调配；救灾行动。

（3）加强对联合国重要事宜的宣传，以提高对相关事宜的意识。

（4）推动多部门、多机构的灾害管理途径。

（5）按照联合国各机构和国际社会的要求，及时提供报告，发布灾害信息。

联合国驻中国灾害管理工作队在应对国际灾害和人道主义救援领域开展了以下活动：

（1）作为灾害管理的重点机构，使信息渠道更为通畅有效，为中国政府与联合国共同应对国际灾害提供合作机会。

（2）促进信息流通、资金追踪、会议筹备、机制监督和后续工作的进行。监督并且评估中国政府向联合国系统提供的用于应对国际灾害和人道主义救援的资金使用情况。

（3）提供每一个接受中国资助的联合国机构的标准化的信息更新和进度报告（包括财务数据）。

（4）推动南南合作。通过促进与中国减灾和灾后重建领域的专家进行的经验交流，帮助发展中国家增强早期预警和监测系统，发展应急方案，建立灾害预警，提高应对灾害的能力。

参考文献

[1] 联合国主页. http：//www. un. org/zh/index. shtml.

[2] 联合国人道主义事务协调厅. http：//ochaonline. un. org/AboutOCHA/tabid/1076/Default. aspx.

[3] 联合国救济网 . http：//www. reliefweb. int/rw/dbc. nsf/doc100？OpenForm.

[4] 国际减少灾害战略. http：//www. unisdr. org/.

[5] 联合国中央应急基金. http：//ochaonline. un. org/Default. aspx？ alias = ochaonline. un. org/cerf.

[6] 联合国开发计划署. http：//www. undp. org/cpr/.

[7] 联合国儿童基金会. http：//www. unicef. org/chinese/emerg/index. html.

[8] 世界粮食计划署. http：//www. wfp. org. cn/.

[9] 联合国难民署 . http：//www. unhcr. org. cn/about. asp.

[10] 联合国环境规划署 . http：//www. unep. org/chinese/.

[11] 世界卫生组织 . http：//www. who. int/zh/.

[12] 联合国粮食及农业组织 . http：//www. fao. org/index_ zh. htm.

[13] 世界气象组织 . http：//www. wmo. int/pages/index_ zh. html.

[14] 世界银行 . http：//www. worldbank. org. cn/Chinese/.

[15] 国际原子能机构应急响应网站. http：//www – ns. iaea. org/tech – areas/emergency/.

[16] 李铁城. 世纪之交的联合国［M］. 北京：人民出版社，2002.

[17] 李东燕. 联合国［M］. 北京：社会科学文献出版社，2005.

[18] 国家减灾委员会办公室. 灾害管理的国际比较［M］. 北京：中国社会出版社，2006.

后　记

完善应急管理体制是全面加强政府应急管理能力建设的基础。对于刚刚起步的中国应急管理事业而言，充分借鉴国外政府应急管理体制的经验，是完善我国政府应急管理体制的终南捷径，也是应急管理学人借以登堂入室的不二法门。2009 年 4 月，暨南大学应急管理学院在全国率先成立后，应急管理体制跨国比较作为学院重点支持的一个方向率先开展研究。在笔者和所指导研究生的共同努力下，取得了一批成果，先后在《中国应急管理》、《东北亚论坛》、《中国安全生产科学技术》、《东南亚纵横》等学术期刊发表了多篇相关论文。2007 级硕士研究生彭蕾蕾和 2008 级硕士研究生侯丹丹先后到台湾高雄大学做交换生，并到铭传大学等地学习交流。2006 级硕士研究生陈宏泰毕业后进入广东省应急办工作。2011 级硕士研究生黄菲菲获得国家奖学金并赴台北大学做交换生。

本书共分十章，分别由洪凯、钟文娜、方媛、朱珺、邓庆玲、刘蕾、彭蕾蕾、魏祖志、邓萱、侯丹丹负责撰写。全书大纲撰写、项目统筹、统稿由洪凯负责，2011 级硕士生黄菲菲协助部分统稿工作。

感谢暨南大学应急管理学院领导和前辈们的大力支持，感谢河南理工大学夏保成教授等同行前辈的指导和帮助，同时还要感谢暨南大学出版社的热心帮助。

本书付梓之际，正逢号称“中国应急管理第一班”的暨南大学 2008 级应急管理专业同学毕业之际，因此，本书的出版也作为他们的毕业礼物，以志纪念！

编　者

2012 年 6 月